企业集团财务公司
管理与实务

QIYE JITUAN CAIWU GONGSI
GUANLI YU SHIWU

杨圣军　著

中国金融出版社

责任编辑：张　铁　褚蓬瑜
责任校对：潘　洁
责任印制：陈晓川

图书在版编目（CIP）数据

企业集团财务公司管理与实务（Qiye Jituan Caiwu Gongsi Guanli yu Shiwu）/
杨圣军著 . —北京：中国金融出版社，2012.2
　　ISBN 978 - 7 - 5049 - 6166 - 2

　　Ⅰ . ①企…　　Ⅱ . ①杨…　　Ⅲ . ①企业集团—金融公司—企业管理
Ⅳ . ①F830. 3

中国版本图书馆 CIP 数据核字（2011）第 228279 号

出版
发行　**中国金融出版社**

社址　北京市丰台区益泽路 2 号
市场开发部　（010）63266347，63805472，63439533（传真）
网 上 书 店　http://www.chinafph.com
　　　　　　　（010）63286832，63365686（传真）
读者服务部　（010）66070833，62568380
邮编　100071
经销　新华书店
印刷　利兴印刷有限公司
尺寸　169 毫米 ×239 毫米
印张　25. 25
字数　406 千
版次　2012 年 2 月第 1 版
印次　2012 年 2 月第 1 次印刷
定价　48. 00 元
ISBN 978 - 7 - 5049 - 6166 - 2/F. 5726
如出现印装错误本社负责调换　联系电话（010）63263947

序　一

　　企业集团财务公司是我国金融体系中带有中国特色的一类非银行金融机构，它是我国经济体制和金融体制改革的产物，是国家为促进国有大型企业改革和发展作出的一种特殊的金融制度安排。从 1987 年第一家财务公司诞生至今的 25 年来，特别是近年来，伴随着我国经济的腾飞和企业集团的发展壮大，财务公司在加强企业集团资金集中管理和提高企业集团资金使用效率以及增强企业集团的管控能力和提升核心竞争力方面的作用越来越重要，对实体经济发展提供直接、有效金融支持的特色越来越明显，财务公司行业已逐渐成为我国金融体系中一支不可忽视的力量。

　　伴随着财务公司行业的蓬勃发展，企业集团资金管理尤其是以财务公司为平台的内部资金管理逐渐成为财务、金融和管理领域的热点研究课题。多年来，我一直强调行业内也要加强政策理论的研究和经营管理实践的总结。在中国财务公司协会的组织推动下，近年来行业政策研究工作取得了一些进展。中航工业集团财务有限责任公司总经理杨圣军同志开始尝试对财务公司经营管理实践进行探索性总结，撰写的《企业集团财务公司管理与实务》一书具有一定的系统性、实用性和创新性，可供行业和社会共享经验和成果。

　　希望以此为契机，财务公司行业内能够有更多的人进行深入思考总结，将自身的经营管理实践形成可供推广与借鉴的成果。也真诚地希望社会各界给予财务公司更多的关注，为财务公司行业发展献计献策、贡献智慧。

应作者之邀，欣然为序。

中国银行业监督管理委员会副主席

2012 年 1 月

序　二

《企业集团财务公司管理与实务》（以下简称《实务》）一书即将付梓，圣军同志请我作序，虽忙但还是认真看了一下，很受启发。

2007年根据中国航空工业集团公司的战略要求，在原西飞集团财务公司和贵航集团财务公司的基础上重组成立了集团的财务公司，2007年4月8日在人民大会堂挂牌成立，根据集团党组安排，我出任了第一任董事长。在实践中，结合发展要求给财务公司提出了要"创建一流的公司、实现一流的业绩、创建一流的管理、打造一流的团队、争做一流的员工"的目标。几年来，在中国银监会的指导下，在集团公司总部和各企事业单位的大力支持下，财务公司全体员工积极探索、奋力拼搏，为创建"五个一流"财务公司做了大量卓有成效的工作，取得了优异的成绩。

《实务》一书详细阐述了财务公司作为资金集中管理平台在企业集团发展中的作用，对比国内外财务公司的功能定位，提出了在我国多级法人的企业集团中实施资金集中管理的路径与方法，同时对财务公司的发展方向提出了自己的见解，体现了作者长期以来研究和实践的管理思想。《实务》一书对各项业务的定义、处理的原则、流程的描述、存在的问题、解决的方案都进行了详尽的描述，同时还画出了清晰的流程图，使各项业务具有很强的操作性。不论是对于财务公司内部员工，还是对于企业集团各单位的财务人员都具有很好的指导意义。

《实务》一书对于财务公司的战略管理、六西格玛管理、平衡积分卡管理、人力资源管理、信息化建设等都进行了详细阐述，这也是一些新的管理工具在非银行金融企业应用的有益尝试。近年来，中国航空工业集团公司在积极推进"两融、三新、五化、万亿"发展战略，为实现这一宏伟战略目标，引入了不少先进的管理工具。从几年的实践来看，确实收到了很好的效果。圣军同志对此进行了认真的实践，结合公司的实际情况不断探索，系统总结，对非银行金融企业确实有一定的借鉴意义。

总之，《实务》一书的作者结合理论与实践，系统总结了业务与管理的实务，一方面可以使财务公司从业人员知道业务该怎么做，便于员工岗位的交流及业务知识的共享；另一方面也可以让企业财务人员知道财务公司在做什么，是怎么做的，自己应该如何利用财务公司的各项业务为本企业服务。同时，对于普及财务公司的业务和管理知识有着重要意义。我也借此机会对《实务》一书的出版表示祝贺。

中国航空工业集团公司党组成员、副总经理

2011 年 12 月

前　言

　　随着经济全球化日益加强，任何一个企业都不可能在激烈的竞争中独善其身，强化企业的内部管理，提高企业的核心竞争能力和抗风险能力越来越受到企业的重视。产融结合逐步成为企业发展的重要路径之一。产融结合是指产业投入产出过程与金融业融通资金过程的结合，这种结合既包括不同部门企业间的相互渗透与结合，也包括企业内部产业与金融业务的拓展与整合。企业产融结合的动因主要来自于：一方面，资本逐利性是企业走产融结合道路的根本原因。由于我国金融业长期处于相对垄断地位，能够获得高于一般行业的丰厚收益。根据马克思关于社会平均利润率的形成原理，金融企业较高的利润率必然吸引产业资本，实现产融结合。另一方面，是由于国家相关政策的推动。中国加入世界贸易组织后，我国企业面临来自全球更多大型企业的竞争，为此，党中央、国务院明确提出了"大公司、大集团"和"走出去"的发展战略。产融结合是国有企业实现这一发展战略的必然选择，企业集团财务公司则成为企业集团产融结合的首选金融企业。企业集团财务公司从1991年的18家增加到2011年的120家，这一事实更有力地说明了这一点。在企业集团的发展中，财务公司将发挥越来越重要的作用，并成为我国金融体系的重要组成部分。

　　企业集团财务公司从业务范围的角度出发，除了不能开展吸收公众存款、开立基本账户、发行银行卡等少数类型的业务外，其主要业务类型与商业银行基本相同。同时，财务公司还可以从事保险代理、证券投资等业务，是一种近似于混业经营型金融机构。作为立足于企业集团的金融机构，它是实业与金融产业结合的产物，不仅为企业集团提供资金集中管理服务，而且与金融市场相衔接，为企业集团成员单位提供各种金融产品。财务公司有利于解决"存贷双高"问题，降低财务成本；有利于加强资金监控，防范资金风险；有利于集中财务相关信息，增强集团管控能力；有利于提升金融服务水平，增强战略执行能力。

　　本书试图从财务公司的起源和国内外财务公司的对比来寻找财务公司未来的发展方向。在财务公司的功能定位以及国家监管要求的框架下，规范各项业务的制度和流程，通过引入中航工业集团财务有限责任公司特色业务的处理原则、业务制度、业务流程等对财务公司的各项业务进行详细描述，并对存在的问题进行揭示，使从业人员或者企业的财务人员清晰地了解业务处理的全貌。在企业日常管理的基础上，引入战略管理、六西格玛管理、6S 管理、全面风险管理等新的管理工具，以促进非银行金融机构的健康发展。

　　本书是作者在中航工业集团财务有限责任公司的具体实践基础上写作而成的，由于不同企业集团财务公司运作方式存在一定的差异，不足之处敬请谅解，作者愿与大家继续研究和探讨。

目 录

第一章

中国企业集团财务公司概述

自中国第一家企业集团财务公司成立至今的 20 多年来，经过不断探索和发展，企业集团财务公司已经逐步成为具有中国特色的为企业集团发展提供配套金融服务的非银行金融机构，是我国金融体系中非常重要的组成部分。

财务公司在发展过程中，始终坚持立足企业集团，服务企业集团，在与外部金融机构紧密合作的基础上，通过提供内部化的金融服务，提高企业集团资金集约化水平和内部资金运营效率，降低外部债务规模和资金成本，及时弥补外部金融机构的不足，为企业集团提供了高效和全方位的金融服务，为企业集团产业发展凝聚价值、管理价值、创造价值，对企业集团优化资源配置、加强风险管控，实现集团化管理、集约化运作，增强核心竞争力、不断发展壮大发挥了重要作用。同时，财务公司的诞生与发展为推动各类金融机构提高服务效率、改善服务质量，促进金融业多元化发展，也起到了积极作用。财务公司的诞生与发展既适应了企业集团快速发展的内在要求，也顺应了国家深化金融体制改革的总体趋势。

第一节　财务公司基本概念

一、财务公司的定义

国际上，财务公司对应了多种不同的英文名称，如 Finance Company、Finance Services、Treasury Company 或者 Treasury Center，相应的中文译名也各有特

色，如"金融公司"、"金融服务公司"、"融资公司"、"资金中心"等。广义上的财务公司泛指银行以外的、能够承做贷款并提供类似银行及其他金融机构的各种金融服务的专业融资机构，主要有企业附属财务公司和非企业附属财务公司两种类型；狭义上的财务公司专指企业附属财务公司。但由于各国金融制度有很大不同，财务公司的业务功能也各有差异，因此，目前国际上对财务公司尚未有一个统一的定义。例如，美国联邦储备银行对财务公司的定义是："任何一个公司（不包括银行、信用联合体、储蓄和贷款协会以及共同储蓄银行），如果其资产中所占比重最大的部分由以下一种或多种类型的应收款组成，如销售财务应收款、家庭或个人的私人现金贷款、中短期商业信用、房地产二次抵押贷款等，该公司就称为财务公司"；在德国，银行以外的金融机构可统称为金融服务机构；在英国，财务公司有工业财务公司和租赁公司之分；在日本，企业集团附属的金融机构大都为银行，从事消费信贷方面服务的非银行金融机构有消费信贷公司、小额贷款公司和信贩公司；在中国香港，设立财务公司的目的，是银行为逃避政府对银行的利率管制及停发银行牌照的限制。

在我国，企业集团财务公司的概念按照中国银行业监督管理委员会最新颁布的《企业集团管理办法》（2004年7月27日发布，2006年12月28日修订，以下简称《办法》）规定，财务公司是指以加强企业集团资金集中管理和提高企业集团资金使用效率为目的，为企业集团成员单位（以下简称成员单位）提供财务管理服务的非银行金融机构。企业集团是指在中华人民共和国境内依法登记，以资本为连接纽带、以母子公司为主体、以集团章程为共同行为规范，由母公司、子公司、参股公司及其他成员企业或机构共同组成的企业法人联合体。

由上可知，中国的财务公司是由企业集团申请、由银监会批准设立的、为企业集团成员单位提供金融服务的非银行金融机构，因此又称为企业集团财务公司。

二、财务公司的主要特征

（一）财务公司是金融机构

财务公司是专业化从事企业集团内部资金管理、筹集及融资结算业务的非银行金融机构。它可以为成员单位提供资金结算、存贷款、融资租赁、债券承销等综合性金融服务，同时在资金运用中可以进行同业拆借、对外投资、财务顾问等业务，这表明财务公司不仅具有银行业金融机构的一般性特征，如追求盈利性、流动性和安全性的统一，而且是一类具有混业经营特点的金融机构。

（二）财务公司有特定的服务对象

财务公司的服务对象仅限于集团内成员单位，其资本金也主要来自成员单位。在业务开展过程中，财务公司的资金主要来源于自有资金和成员单位存款；而在经营活动中，除了同业拆借、对外投资、买方信贷等少数业务外，财务公司经营业务的主要服务对象是集团内成员单位。因此，财务公司的经营发展与集团公司及其成员单位具有很强的依附性，体现了财务公司"立足集团，服务集团"的特征。

（三）财务公司是集团内部的企业

财务公司作为独立法人机构，也以盈利为目的，是集团内部的一个企业。同时作为集团公司整体战略发展目标的服务机构，其目标核心更在于将自身的金融服务实力转化为集团的发展动力，促进企业集团产融结合发展。因此，财务公司在运营中应当在风险可控范围内，坚持服务与效益相结合，即在为集团公司成员单位提供多元化金融服务的前提下，努力实现自身效益的最大化，进而促进企业集团产业的发展。

（四）财务公司接受双重监管

财务公司作为企业集团内部的金融机构，其股东绝大多数是企业集团或者集团内成员单位，其治理结构的特殊性决定了在经营活动中必然受到集团公司的指导和监督。除此之外，财务公司作为一类非银行金融机构，具有一般的金融属性，因而其经营活动又必须接受银监会和人民银行的监管。因此，在经营管理过程中指导和监管机构的多重性是财务公司区别于一般性金融机构的特征之一。

三、财务公司与商业银行的异同点

从业务范围的角度出发，财务公司与商业银行的业务相比，除了不能开展吸收公众存款、开立基本账户、发行银行卡等少数类型的业务外，其主要业务类型与商业银行基本相同。同时，财务公司还可以从事证券投资等业务，是一种近似于混业经营型金融机构。财务公司与商业银行的差异主要表现为所服务的对象不同：财务公司金融服务对象的范围受到严格限制，范围一般限定在企业集团内部成员单位间；在符合规定条件下，可以将服务对象扩展到成员单位产品的购买者，但业务类型也仅限于消费信贷、买方信贷及融资租赁。而商业银行的金融服务对象范围广泛，其业务大多面向社会公众。商业银行具有资金雄厚、分支机构分布广、产品开发技术力量强等优势。

从职能定位的角度出发，财务公司作为立足于企业集团的金融机构，它是实业与金融产业结合的产物，为企业集团提供资金集中管理服务，同时又与金融市场相衔接，为企业集团成员单位提供各种金融产品。这一特点决定了它在实现产融结合中占据独特的地位，发挥着金融资本对产业资本的推动和促进作用。

表1-1   财务公司与商业银行的主要区别

	财务公司	商业银行
客户	企业集团内成员单位	面向社会
业务范围	相对广泛。除一般银行业务外还可以从事保险代理、证券投资等业务	相对单一。从事存款、贷款、结算、担保和代理等一般银行业务
经营原则	服务集团发展战略，实现集团利益最大化，在此基础上寻求自身利益最大化	追求自身利益最大化
机构类型	非银行金融机构	银行业金融机构
监管方式	企业集团和银监会双重监管	银监会监管

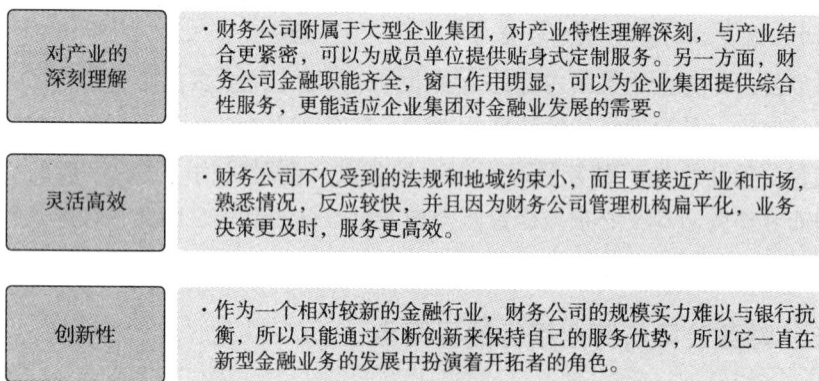

对产业的深刻理解	·财务公司附属于大型企业集团，对产业特性理解深刻，与产业结合更紧密，可以为成员单位提供贴身式定制服务。另一方面，财务公司金融职能齐全，窗口作用明显，可以为企业集团提供综合性服务，更能适应企业集团对金融业发展的需要。
灵活高效	·财务公司不仅受到的法规和地域约束小，而且更接近产业和市场，熟悉情况，反应较快，并且因为财务公司管理机构扁平化，业务决策更及时，服务更高效。
创新性	·作为一个相对较新的金融行业，财务公司的规模实力难以与银行抗衡，所以只能通过不断创新来保持自己的服务优势，所以它一直在新型金融业务的发展中扮演着开拓者的角色。

图1-1   财务公司相比商业银行的主要优势

第二节   企业集团财务公司的主要职能与业务范围

一、财务公司的主要职能定位

财务公司按照功能定位主要有以下三种类型。

（一）司库型财务公司

司库型财务公司的核心职能是为集团公司开展资金集中管理提供有效的技术平台和决策支持。银监会主席刘明康表示，资金集中管理是财务公司的核心业务，财务公司对外的投融资业务只是主业的延伸和派生，不应当成为财务公司的盈利重点和工作中心。经调查发现，目前国内大多数财务公司都属于这一类型。

如中航工业集团财务公司定位为：资金管理中心、结算中心、筹融资中心、金融服务中心。

（二）信用型财务公司

信用型财务公司以集团外第三方提供买方、消费信贷等一系列服务为主。欧美大多数财务公司兼具司库型财务公司和信用型财务公司的双重职能。经调查发现，国外尤其是美国大多数大型企业集团都实行高度集中的资金管理模式，由司库来完成。而财务公司的主要资金运用是为公司产品经销商或最终客户提供融资服务。这是由于美国财务公司所在企业资金实力强，资本量充足。另外一条非常重要的原因是美国的金融管制不同于我国，集团内部的资金借贷不受金融机构监管，无须取得金融牌照，而我国则对此管理非常严格，必须由具有金融许可证的财务公司来完成资金集中管理。因此，美国财务公司重点考虑的是如何把企业集团的资金运用好，帮助集团解决更深层次的问题。

从波音金融公司的机构设置和业务范围来看，其功能定位是波音公司销售融资支持中心，业务集中于为民用飞机、公务机、民用设备和空间及防御产品提供创新的融资解决方案（主要是基于资产的融资和租赁服务），重点提供对客户核心业务起关键作用的资产管理服务。

（三）全能型财务公司

全能型财务公司不仅具有司库型和信用型财务公司的业务功能，同时在很多方面具有金融控股（集团）公司的形态。在这种模式下，财务公司不仅可开展银行业务，而且能从事证券、保险、租赁等金融业务。

如西门子金融服务公司在西门子集团的功能定位是：集团金融服务中心、盈利中心和集团金融风险控制中心。其三大战略支柱分别是：促进集团产品销售、为第三方提供服务推动外部盈利增长以及管理西门子集团内部的金融风险。

由上述分析可知，企业集团财务公司的具体功能定位应考虑路径依赖、现有条件、市场环境及未来趋势等诸多因素。依托集团、服务集团正是我国财务公司的最大特色，也是财务公司的立身之本。如果脱离集团支持，财务公司就失去了独立存在的意义。国内企业集团的财务公司能否由"司库型"逐渐向"信用型"甚至"全能型"过渡，由生产服务型、管理服务型向营销服务型转变，由集团内部向集团外部拓展，从国内运作向国际发展，还有赖于内外部市场环境改善和企业集团的产业特点、战略取向和发展水平。

二、财务公司的主要业务

财务公司的业务是按照银监会批准内容逐项开展的，本书接下来将从不同视角，对财务公司的法定业务范围进行分析。

（一）按照《企业集团财务公司管理办法》的规定，财务公司业务功能分类

企业集团将有关金融业务从集团总部分离出去，成立独立的财务公司的主要目的，是加强集团内部资金集中管理，提高内部资金使用效率，并辅之以一定的投资、融资手段，进而优化集团资源配置、改进现金流状况。

实践中，各国对财务公司的业务范围规定有很大差别。我国企业集团财务公司的业务范围是经过近二十年的实践经验逐步摸索出来的。目前国内财务公司允许开展的具体业务范围如图 1 - 2 所示。

（二）按资金来源与运用分类

由上文所述可知，银监会对财务公司的经营范围进行了列举式的规定。下面可以根据业务条线，从资金来源、资金运用和中间业务三个方面分析银监会限定的业务种类。

■ 资金来源（负债类）

```
              ┌─────────────────────┐
              │   财务公司业务范围    │
              └──────────┬──────────┘
         ┌───────────────┴───────────────┐
```

基本业务（11项）	特殊要求业务（5项）
■ 对成员单位办理财务和融资顾问、信用鉴证及相关的咨询、代理业务； ■ 协助成员单位实现交易款项的收付； ■ 经批准的保险代理业务； ■ 对成员单位提供担保； ■ 办理成员单位之间的委托贷款及委托投资； ■ 对成员单位办理票据承兑与贴现； ■ 办理成员单位之间的内部转账结算及相应的结算、清算方案设计； ■ 吸收成员单位的存款； ■ 对成员单位办理贷款及融资租赁； ■ 从事同业拆借； ■ 中国银行业监督管理委员会批准的其他业务。	■ 经批准发行财务公司债券； ■ 承销成员单位的企业债券； ■ 对金融机构的股权投资； ■ 有价证券投资； ■ 成员单位产品的消费信贷、买方信贷及融资租赁。 *注释：开展特殊要求业务的财务公司必须符合银监会相关要求，且须经单独批准。

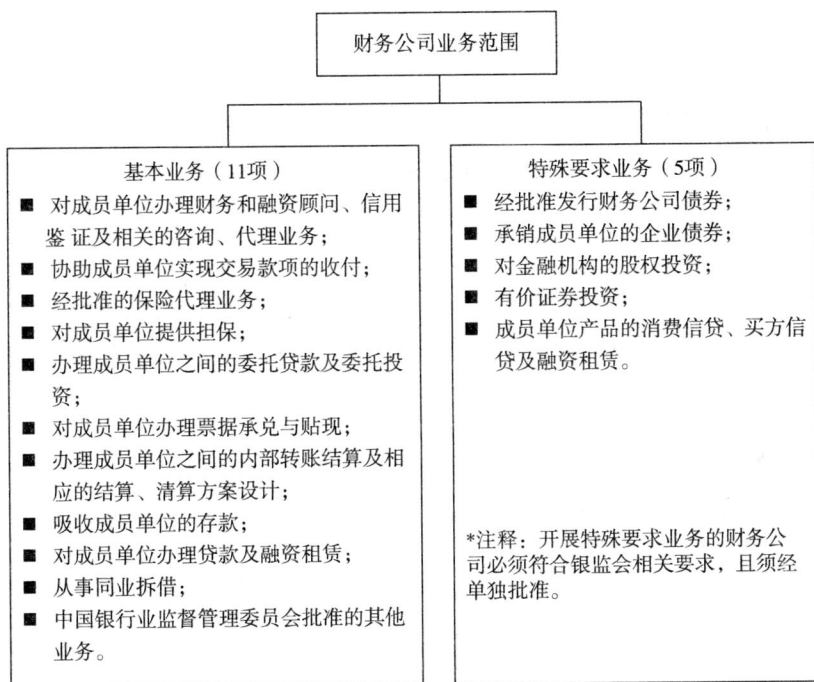

图1-2 国内财务公司法定业务范围

➢ 吸收成员单位的存款；

➢ 同业拆借；

➢ 发行财务公司债券（成立1年后）。

■ 资金运用（资产类）

➢ 成员单位贷款及融资租赁；

➢ 成员单位票据贴现及承兑；

➢ 有价证券投资（成立1年后）；

➢ 对金融机构的股权投资（成立1年后）；

➢ 成员单位产品的买方信贷、消费信贷及融资租赁（成立1年后）。

■ 中间业务

➢ 成员单位财务融资顾问，信用鉴证及咨询；

> 成员单位内部转账结算、资金清算方案设计；

> 成员单位交易款项的收付；

> 成员单位保险代理；

> 成员单位之间的委托贷款及委托投资；

> 成员单位的担保；

> 承销成员单位企业债券（成立 1 年后）。

根据各业务性质和目前开展的情况，可将财务公司业务分类为核心业务、增长业务和种子业务。

资金来源业务是财务公司经营的基础。吸收成员单位存款的资金是财务公司的主要资金来源，是集团资金集中管理政策的主要体现。同业拆借是财务公司利用金融机构优势进行同业融资的主要手段，是资金缺口的有效补充。这两项业务是目前财务公司的核心业务之一。发行财务公司债券的业务 2010 年已经启动，已有财务公司在尝试，该业务将成为财务公司近期关注的重点，归类为增长业务。

资金运用业务传统上称为资产业务，是财务公司经营的重点。成员单位的贷款类业务（包括信贷、票据贴现等）是资金运用的主要方向。有价证券的投资业务规模受资本金规模的限制，投资业务的风险回报率较高，其收益在财务公司总体收益中的比重较大。这两类业务是目前财务公司的核心业务。对成员单位融资租赁和对金融机构的股权投资业务在财务公司中已经有一定开展，但所占比重不大，还有较大的拓展空间，归类为增长类业务。成员单位产品的消费信贷、买方信贷业务是国外大型集团财务公司的主营业务品种，但在国内财务公司中，尚处于萌芽状态，归类为种子业务。

中间业务是财务公司未来发展的一个重点。传统的内部结算、资金收付业务是资金来源业务的一个派生业务，其中财务公司与成员单位间的结算业务是基础业务，成员单位间的内部结算、资金收付等业务根据成员单位需求和财务公司实际条件选择性开设。尽管这块业务没有直接的效益体现，但它是资金来源和运用业务不可或缺的基础业务，直接影响这两类业务的质量，应归为核心业务。成员单位保险代理、年金代理、担保业务前景较大，但行业目前开展幅度很小，归为增长业务。承销成员单位企业债业务，对成员单位财务融资顾问、信用鉴证及咨询业务，目前业内普遍模式是财务公司作为集团附属公司提供非合同服务，尚没有以专业中介机构的身份代理这些业务，不能在财务公司经营成果中独立体现这类业务的效益，预期这一现状短期内尚不能得到较大改观，故归为种子业务。

表 1 – 2　　　　　　　　　　财务公司业务分类表

项目	核心业务	增长业务	种子业务
资金来源类业务	吸收成员单位存款 同业拆借	发行财务公司债券	
资金运用类业务	成员单位贷款 票据业务 有价证券投资	成员单位融资租赁 对金融机构股权投资	成员单位产品消费信贷、买方信贷
中间业务	资金结算 交易款项收付	委托贷款和委托投资 保险及年金代理 担保业务	承销成员单位企业债 成员单位财务融资顾问、信用鉴证及咨询

财务公司的战略经营单元的选择受公司外部环境和内部条件两个因素的影响。财务公司的发展必然伴随着外部环境和内部条件的不断变化，因此，财务公司在不同的发展阶段应选择相应的战略经营单元。

第三节　国外财务公司的产生与发展

财务公司这种金融机构起源于西方，1716 年出现于法国，此后英美等国相继建立此类金融机构。财务公司一般不吸收公众存款。由于各国国情的差别，财务公司的主业各有侧重，其中比较典型的制造产业企业集团财务公司基本上是一种以促进商品销售为功能特色的非银行金融机构。

国际上，财务公司一般可分为企业附属财务公司和非企业附属财务公司。企业附属财务公司由企业（主要是大型制造业）设立，为本企业服务，但服务范围可能不完全局限于本企业，主要代表为美国模式财务公司。非企业附属财务公司包括银行附属财务公司，主要代表为英国模式财务公司，此外还包括银企合资财务公司和独立财务公司。

从世界各主要发达国家及地区财务公司的职能来看，大部分国家的财务公司是以大型企业集团母公司为服务重点，但并不局限于企业集团，从市场参与看，除了为产业集团提供融资、信贷、租赁等金融服务外，还参与收购兼并领域和国际金融市场，并在终端消费领域占有较大份额，如表1-3所示。

表1-3 主要发达国家和地区财务公司的业务职能和资金来源

国家（地区）	类型	业务	资金来源	典型代表
美国	按投资主体分为附属型、完全自由和独立型；按业务分为销售型、商业型和消费型。	主要为经销商或终端服务商提供贷款，分五种：销售融资、商业信贷、批发零售、消费信贷、金融租赁。	发行商业票据、债券和股票、母公司贷款或其他金融机构借入等。	GE金融、福特信贷、通用汽车财务、摩托罗拉财务等。
瑞典	一类是获批从事信用市场业务，须遵守监管部门要求；一类是生产性公司的一部分，可直接开展为集团促销的业务。	主要业务有保险服务、财务服务、消费者融资、租赁等。如果融资行为是由国家或市政当局进行，与自己公司产品相关且不需从公众募集、不与第三方发生融资关系的自给财产的处理管理，不需审批。	不能吸收公众存款，主要资金来源有：从银行和金融机构贷款、商业票据，其他债务、公司债、资本等。	GE资本、爱立信财务、沃尔沃信贷等。
德国	金融服务机构；有的企业还设立银行（如汽车银行）。	全能型的，可经营多种金融业务；向成员单位或成员企业吸收存款和发放贷款；向公众开展的业务及票据贴现、证券、担保、结算、发行新债券等需要申请银行业务许可证。	吸收成员单位存款、储蓄存款、金融机构贷款、商业票据、债券、股票等。	西门子金融服务集团等。
英国	工业财务公司（主要为工业企业提供金融服务）。	为各种商品的租买提供分期付款形式的贷款；为从事银行业务、租赁业务和代理业务的金融机构提供资金融通；涉足经营租赁业务。	主要是银行贷款，约占40%，另外还包括股本金、吸收存款及发行债券。	多家跨国公司在此设有财务公司。

续表

国家（地区）	类型	业务	资金来源	典型代表
日本	小额消费信贷公司和信贩公司。	分期付款购物融资；借贷、担保；汽车融资租赁；信用调查；工厂融资；非人寿保险和人寿保险代理；购买、销售和租赁汽车及其他产品；发行信用卡。	资金来源于银行业其他金融机构的贷款，另外可发行股票、债券和商业票据。	福特信贷、日本公司、信贩公司。
韩国	相互信用金库、信用协同机构、授信专门会社、资金中介会社等。	相互信用金库对本地区小型企业贷款；限定地区成员共同组建信用协同机构从事针对成员融资业务；授信专门会社从事信用卡、融资租赁、票据贴现、新技术金融业务；资金中介会社从事金融机构间的资金中介业务。	票据销售、现金管理账户、同业拆借等。	三星金融服务集团（由多家金融公司组成，公开运作）。
中国香港	财务公司大都是在银行的基础上发展起来的。三种类型：接受存款类、投资类和基金管理类。	接受存款类：只有存款业务，不具备银行其他业务；投资类：以机构投资者身份进行权益投资；基金管理类：养老基金、共同基金的经营与管理业务，信托、租赁和保险。	接受存款类：存款；投资和基金管理类：资本、外部融资等。	（香港）西门子财务公司。
新加坡	地区性财务管理和资金管理中心。	地区资金管理和融资。	内部企业存款、外部金融机构融资、发行商业票据和债券等。	杜邦、索尼、三星、爱立信、摩托罗拉等。

一、美国模式的财务公司

美国模式财务公司是以搞活商品流通、促进商品销售为特色的非银行金融机构，一般为非存款类公司。它依附于制造厂商，是一些大型耐用消费品制造商为了推销其产品而设立的受控子公司，这类财务公司主要是为零售商提供融资服务的，主要分布在美国、加拿大和德国。如美国 GE 财务公司、德国大众金融服务公司等是美国模式财务公司的标杆企业。

（一）美国财务公司的沿革与发展

美国的财务公司最早始于内战后。1878 年，第一家财务公司 Household Finance 成立。当时由于许多人需要购买消费品，因此一些从事分期付款的贷款公司便应运而生。

"二战"后，许多耐用消费品和汽车的需求增加，扩大了对消费信贷的需求。销售财务公司通过耐用消费品零售商买进分期付款合同，为零售商提供金融资助。此后，消费财务公司有了进一步的发展，它们主要贷款给个人，以分期付款的方式收回本利。这种消费信贷除用于购买家庭用具和汽车，还可为教育、度假、娱乐等贷款。20 世纪 70 年代初，财务公司专业化的特点更为突出。从业务上可以分为消费型财务公司、销售型财务公司和商业型财务公司。到 70 年代末，大中型财务公司业务交易形成多样化的贷款与资金来源。

进入 20 世纪 80 年代美国实行《放松管制法》以后，金融机构业务出现交叉，经营态势上传统的消费型、商业型和销售型三种类型财务公司的界限变得日趋模糊。财务公司除了按法律规定不能吸收公众存款外，业务范围开始呈现出社会化、综合化、多元化的发展趋势。

90 年代之后，财务公司、商业银行和信用社的竞争更为激烈。不少财务公司利润受挤，损失较重。与此同时，为逃避一系列法律制度的严格约束，改变不利局面，商业银行开始通过控股公司来控制一批非银行的子公司，它们绕过法规的限制，兼并财务公司，以便经营一些不允许银行直接经营的金融或非金融业务。财务公司行业整体呈现数量下降、质量上升的态势。

（二）美国模式财务公司的业务范围

美国模式财务公司从产生之日起，对业务对象就没有特殊限制，即没有限定在单一企业或某一集团内（包括企业附属型财务公司），因而也就没有服务范围和地区的限制，属于一类社会化的金融机构。

美国模式下的财务公司虽然附属于制造厂商，与母公司的销售策略和行动配合密切，但没为母公司及母公司下属公司进行生产性融资的责任和义务，也不是母公司的内部银行或结算中心，除了为母公司产品流通提供信贷服务，也投资于母公司以外的其他行业、产品和有价证券。其典型业务是为经销商（批发商、零售商）、最终用户（工业设备用户、消费者）提供信贷服务，信贷方式包括对经销商进行库存、应收款抵押贷款、应收款购买等方式，还包括对用户进行分期付款购买信贷、租赁等方式。目前，在注册银行、信托公司和抵押贷款公司及其他金融机构的竞争压力下，财务公司也开始经营普通商业信贷、建筑业长期抵押贷款及票据贴现等商业银行业务，且这类业务正逐渐占据主导地位。

在 20 世纪 90 年代初，商业信贷占到总资产的一半以上，但此后一直呈下降趋势，到 2006 年已不到 1/3。相反，消费信贷所占比例则从 90 年代初的 22%，上升到 2006 年的 40%；虽然在 2003—2006 年略有下降，但基本保持稳定。不动产信贷波动较大，在整体经济发展良好的带动下，2003—2006 年共增长近 6 个百分点，达到 30%。

除传统的信贷业务外，其他业务类型主要有以下几种：跨国财务公司的全球化资金管理业务；融资租赁业务；产品保险业务；金融创新业务。

美国模式财务公司的业务特点在资产类别上表现为应收款项占绝对份额，通常在 70%～90%，应收账款的主要构成是对经销商和用户的各类信贷、租金，有价证券在财务公司总资产中比重很小。

（三）财务公司的经营模式

1. 资金来源

财务公司属于高负债企业，股东权益和负债之比一般低于商业银行。美国法律规定财务公司不能以吸收储蓄和信托方式融资，因此其资金主要来源于货币市场和资本市场，概括来说主要包括四个方面：资本金；资本市场融资；母公司及成员单位的资金支持；商业银行借款。进一步分析其资产负债表，具有如下特点：

（1）通过货币市场发行商业票据，一般占其总负债 1/3 以上，占短期负债 3/4 以上。

（2）通过资本市场发行债券，这是其长期资金的主要来源。

（3）银行贷款，通常不超过 10%，但财务公司一般在银行拥有一定的授信额度，以保证财务公司随时使用额度以内的资金。财务公司的融资能力和融资成本直接和其资信等级紧密相关。

2. 经营模式

在美国，联邦储备银行对财务公司的定义是："任何一个公司（不包括银行、信用联合体、储蓄和贷款协会以及共同储蓄银行），如果其资产中所占比重最大的部分由以下一种或多种类型的应收款组成，如销售财务应收款、家庭或个人的私人现金贷款、中短期商业信用、房地产二次抵押贷款等，则该公司就称为财务公司。"美国的财务公司种类繁多，按照主营业务侧重点不同，可分为司库型财务公司、信用型财务公司以及全能型财务公司。

（四）财务公司与其他金融机构的关系

1. 财务公司与投资银行

财务公司与投资银行虽同属非银行金融机构，但功能与业务不同，不是竞争关系。尽管有些财务公司开展投资银行业务，但其主导业务仍是商品流通领域。财务公司对应收账款有时需要借助投资银行进行资产（主要是应收账款）证券化，或通过投资银行推销财务公司债券，从而成为投资银行的服务对象。

2. 财务公司与其他金融机构

财务公司因补充商业银行及储蓄信贷机构对商品流通领域金融服务的不足而兴起，现已成为销售流通领域金融服务的重要提供者，与商业银行、专业租赁公司、保险公司在销售融资领域既构成一定的业务竞争，同时在大型项目融资及租赁方面也相互合作。

3. 财务公司业务的发展

制造企业附属财务公司的金融服务现已从销售流通领域扩大到消费领域，并如同银行一样向用户发放信用卡。目前制造企业附属财务公司已成为其母公司产品消费信贷的主要提供者，融资对象已不局限于母公司产品，而是同类产品或多类产品，财务公司的业务紧密配合母公司的国际化营销战略。

二、英国模式的财务公司

英国模式财务公司基本上都依附于商业银行，其组建的目的在于规避政府对商业银行的监管。因为政府明文规定，商业银行不得从事证券投资业务，而财务公司不属于银行，所以不受此限制，这种类型的财务公司主要分布在英国、日本和中国香港。

（一）英国模式财务公司的沿革与发展

英国的财务公司也称金融公司或贷款公司，主要向工商企业和消费者提供分期付款及其他类似金融服务。英国的财务公司大体有两类，一是工业财务公司，主要为工业企业提供资金，帮助其执行发展计划，取得最高效益；二是租赁公司，专门从事赊销及融资租赁业务。

1982 年，英国财务公司和其他消费者信贷公司有 450 个，总资产 26 亿英镑。参加金融和租赁协会（FLA）的会员有 42 个，其中 75% 的会员是银行所有的公司。截至 2009 年 4 月 1 日，该协会共有 200 名会员，它们为大、中、小企业和消费者提供融资。

金融和租赁协会是英国最大的行业协会，在金融行业中占有重要地位。它主要为消费信贷、汽车金融、资产融资业务提供服务，成员包括银行，银行的附属公司，零售商和制造公司的财务公司等。该协会成员提供占全国无抵押贷款的三分之一的贷款业务，汽车消费的一半业务。涉及范围包括融资租赁、经营租赁、租购、个人租赁计划，有担保和无担保个人贷款，信用卡，等等。

1982 年，FLA 会员拥有的信贷余额超过 100 亿英镑，其中 30% 是消费信贷，相当于银行消费信贷余额的一半。消费者分期信贷包括购买汽车、耐用品、家具和度假等贷款，而商业和工业的分期贷款则主要用于商用汽车、办公室设备、计算机和厂房机器等。此外，FLA 会员还越来越多地提供存贷基金，2009 年，通过支持资本投资和提供个人信贷对英国经济复苏和刺激经济增长作出了巨大贡献。

2009 年，金融和租赁行业直接或间接解决了 16.76 万人的就业，占全国就业总数的 0.6%；为 GDP 贡献了 112 亿英镑，占经济总产出的 0.8%；纳税总额达 27 亿英镑。可以说，财务公司在英国的地位愈发重要。

英国财务公司的资金来源主要是吸收存款、发行债券、银行贷款，其存款的 40% 来自银行等同业机构。

（二）英国模式财务公司业务范围

1. 资金来源

在英国，财务公司资金来源主要有以下四个方面：

（1）股本；

（2）吸收存款，财务公司吸收的存款大约有 40% 来自银行和金融机构，存款的其他部分则从货币市场以外获得，如工业部门、商业部门以及个人；

（3）发行债券；

（4）银行贷款。

2. 资金运用

在英国，财务公司资金运用渠道主要有以下几种：

（1）资产融资。资产融资是为商业和公共部门提供资金融通，帮助它们购买资产，包括独资经营者、合伙经营者、公司、本地政府和医疗服务机构。主要方式是租购和租赁。

（2）消费信贷。包括：①无担保贷款。无担保贷款的贷款方对消费者资产没有任何处置权。该贷款方式主要用于购买汽车和住房改善。②信用卡和储蓄卡。信用卡和储蓄卡为消费者在选择立即支付或分期支付时提供了灵活、快捷的方式。③分期付款信贷。商业分期付款信贷通常用来购买家电、家具等，一般按月支付款项或采用后付款方式。④抵押贷款。在抵押贷款方式下，当借款方不能按期还款时，贷款方有权处置借款方的部分资产。

（3）汽车金融。包括：①租购。租购是购买汽车最常用的方式，当所有费用支付完毕后，汽车的所有权由财务公司转向消费者。②个人购买合同。近年来，个人购买合同越来越受欢迎。在租金支付期末，消费者有权按照预先约定的价格购买，或在所有未付费用解决时归还汽车。通常维修计划也会包含在合同中。③租赁协议。租赁协议在一定时期内提供汽车的使用权而非所有权。所还款项包括购买汽车的成本和利息。消费者通常要负责汽车保险、维修和纳税。④保险。最普遍的保险形式是 GAP（Guaranteed Asset Protection）。发生交通事故后，GAP 保险能够覆盖汽车价值（保险公司支付额）与消费者拥有的任何未决资金之间的缺口。⑤租借合同。租借合同通常用于为车队提供资金，这是商务使用中非常具有成本效益的方法，因为租借者只需要在一定时间内支付租金就可以使用一个汽车车队而不需要花大量资金购买，当然他们也只有使用权而没有所有权，合同终止时，汽车被归还给租赁公司。

（三）经营模式

英国财务公司基本上都是大型商业银行的附属机构，如英国现有约 500 家金融公司，几乎都被一些大银行和其他金融机构控制。除发行财务公司债券、银行借款、票据贴现外，这类财务公司还吸收存款，在英国，吸收存款一般占财务公司负债总额的 30% 以上。英国模式的财务公司还有一个显著特征，即可以在一定的条件下向其他金融组织形式过渡。

银行设立的财务公司主要有三种类型：

第一种：接受存款类的财务公司，主要进行存贷款业务，不具备银行的其他功能。

第二种：投资财务公司。这种财务公司是以机构投资人的身份在实业领域中投资并直接进行股票交易，自己炒股票，并以参股、联营、收购兼并、新办企业的方式与产业资本相融合。

第三种：基金管理类财务公司。这种财务公司主要从事养老基金、共同基金的经营与管理业务，并从事信托、租赁和保险等事业。

银行设立上述各类财务公司除了逃避法律对其业务的限制外，还通过这些附属财务公司实行专业化经营、分散风险、谋取高利，实践证明，效果很好。由于法律大多规定银行必须投贷分离，不能把存款业务和投资业务置于同一企业法人之中，混淆债权和股权的关系，同时也是为了防止银行垄断经营。因此，大银行通过设立附属财务公司，以不同的企业法人形态规避法律限制，而实际上这些财务公司又大多被银行独资或参股经营，实际上两者的业务很难区分，这样就起到了一分为二、合二为一的双重功能，扬长弃短。

三、国外两种模式财务公司的特点归纳

通过以上的简要分析，我们可以归纳出以下结论：

1. 国外财务公司主要为企业集团的产品销售提供金融服务，其主要作用是对企业的应收账款融资，以扩大企业的市场份额和加速资金回流；

2. 财务公司的服务对象往往并不局限于单一企业，而是为特定产业甚至多种产业的产品销售提供融资；

3. 直接融资是财务公司主要的资金来源。

就第一点而言，财务公司的服务重点在促销而非制造环节，这主要是因为发达国家产业制造技术已相对成熟，企业市场份额的竞争更多偏重包括销售服务在内的全方位竞争，因此财务公司的服务重点也偏向于此，这体现了财务公司为所在企业的主导产业提供金融服务这一宗旨；就第二点而言，我国制造产业财务公司如按产业特性适当归并，可有助于扩大融资规模和降低融资成本，也有助于改变目前单一企业集团财务公司经营风险过于集中的问题；就第三点而言，这主要是因为发达国家金融市场发达，直接融资比重较高，特别是公司附属型的财务公司，可以凭借其所在企业集团的雄厚实力（信用等级较高）在金融市场筹集大

量的低成本资金，这是其逐渐取代银行成为特定产品销售融资主要提供者的重要因素，也是其生存和发展的基础。以上三方面很值得我国财务公司借鉴。

四、对我国财务公司发展的借鉴作用与启示

(一) 财务公司的发展需要完善的市场环境

国外财务公司的蓬勃发展与其完善的市场配套体系是分不开的，只有拥有了成熟的市场体系，财务公司才能充分发挥其为集团进行多渠道融资服务的优势，在中国更是这样。美国模式财务公司资金来源渠道广泛，涵盖资本金、银行贷款、发行商业本票、长期债券、中期票据甚至利用资产证券化再融资等多种融资方式。而我国财务公司资金主要来源于吸收集团和成员企业的存款、集团和成员单位投入的资本金，吸收存款是财务公司负债的最主要部分。虽然有关法律允许财务公司发行商业票据和债券进行融资，但是信用评级制度的不健全和资本市场的不成熟，使这种在国际上最重要的融资方式在中国的财务公司中尚未得到广泛运用，而从银行获得大量贷款进行转贷在我国尚不允许，因此中国的财务公司仍只能以吸收集团内部资金为主要资金来源，以集团内部资金清算为主要职能。可以说，市场环境不完善已经成为财务公司发展的瓶颈因素。

(二) 财务公司的发展需要发挥专业化投融资的优势

集团财务公司的发展应当依托本集团的业务，并促进本集团业务发展的规律已经被国外财务公司的发展所证实。这是因为，对集团的流程、顾客需求和市场状况的熟悉是企业集团财务公司相对于其他金融机构的优势所在。从事与本集团业务有关或为集团产品提供融资支持的业务，集中精力于特定的领域和客户，充分发挥产业背景的优势，是财务公司发展的根本出路。美国的汽车集团附属财务公司对美国市场上的汽车金融、消费信贷等业务拥有绝对的垄断地位，而我国的财务公司在这方面的业务则涉及较少。目前，国内许多汽车集团财务公司正筹备与外国汽车金融财务公司的合资合作项目，应当说这是一个很好的尝试和发展方向。

(三) 金融创新是财务公司开拓业务的重要手段

无论是美国模式财务公司还是英国模式财务公司，都是金融市场上进行金融创新最为活跃的金融机构之一。美国模式财务公司最为集中开展的信贷应收账款证券化业务，涵盖了整个产业超过3/4的工业信贷应收账款。财务公司还积极拓展次级债业务以合理拓展金融财务公司的传统私人放款业务。财务公司在资本市

场上还广泛使用中期票据进行融资。

国内财务公司开展资产证券化业务是受到严格限制的。目前，财务公司以传统的存贷款业务挣取差价作为收入的主要来源，对于资金流动性比较充裕的企业集团财务公司而言，参与新股申购、进入股票二级市场从事股票买卖，以提高闲置资金的收益率，而这些资金运作方式都增加了财务公司经营的风险，也无益于集团资金的安全管控；或者大部分资金存放金融机构同业，挣取利息差价，资金利用率很低，造成闲置浪费。

与商业银行、证券公司相比，除了少数像 GE 金融这样的大型财务公司以外，财务公司的资金规模大多偏小，在传统业务的争夺中必然处于劣势，美国、欧洲是这样，中国也不例外。在目前的情况下，由于大企业集团的资金状况相对较好，往往被作为优质客户而被各家金融机构进行争夺，因此财务公司只能生存在商业银行和证券公司的夹缝中，并面临着外资金融机构大规模进入的压力，局限于传统业务必然没有出路。因此，加强金融创新，开拓新业务是当前财务公司的发展方向。国内监管机构应积极鼓励国内财务公司之间进行金融创新，允许开展信贷资产证券化业务；打通财务公司之间的资金融通壁垒，形成财务公司之间的资金市场，实现各企业集团资金的有效调剂，提高资金的周转效率和使用效率，降低企业集团和财务公司的经营风险。而监管机构对于集团财务公司业务范围的规定（可以从事集团内的同业拆借、承销发行债券、消费信贷、财务顾问等业务，实为集团内的混业经营），也为金融创新的开展提供了便利的条件。

（四）探索差异化、新兴监管模式

无论是美国还是英国，对于财务公司的监管都依靠市场机制进行监管，通过以风险为导向的监管对财务公司行业进行弹性监管。在这样的监管理念下，财务公司成为了金融市场上开展金融创新较为活跃的一支力量。

我国的财务公司在运营中需要接受企业集团对于经营计划的考核，银监会等监管机构对财务公司进行风险监管；同时财务公司还必须遵循人民银行制定的对商业银行等金融机构的政策法规和相关管理规定。

商业银行与财务公司在资金来源和业务开展范围上有着本质的区别，按照管理商业银行的标准去规范财务公司，在很大程度上制约了财务公司的发展，抑制了金融创新。财务公司资金来源内部化，业务开展也局限于集团内部，业务开展衍生的金融风险在广度和深度上都与银行相去甚远。因此，建议对于国内财务公司，监管方向应以鼓励创新为主，区别于商业银行进行独立监管，释放财务公司更大的功能作用，以服务于集团和成员企业的实体经济。

因此，在监管方面，不应当把财务公司当做是某一类形式的机构，设立统一的业务范围与经营准则，采用机构管理模式，而是应当一方面借鉴美国对财务公司弹性监管的原则，在大的范围上作规定后，仅要求财务公司从事某一类业务时遵循特定业务的经营准则即可；另一方面，将对财务公司的监管与其所归属的企业集团监控结合起来，建立财务公司所在企业集团的信息披露机制，要求其集团定期向监管当局送全集团的财务报表，以利于监管部门及时了解企业集团的经营状况，并对其附属财务公司的风险作出相对准确的预测。

第四节　国内财务公司的沿革与发展

国内的财务公司，作为大企业集团的附属金融机构，是在改革开放的大背景下，伴随着经济体制改革和金融体制改革的推进，为配合国家实施"大公司、大集团"战略应运而生的，并伴随着企业集团发展而发展。1987年5月7日，中国人民银行正式批准设立了企业集团财务公司。从此，我国的大型企业集团开始运用自己的金融机构融通企业内部资金，提高企业的资金使用效率和效益。截至2010年末，经过20多年的发展，全国已有运营和正式筹建的财务公司法人机构114家，经批准正式开业的财务公司107家，较1987年的7家，增长了约14倍；全行业资产规模约1.55万亿元，较1987年的17亿元，增长了约911倍。其中，"十一五"期间累计实现利润1 000亿元，是前18年累计利润的2倍多。设立财务公司的企业遍及电力、石油、石化、钢铁、煤炭、机械、航空、航天、电子、航运、纺织服装等30多个行业，其中有国有企业，也有集体、民营和外资企业。这些企业都是所在行业的排头兵。在服务于企业集团的过程中，财务公司也成长为中国金融市场上一支不可忽视的力量。①

一、国内财务公司的发展历程

中国的财务公司是改革开放的新生事物，在边实践边探索中走出了一条"在规范中发展，在发展中规范"的改革之路。财务公司二十多年的改革和发展过程正是一个动态的制度变迁过程，主要取决于由政府部门制定的一系列政策法规的

---

① 本文中数据来源于财务公司协会。

演变，可以说，制度因素是中国财务公司建设、运行和发展的深层次主要因素。

（一）积极探索阶段：1987 年 5 月—1991 年 12 月

为了提高整个集团的资金使用效率，实现资金内部融通，降低财务成本，中央政府批准设立企业集团财务公司，作为扶持企业集团发展的配套措施之一。1987 年 5 月 7 日，东风汽车工业财务公司成为首家经中国人民银行批准成立的财务公司，相隔不久，中山、重汽、华能、锦江、一汽、四通财务公司相继成立。同年 12 月 16 日，国家体改委、国家经贸委印发《关于组建和发展企业集团的几点意见》（体改生字［1987］78 号），对企业集团的含义，组建企业集团的原则、条件，企业集团的内部管理，企业集团的外部条件进行了官方的规定。该文件把经营自主权、设立财务公司给予集团资金支持、计划单列等作为扶持企业集团发展的外部条件，把财务公司定位在内部融通资金、外部建立金融往来上，并明确财务公司的批设部门是中国人民银行，这是财务公司初期发展的制度依据。

一直到 1991 年 12 月国发 71 号文出台前，国内共有 18 家财务公司先后批准成立。这个阶段，财务公司的职能定位主要为"在企业集团内部融通资金"。

（二）稳步发展阶段：1991 年 12 月—1996 年 9 月

（1）国发［1991］71 号文——集团试点配套政策

1991 年 12 月 14 日，在国务院批转国家计委、国家体改委、国务院生产办《关于选择一批大型企业集团进行试点请示的通知》（国发［1991］71 号）中，正式确立了把设立财务公司作为大型企业集团试点的政策。该文件规定："试点企业集团要逐步建立财务公司"，"财务公司的主要任务是在企业集团内部融通资金，包括建设资金。财务公司要适当扩大融资手段，经批准可以发行债券和股票。成立财务公司要具备一定的条件，按中国人民银行的规定报批，要积极创造条件，成熟一个审批一个。"这就是财务公司作为试点企业集团配套政策的由来。

（2）银发［1992］273 号文——关于财务公司的第一个独立规章

1992 年 11 月 12 日，中国人民银行等部委出台《国家试点企业集团建立财务公司的实施办法》（银发［1992］273 号），总结并充分肯定了自 1987 年以来批准 17 家企业集团试办财务公司的成绩，指出"试点情况表明，财务公司的设立对搞活企业内部资金融通，促进产业结构调整、增强企业集团的凝聚力，具有积极的意义。"这是我国官方文件第一次对财务公司进行评价。银发［1992］273 号文规定，财务公司的机构性质是"办理企业集团内部成员单位金融业务的非银行金融机构"。该规章中详细地规定了申请设立财务公司的条件、财务公司的业务范围以及财务公司的诸多管理权限等。

这两份文件对财务公司的发展起到很大的推动作用，在 1991 年至 1995 年的 5 年间，人民银行共批设了 48 家财务公司，平均每年批设 10 家，财务公司机构数量越来越多，业务规模越来越大，涵盖了我国大部分重点行业。到 1995 年底，全国财务公司共有资产 825 亿元，年利润 23.84 亿元。在此期间，1994 年，东方集团财务公司成立，成为我国第一家民营企业集团财务公司。

这个阶段，财务公司行业开始了规范发展的进程。同时，财务公司的职能定位转变为"为集团成员单位提供金融服务的非银行金融机构"。

（三）调整阶段：1996 年 9 月—2000 年 6 月

（1）银发〔1996〕355 号文——第一个关于财务公司的全面性规章

1996 年 9 月 27 日，为规范财务公司的行为，加强监督管理，保障财务公司的稳健运行，促进企业集团的发展，中国人民银行发布了《企业集团财务公司管理暂行办法》（银发〔1996〕355 号）（以下简称《暂行办法》）。《暂行办法》从机构设立及变更、业务、财务会计、监督管理、整顿接管及解散、惩罚等多个方面进行了规定。

1995 年的全国金融工作会议正式提出了中国金融分业经营的原则和精神，因此《暂行办法》也反映了分业经营的思想。在《暂行办法》实施后，财务公司的证券业务（除债券）被禁止，在中国财务公司协会的牵头组织下，原先的 41 家证券营业部从财务公司分离，成立了由 41 家企业集团持股的联合证券有限责任公司。

（2）银发〔1996〕365 号文——中长期金融服务功能定位导向的开始

1997 年 9 月 3 日，央行发布《关于加强企业集团财务公司资金管理等问题的通知》（银发〔1996〕365 号），以加强对财务公司的管理。该文件重申财务公司的自营存贷款比例、拆入资金比例等资产负债管理指标，明确财务公司的内部转账结算应严格限定在集团成员单位之间资金往来范围之内，一律不得直接参加人民银行组织的联行清算及同城票据交换，并提出了相应的整顿改革要求。

不仅如此，最重要的是该文件对财务公司的定位进行了调整，指出："根据我国设立企业集团财务公司的宗旨及金融机构分业经营的原则，财务公司应定位为支持集团企业技术改造、新产品开发及产品销售的、以中长期金融业务为主的非银行金融机构，而不能办成全功能的企业内部商业银行和信托投资公司的混合体。"相应地，"财务公司应逐渐提高其资金来源中中长期资金比例。不得吸收 3

个月以下的短期存款","中长期资金运用限于集团内企业的技术改造贷款及设备的融资租赁","各项贷款（含融资租赁）中用于支持成员单位技术改造的比例应逐步提高"。

这一时期，财务公司的发展以分业和功能调整为主，虽然发展速度减缓，但为后来的规范发展打下了基础。

（四）规范发展阶段：2000 年 6 月—2004 年 8 月

1999 年 9 月 22 日，党的十五届四中全会通过了《中共中央关于国有企业改革和发展若干重大问题的决定》，把国有企业的改革和发展问题提到一个前所未有的高度。由于财务公司与大型国有企业休戚相关，作为金融业支持国企改革措施的一部分，中国人民银行一方面出台了有关的配套政策来支持财务公司的发展，如批准财务公司开展贴现、再贴现业务及允许财务公司加入银行间同业拆借市场和债券市场；另一方面加快了制定《财务公司管理办法》的进度。1999 年底的数据表明，拥有财务公司的企业集团总资产达 32 343 亿元，占国有资产总量的 1/3 左右，比 1987 年 8 家集团仅数百亿元的总资产量相比增长了近百倍；全国企业集团财务公司的总资产逾 2 152 亿元人民币，比 1987 年增长了 20 多倍，占全国非银行金融机构资产总量的 30% 左右。

（1）《企业集团财务公司管理办法》——关于财务公司行业的第一部正式规章

作为我国第一部关于财务公司运行和监管的正式规章，2000 年 6 月 30 日中国人民银行发布《企业集团财务公司管理办法》（以下简称原《管理办法》）的出台，加快了财务公司规范化发展的进程，以此为分水岭，标志着我国财务公司已从"发展中规范"进入"规范中发展"的崭新阶段。原《管理办法》实质是银发 355 号文、银发 365 号文两个文件的延续与综合，正式将财务公司功能定位转向以支持企业集团技术改造、新产品开发及产品销售等中长期业务为主。同时，对财务公司的机构准入、业务范围、分支机构、股权结构进行了相应调整。

（2）《企业集团财务公司设立审批程序》（试行）

2000 年 12 月，央行银发 [2000] 358 号文《企业集团财务公司设立审批程序》（试行）下发后，批设财务公司工作开始正式启动。按该文件规定，财务公司审批须经六个程序，增加了产业专家、金融专家论证，并报国务院终审的程序。随后人民银行又相继出台了《财务公司内部转账结算业务审批规定》、《关于实施〈办法〉有关问题的通知》、《财务公司进入全国银行间同业拆借市场和债券市场管理规定》等部门规章，初步建立了财务公司的主要政策法规体系。

这一时期，财务公司行业逐渐步入了规范式发展的阶段，为后来的又好又快发展打下了良好的基础。

（五）突破发展阶段：2004年8月至今

银监会成立之后，在总结经验教训、借鉴国际良好经验的基础上，于2004年8月3日，正式发布了修订后的《企业集团财务公司管理办法》（以下简称新《管理办法》）。新《管理办法》是在总结了财务公司近四年实践的基础上，研究了我国金融业的新变化、新形势，经过严肃认真的修改后出台的。新《管理办法》的出台具有特殊的背景：一是2001年12月11日中国正式加入世贸组织，国内金融业同国际逐步接轨，金融市场对外开放十分紧迫，规范国内金融业市场势在必行；二是原《管理办法》部分内容没有得到真正实施，消除制度监管的盲区十分紧迫；三是自2000年发布以来，财务公司对原《管理办法》的很多问题持有意见。如把财务公司定位为对企业集团及其成员单位技术改造、新产品开发及产品销售提供金融服务，以中长期金融业务为主的非银行金融机构，这从政策上限定了财务公司的发展空间，与目前财务公司和企业集团的实际运作状况也不相适应；严格限定为"两头在内"的结算方式使财务公司无所适从，各财务公司对此都持有意见；原《管理办法》规定，3个月以上定期存款必须达到50%以上，而实际上企业集团各成员单位一般都表现为强烈的资金需求，不可能有大量的长期的闲散资金用于存款等。

相对于原《管理办法》，新《管理办法》的变化主要体现在三个方面：其一是对财务公司的定位有了较大的调整。其二是实现了四大突破，即降低了财务公司的准入门槛、业务范围突破了存款3个月的限制、财务公司可以设立分支机构和协助成员单位实现交易款项的收付。其三是进一步加强了监管，比如明确了防范风险的责任人，实行严格的审批、备案、风险报告和谈话制度等。

同时，为了进一步调整完善财务公司行业的风险监管，银监会于2006年印发了《企业集团财务公司风险监管指标考核暂行办法》。2007年，银监会制定了《企业集团财务公司风险评价和监管指引》，建立了科学的风险监管体系。

一系列政策法规、规章的颁布实施，标志着我国企业集团财务公司管理进入一个新的突破发展阶段，必将对财务公司乃至企业集团的发展起到积极的推动作用。至此，财务公司进入了科学稳健发展的新阶段，成立了一批治理结构科学合理、创新进取的财务公司。例如，2007年，在中国航空工业第一集团公司与中国航空工业第二集团公司合并成立中国航空工业集团公司的背景下，中航工业集团财务公司成立，书写了我国金融产业与航空产业结合发展的新篇章。

二、国内财务公司的发展现状

截至 2010 年底，财务公司经过 20 多年的发展，经批准正式开业的财务公司总数达到 107 家。全行业资产规模超过 1.5 万亿元，所有者权益为 1 858 亿元，扣除减值损失后利润为 262 亿元。现阶段，全行业已经设立财务公司的企业遍及电力、石油、石化、钢铁、煤炭、机械、电子、航运、航空航天、纺织服装等 30 多个行业。财务公司在服务于企业集团发展的同时，逐渐成为我国金融市场上一股重要的力量。

1. 行业整体经营情况①

2001—2010 年财务公司行业整体经营指标如表 1 - 4 所示。

表 1 - 4　　　　　　　**2001—2010 年财务公司行业数据**　　　　单位：亿元

年份	资产总额	净资产	资本金	收入总额	利润总额	总资产收益率	净资产收益率	资本收益率
2001	3 377.71	298.84	255.31	70.65	28.03	0.83	9.38	10.98
2002	4 173.12	348.17	301.87	75.35	30.33	0.73	8.71	10.05
2003	5 197.70	392.20	328.12	88.53	38.90	0.75	9.92	11.86
2004	4 248.26	432.40	359.74	107.93	46.41	1.09	10.73	12.90
2005	5 358.34	502.67	400.02	138.21	64.40	1.20	12.81	16.10
2006	7 168.52	647.91	507.46	194.49	92.60	1.29	14.29	18.25
2007	8 311.31	994.40	583.31	463.56	276.21	3.32	27.78	47.35
2008	12 467.80	1 186.69	765.94	459.77	214.41	1.72	18.07	27.99
2009	12 607.58	1 449.29	950.04	422.28	206.37	1.64	14.24	21.72
2010	15 776.31	1 896.27	1 225.53	338.22	261.02	1.65	13.76	21.30
2001—2010 年 10 年平均						1.42	13.97	19.85
2007—2010 年 4 年平均						2.08	18.46	29.59

从表 1 - 4 中可看出，截至 2010 年 12 月 31 日，财务公司资产总额为 15 776.31 亿元；负债总额 13 880.04 亿元；净资产总额 1 896.27 亿元。2001 年

---

① 本章节数据来源：根据财务公司协会统计数据，统计数据范围为 106 家财务公司法人机构。

至 2010 年，财务公司行业平均总资产收益率为 1.42%（总资产收益率按照利润总额除以资产总额计算），2007 年至 2010 年，财务公司行业平均总资产收益率为 2.08%，其中，受到 2007 年新股申购业务及股票市场大幅度上涨影响，2007年总资产收益率为 3.32%，较以往年度大幅增加。

2. 财务公司行业分类经营情况

目前财务公司行业中，资产规模在 1 000 亿元以上的财务公司有 2 家（不含委托贷款），占财务公司整体资产规模的 28.06%；资产规模在 500 亿 ~ 1 000 亿元的财务公司有 2 家，占财务公司整体资产规模的 7.52%；资产规模在 100 亿 ~ 500 亿元的财务公司有 37 家，占财务公司整体资产规模的 47.45%；资产规模在 10 亿 ~ 100 亿元的财务公司有 57 家，占财务公司整体资产规模的 16.71%；资产规模在 10 亿元以下的财务公司有 8 家，占财务公司整体资产规模的 0.26%。

表 1 - 5　　　　　　　　　财务公司资产规模（不计委托资产）　　　　　单位：亿元

资产规模	公司数量	占财务公司整体资产规模的比例（%）
≥1 000	2	28.06
500 ~ 1 000	2	7.52
100 ~ 500	37	47.45
10 ~ 100	57	16.71
≤10	8	0.26

从经济类型看，财务公司主要集中在中央企业和国有企业，其中，中央国有企业共有财务公司 53 家，资产总额 12 096.21 亿元，占财务公司整体资产规模的 76.67%；地方国有企业共有财务公司 38 家，资产总额 2 796.69 亿元，占财务公司整体资产规模的 17.73%；集体、民营企业共有财务公司 12 家，资产总额 828.39 亿元，占财务公司整体资产规模的 5.25%；外资企业共有财务公司 3 家，资产总额 55.02 亿元，占财务公司整体资产规模的 0.35%，如表 1 - 6 所示。

表 1 - 6　　　　　　　　　财务公司资产规模（按经济类型分类）　　　　　单位：亿元

经济类型	资产规模	占财务公司整体资产规模的比例（%）
中央国有企业	12 096.21	76.67
地方国有企业	2 796.69	17.73
集体、民营企业	828.39	5.25
外资企业	55.02	0.35

从行业分布看，机构数量、资产主要集中在石油化工、电力、军工行业，其中，石油化工行业共有财务公司 7 家，资产总额 4 394.31 亿元，占 27.85%；电力行业共有财务公司 14 家，资产总额 3 146.76 亿元，占 19.95%；军工行业共有财务公司 10 家，资产总额 2 225.35 亿元，占 14.11%，如表 1-7 所示。从盈利能力看，中央企业所属财务公司 2010 年实现利润总额占整个行业的 76.54%，石油化工行业财务公司实现利润总额占 24.34%，电力行业财务公司实现利润总额占 23.10%，军工行业财务公司实现利润总额占 13.79%。

表 1-7 　　　　　　　财务公司资产规模（按行业分类）　　　　　单位：亿元

行业	机构		资产		利润	
	数量	比例	金额	比例	金额	比例
电力	14	13.21	3 146.76	19.95	60.29	23.10
电子电器	8	7.55	681.89	4.32	10.99	4.21
钢铁	6	5.66	732.17	4.64	15.62	5.98
机械制造	8	7.55	742.51	4.71	9.30	3.56
建筑建材	3	2.83	182.31	1.16	4.04	1.55
交通运输	9	8.49	733.76	4.65	9.84	3.77
军工	10	9.43	2 225.35	14.11	35.99	13.79
煤炭	8	7.55	850.55	5.39	16.02	6.14
汽车	6	5.66	1 114.66	7.07	18.55	7.11
贸易	2	1.89	149.69	0.95	3.17	1.21
石油化工	7	6.60	4 394.31	27.85	63.53	24.34
有色金属	7	6.60	215.13	1.36	3.68	1.41
其他	18	16.98	607.21	3.85	10.01	3.83
总计	106	100	15 776.31	100	261.02	100

3. 财务公司行业主要业务条线情况

目前财务公司开展的业务主要有存款和贷款业务、票据业务、担保业务、融资租赁业务、买方信贷与消费信贷业务、委托业务、代理业务、同业拆借、投资业务、外汇业务、咨询业务、鉴证业务、信用鉴证业务、资信调查业务、应收账款保理业务、信贷资产转让业务等。

存款和贷款是最主要的业务形式，几乎所有的财务公司都开展了此项业务。根据财务公司协会编制的《中国企业集团财务公司年鉴（2010 年卷）》的统计数据，截至 2009 年末，财务公司的存款总额为 9 834.10 亿元，占整个财务公司负债总额的 88.13%；贷款总额为 6 141.04 亿元，占财务公司资产总额的 48.71%。存款中，短期存款占 50.01%，定期存款占 49.99%。贷款中，短期贷款占 44.27%，中长期贷款占 42.00%，融资租赁占 2.43%，票据贴现占 6.50%，其他类贷款占 4.80%。银团贷款是近年来财务公司贷款的新方式，2009 年，共有中国电力财务公司等 16 家财务公司参与了 51 次银团贷款。银团贷款中，财务公司分担额为 140.69 亿元，占财务公司整个贷款总额的 2.29%。

结算业务是财务公司另外一项主要的业务模式，根据《中国企业集团财务公司年鉴（2010 年卷）》统计的数据，截至 2009 年末，共有 85 家财务公司开展了结算业务，合计发生额 403 208.46 亿元，其中本币发生额 394 145.94 亿元。目前财务公司资金集中统一结算的管理模式可以分为市场化模式、收支两条线模式和高度集中模式。在市场化模式下，成员单位根据自己的实际需要选择资金存放和结算机构，财务公司的资金集中是被动的，资金集中度取决于成员单位的自主意愿，很难实现资金在集团范围内的高度集中；收支两条线模式允许成员单位在银行开立收入户和支出户。成员单位与财务公司和银行签订三方协议，规定收入户只收不支，银行自动将收入归集到成员单位在财务公司的账户；支出户主要用于成员单位的日常费用支出，大额支出必须通过财务公司进行。此种模式下成员单位的资金支付建立在现金流量预算的基础上，财务公司行使了集团预算执行与监督的职能；高度集中模式下，成员单位只能在财务公司开设结算账户，所有的资金结算业务通过财务公司办理，成员单位与集团外企业的资金往来，由财务公司代理完成。此种模式下财务公司起到了集团内部资金中心、清算中心的作用，是真正意义上的集团内部银行。

委托业务也是财务公司的主要业务模式，主要包括委托贷款和委托投资两种形式。根据财务公司协会的统计数据，截至 2009 年末，共有 78 家财务公司开展了委托业务。2009 年，财务公司的委托业务发生额合计为 6 806.29 亿元，其中委托投资业务发生额合计 408.77 亿元，委托贷款业务发生额合计为 6 397.52 亿元。

财务公司的票据业务主要包括票据承兑、票据贴现、票据转出、票据代保管四种形式。根据《中国企业集团财务公司年鉴（2010 年卷）》统计的数据，截至 2009 年末，共有 61 家财务公司开展了票据业务。票据业务当中，2009 年票据承兑额为 418.98 亿元，票据贴现额为 1 093.70 亿元，票据代保管额为 674.70

亿元。

财务公司的担保业务包括融资性担保和非融资性担保两种。根据《中国企业集团财务公司年鉴（2010年卷）》统计的数据，截至2009年末，共有51家财务公司开展了担保业务。2009年，共发生2 290笔担保业务，发生额合计122.68亿元。其中，融资性担保68笔，发生额合计44.87亿元；非融资性担保2 222笔，发生额合计77.81亿元。

财务公司的信贷资产转让主要有转出和转入两种，其中又分为回购型和买断/卖断型。根据《中国企业集团财务公司年鉴（2010年卷）》统计的数据，截至2009年末，共有52家财务公司开展了信贷资产转让业务。2009年，财务公司信贷资产转让的总额为3 132.07亿元。

财务公司的外汇业务主要包括外币存款、外币贷款、外币投资、外币交易、结汇、售汇等。根据《中国企业集团财务公司年鉴（2010年卷）》统计的数据，截至2009年末，共有34家财务公司开展了外汇业务。2009年，外汇存款为88.65亿美元，贷款为68.84亿美元；有两家财务公司进行了外币投资业务，合计2.52亿美元；外汇交易为900.73亿美元，结汇100.42亿美元，售汇676.19亿美元。

三、国内财务公司行业的机遇与挑战

财务公司的竞争环境要素中，比较重要的关系方包括集团、成员单位、集团内其他金融机构、银行、投行等外部竞争者。图1-3是核心业务模块竞争环境分析结果。

（一）行业机会

财务公司是集团公司因资金集中管理和财务管理需要而诞生的。财务公司源自企业集团，依托企业集团，服务企业集团，在与外部金融机构紧密合作的基础上，发挥自身优势，有效地开展业务，为企业集团提供了外部金融机构所无法比拟的快捷和全方位的金融服务，有力地促进了产业资本与金融资本的有机结合。

同时，财务公司可以站在集团公司利益角度，为集团提供多元化金融服务及作为企业对外吸纳金融服务的窗口，为集团成员单位提供廉价、优质、高效和贴身的金融服务。另外，财务公司可以建立客户信息系统，利用了解集团和成员单位的优势，提供专业化金融服务，并为集团领导及时掌握成员单位资金及经营信息动态提供支持。

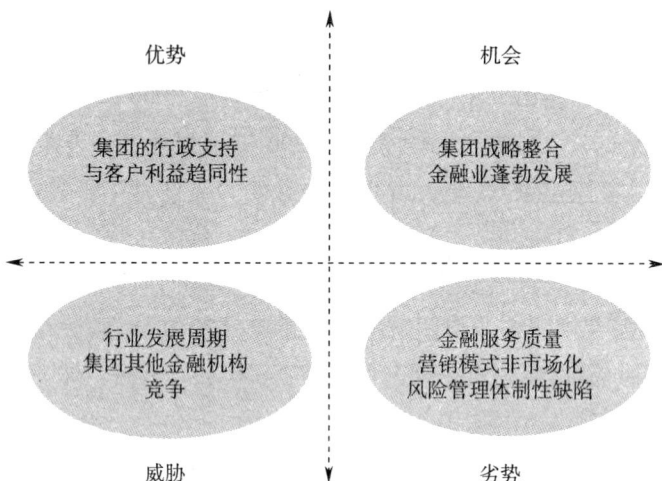

图 1-3　财务公司行业的 **SWOT** 分析

（二）行业威胁——制约发展的主要因素

1. 替代性金融机构实力较强，抑制财务公司基础功能的发挥

经济全球化对金融电子化程度不断提出更高的要求。当前商业银行不断加大投入，推行以信息与网络技术为先导的银行再造发展模式，其"远程汇划"、"实时汇兑"等功能直接介入财务公司的结算业务中，并大有取而代之之势。这对财务公司等规模较小的金融机构来说，因成本较高而困难较大。目前财务公司的结算业务通常挂靠在其他商业银行进行，客户通过财务公司办理转账结算多了一个环节，反而造成资金流转不便，因此，如果财务公司在技术和服务方面没有质的突破，其内部转账结算功能将可能会逐步萎缩。结算业务是财务公司立足的根本，没有结算单位的存款就没有资金来源。

2. 外部机构相关法律法规对财务公司运营造成影响

上市公司的资金集中工作难以开展，证监会和上海、深圳证券交易所对上市公司的一些规定和要求不利于资金集中管理，未能对财务公司和商业银行给予同等待遇。根据中国财务公司协会近期调查，目前所属集团上市或集团拥有上市公司的财务公司数量已过半。按照资金集中管理的定位要求，财务公司本应通过创造内部市场机制最大限度发挥其资金管理和运营的功能，从而降低资金分散风险、提高运行效率，但是目前根据上交所、深交所《上市公司募集资金管理规定》等，募集资金不得存放于财务公司，使得大量募集资金趴在账上而无法通过财务公司实现周转获取经济收益。

另一方面，银监会出台的"三个办法、一个指引"，规定贷款人应对大部分贷款资金采取受托支付管理，同时国家正在积极推行财政授权支付给业务客户。由于财务公司吸收存款主要集中在成员单位，其中部分就是通过对外融资或财政拨付形式的流动资金。因此，上述政策将直接对财务公司的资金集中管理造成一定难度。同时，不利于发挥财务公司对企业集团成员单位资金运作熟悉的优势，降低了对团队成员单位的监控，不利于集团整体经营风险的控制。

3. 发展受限，不能适应产业结构优化升级的客观需要

从我国财务公司所属集团的产业分布看，几乎覆盖了国民经济所有的支柱产业，但从其资产规模看，尚不足银行业的3%，资金来源和运用也被严格限定在企业集团内部，给财务公司的专业化发展带来严重限制。在我国产业组织结构不尽合理、企业集团规模普遍偏小的格局下，财务公司如果继续沿袭依托单一企业集团的模式发展，势必会发展为众多"小而全"的附属型金融机构，不仅自身发展空间有限，同时还强化了目前这种不合理的产业组织结构，起不到支持特定产业优化升级的作用。

4. 存款准备金率过大，制约财务公司资金配置效率

作为货币政策工具的一种，中央银行通过调整存款准备金率，影响金融机构的信贷资金供应能力，从而间接调控市场货币供应量。截至2011年7月，央行对财务公司征收的存款准备金率已经高达16.5%。但是，财务公司作为中国金融市场上"产融结合"管理平台，其与商业银行具有以下不同：第一，职能定位的不同。根据有关规定只能吸收集团成员单位的存款，不开展对社会公众的吸储业务，且财务公司所属集团公司已按照银监会要求，对财务公司提供了保证承诺，因此财务公司的存款支付和清算风险要小于商业银行等银行业机构，进而所需应对支付清算风险的存款准备金相对有限。第二，财务公司资金业务主要产生在企业集团内部，是集团内的一种资源配置，因而不会对整个金融体系的信用创造和货币供应产生实质性冲击，对国家货币调控政策所起的作用也较小。另外，在实际工作中，企业集团高度支持财务公司的发展，把财务公司定位为集团内部的"结算、筹融资和资金管理平台"。而过高的存款准备金率对财务公司而言负担过重，使企业集团归集在财务公司的大量资金以较低利率冻结在央行，影响了集团公司的资金配置效率，不利于财务公司履行集团"资金池"职能。

5. 金融脱媒现象和利率市场化带来的影响

金融脱媒是指资金不经过商业银行媒介体系而直接从供给方输送到需求方，造成资金在银行体系外循环。金融脱媒现象造成银行业储蓄存款加速分流、大公司对银行的依赖性逐渐降低、银行业的资产和收入结构发生变化、加速金融创新等。对于财务公司而言，大型企业集团直接融资和间接融资的便利性不断提高，集团公司货币资金存量呈下降趋势，使得财务公司吸收的存款不一定随集团资金集中度的提高而不断增加，影响财务公司做大规模。

由于财务公司经营业务市场范围有限，价格弹性很小，利率市场化的影响将十分显著。

首先，财务公司贷款和贴现的客户对象局限于集团内部，由于受客户市场的局限，缺乏有规模或有效的客户替代，在集团内部成员单位没有贷款和贴现需求时，不论多低的产品价格也无法带来需求增长，反之，在集团内部成员单位贷款和贴现需求旺盛时，受资金来源的限制，不论多高的产品价格也无法提供产品供给；投资和同业拆放则受到银监会资产负债比例监管的限制，投资总额不得超过资本的70%，同业拆放不得超过注册资本的100%。

财务公司存款业务的客户对象局限于集团成员单位，通过存款获取资金来源的空间十分有限，财务公司通过存款利率调整存款规模存在较大难度。在利率市场化条件下，财务公司业务发展空间受到市场限制和资本约束，财务公司通过产品价格调整业务规模的能力将被削弱。例如，当贷款环境较好时，财务公司受资金来源的限制，不仅要承受银行带来的价格压力，而且还不得不将超过自身放贷能力的市场拱手让给银行；当贷款环境较差时，财务公司受资金运用渠道的限制，难以提高利率向集团放贷，而银行则可将资金投入债券市场或处于扩张期的其他企业。

第五节 财务公司行业发展前景

一、财务公司发展方向

财务公司最终将向什么方向发展，业内一直争议不断。归纳起来，共有四种观点。

一是"商业银行论"。即财务公司应在现有内部银行业务的基础上向社会化的商业银行方向发展。1987 年至 1996 年，对财务公司没有严格的集团内经营的限制，向商业银行发展没有政策的限制，这期间成功转型的招商局财务公司现已发展成为大型商业银行——招商银行，首钢财务公司发展成现在的华夏银行。国际上比较有名的有日本三菱银行等。

二是"投资银行论"。即财务公司应向投资银行方向发展。因集团内银行业务规模受制于集团发展规模，前景有限，应向经纪、财务管理、财务顾问等投资银行业务拓展。

三是"金融控股公司论"。即财务公司应发展为集团的资本运营中心，作为集团的核心企业，通过股权投资和资金借贷对集团内公司施加影响，控制集团内企业的股份。同时通过产融结合，实现产业资本与金融资本的紧密联合，为企业集团的发展提供坚实稳定的支持。在日本经济中占极其重要地位的六大企业集团——三菱、三井、三和、住友、富士和劝业，每个集团都有一家大银行作为核心企业，如三菱银行、三和银行、住友银行。美国十大财团亦如此，各财团通过银行控制财团的企业。

四是"特定范围内的混业经营论"。即财务公司应在充分挖掘现在内部商业银行业务基础上，开发投资银行业务，在业务上以内部商业银行业务为主，内部投资银行业务为辅。

国内财务公司行业受中国银监会的严格监管，财务公司的发展方向受监管层的政策影响极大。从 2004 年《管理办法》来看，目前中国银监会对财务公司的功能定位和发展方向比较倾向于第四种观点，即"特定范围内的混业经营论"。2004 年《管理办法》明确规定了财务公司业务范围局限于集团内部，业务种类涵盖投资、融资、信贷、结算、保险代理、经纪、财务顾问等各种金融业务，取消了对成员单位股权投资业务。这种功能定位基本堵住了向社会商业银行方向发展的道路，限制了向金融控股公司方向发展的条件。适当发展投资银行业务是非常必要的，但由于投资银行业务本质上是建立在多产业、多案例理财顾问经验基础上的高智力服务，需要培养大量经验丰富的专业人才，而财务公司业务范围的局限性不利于提供培养此类专业人才的土壤，因此投资银行业务在相当长的时间内都不可能成为财务公司的主营业务。

二、我国企业集团财务公司的发展思考

根据目前我国的金融环境和企业集团发展的实际情况，我们认为财务公司应

该按照"四步走"的方向发展。

第一步，在近期我国金融市场仍不完善，国家仍然对集团内的存贷款、对集团外第三方贷款实施金融限制，财务公司的发展还不够规范的情况下，把财务公司定位为"为企业集团提供财务管理服务的非银行金融机构"。主要业务为企业集团资金管理和内部融资，金融服务限制在集团内部。

第二步，随着我国金融体制改革的深入，财务公司的稳步发展，国家逐步取消对集团内存贷款金融限制的情况下，把财务公司定位调整为"针对集团产品购买者提供融资和顾问服务的非银行金融机构"，根据企业集团发展的需要，提供全方位的个性化金融服务，部分业务范围突破集团内部限制。

第三步，在未来国家取消对集团内的存贷款、对第三方贷款金融限制的情况下，把财务公司调整为"针对特定产品提供融资和顾问服务的非银行金融机构"。财务公司通过资本市场、银行借款、商业票据等多种渠道扩大资金来源，主要经营商业融资和消费信贷（不限于集团产品），逐步增加财务公司的业务种类，取消集团内部的限制，允许跨国开展业务，扩大财务公司的经营范围和公司规模，提高自身的盈利能力和可持续发展的能力，全面提升财务公司的综合实力、竞争力和市场影响力。在第二步、第三步的基础上，财务公司仍然可以做集团内资金管理和内部金融业务，但对这部分业务不再进行金融监管。

第四步，在金融市场条件成熟、体制完善、财务公司综合实力增强、业务更加全面规范的情况下，财务公司为了追求更大的发展，应积极努力走向社会，提高自己的社会化程度，逐步实现向具有产业背景、产业特点的商业银行的转变，并在转变后做好银行业务的同时，对财务公司原有业务中不能由银行直接经营的部分，由银行通过金融控股的方式来控制一批非银行金融子公司进行运作，以便在继续巩固原有业务范围的基础上，不断拓展经营空间，增加盈利手段。如美国许多商业银行就是通过收购和兼并财务公司的方式来回避法规的限制，提高自己的盈利能力。

第二章

企业集团资金集中管理

在我国，企业集团是指在中华人民共和国境内依法登记，以资本为联结纽带、以母子公司为主体、以集团章程为共同行为规范，由母公司、子公司、参股公司及其他成员企业或机构共同组成的企业法人联合体。其存在形式为多级法人结构，其资金和有息债务的存在方式也分属在各法人实体内部，但从集团整体来看必然存在"存款和贷款双高"的现象，不利于提高资金的使用效率和效益，因此，企业集团的资金集中管理越来越成为一种必然趋势。

第一节 企业集团资金管理模式与资金集中的意义

企业集团资金集中管理模式与意义，在不同的集团有着不同的认识和理解，其与经营者的管理思路、管理方法、风险偏好等是密不可分的，同时与企业集团的管理基础、发展战略、高管人员的能力水平等也是分不开的。

一、企业集团资金管理的模式与现状

企业集团资金管理模式一般分为集权式与分权式两种管理模式，而集权与分权的程度又直接影响资金控制的方式。企业集团管理体制决定了其内部资金管理的模式，有什么样的管理体制就有什么样的资金管理模式与之适应，一般认为只要使企业的资金管理达到均衡和高效就是最优的管理模式。

（一）分权式管理

分权式管理是指企业集团内部的管理权限分散于各子公司，子公司在人、

财、物、供、产、销等方面有决定权。

从目前国内外企业集团发展的需要和实践来看，分权式资金管理模式下易出现如下问题：资金散乱，形不成合力，使用效率低下；集团公司总部监控不力，控制乏力；资金管理体制不健全，特别是在资金使用上，决策体制不完善，只管花钱不注重资金使用效果的问题还十分普遍；截留资金搞"体外循环"，私设小金库；信息失真现象比较普遍，难以对科学决策提供强有力的依据；集团公司无从了解和掌握整体资金情况；缺乏实时动态的现金流量信息，集团无法把握资金的流向；集团成员单位借用集团的名誉进行贷款，担保控制不严，资金管理风险大；资金结构不合理，资产负债率居高不下。

（二）集权式管理

集权式管理是指集团内部的主要管理权限集中于集团总部，子公司或分公司执行总部母公司的各项指令。

目前大多数企业集团都在逐步推行资金集权式管理。而加强资金集中管理，则是企业集团集权式资金管理模式的最核心内容，并在许多大型企业集团中得到了越来越广泛的推广应用。国内外众多企业集团的实践证明，资金集中管理能大大降低财务费用，提高资金使用效率和效益；增强集团公司对成员单位的财务控制，降低财务风险；优化资源配置，保证影响集团战略的重大计划顺利实施。

（三）当前国内外企业集团资金管理的现状

有关研究统计，当代世界500强企业中有90%的公司均已实行了公司财务集中管理，全球500强企业中2/3以上均有自己的金融服务公司或者财务公司。GE、通用、福特、摩托罗拉、爱立信、西门子、英特尔等公司都是通过财务公司实现产业资本和金融资本的有机结合，它们设立的财务公司业务广泛，涉及集团内部资金管理、消费信贷、卖方信贷、融资租赁、保险、证券发行和投资等广泛领域，并且盈利能力都很强，成为集团的重要组成部分。例如，成立于2000年4月的西门子金融服务集团（Siemens Financial Services，SFS）是西门子公司中专门从事金融业务和服务的单位，它承担着为所有西门子公司提供全方位咨询和财务金融方面的支持，进行着资金管理、项目和贸易融资、租赁、金融公司控制等工作，其客户来自180多个国家。西门子集团通过SFS进行集中管理的资金账户有70个，涉及25个币种，其中慕尼黑总部掌管53个资金集中账户、15个币种，中国香港和纽约的资金中心掌管17个资金集中账户、10个币种，每年通过资金结算中心进行的支付交易达900多万次，为西门子集团内部各业务单元的日常运营提供了大量的资金支持。

二、企业集团实施资金集中管理的意义

企业集团实施资金集中管理对于提高资金的使用效率、防范风险等多方面都有重要意义，主要表现在以下几个方面。

（一）有利于解决"存贷双高"问题，降低财务成本

在分权管理体制下，企业集团普遍存在存贷款双高现象，货币资金与银行借款占总资产的比重都相当高，全集团的资金盈缺本来可以自身平衡，但因未统一调剂，还需以年利率5%～6%的成本向银行借款。企业集团实施资金集中管理后，可以吸收存款的方式把集团内各成员企业暂时闲置和分散的资金集中起来，再以发放贷款的形式分配给集团内需要资金的企业，从而实现集团内资金相互调剂余缺。同时，企业集团的资金集中管理可以使集团内部融通资金、盘活资金、提高资金使用率。在同等投资和生产规模的情况下，对银行的资金需求量相应减少，特别是可以减少长期信贷，从而降低因对外借款而支付的利息，降低财务费用，提高企业效益。

（二）有利于加强资金监控，防范资金风险

在分权管理体制下，成员单位自行开立银行账户，集团公司不掌握成员单位的资金流动信息，信息不透明，存在风险隐患。实施资金集中管理后，各成员企业的重大资金流动都要经过集团公司审批后才能进行，各成员企业的资金流动始终都在集团公司的有效监控之下进行，这不仅保证了集团公司各项方针政策的贯彻执行，同时也保证了各成员企业资金的正常有序和安全流动，使资金管理始终贯穿于企业管理的各个环节，有效控制企业的支付风险和资金流动性风险。只有这样才能实现企业集团公司的内部监控功能，同时实时监控资金流动。

（三）有利于提升金融服务水平，增强战略执行能力

在分权管理体制下，成员单位自行对外融资与担保，与商业银行的谈判能力较弱，融资成本高。企业集团进行资金集中管理后，集团内各成员企业不再单独与金融机构发生信贷关系，而是以企业集团的名义进行信贷活动，使企业集团的资金实行了集中管理，企业集团的资金规模得以大幅度提高，企业集团经济实力、社会影响力等均会不同程度地提高，发放贷款的金融机构不会因企业规模小或资金规模小而担心其偿还能力，从而扩大了企业集团的对外信用，提高了集团的信用等级，同时也扩大了集团信贷规模和信贷额度，可有效解决企业集团扩大

生产和临时资金紧缺所造成的影响，从而提升了企业市场竞争力。从公司战略上讲，作为大型的企业集团，要想实现其发展战略并不断地发展壮大，在激烈的市场竞争上站得住脚，获得生存并持续地发展下去，就必须把整个企业集团的优势力量集中起来，尤其是把具有企业"血液"功能的资金高度集中地统一在集团公司总部，为企业集团的整体发展战略服务。

（四）有利于集中财务相关信息，增强集团管控能力

通过资金的回笼和资金的调度，使集团从更高层次参与下属公司的管理，强化了资本经营。同时，有利于各级领导提高对资金时间价值和成本的认识，促进各单位注意经济核算，合理有效地运用资金。另外，由于现代企业的财务管理职能已渗透到生产经营的各个环节，与企业的业务流程紧密结合，在企业的市场策划、产品研发、材料采购以及生产、销售、售后服务的整个业务流程中，无不涉及资金、成本和创造价值等问题，企业集团实施了资金集中管理后，通过对财务数据的集中，实现了企业集团内部财务信息的共享，同时也实现了对企业集团的资源进行统一管理与监控。

第二节 企业集团资金集中管理的模式分析

企业集团资金集中管理的模式主要有报账中心、内部银行、结算中心和财务公司四种模式。

一、报账中心模式

报账中心是一种高度集中的资金集中管理模式，一切现金收付活动都集中在母公司的财务部。集团母公司通过报账中心，解决统一报账、统一收支的问题。

二、内部银行模式

内部银行是将一种模拟的银企关系引入集团内部的资金管理中，母子公司是一种借贷关系，内部银行实际充当企业集团的结算中心、货币发行中心、贷款中心和监管中心，主要职能是进行集团内部日常的往来结算、资金调拨和资金运营。

但国内目前资金集中管理的主要模式是资金结算中心模式和财务公司模式。

三、资金结算中心模式

资金结算中心模式是指企业集团以设立在集团总部的资金结算中心为载体，履行集团资金集中管理职能，是一种非市场化的管理模式。

（一）企业集团结算中心的主要功能

集团资金结算中心主要满足企业集团在资金管理方面的以下需求：集中结算；统筹融资；内部调剂；资金预算与结算的动态结合；全面监控；票据集中管理；实现"集团各成员单位（包括与财务管理信息系统）—结算中心—银行"三者之间顺畅的网络结算体系，实现网上银行与银企直联。

（二）企业集团结算中心的运作模式

集团根据其成员单位分布、银企关系、银行中间业务供给能力等多种因素选择 2 ~ 3 家银行为主办银行，统一集团账户管理。结算中心与成员单位之间建立内部的网上银行，并与主办银行直接联通。这样可以借助现代网络系统和资金管理系统，方便地集中、调剂整个集团的资金，快速高效地进行往来结算，甚至可以吸收集团成员单位外的主要供应商和客户加入资金集中管理体系，如图 2 - 1 所示。

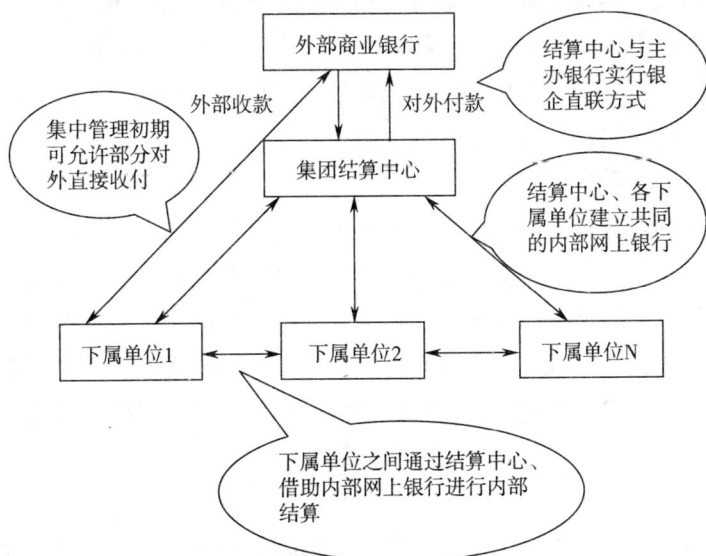

注：该图由中航工业财务公司依据结算中心业务运作模式独立绘制。

图 2 - 1　资金结算中心模式基本模型

（三）企业集团结算中心模式的主要特点

这种资金控制方式具有以下特点：①各成员公司都有自己的财务部门和独立的账号（通常是次级账号），实行独立核算，拥有一定的现金决策权。②集团总部对各成员公司的现金实施统一结算，以减少因分散管理而导致的资金沉淀，提高资金周转效率，节约资金成本。③各成员公司根据结算中心确定的最高现金保存额（通常按照日常零星支出需要确定），将每日剩余的部分现金转入结算中心设立的专门账户，当各成员公司的现金需求超过定额时，必须事先向结算中心提出申请。④结算中心对各成员公司提出的申请有两种管理方式可供选择：一是逐项审批制，即对各项支出必须列明用途、数额、时间，经批准后方可拨付；二是超权限审批制，即超过成员公司经理审批权限的部分，必须经过集团总部的批准。⑤由集团总部制定现金管理的各项规定，结算中心根据这些规定监控各成员公司的现金缴纳与支用。⑥各成员公司不直接对外举债，必须由结算中心统一对外办理。

四、财务公司模式

财务公司模式是企业集团以财务公司为载体进行资金集中管理。我国银监会2004年7月27日印发的新的《企业集团财务公司管理办法》规定，财务公司是以加强企业集团资金集中管理和提高企业集团资金使用效率为目的，为企业集团成员单位提供财务管理服务的非银行金融机构。

（一）财务公司的主要功能

财务公司的业务范围以资金集中管理为核心，但其功能大大超过了资金集中管理。从技术层面来说，资金结算中心可以从事的业务财务公司都可以做，而且能够做得更好。但与结算中心相比，财务公司最主要的一个弱项在于：作为独立法人单位，财务公司难以借助集团的行政力量推动资金集中管理；而资金结算中心根植于集团内部，可以充分利用集团对成员单位的管理权限推动资金集中管理的开展。

（二）财务公司的运作模式

运用财务公司模式进行资金集中管理，集团公司财务部门或专门的资金管理部门必须承担起资金集中管理政策与制度的制定、控制预算与投资方向、实施监督与激励措施等管理职能，如图2-2所示。财务公司主要作用体现为技术平台、业务操作和信息沟通。

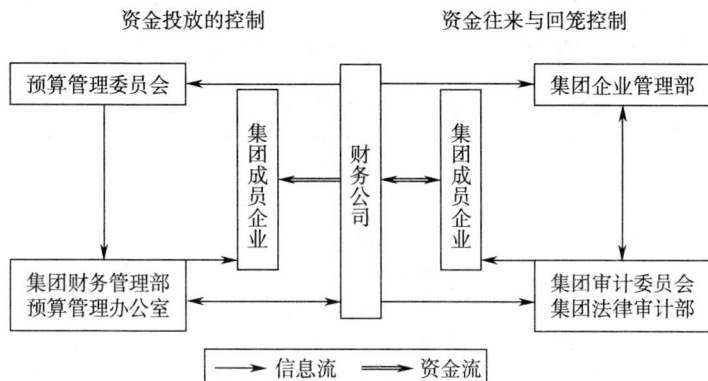

注：该图依据财务公司资金集中管理原理独立绘制。

图2－2 财务公司资金集中管理模式

（三）财务公司主要特点

与其他资金管理模式相比，财务公司的显著特征主要体现在：①财务公司是一个独立的法人企业，它与集体其他成员企业的关系是一种等价交换的市场竞争关系；②财务公司是经营部分银行业务的非银行金融机构，因此，它行使银行的部分职能；③财务公司不仅承担整个集团的资金募集、资金供应和投资功能，并且担负为集团下属公司寻找项目资金的使命，因而财务公司也行使对成员公司及投资项目资金使用的监控功能；④集团总部对各子公司的资金控制通过财务公司来进行，即由财务公司对集团成员公司进行专门约束，而且这种约束是建立在各自具有独立经济利益的基础上。

五、结算中心与财务公司模式的比较分析

通过对结算中心模式和财务公司模式进行以 FADA（Function，功能；Advantages，优点；Disadvantages，缺点；Applicability，适用性）为中心的比较（如表2－1所示），可以发现，结算中心作为企业集团资金集中管理的一种模式，有其优点：设置于集团公司内部，可以借用行政或管理的纽带，强力推动资金管理工作；结算中心作为内部机构，税负低。但其缺点也很明显：一是结算中心一旦发展起来，很容易超范围运作，比如存贷款业务是非金融机构不能进行的，再比如，投资理财业务运作很难按照金融机构的规范运作模式进行；二是结算中心在功能和作用上存在局限性，比如结算中心在融资方面，渠道很有限，不能通过发

行债券等多种方式获得大笔融资；三是结算中心封闭于企业集团内部，外部开放性不强，很难支撑企业集团走金融资本与产业资本结合的道路。

表 2 - 1　　　　　　结算中心模式与财务公司模式的 FADA 对比分析

管理模式	功能	优点	缺点	适用对象
结算中心模式	①集中管理各成员单位的现金收入；②核定各成员单位日常备用的现金余额；③统一拨付各成员单位因业务需要而必备的货币资金；④统一对外筹措资金；⑤办理各成员单位之间的往来结算，并可吸纳成员单位的主要供应商和客户进入内部统一结算系统。	①兼顾成员单位的积极性和灵活性；②内部结算和统一筹资，既降低了财务费用又提高了整体信用；③结算中心依托集团总部对成员单位的资金进行管理和控制，具有较强的管理力度和现成的管理纽带；④可以根据资金管理能力和经验的多少，灵活确定管理的力度和范围；⑤集团可实时掌握资金信息，控制风险。	①市场化程度低；②对外筹资形式有限；③统一举债，增加了总部的风险；④法律定位不清，潜在的法律风险仍然存在。	处于资金集中管理的初期，投资链条较短、集团总部对成员单位的控制力和执行力比较好的企业集团。
财务公司模式	①办理成员单位之间的内部转账结算；②协助成员单位实现交易款项的收付；③对成员单位提供担保；④办理成员单位之间的委托贷款及委托投资；⑤对成员单位办理票据承兑及贴现；⑥吸收成员单位的存款；⑦对成员单位办理贷款及融资租赁；⑧从事同业拆借；⑨发行、承销债券；⑩证券投资；⑪融资租赁；⑫财务和融资顾问。	①法律定位清晰；②业务内容广泛；③市场化程度高；④独立利益关系；⑤专业化强；⑥可以兼容结算中心；⑦可以设立分支机构；⑧可以实现金融资本与产业资本的结合。	①国家监管严格；②设立条件较高；③人员素质要求高；④单独纳税；⑤对成员公司的监管纽带缺乏行政支持；⑥运营风险较高；⑦受外部经济和金融环境影响大。	跨地域、多行业、管理链条复杂、信息化程度较高、有一定资金集中管理经验的大型企业集团。

资料来源：通过对比分析财务公司模式与结算中心业务运作模式的功能、优点、缺点和适用性，独立形成该表。

　　财务公司是企业集团资金管理和资本运营的平台，其法律政策逐渐完善。财务公司在企业集团资源配置、资本运营、做大做强方面有着结算中心无法比拟的条件。无论是在功能的多样化、业务的规范化还是在法律定位的明晰化、人才队伍的高端化等方面，结算中心都比不上财务公司。在结算中心运营的基础上发展成为财务公司是我国大型企业集团的通常做法。实践证明，国内一批知名企业集团财务公司不仅在集团资金管理方面发挥了重要作用，而且已经成为集团的投资中心、融资中心、理财中心和资本运营中心。

　　综上所述，企业集团以财务公司为载体，实施资金集中管理较结算中心模式更具优势。我国许多大型企业集团也都建立了集团层面的财务公司，对资金进行集中管理和控制。大部分企业集团都是由集团统一负责资金集中管理工作，以财务公司为技术平台来推进集团资金集中管理职能。另外，还有一些企业集团既成立了结算中心，又成立财务公司，实现了资金结算中心制度与财务公司金融功能的有机结合，但大多数结算中心功能的发挥基本都要依托财务公司来实现。

第三节　财务公司模式下企业集团
资金集中管理的方法与途径

　　企业集团设立财务公司实施资金集中管理，适应了企业集团的内在发展要求，顺应了金融深化和金融多元化的趋势，具有强大的生命力和良好的发展前景。

一、财务公司模式资金集中管理的概念与意义

（一）财务公司模式资金集中管理的概念

　　集团公司以财务公司为载体实施资金集中管理是指从集团整体利益出发，在集团战略的指导下，将集团所掌控的企业可动用闲置资金资源纳入集团财务公司进行统一的管理和调拨，以加强资源配置，提高资金资源的使用效率和效益。广义的资金集中管理包括账户集中、结算集中、货币资金集中、贷款集中、票据集中，甚至保险集中；而狭义的资金集中管理一般指账户、货币资金及结算的集中。

（二）财务公司模式资金集中管理的意义

　　企业集团财务公司存在的价值不仅在于给集团、股东带来丰厚的投资回报，更重要的是，通过充分发挥财务公司的金融功能，降低集团的融资成本，盘活沉淀资金，提高资金使用效率和效益，降低集团财务风险，以金融产业助推集团跨

越式发展。这是财务公司真正的价值体现。

财务公司"服务型"的定位，使得解决集团"双高"问题成为财务公司的天然职责，财务公司的内部资金调剂功能，是解决"双高"问题的化学剂。财务公司设立资金池，一方面，根据自身对资金头寸的需要，对各单位资金进行归集，另一方面，以现金池内的沉淀资金充分保障重点项目的融资需求。具体流程见图2-3。

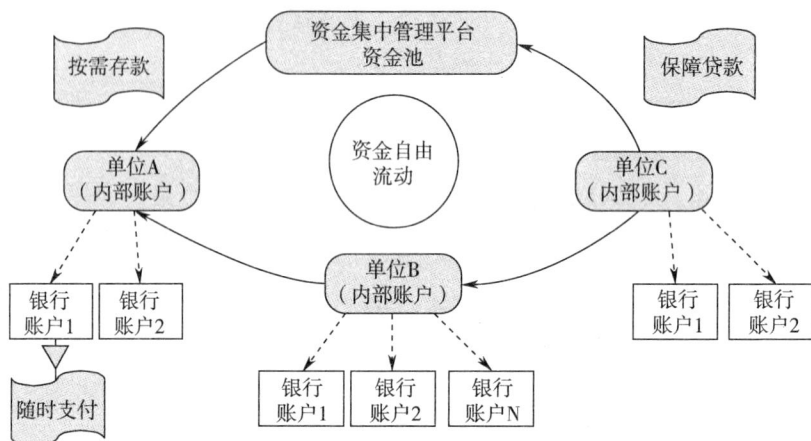

资料来源：依据财务公司模式资金集中管理原理独立绘制该图。

图2-3 财务公司模式资金集中管理原理图解

集团的资金配置在财务公司这一枢纽的调节下更加灵活高效。主要表现在以下几个方面：

1. 原本闲置、分散的资金被财务公司聚集起来，通过财务公司的市场化手段配置到需要资金的地方，解决了一些发展良好的单位在短期内流动资金短缺等常见问题。同时，财务公司以不低于商业银行的存款利率，保证了存款单位的资金收益。

2. 对整个集团而言，因为用内部融资代替了外部融资，在合并报表时，将财务公司的利息收入与贷款单位的利息支出进行抵销，从而减少了集团的财务费用；将财务公司的信贷资产与融资单位的贷款负债进行抵销，从而减少了集团的外部贷款规模；成员单位因为提高了内部融资能力，在需要时可以及时得到财务公司的资金支持，在现金管理上，可以逐步降低存款占总资产的比重。

3. 集团成员单位均在财务公司开立内部账户，成员单位之间的结算行为通过财务公司结算平台统一进行，没有汇划成本，瞬时到账，可以节省全集团的结算费用，提高集团资金的周转速度。

4. 集团的沉淀资金以财务公司的名义存放在商业银行，可以享受金融业同业存放的市场利率，高于成员单位在商业银行的存放利率，可以为集团增加利息收入；同时，财务公司利用自身金融平台优势，将集团闲置资金投向股票一级市场、货币基金等低风险投资品种，在风险可控的前提下，实现集团收益最大化。

5. 集团的资金集中可以产生聚合效应，可以提高企业集团应对风险的能力。

二、财务公司模式资金集中管理的主要归集方式

财务公司资金集中管理包括两个重要方面，资金归集与资金运用。其中资金归集是财务公司资金集中管理的基础与重要组成部分，通过对多家国内大型企业集团资金集中管理情况的调研考察及分析，"收支一体化"、"收支两条线"以及"集团账户"是当前国内大型企业集团以财务公司为平台实施实行资金管理的主要归集方式。

（一）"收支一体化"资金归集方式

"收支一体化"资金管理模式的内涵：各级单位在财务公司开立一般存款账户，用于资金收付；各级单位资金统一上存至在财务公司开立的账户；各级单位主要集团内结算和对集团外的收支活动统一通过在财务公司开立的账户进行。

这种资金归集模式的运作机制见图 2-4。

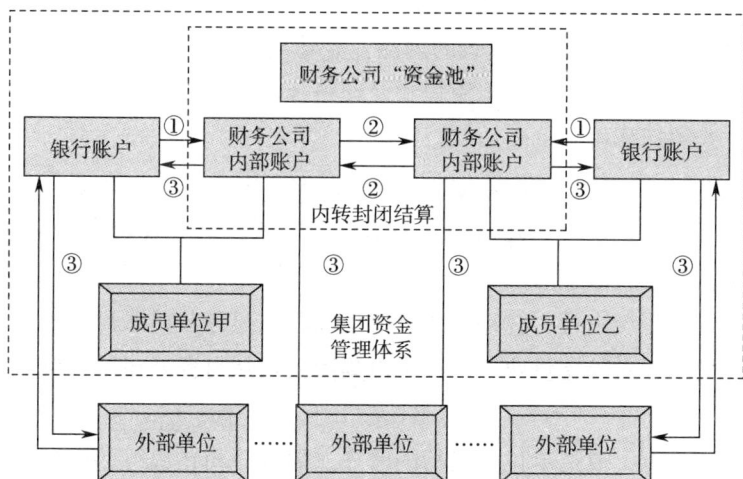

资料来源：依据财务公司"收支一体化"资金归集原理独立绘制该图。

图 2-4　"收支一体化"资金归集模式运行机制

"收支一体化"资金归集模式具体流程为：①成员单位在银行和财务公司分别开立账户，其银行账户纳入集团资金归集序列，银行账户资金上存在财务公司的账户，形成集团"大资金池"；②集团主要资金结算统一通过成员单位在财务公司内部账户进行；③财务公司按照成员单位的支付指令完成代理支付、资金回拨等结算业务。

在这种模式下，集团公司对成员单位资金归集比例有明确要求（一般为100%归集），资金归集效率高，实时严密监控，结算关系清晰，能充分体现大集团战略的意志，有利于实现集团整体利益最大化。

以航天科技为例，其账户管理包括：管理范围为合并报表单位；管理权限为集团公司审批二级单位账户和授权二级单位审批三级及以下单位账户；开户范围为财务公司及经集团公司核准的银行；新增开户逐级严格审批，撤销、变更账户定期备案；账户数量不超过4户。其资金集中管理手段包括：出台内部贷款贴息政策，转外贷为内贷；纳入对单位、对总会的年度考核；清理账户，构建资金集中结算体系等。通过严格的账户管理与"收支一体化"归集方式，航天科技资金集中管理取得了显著成效。资金高度集中，其中全资单位资金集中度约为90%、控股单位约为70%、上市公司约为50%；建立了基于账户的资金监控信息系统；实现了对成员单位金融性投资和资金使用风险的严密监控。

（二）"收支两条线"资金归集运行方式

"收支两条线"资金管理模式的内涵：企业对资金收入和资金支出分别采取互不干涉或互不影响的单独处理流程和处理路径。

这种方式的运作机制见图2-5。

"收支两条线"资金归集模式的具体流程为：①成员单位在银行分别开立收入账户和支出账户，在财务公司开立内部账户，授权财务公司进行查询和转账，每日末，收款账户余额全部归入内部账户；②集团内外部结算活动，全部通过财务公司结算业务系统进行；③每日成员单位以其在财务公司账户存款额为限，以日间透支形式办理对外支付业务，日终由集团公司从财务公司调拨资金进行轧差清零。

在这种模式下，成员单位在银行的账户、财务公司在银行的账户是各自独立的，只需要通过三方协议把成员单位的银行账户纳入归集列表即可，不受账户类型、数量限制。实现了集团内部封闭全程结算，保证实时到账，提高全集团资金的周转速度，防止出现在途资金，从而最大限度地节省集团汇划费。但是，这种

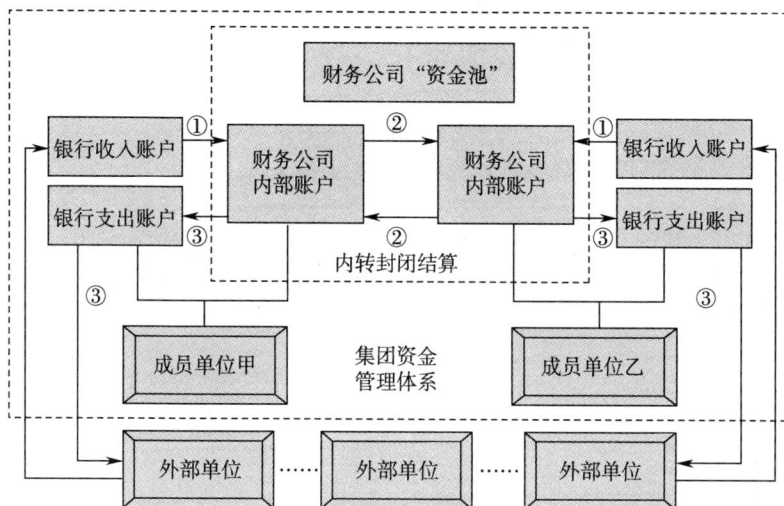

资料来源：依据财务公司"收支两条线"资金归集原理独立绘制该图。

图 2-5 "收支两条线"资金归集模式运行机制

模式以高度计划现金流量预算管理为基础，工作量巨大，对集团全面预算管理能力和对资金结算业务系统的功能要求非常高，同时需要成员单位的积极配合，并需要长期、反复测试运行和大量的人力、物力、财力投入，因而只有少数企业集团能够实现。

中石油财务公司是"收支两条线"的典型模式，按照收支两条线的原则和要求，中石油财务公司形成了"收支分立、路径唯一、网上运作"的账户设置模式，并采取链条式逐级归集。经过这种资金归集，中石油全集团资金归集度达到了50%；若排除香港上市公司因素，全集团资金归集度达到70%以上。

（三）"集团账户"资金归集方式

"集团账户"归集模式的内涵：财务公司在商业银行开设总账户，作为集团账户的一级账户；成员企业同时以自身名义在银行开设一般活期存款账户或基本账户，作为财务公司总账户对应的二级联动账户，所有资金都上存至总账户，二级账户余额实际为其在财务公司开户的账户余额，表示成员单位可以支配的金额，成员单位在二级联动账户的可用余额内可自行对外支付。二级联动账户与在财务公司开立的内部账户一一对应，余额保持实时同步。集团账户归集模式的突出优势在于成员单位的二级账户的实际余额被全额归集后仍可显示其实际可用余额，有利于减少成员单位对资金集中管理工作的阻力。

这种方式的运作机制见图2-6。

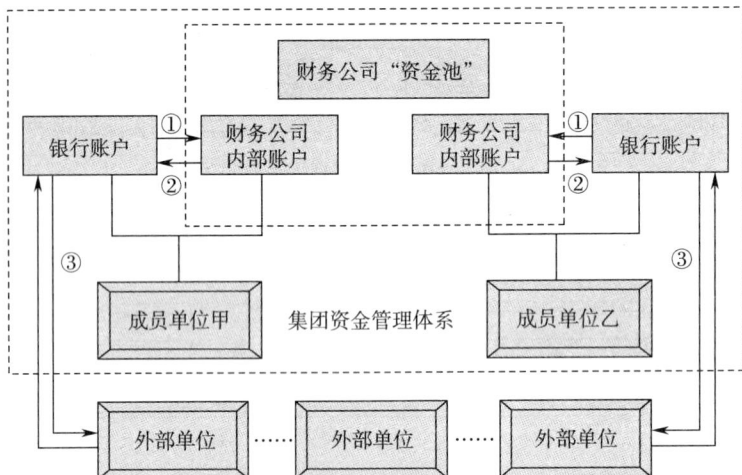

资料来源：依据财务公司"集团账户"资金归集原理独立绘制该图。

图2-6　"集团账户"资金归集模式运行机制

"集团账户"资金归集模式的具体流程为：①一二级账户的归集联动，成员单位二级账户的每笔收款自动全额归集至财务公司一级账户内。成员单位二级账户的实际余额实时为零，名义余额为其实际可用额度（指二级账户内过滤掉一二级账户之间资金往来后的余额，反映二级账户自身对外收付款的账户余额）。②成员单位的二级账户发生每笔资金支付时，财务公司资金系统自动实时从一级账户下拨此笔资金，与支付操作无时间差，不影响支付效率。③成员单位有真实贸易背景的收付款业务均在银行二级账户办理，银行提供二级账户的真实交易回单及对账单，自动过滤一二级账户间的资金划转交易回单。成员单位二级账户的支付以其名义余额与一级账户的实际余额孰小者为上限。

（四）三种资金归集方式的比较

收支两条线方式与收支一体化及集团账户方式相比较，最大的不同就是具有高度的资金计划性，较为适用于控制力强、资金计划度高，实行总分公司体制的企业集团。在此运行方式下，财务公司作为企业集团资金集中管理的核心平台，承担了一定的管理职能，要求财务公司在执行管理中提供良好的金融服务。财务公司业务开展有相当的主动性，对集团战略并购、兼并重组、投融资事务等深度参与，见表2-2。

表2-2　　　　　　　　　　　　三种主要归集方式比较

资金集中管理方式	收支一体化	集团账户	收支两条线
集团管理体制	母子公司体制为主	不限管理体制	总分公司体制为主
集团管理模式	集权式	集权式	集权式
财务公司职能特点	服务	服务	服务＋管理
财务管理支持条件	高度集中管理模拟统收统支	高度集中管理	用款审批制全面预算管理
典型代表	航天科技集团	航天科工集团	中石油集团

资料来源：依据"收支一体化"、"集团账户"和"收支两条线"方式的比较形成该表。

第四节　财务公司模式资金集中管理的影响因素、实施原则和关键问题

以财务公司为平台实施企业集团资金集中管理，必须考虑到相关影响因素、实施原则和其他应注意的关键问题，以防止资金集中管理的效率低下、风险聚集和阻力较大等问题。

一、财务公司模式资金集中管理的影响因素

（一）企业集团内部因素

1. 企业集团及下属企业的公司治理结构和运行效果。我国企业集团多数是多层级治理结构的集团公司。如果集团公司总部治理结构不健全、下属企业的治理结构比较健全，则导致集团公司总部或母公司对成员企业的控制力较差，子公司或其他成员企业对资金集中管理施加阻力的理由和能量更加充足，资金集中管理的难度相对加大。多层级的法人治理结构同时延长了信息和资金流转的过程，给资金集中管理增加了成本和风险。

2. 企业集团整体管理模式和财务管理模式。如果企业集团在整体管理模式和财务管理模式上都是集权式的，则为资金集中管理开辟了广阔的舞台。相反，如果整个企业集团的管理模式和财务管理模式是分散的，甚至是模糊不清的，则资金集中管理模式很难建立起来，即便推行资金集中管理，其阻力也会很大，运行效果大打折扣。

3. 预算水平。企业集团资金集中管理要求企业集团和成员单位必须推行全面预算，至少要有真实、完整、准确、及时的资金预算，否则，资金集中就失去了实质意义。没有科学有效的预算，资金的归集和划拨就失去了计划和根据，资金的流动就缺少事前的控制。

4. 信息化和网络水平。资金的归集和划拨，对于跨地域的企业集团而言，必须依靠网上支付和划拨系统，将内部结算网络与网上银行无缝链接，否则，无法保证资金集中管理的效率；信息化水平不配套，还将导致信息传递不及时、信息难以集中，影响资金信息归集和分析。

5. 内部控制和风险管理水平。资金是企业集团的重要资源，也是财务风险的重点项目。资金集中后，风险的内容和方向都与资金分散管理不同，相应的内部控制和风险管理的要求也不一样。

6. 资金管理队伍的素质。资金集中管理对工作人员的综合素质要求高，既要有金融、财务等方面的复合知识，又要对集团发展战略和财务战略有比较清醒的认识，同时还要具备较强的沟通和协调能力。因此，资金管理人员的素质和资金管理部门的工作能力、工作作风，直接影响资金集中管理的效果。

（二）集团外部因素

1. 法律和政策因素

从我国目前的法规体系看，国家财政、金融等部门直接针对企业集团资金集中管理的相关法律法规非常少，但在相关法律法规中对资金集中管理还是支持的。比如，2000 年 10 月原国家经贸委下达的《国有大中型企业建立现代企业制度和加强管理的基本规范》中指出："实行母子公司体制的大型企业和企业集团，应当通过法定程序加强对全资、控股子公司资金的监督和控制，建立健全统一的资金管理体制，充分发挥企业内部结算中心的功能，对内部各单位实行统一结算"；2001 年 4 月，财政部关于《企业国有资本与财务管理暂行办法》中指出："企业应当按照建立现代企业制度的要求，明晰产权，理顺和规范资本与财务管理关系。企业拥有子公司的，要建立母子公司资本与财务管理体制，母公司以其出资额为限对子公司承担责任。母公司的主要职责之一：实行企业内部资金集中统一管理，依法管理子公司投资、融资事项⋯⋯"另外，财政部、国家税务总局在财税字〔2000〕17 号文、国家税务总局国税函〔2002〕802 号文等中，也都对企业集团资金集中管理相关的营业税、增值税等问题进行了规定。

2. 商业银行等金融机构因素

因为财务公司尚无独立的央行清算行号，不能直接参加银行间资金清算，所以企业集团资金集中管理无法脱离商业银行的网上银行等金融产品的支持，商业银行相关金融产品的开发和供给直接影响企业集团资金集中管理的开展。企业集团的需求和对利润的追求，促使国内几大商业银行在此方面加快了开发力度。所有国有控股商业银行及大部分股份制商业银行均投入了巨大人力、财力研发出专为集团资金管理服务的金融产品，以企业网上银行平台为基础，为企业提供涵盖收款、付款、资金调拨以及账户和交易信息等一站式服务。同时，资金的归集也带来商业银行内部利益的转移，商业银行总行能否制定合理有效的利益分配机制，以作为现金管理产品的配套措施，在较大程度上影响企业集团资金集中管理的效率和效果。

3. 资金集中管理信息系统开发因素

鉴于企业集团资金集中管理符合资金管理的发展潮流，国内多家软件商针对企业集团及财务公司开发了企业集团资金管理系统，或根据企业集团或财务公司的实际需求进行定制开发。信息化对于资金集中管理具有很强的推动力，但从另一个角度来看，也使得企业集团及财务公司必须与软件商进行密切的合作，以及保持不菲的成本投入，以维持资金管理系统的正常运行。

可见，影响企业集团资金集中管理的因素很多，企业集团在进行资金集中管理决策和管理过程中，必须全面权衡各种因素，以保证资金集中管理工作的推进。

二、企业集团资金集中管理的实施原则

企业集团资金集中管理的原则主要包括战略原则、平衡原则、强力原则、渐进原则、协同原则、效益原则。

（一）战略原则

战略管理的思想在资金集中管理方面的应用，主要体现在以下两个方面：

1. 要从集团发展的战略高度认识资金集中管理问题。企业集团较之单个企业的优势不是在于资产规模的庞大和销售收入的剧增，而在于整合资源，合理分配，获取规模经济。如果只是"集而不团"，则会出现"反跨国公司现象"，即资产规模越来越大，盈利能力越来越小，财务风险越来越大。资金集中管理就是统一控制和使用集团资源的直接需求。

2. 要从战略高度规划资金集中管理问题。企业集团在进行资金集中管理决策时，首先要有一个长远的规划，具有全局性和前瞻性。要考虑到集团未来的发展战略和管理信息化前景，否则，当前的工作可能成为以后工作的掣肘。比如，资金集中管理系统如何适应集团全球资源支持系统的拓展与升级等。

（二）平衡原则

资金集中管理涉及面广，触及利益大，影响到集团上下的方方面面。因此，必须运用好平衡艺术，否则，就会出现事与愿违的结果，国有企业集团更是如此。

1. 意愿与能力的平衡。资金集中管理有着很多的优点，因此，多数企业集团的决策层有着强烈的实施意愿。但是，实施资金集中管理要求集团公司总部对下属公司或事业部具有强有力的控制和执行能力，专业化和协作高效的财务管理能力等。因此，企业集团的决策者和管理团队必须在意愿和能力之间进行平衡，确定资金集中管理的实施力度和幅度，逐步达到最高目标。

2. 集权与分权的平衡。资金集中管理并不是让"集权"思想一而统之，在可控条件下尽量地实行"分权"，做到"集权有道，分权有序"。

3. 母公司与子孙公司利益的平衡。集团公司实施资金集中管理，将下属子孙公司的资金控制权全部或部分收回，会使其感到利益受损。集团公司总部应该提高资金的管理能力，在现有的法律法规框架下设计合理有效的利益共享机制，使子孙公司公平合理获得比自身资金管理更多的利益。利益驱动与行政政策相结合，可以使推动力最大化。

（三）强力原则

强力原则主要是指集团公司总部在推行资金集中管理过程中，要按照既定的战略规划，克服内部的矛盾和困难，运用强制性权力，求得实效。但应该注意：

1. 强力的前提是有利。这里的"有利"是指有利于集团内部重组调整，有利于贯彻实施集团公司整体战略。

2. 强力的保证是有理。如果集团公司的做法遭到大多数下属公司或事业部的反对，且无法沟通和协调，就说明资金集中管理方案处于"无理"境地。在此情况下，如果坚持强力推行，则可能使集团公司总部的管理能力和执行力受到重挫。

（四）渐进原则

与平衡原则和强力原则紧密联系的一个原则就是渐进原则，即分步骤、分阶段实施资金集中管理。

1. 在集中的范围上渐进。首先选择资金管理基础好、无重要银行信贷关系、同一地区的单位进行集中管理，然后逐步扩大范围。

2. 在集中的力度上渐进。首先从调剂闲余资金，平衡头寸入手，然后做到主体资金集中，最后实现全部资金集中。

（五）协同原则

资金集中管理需要多方面配套和保证，如果在技术、组织、信息、绩效考评等其他方面不能同步前进，资金集中管理工作就成了无本之木，无源之水。

1. 管理能力的协同。集团公司实施资金集中管理要求总部管理机构在管理思想、管理方法、管理手段等各个方面满足现代企业集团管理的要求。尤其是要保证资金的预算、调配、运营、协调等资金运作能力。

2. 保证体系的协同。资金集中管理要求多方面的保证条件，包括二级以下的法人治理结构、全面预算管理体系、财务信息系统、绩效考评体系、风险预警和防范体系、资金内部控制制度体系、资金管理监督约束体系等。

（六）效益原则

资金集中统一管理实施后，企业集团的资源使用权和资源控制权分离，母公司及总部职能部门一般不再从事直接的经营活动，公司利润主要来源于事业部及子公司。子公司或事业部通过使用资源创造价值并产生利润。因此，集团公司将以资金使用效益为中心，利用财务公司贷款审查的市场化手段，来决定子公司或事业部从总部获得资金资源的数量和其发展前景。

1. 连续几个财务年度亏损的子公司或事业部将被逐步削减资金使用量并考虑其去留。

2. 资金使用效益高的子公司或事业部可以获得更多的资金使用权。

企业集团的所有制性质不同、规模大小不等、地域分布范围不齐、法人治理结构层级不一，在进行资金集中管理过程中所遇到的难题和关注的重点肯定不一样，但上述六个原则是企业集团的决策者和管理团队不可忽视的。

三、应注意的关键问题

事物总是存在两面性，实行集团的资金集中管理，给企业带来的好处和利益是显而易见的，但同样也存在一些不容回避的问题。

（一）管理效率问题

企业集团层级较多，管理链条较长，人员素质参差不齐，对管理要求的理解偏差较大，执行力不够造成工作不到位，从而可能导致管理效率有所下降。

（二）风险集中的问题

虽然通过资金集中管理，打通了企业内部资金融通渠道，可以获得较高的资金收益，但同时将各子公司的资金风险全部集中在了母公司。如果一旦某个环节出现了问题，就会给企业整体带来一定的损失。

（三）资金管理集权和分权的程度问题

集权程度过高，不利于发挥下属公司的积极性，在资金上过分依赖集团公司，影响资金的周转速度；同时，缺乏对市场变化的应变能力。集权程度过低，造成资金分散、资金使用率降低、沉淀资金增加、资金使用成本上升等问题。因此，任何集团公司都应该根据自己的实际情况控制资金管理的集权程度，使集团公司的资金聚而不死、分而不散、高效有序、动态平衡。要实现这一目标，企业可以主要从以下几方面做好工作：

1. 上下各级公司要对资金集中管理正确认识，各级管理层要给予高度重视。尤其是公司领导要高度重视，并对集团资金集中管理有明确定位。各子公司对实行集中管理要有支持态度，并严格遵循母公司的各项管理制度和管理要求，凡事要考虑到集团整体利益，站在集团角度来正确认识资金集中管理的必要性。

2. 对实行资金集中管理的母公司可以承受的风险进行合理预估和判断。实行资金集中管理，各子公司的资金需求原则上统一由母公司解决，从而各子公司的资金风险和经营风险转移到母公司。对于母公司所能承受的风险，需事先进行设定，这样在给各子公司内部融资额度时实行从严控制；并且在日常工作中要紧密跟踪占用内部资金量较大的企业的生产经营情况，如一旦出现经营恶化的迹象要有应急预案等。

3. 实行集团资金集中管理意味着将财务风险集中在母公司，为尽可能控制风险，应从多个方面加强对各子公司经营管理的控制，比如要明确母公司与子公司的代理关系、加强对子公司的绩效考核、加强企业内部审计等。

第三章

企业集团财务公司单位人民币存款与结算类业务

企业集团资金集中管理是财务公司形成资金来源的主要方式，是财务公司作为存款类金融机构开展资产业务和中间业务的重要基础。财务公司通过开展存款类业务来保障成员单位被归集资金的收益权不降低，以达到集团整体利益与成员单位局部利益的平衡。另一方面，财务公司通过开展结算业务来确保成员单位被归集资金的使用效率不降低，以减少成员单位对资金集中管理工作的阻力，同时，企业集团通过对结算的集中可以有效实现对成员单位的全面预算管理。因此，作为企业集团资金集中管理的重要配套措施，财务公司开办存款业务和结算业务对提高企业集团资金集中管理工作效率，稳定财务公司存款及加强对成员单位的预算控制具有重要意义。

本章将分别介绍人民币存款业务和人民币结算类业务的基本概念，进而从业务实践的角度详细介绍存款与结算业务的制度与流程。

第一节　人民币存款业务的种类与特点

财务公司存款类业务受国家有关法律法规的约束，在种类与业务规则上与商业银行无重大差异，但在账户管理、吸存手段、办理方式等方面呈现出自身特点。

一、财务公司存款业务种类

财务公司面向集团内成员单位开展存款类业务，需遵循《人民币单位存款管理办法》的相关规定。按照存款支取方式的不同，财务公司存款一般分为单位活期存款、单位协定存款、单位定期存款和单位通知存款。

（一）单位活期存款

单位活期存款指成员单位在财务公司开立结算账户，办理不规定存期、可随时转账及存取的存款类型。成员单位在财务公司开立的结算账户为一般存款账户，不可支取现金。

（二）单位协定存款

单位协定存款指成员单位与财务公司签订合同，约定合同期限、确定结算账户需保留的基本存款额度，对超过基本存款额度的存款按中国人民银行规定的协定存款利率计付利息，对基本存款额度按活期存款计付利息的存款类型。

（三）单位定期存款

单位定期存款指成员单位在财务公司办理的约定期限、整笔存入、到期一次性支取本息的存款类型。单位定期存款可分为三个月、半年、一年和二年等。定期存款起存金额 1 万元，多存不限。

（四）单位通知存款

单位通知存款指成员单位在存入款项时不约定存期，支取时需提前通知财务公司，并约定支取存款日期和金额方能支取的存款类型。不论实际存款长短，按存款人提前通知的期限，可分为一天通知存款和七天通知存款两个类别。单位通知存款的最低起存金额为 50 万元，需一次存入，一次或分次支取。

二、财务公司存款业务特点

从账户管理的角度，财务公司的开户审查较商业银行增加了开户单位股权结构及在集团内管理级次的内容，以确定开户单位为集团内成员单位，防范超范围经营。

从吸收存款的手段上看，财务公司作为企业集团资金集中管理的平台，吸收存款多是依靠集团的行政推动力，不同于商业银行的存款营销。

从存款办理的方式上看，财务公司活期存款办理呈现利用银企直联或网银渠道实现自动归集成员单位资金并自动入账处理的特点；财务公司定期存款及通知存款的办理可通过网上金融平台提交或通过支票柜面提交、转存通知书柜面或传真提交（原件后补），较商业银行更具灵活性。

从利率管理的角度，财务公司为了充分保障成员单位的存款收益，以降低资金集中管理工作的阻力，在严格执行中国人民银行利率规定的前提下，多采取主动为成员单位办理协定存款、降低基本存款额度等方式来提高相对于商业银行的价格优势。

第二节　财务公司存款业务的制度与流程

财务公司需按照国家有关法律法规制定自身的制度与流程，规范存款类业务。

一、财务公司存款业务制度

（一）制度依据

财务公司要根据《中华人民共和国商业银行法》、《中华人民共和国银行业监督管理法》、《人民币单位存款管理办法》、《支付结算管理办法》、《企业集团财务公司管理办法》及其他有关法律、行政法规和规章的规定，以及结合本企业集团公司的具体情况制定的《人民币单位存款管理办法》来规范存款类业务。

（二）办理原则

财务公司要坚持"恪守信用、为存款人保密、自主支配、他人不可动用"的原则，保证存款单位资金的所有权、使用权、收益权，确保存款单位的资金安全。

（三）办理方式

单位转存定期存款或通知存款需通过资金操作软件给财务公司发送转存指令，或填写支票或纸质的转存通知书。存款单位支取定期存款或通知存款只能以转账方式将本金及利息转入其结算账户，不得从定期账户中提取现金或用于结算。

（四）证实凭证

活期存款与协定存款除资金结算凭证外无须专门的证实凭证。单位定期存款与通知存款的证实凭证为"单位定期存款开户证实书"（以下简称证实书），证实书仅对存款单位开户证实，不得作为质押的权利凭证。存款单位支取定期存款或通知存款时，须出具证实书，财务公司审核无误后为其办理支取手续，同时收回证实书。

二、存款业务的计息原则

（一）活期存款

单位活期存款按结息日（季度末月 20 日）挂牌公告的活期存款利率计息，遇利率调整则分段计息。

（二）协定存款

协定存款账户中基本存款额度以内的存款按结息日活期存款利率计息；超过基本存款额度的存款按结息日中国人民银行公布的协定存款利率计息。对取消协定存款业务的，取消日前超过基本存款额度的存款按协定存款利率计息。

（三）定期存款

定期存款在存期内按存款存入日挂牌公告的定期存款利率计付利息，遇利率调整，不分段计息。定期存款可以全部或部分提前支取，但只能提前支取一次。全部提前支取的，按支取日挂牌公告的活期存款利率计息；部分提前支取的，提前支取的部分按支取日挂牌公告的活期存款利率计息，其余部分如不低于起存金额的按原存期开具新的证实书，按原存款开户日挂牌公告的同档次存款利率计息；不足起存金额则予以清户。定期存款到期不取，逾期部分按支取日挂牌公告的活期存款利率计付利息。

（四）通知存款

单位通知存款全部支取时，整个存期按支取日相应档次的利率计息，利随本清；部分支取的，支取部分按支取日相应档次的利率计付利息，留存部分仍从开户日计算存期。单位通知存款如遇以下情况，按活期存款利率计息：

①实际存期不足通知期限的，按活期存款利率计息。

②未提前通知而支取的，支取部分按活期存款利率计息。

③已办理通知手续而提前支取或逾期支取的，支取部分按活期存款利率计息。

④支取金额不足或超过约定金额的，不足或超过部分按活期存款利率计息。单位一次全部支取单位通知存款时，公司收回其证实书，办理销户手续；单位部分支取单位通知存款时，留存部分高于最低起存金额的，需重新填写证实书，从

原开户日计算存期；留存部分低于起存金额，予以清户，按清户日挂牌公告的活期存款利率计付利息。

三、财务公司存款业务流程

（一）账户授权与资金归集流程

成员单位作为独立的法律主体，对其银行账户内资金具备所有权，财务公司要归集成员单位资金，须事先得到成员单位的授权文件，允许财务公司对其银行账户进行查询与转账。因此，银行账户授权是财务公司资金归集的法律基础。各商业银行对于银行账户授权有不同的办理流程与文本，基本上，银行账户授权与资金归集的主要环节如下：

1. 签订协议：财务公司与商业银行签订现金管理协议，约定财务公司在采用商业银行现金管理产品进行资金归集过程中双方的权利与义务。财务公司与商业银行签订银企直联服务协议或网银服务协议，约定财务公司在通过银企直联或网银渠道对现金管理账户进行查询与转账操作过程中双方的权利与义务。

2. 账户授权：成员单位签订银行账户授权书，授权财务公司可以对其银行账户进行查询与转账，无须经过再次确认，为资金归集奠定法律基础。

3. 系统设置：商业银行根据与财务公司签订的现金管理协议及成员单位的银行账户授权书在其业务系统中进行设置，建立财务公司与成员单位银行账户间的归集关系。财务公司根据经商业银行确认的账户授权书在其业务系统中进行设置，建立成员单位银行账户、财务公司归集账户及成员单位在财务公司内部账户间的对应关系。

4. 归集指令：上述协议与设置生效后，商业银行业务系统根据财务公司的业务指令自动归集成员单位银行账户账面资金。该业务指令的设置分两种情况：一种是设置在商业银行业务系统内，由商业银行业务系统根据设定的规则触发，另一种设置在财务公司业务系统内，由财务公司业务系统根据设定的规则触发，并通过银企接口发送商业银行业务系统执行。

5. 资金入账：根据商业银行资金归集的业务信息，财务公司业务系统根据之前设定的归集对应关系自动或手工入账，增加财务公司的存放同业存款与成员单位在财务公司的活期存款。

账户授权与资金归集的主要流程见图 3 - 1。

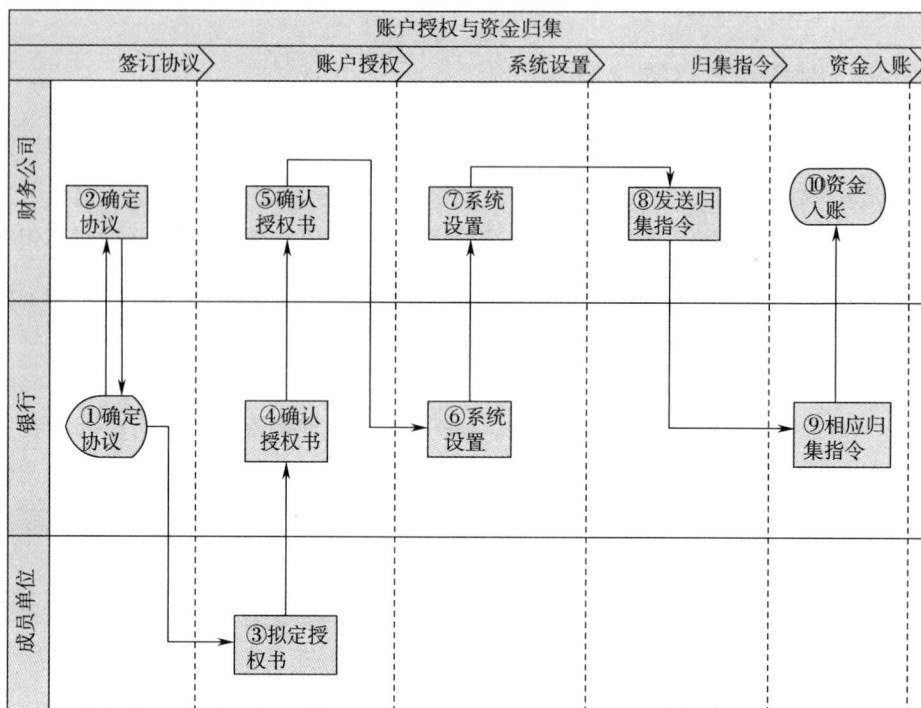

资料来源：依据财务公司定期存款业务独立绘制。

图3-1 账户授权与资金归集业务流程

（二）协定存款办理流程

1. 签订合同：财务公司与成员单位办理协定存款的法律依据是双方签订的人民币协定存款合同。协定存款管理合同要明确办理协定存款的账户、基本存款额度、合同期限、合同终止条件及协定存款计息规则。

2. 系统设置：协定存款合同签订后，财务公司存款管理部门经办人员根据协议在业务系统中进行设置，在成员单位一般存款账户上设定协定存款合同编号、基本存款额度、合同起止日期及合同延期标志，经复核人员复核后该设置生效，从合同起始日起，财务公司对该账户按照协定存款利率计付利息。

协定存款的办理流程见图3-2。

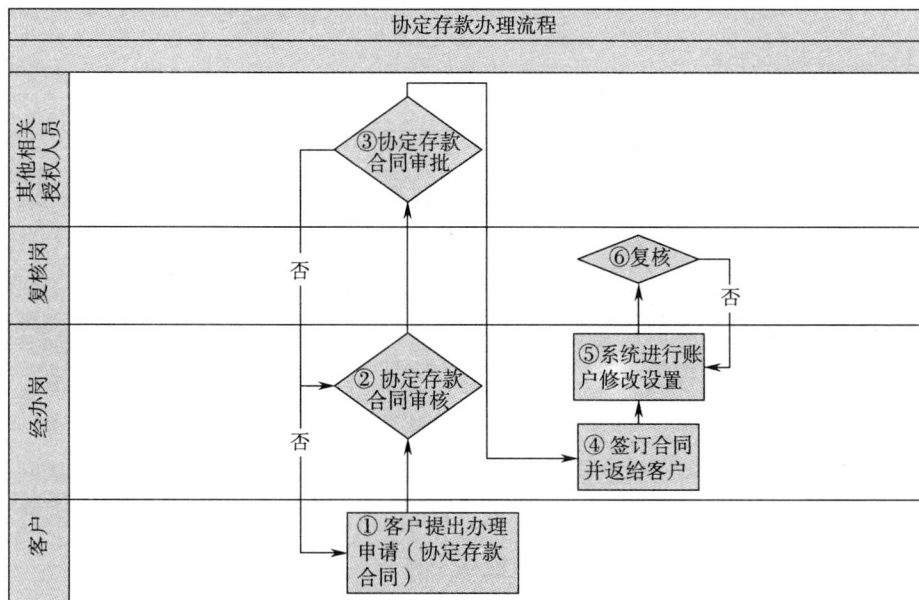

协定存款办理流程

资料来源：依据财务公司定期存款业务独立绘制。

图 3 - 2　协定存款业务流程

（三）定期存款办理与支取流程

1. 定期存款办理

定期存款的办理共涉及五个环节，具体如下：

（1）业务指令：成员单位向财务公司提交办理定期存款的业务指令，该指令的形式分为线上与线下两种，其中线上指令指成员单位通过财务公司网上金融平台提交的电子指令，线下指令指成员单位从柜面向财务公司提交的纸质指令，具体可以是财务公司支票或转存定期存款通知书。

（2）指令审核：财务公司存款管理部门经办人员根据财务公司制度对成员单位提交的业务指令进行审核，具体要素为期限、利率、存入账户、金额、约转情况等。成员单位提交的业务指令不符合制度要求的，经办人员可予退回重新提交。

（3）开户证实：经办人员审核无误后，对业务信息进行确认并打印定期存款开户证实书，递交复核人员复核。

（4）指令复核：财务公司复核人员对成员单位相关信息及存款证实书原件进行复核，如果存在不符信息，则提出修改意见并将流程退回到经办人员进行修改，复核无误后在证实书上加盖财务公司财务印鉴。

（5）业务回单：财务公司经办人员打印转存定期存款的业务回单并传递至成员单位作账务处理。

2. 定期存款支取

定期存款支取共涉及四个业务环节，具体如下：

（1）业务指令：成员单位向财务公司提交支取定期存款的业务指令，该指令的形式分为线上与线下两种，其中线上指令指成员单位通过财务公司网上金融平台提交的电子指令，线下指令指成员单位从柜面向财务公司提交的纸质指令，具体可以是定期存款支取通知书。

成员单位支取时须向财务公司提交存款证实书，因成员单位大多在异地，部分财务公司采取代成员单位保管证实书的方式避免了证实书原件的往返邮寄，提高了业务处理效率。部分财务公司借鉴商业银行处理方式，对于成员单位从网上金融平台提交的转存定期存款指令，不再打印纸质证实书，如成员单位有需要打印证实书的，不能办理线上支取，只能线下办理。

（2）指令审核：财务公司存款管理部门经办人员根据财务公司制度对成员单位提交的业务指令进行审核，包括对凭证真实性、预留印鉴、期限、利率、金额、证实书号等票面要素进行审核，并判断支取金额情况。经办人员对业务指令审核无误后确认提交复核人员办理，其中，对于部分支取的，需填写新的证实书一并提交复核。

（3）指令复核：复核人员对经办人员录入的支取信息及新开具存款证实书进行复核，确认无误后对证实书加盖财务公司财务印鉴。

（4）业务回单：财务公司经办人员打印定期存款支取的业务回单并传递至成员单位作账务处理。

定期存款办理与支取的流程见图3-3。

（四）通知存款办理、通知及支取流程

通知存款的办理与支取流程与定期存款基本相同，不再详述。不同之处在于通知存款在支取前，根据通知存款业务品种不同，需提前1天或7天通知财务公司支取，通知存款通知支取的业务流程有三个环节：

1. 业务指令：成员单位从线上或线下提交通知存款支取通知。

2. 确认通知信息：财务公司经办人员与复核人员在业务系统内录入、确认成员单位提交的通知信息。

3. 发起通知存款支取流程：在通知存款支取日，财务公司业务系统自动发

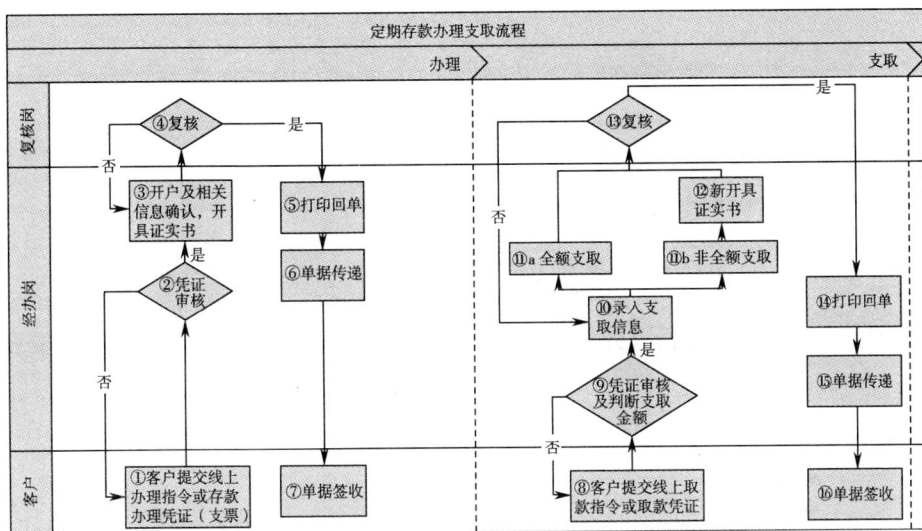

资料来源：依据财务公司定期存款业务独立绘制。

图 3 - 3　定期存款办理与支取业务流程

起通知存款的支取流程。对于不符合通知存款办理要求的无效通知（如未到通知支取期限而支取的），财务公司按照违约处理。

通知存款的办理、通知及支取流程见图 3 - 4。

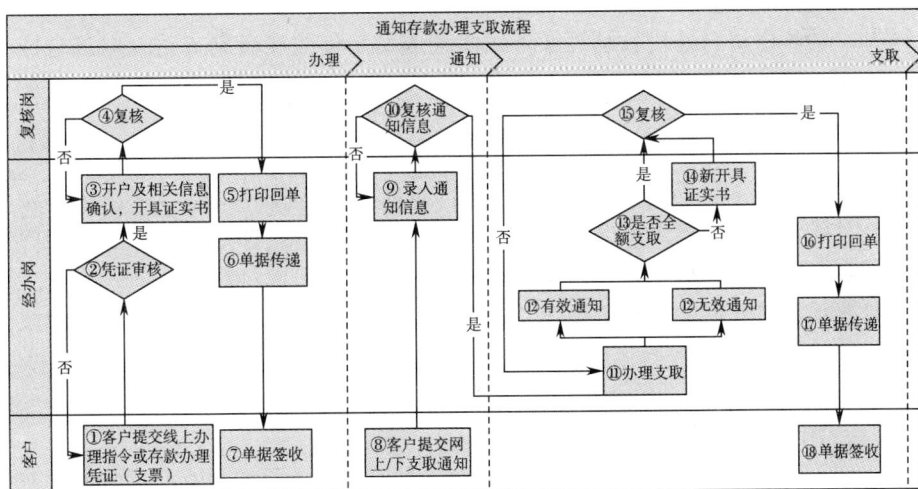

资料来源：依据财务公司通知存款业务独立绘制。

图 3 - 4　通知存款办理与支取业务流程

第三节　单位人民币结算类业务的种类与特点

受企业集团资金集中管理模式及财务公司清算手段的影响，财务公司结算业务呈现出与商业银行不同的种类与特点。

一、财务公司结算业务种类

财务公司结算业务指财务公司为成员单位的货币支付及资金清算提供的服务。财务公司面向集团内成员单位开展结算类业务，需遵循《支付结算管理办法》的相关规定。按照资金支付流向的不同，财务公司结算业务一般可分为以下种类：

（一）内部转账

内部转账指成员单位通过财务公司将其款项支付给同在财务公司开户的收款人的结算业务。因内部转账业务在财务公司内部办理，无须通过商业银行系统，所以可以大大提高企业集团资金的结算速度，降低结算费用。在大型企业集团产业化经营的背景下，企业集团成员单位作为产业链的上下游环节，大多有频繁的内部交易，可以充分运用财务公司内部转账业务提高资金周转速度，化解内部债务链。

（二）对外付款

对外付款指各单位通过财务公司将其款项支付给未在财务公司开户的收款人的行为。财务公司对外付款结算业务须实现成员单位的实名制支付，以符合成员单位商务合同的法律要求。

（三）资金回拨

资金回拨是指各单位将其在公司的存款划转至该单位其他银行账户的行为。资金集中管理后，成员单位取现、发放工资、交纳税金、社保等结算行为仍需在注册当地进行，需从财务公司内部账户回拨资金至当地银行账户。该类业务一般可根据企业集团批准的成员单位预算与资金计划，由财务公司系统自动发起或由成员单位提交发起。

二、财务公司结算业务特点

从结算方式上看，因为现阶段财务公司没有参与银行间清算的独立清算行号，传统的支付结算方式如汇票、本票、支票、汇款等，结算效率较低，不适应企业集团财务公司跨区域结算的特点，因此，财务公司支付结算业务的主要方式为网上支付，根据中国银行业监督管理委员会 2010 年发布的《关于企业集团财务公司资金集中管理模式调研结果的通报》，82% 的财务公司建立了网上金融平台，即财务公司"网上银行"，以便成员单位提交业务，63% 的财务公司实现了网上金融系统对集团内 80% 以上成员单位的覆盖，92% 的财务公司与商业银行建立了银企直联渠道，以便向商业银行发送结算指令，查询交易明细及账户余额。

从业务推广的角度，财务公司结算业务的推广多呈现采用企业集团行政手段的特点，大部分企业集团在实施资金集中管理的基础上，要求成员单位的结算行为集中至财务公司。

从企业集团财务管理的角度，大部分企业集团将预算管理与财务公司结算手段相衔接，通过结算集中实现对成员单位的预算控制。

从业务受理的方式上看，财务公司结算业务呈现灵活性强的特点。财务公司可受理成员单位通过网上金融平台提交或通过支票柜面提交的业务指令，对于资金回拨业务，因为是成员单位同名账户划转，财务公司可先受理成员单位传真提交的业务指令（原件后补），较商业银行具备灵活性。

从结算费用上看，结算业务作为资金集中管理的配套措施，大多财务公司为体现让利于成员单位，不收取结算业务手续费及资金汇划费。

第四节　财务公司结算业务的制度与流程

财务公司需按照国家有关法律法规规章制定自身的制度与流程，规范内部结算业务。

一、财务公司结算业务制度

（一）制度依据

财务公司要根据《中华人民共和国票据法》、《中华人民共和国商业银行法》、《支付结算管理办法》、《企业集团财务公司管理办法》及其他有关法律、行政法规和规章的规定，以及结合本企业集团公司具体情况制定的《内部结算业务管理办法》来规范结算类业务。

（二）办理原则

财务公司办理支付结算必须遵守下列原则：恪守信用，履约付款；谁的钱进谁的账，由谁支配；财务公司不垫款。

（三）支付指令

成员单位在财务公司办理结算业务必须使用财务公司指定的支付指令。在网上支付方式下，财务公司指定的支付指令是指成员单位操作员经过 CFCA 加密认证登录财务公司网上金融系统，通过指定的功能模块提交给财务公司的有效结算指令。财务公司同时认可成员单位以支票或财务公司规定格式的划款通知单的形式提交的支付指令。支票或纸质划款通知单应按照人民银行颁发的《正确填写票据和结算凭证的基本规定》填写。

（四）业务受理

结算部接收到各单位的支付指令后，应认真审核：

1. 电子支付指令

收款人与付款人的户名、账号、开户行信息；金额大小写、付款时间、业务类型等要素；成员单位在财务公司的活期存款余额是否足以支付。

在支付业务不落地处理的情况下，上述审核要点固化至财务公司业务系统，由系统自动审核校验。支付业务不落地指对成员单位通过公司网上金融系统提交的网银支付指令，在系统中加入一定的规则，变人工判断处理为系统自动判断处理的过程。

2. 纸质划款通知（或支票）

纸质划款通知单的金额、日期、收款人名称不得更改，上述要素更改的划款通知单无效，财务公司不予受理；对划款通知单上的其他记载事项，原记载人可以更改，更改时应由原记载人在更改处签章证明；纸质划款通知单的金额，须以中文大写和阿拉伯数码同时记载，二者必须一致，不一致的划款通知单无效，财务公司不予受理；纸质划款通知单上的签章须为该单位在财务公司的预留印鉴；在比对印鉴时，财务公司结算人员应坚持双人验印原则；成员单位在财务公司的活期存款余额是否足以支付。财务公司结算人员对上述事项审核无误后，应及时受理支付指令。如发现要素不完整、不准确以及头寸不足时应及时退回，并通知付款单位更正。

（五）业务处理

业务处理指令受理后，财务公司结算人员依据操作规程处理成员单位结算业务指令。业务处理后，财务公司业务系统自动调整成员单位内部账户存款余额。

（六）回单与对账

业务系统修改客户头寸后，财务公司结算人员应及时打印客户回单，加盖财务公司转讫章后，在规定时间内送达客户；为保证各单位资金安全，财务公司结算人员应及时与各单位对账。每月初，向存款人送达上月账户对账单；每年初，向存款人送达上年度账户余额对账单，并及时收回对账回执。根据对账回执与存款人核对年度账务，对未达账项应及时查明原因并处理。

财务公司可实施电子签章以提高财务公司结算服务的效率与质量，进一步提高财务公司业务数据的安全性，增加成员单位业务单据入账和对账工作的及时性。在实施电子签章后，业务回单与对账单由成员单位自行打印，对账回执通过系统以电子形式办理。

《电子签名法》明确规定"可靠的电子签名与手写签名或者盖章具有同等的法律效力"。财务公司可集成使用由取得国家信息安全部许可的软件公司提供的电子印章系统，使电子签章的技术规范符合《电子签名法》的有关规定。成员单位在浏览时即可验证电子回单的有效性和内容的真实性，可以有效保障成员单位的数据安全；并在进行纸质输出时加印二维条码，进一步加强技术验证，提高数据安全性。为了控制风险，电子签章的关键业务规则主要为：带章回单只能打印一次，如首次回单打印失败或其他原因需再次打印，须发起补打申请，申请通过后方可再次打印。带章对账单无打印次数控制。

二、财务公司结算业务流程

财务公司内部转账、对外付款及资金回拨的业务流程基本相同，财务公司支付结算业务主要涉及六个业务环节，具体如下：

（一）业务指令

成员单位向财务公司提交支付结算的业务指令，该指令的形式分为线上与线下两种，其中线上指令指成员单位通过财务公司网上金融平台提交的电子指令，线下指令指成员单位从柜面向财务公司提交的纸质指令，具体可以是支票或划款通知书。

（二）业务受理

财务公司经办人员对客户提交的申请进行凭证复核，包括凭证真实性、预留印鉴比对、内部账户和银行账户的余额是否充足，付款银行收款信息是否完整规范。

（三）业务录入

财务公司经办人员受理成员单位业务指令后，录入付款信息，包括支付方式、银行、录入附件张数、票据号码、摘要、用途及备注。付款银行选择的规则是功能优先、同行优先、头寸优先。

（四）业务复核

财务公司复核人员复核付款信息，如果存在不符信息，则提出修改意见并将流程退回到经办人进行修改。复核要素包括收付款单位名称、开户行、账号、金额、支付行、摘要等。

（五）提交付款

财务公司复核人员或资金清算人员提交付款信息，业务提交后，财务公司业务系统自动生成业务凭证，如需银行支付，通过财务公司银企互联平台向银行发送支付指令，或由财务公司开具支票、电汇凭证等向银行发送指付指令。

（六）业务回单

在支付成功后，财务公司经办人员打印业务回单并向成员单位传递。

不考虑不落地处理及电子签章情况，财务公司支付结算业务处理流程如图3－5所示。

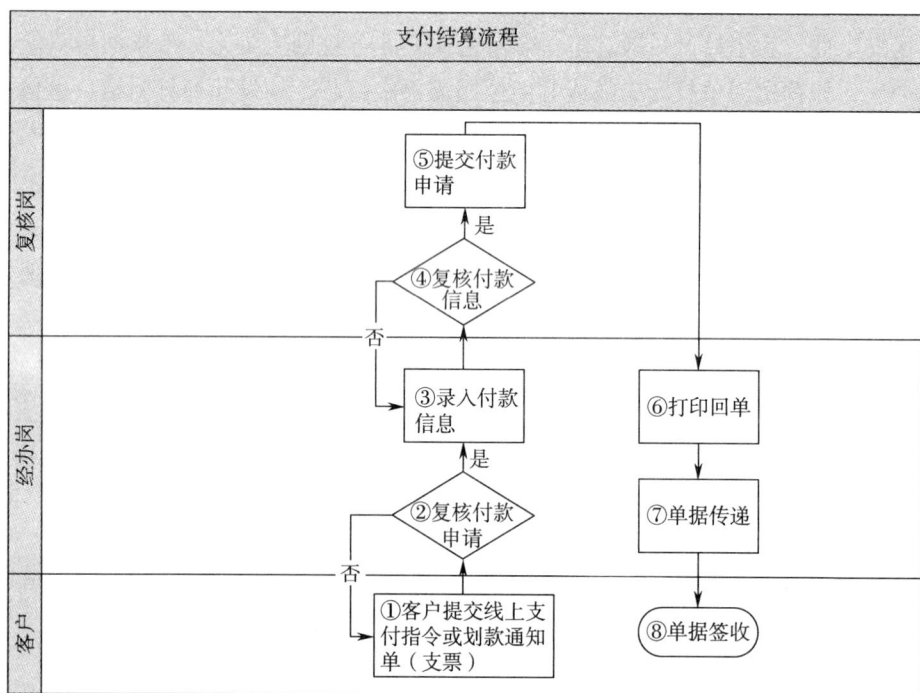

资料来源：依据财务公司结算业务独立绘制。

图3－5　财务公司支付结算业务流程

第四章

企业集团财务公司的信贷业务

信贷业务是金融机构各项业务的核心和主体，是金融机构盈利的主要来源之一，对金融机构拓展其他业务，包括存款业务、中间业务、表外业务等也有十分重要的作用。部分财务公司在其发展历程中逐步形成了以信贷业务为主体的经营格局，且这种格局在短期内不会发生实质性改变，因此信贷业务是财务公司最为核心的业务之一。

科学地认识信贷本质，加强信贷管理，对管好、用好信贷资金，充分发挥信贷的经济杠杆作用，提高信贷资金运用效益，具有十分重要的意义。

第一节　信贷业务概述

在日常经济生活中，无论是企业，还是个人，在需要资金融通时，首先想到的就是与金融机构发生借贷业务，因此，信贷业务存在于经济生活中的方方面面，了解信贷业务的基础知识具有很强的现实意义。

本节主要介绍信贷的基本概念、信贷业务的种类、遵循的原则、信贷业务的基本要素及办理信贷业务的基本条件。

一、信贷的含义

信贷是体现一定经济关系的不同所有者之间的借贷行为，是以偿还为条件的价值运动的特殊形式，是债权人贷出货币，债务人按期偿还并支付一定利息的信用活动。

广义的信贷是金融机构筹集债务资金、借出资金或提供信用支持的经济活动。狭义的信贷是金融机构借出资金或提供信用支持的经济活动，主要包括贷款、担保、承兑、开立信用证、减免交易保证金、信贷承诺等。本书下面介绍的信贷业务均采用狭义的定义。

二、信贷业务种类

信贷业务种类是按一定分类方法和标准划分的信贷类别，划分信贷业务种类是进行信贷管理的需要，目的在于反映信贷业务的特点和信贷资产的结构。目前，国内各金融机构开展的信贷业务主要包括传统的信贷业务和其他一些有特色的信贷业务。传统的信贷业务主要包括授信业务、流动资金贷款、固定资产贷款等；其他特色的信贷业务主要包括保理业务、银团贷款、委托贷款、买方信贷、消费信贷及担保业务等。按照不同的分类标准，传统的信贷业务和有特色的信贷业务具有不同的类型。

（一）按照会计核算的归属划分，可分为表内信贷业务和表外信贷业务

1. 表内信贷业务主要反映金融机构资产实际增减变化以及损益的发生情况，并反映在金融机构各种会计主表上的信贷业务，主要包括贷款、商业汇票贴现等。

2. 表外信贷业务主要反映或有事项，亦即债权债务或权利责任已经形成，但尚未涉及资金实际增减变化的会计事项，不在金融机构各种会计主表上反映的信贷业务，主要包括商业汇票的承兑、保证等。

（二）按照信贷业务的期限划分，可分为短期信贷业务和中长期信贷业务

1. 短期信贷业务是指期限在1年以内（含1年）的信贷业务。

2. 中期信贷业务是指期限在1年以上（不含1年）5年以下（含5年）的信贷业务。

3. 长期信贷业务是指期限在5年（不含5年）以上的信贷业务。

（三）按照信贷业务的担保方式划分，可分为信用贷款、担保贷款和票据贴现

1. 信用贷款是指以借款人的信誉发放的贷款。

2. 担保贷款包括保证贷款、抵押贷款和质押贷款。

（1）保证贷款是指按《中华人民共和国担保法》规定的保证方式以第三人承诺在借款人不能偿还贷款时，按约定承担一般保证责任或者连带责任而发放的

贷款。

（2）抵押贷款是指按《中华人民共和国担保法》规定的抵押方式以借款人或第三人的财产作为抵押物发放的贷款。

（3）质押贷款是指按《中华人民共和国担保法》规定的质押方式以借款人或第三人的动产或权利作为质物发放的贷款。

3. 票据贴现是指金融机构以购买借款人未到期商业票据的方式发放的贷款。

（四）按照贷款的用途划分，可分为流动资金贷款、固定资产贷款等

1. 流动资金贷款是指向借款人发放的用于正常生产经营周转或临时性资金需要的本外币贷款。

2. 固定资产贷款是指向借款人发放的用于固定资产项目投资的中长期本外币贷款，包括基本建设贷款和技术改造贷款。

（五）按照信贷业务办理的组织形式划分，可分为单个金融机构贷款和银团贷款

1. 单个金融机构贷款是指金融机构独立向借款人发放的贷款。

2. 银团贷款是指由金融机构和获准经营贷款业务的多家银行，采用同一贷款协议，按商定的期限和条件向同一借款人发放的贷款。

（六）按照贷款的资金来源及贷款风险承担人不同划分，可分为自营贷款和委托贷款

1. 自营贷款是指金融机构以自有资本金、吸收存款等合法方式筹集的资金自主发放的贷款，其风险由金融机构承担，并由金融机构收回本金和利息。

2. 委托贷款是指金融机构接受主管部门或集团成员单位等委托人提供的资金，由金融机构（受托人）根据委托人确定的贷款对象、用途、金额、期限、利率等代为发放、监督使用并协助收回的贷款。金融机构（受托人）只收取手续费，不承担贷款风险。

（七）按照信贷业务的币种划分，可分为本币信贷业务和外汇信贷业务

1. 人民币贷款。人民币是我国的法定货币，以人民币为借贷货币的贷款称为人民币贷款。

2. 外汇贷款。以外汇作为借贷货币的贷款称为外汇贷款。现有的外汇贷款币种主要有美元、港元、日元、英镑和欧元。

（八）按照授信对象划分，可分为公司信贷业务和个人信贷业务

1. 公司信贷是指以金融机构为提供主体，以法人和其他经济组织等非自然

人为接受主体的资金借贷或信用支持活动。

2. 个人信贷业务是指以金融机构为提供主体，以自然人为接受主体的资金借贷或信用支持活动。

（九）按照贷款的风险程度划分，可分为正常贷款、关注贷款、次级贷款、可疑贷款和损失贷款

1. 正常贷款是指借款人能够履行合同，没有足够理由怀疑贷款本息不能按时足额偿还。

2. 关注贷款是指尽管借款人目前有能力偿还贷款本息，但存在一些可能对偿还产生不利影响的因素。

3. 次级贷款是指借款人的还款能力出现明显问题，完全依靠其正常营业收入无法足额偿还贷款本息，即使执行担保也可能会造成一定的损失。

4. 可疑贷款是指借款人无法足额偿还贷款本息，即使执行担保也肯定要造成较大的损失。

5. 损失贷款是指在采取所有可能的措施或一切必要的法律程序之后，本息仍然无法收回，或只能收回极少部分。

三、信贷业务的基本原则

信贷业务的基本原则是金融机构经营信贷业务的根本出发点，对信贷业务具有普遍指导意义。信贷业务原则不仅要符合国家宏观政策的要求，也要体现金融机构自身经营的特点。

金融机构一般要兼顾三个基本原则：安全性、流动性和效益性。

1. 安全性原则。是指金融机构在经营信贷业务的过程中尽量避免信贷资金遭受风险和损失。

2. 流动性原则。是指金融机构在经营信贷业务时能预定期限收回贷款资金或者在不发生损失的情况下将信贷迅速转化为现金的原则。

3. 效益性原则。是指通过合理地运用资金，提高信贷资金的使用效益，谋取利润最大化，力求金融机构自身的经济效益和社会效益的统一。

在实际业务中，效益性和安全性、流动性之间通常存在着矛盾，因此安全性、效益性、流动性三项原则很难同时兼顾。这主要是因为：期限越长，利率越高，效益性越好，但由于期限较长，其风险也越大，安全性低，同时流动性也受影响。反之，期限短的贷款，利率低使得效益性低，但却能有较高的安全性和流

动性。即使安全性和流动性之间，也并不总是一致的。

不同金融机构在不同时期确定信贷业务"三性"原则的重要性时，选择的顺序是不同的。一般而言，安全性最为重要，其次才是效益性和流动性。安全性是前提，只有首先保证信贷资金的安全性，才能确保金融机构得以存在和发展；效益性是目标，只有通过信贷资金创造更多的收益，才能满足与金融机构有关各方面的利益需要；流动性是条件，只有在对信贷资金不断运用的过程中，才能不断调整信贷结构，使它更具有安全性和效益性。

四、信贷业务的基本要素

任何一笔信贷业务都要包含六个基本要素，包括对象、金额、期限、利率和费率、用途及担保，具备六个基本要素是信贷业务开展的前提条件。

（一）对象

金融机构信贷就是以金融机构为中介，为客户提供服务，向客户直接提供资金支持，或对客户在有关经济活动中的信用向第三方作出保证的行为。根据金融机构信贷的含义，信贷业务的对象包括金融机构和金融机构服务的客户。向金融机构申请信贷业务的客户，必须满足国家有关规定及金融机构内部信贷政策等规章制度的要求。

（二）金额

信贷金额是指贷款人承诺向借款人提供的以货币计量的信贷产品数额。

（三）期限

1. 信贷期限的概念

信贷期限有广义和狭义两种。广义的信贷期限是指贷款人承诺向借款人提供以货币计量的信贷产品的整个期间，即从签订合同到合同结束的整个期间。狭义的信贷期限是指具体信贷产品发放到约定的最后还款或清偿的期限。在广义的定义下，通常分为提款期、宽限期和还款期。

（1）提款期。提款期是指从借款合同生效之日开始，至合同规定贷款金额全部提款完毕之日为止，或最后一次提款之日为止。其间，借款人可按照合同约定分次提款，如借款人未按合同约定的提款日提款，则贷款人有权取消未提的贷款额度或按照一定比例收取承担费。

（2）宽限期。宽限期是指从贷款提款完毕之日或最后一次提款之日开始，至第一个还本付息之日为止，介于提款期和还款期之间。有时也包括提款期，即从借款合同生效日起至合同规定的第一笔还款日止的期间。在宽限期内金融机构只收取利息，借款人不用还本，或本息都不用偿还，但是金融机构仍应按规定计算利息，算至还款期才向借款企业收取。

（3）还款期。还款期是指从借款合同规定的第一次还款日起至全部本息清偿日止的期间。

2. 信贷期限的相关规定

（1）贷款期限根据借款人的生产经营周期、还款能力和贷款人的资金供给能力由借贷双方共同商议后确定，并在借款合同中载明。

（2）自营贷款期限最长一般不得超过10年，超过10年应当报中国人民银行备案。

（3）票据贴现的贴现期限最长不得超过6个月，贴现期限为从贴现之日起到票据到期日止。

（4）不能按期归还贷款的，借款人应当在贷款到期日之前，向贷款人申请贷款展期，是否展期由贷款人决定。

（5）短期贷款展期期限累计不得超过原贷款期限；中期贷款展期期限累计不得超过原贷款期限的一半；长期贷款展期期限累计不得超过3年。

（四）利率和费率

1. 利率

（1）定义

贷款利率即利息率，是借款人使用贷款时支付的价格。利率是调节经济发展的重要杠杆，其高低对资金借出者来说意味着收益的多少，对资金使用者来说，意味着成本的高低。利率水平的高低影响社会资金的流向，对金融市场具有直接和显著的调控作用。

（2）利率的种类

通常根据贷款标价方式的不同将利率分为本币贷款利率和外币贷款利率。

按照借贷关系持续期内利率水平是否变动来划分，利率可分为固定利率与浮动利率。固定利率是指在贷款合同签订时即设定好固定的利率，在贷款合同期内，不论市场利率如何变动，借款人都按照固定的利率支付利息，不需要"随行就市"。实行固定利率，对于借贷双方准确计算成本与收益十分方便，是传统采用的方式。浮动利率是指借贷期限内利率随物价或其他因素变化相应调整的利率。浮动利率的特点是可以灵敏地反映金融市场上资金的供求状况，借贷双方所承担的利率变动风险较小。

按利率是否按市场规律自由变动可分为法定利率、行业公定利率和市场利率。法定利率是指由政府金融管理部门或中央银行确定的利率，是国家实现宏观调控的一种政策工具。行业公定利率是指由非政府部门的金融民间组织，如银行公会等确定的利率，该利率对会员银行具有约束力。市场利率是指随市场供求关系的变化而自由变动的利率。

（3）我国贷款利率相关情况

1）管理制度

①基准利率

基准利率的核心是标准利率，被用做基准利率的利率包括存贷款利率、市场利率、法定利率和行业公定利率，通常具体贷款中执行的浮动利率采用基准利率加点或确定浮动比例方式。在我国，由中国人民银行公布贷款的基准利率，贷款的基准利率是我国的法定利率。

②《人民币利率管理规定》有关利率的相关规定

短期利率（期限在一年以下，含一年），按贷款合同签订日的相应档次的法定贷款利率计息。贷款合同期内，遇利率调整不分段计息。

中长期贷款（期限在一年以上）利率实行一年一定。贷款（包括贷款合同生效日起一年内应分笔拨付所有资金）根据贷款合同确定的期限，按贷款合同生效日相应档次的法定贷款利率计息，满一年后，再按当时相应档次的法定贷款利率确定下一年度利率。

贷款展期，期限累计计算，累计期限达到新的利率档次时，自展期之日起，按展期日挂牌的同档次利率计息；达不到新的期限档次时，按展期日的原档次利率计息。

逾期贷款或挤占挪用贷款，从逾期或挤占挪用之日起，按罚息利率计收罚息，直到清偿本息为止，遇罚息利率调整则分段计息。

2）利率结构

差别利率是对不同种类、不同期限、不同用途的存贷款所规定的不同水平的利率。

利率档次是利率差别的层次。在我国，按期限差别设置不同的贷款利率水平，在国外，除按期限设置利率档次外，还按风险程度区分贷款利率水平。

①人民币贷款利率档次

我国人民币贷款利率按贷款期限划分为短期贷款利率、中长期贷款利率及票据贴现利率。

短期贷款利率可分为六个月以下（含六个月）和六个月至一年（含一年）两个档次。

中长期贷款利率可分为一年至三年（含三年）、三年至五年（含五年）以及五年（不含五年）以上三个档次。

②外汇贷款利率档次

我国银行现行公布的外汇贷款利率按币种划分为美元、英镑、欧元、日元、港元等外汇贷款利率。各币种利率又可具体划分为浮动利率、一年以内（含一年）固定利率和国内金融机构、外商投资企业透支利率三类。

浮动利率。中长期外汇贷款一般采取浮动利率，是参照伦敦银行同业拆借利率确定的。浮动的时间分为按月浮动、按三个月浮动和按六个月浮动三种。浮动利率贷款期限可分为一年以内（含一年）、一年至三年（含三年）、三年至五年（含五年）和五年（不含五年）以上四个档次。

一年以内（含一年）固定利率。合同期限在一年或一年以内的短期贷款可使用该利率档次。使用该档次利率的贷款在合同期限内如遇利率调整，按合同利率计息，不分段计息。

国内金融机构、外商投资企业透支利率。国内金融机构和外商投资企业的外汇存款户，在符合银行规定的条件时，在一定额度内，允许超过其存款余额开出支票或其他付款凭证，并予以兑现。这种外汇资金融通方式执行本利率。

3）计息方式

利率一般有年利率、月利率、日利率三种表现形式。年利率也称年息率，以年为计息期，一般按本金的百分之几表示；月利率也称月息率，以月为计息期，一般按本金的千分之几表示；日利率也称日息率，以日为计息期，一般按本金的万分之几表示。

我国计算利息的传统标准是分、厘、毫，每十厘为一分，每十毫为一厘。年息几分表示百分之几十，月息几厘表示千分之几，日息几毫表示万分之几。

2. 费率

（1）定义

费率一般以金融机构贷款承诺金额为基数，按一定比率计算。费率的类型较多，包括承诺费、承兑费、银团安排费、开证费等。

（2）国家有关费率的相关规定

①金融服务是指金融机构通过收费方式向客户提供的各类本外币服务。

②金融机构制定服务价格、提供金融服务应当遵守国家有关价格法律、法规及规章的规定，应当遵循合理、公开、诚信和质价相符的原则，应以客户为中心，增加服务品种，改善服务质量，提升服务水平，禁止利用服务价格进行不正当竞争。

③实行政府指导价的服务范围为人民币基本结算类业务，包括银行汇票、银行承兑汇票、本票、支票、汇兑、委托收款、托收承付等。

④金融机构办理收付类业务实行"谁委托、谁付费"的收费原则，不得向委托方以外的其他单位或个人收费。

（五）用途

不同的信贷业务有不同的用途。金融机构在办理信贷业务时尤其要注意用途是否合法、真实以及是否真正用于指定用途。

（六）担保

担保是指借款人无力或未按照约定按时还本付息或支付有关费用时贷款的第二还款来源，是审查贷款项目最主要的因素之一。按照《中华人民共和国担保法》、《中华人民共和国物权法》的有关规定，担保方式包括保证、抵押、质押、定金、留置等方式。在信贷业务中经常运用的主要是前三种方式中的一种或几种。

首先，根据借款人的经济实力和项目本身的抗风险能力来确定担保方式。其次，根据担保本身的情况确定担保方式，如果一种担保方式就足以保证贷款的偿还，则可不必增加其他担保方式，否则，可同时采取多种方式。

五、信贷业务基本条件

借款人申请贷款或办理其他信贷业务，应当具备产品有市场、生产经营有效益、不挤占挪用信贷资金、恪守信用等基本条件，并且符合以下要求：

1. 持有中国人民银行核发的正常有效的贷款卡；

2. 已在金融机构开立一般存款账户；

3. 经过工商行政管理机关合法注册，并办理年检；

4. 信誉良好，具备履行合同、偿还债务的能力，无不良信用记录；

5. 有限责任公司和股份有限公司对外股本权益性投资累计额未超过其净资产总额的 50%；

6. 遵守国家金融法规政策及公司有关规定。

第二节　财务公司信贷业务管理

财务公司的信贷业务与商业银行及其他金融机构的信贷业务相较而言，既有共性也有一定的差异性。一方面，财务公司是非银行金融机构，是从事金融业务的企业法人，是金融企业成员中的机构之一，在从事信贷业务时，与商业银行及其他金融机构遵循的信贷政策、原则及信贷业务的分类方法等基本相同，商业银行及其他金融机构开展的信贷业务对财务公司都是适用的或是可以参照的。另一方面，由于财务公司的性质、特点以及服务对象等不同于商业银行及其他金融机构，主要表现在隶属于企业集团，并为企业集团成员单位服务，以提高集团资金使用效率为宗旨等，因此，财务公司的信贷业务与一般的金融业务比较具有特殊性，是为集团成员单位提供金融服务的一项主要业务，也是财务公司的一项重要职能，对企业集团战略发展、降低财务费用等方面具有重大意义。

一、财务公司基本信贷政策

信贷政策是财务公司指导和规范信贷业务，管理和控制信用风险的各项方针、措施和程序的总称，是财务公司从事信贷业务的准则。

财务公司开展信贷业务的基本信贷法律、法规和规章依据主要有《企业集团财务公司管理办法》、《企业集团财务公司内部控制指导意见》（试行）、《贷款通则》、《中华人民共和国商业银行法》、《商业银行授信工作尽职指引》、《中华人民共和国担保法》、《中华人民共和国物权法》、《贷款风险分类指引》、《银团贷款业务指引》。

二、财务公司信贷业务的基本准则

1. 信贷业务符合国家法律、法规、规章和金融政策；

2. 坚持以服务集团发展为宗旨，以经济效益为中心；

3. 遵循资金安全性、流动性和效益性原则。

三、财务公司信贷业务服务对象

根据《企业集团财务公司管理办法》的规定，财务公司信贷业务服务的对象主要是集团成员单位及符合监管要求的其他企业。

成员单位包括母公司及其控股51%以上的子公司（以下简称子公司）；母公司、子公司单独或者共同持股20%以上的公司，或者持股不足20%但处于最大股东地位的公司；母公司、子公司下属的事业单位法人或者社会团体法人。

四、财务公司信贷业务的范围

根据《企业集团财务公司管理办法》的规定，财务公司信贷业务的范围主要包括以下六个方面：对成员单位办理贷款及融资租赁；对成员单位办理票据承兑与贴现；办理成员单位之间的委托贷款及委托投资；对成员单位提供担保；成员单位产品的消费信贷、买方信贷及融资租赁；对成员单位办理财务和融资顾问、信用鉴证咨询业务。

五、财务公司信贷业务监管政策

根据《企业集团财务公司管理办法》的规定，对财务公司开展的部分信贷业务有明确的限制条件：从事成员单位产品消费信贷、买方信贷及融资租赁业务的，注册资本金不低于5亿元人民币；财务公司不得从事离岸业务，除协助成员单位实现交易款项的收付外，不得从事任何形式的资金跨境业务；财务公司分公司不得办理担保、消费信贷、买方信贷及融资租赁业务。

六、财务公司信贷业务对企业集团的意义

财务公司开展的信贷业务对于企业集团的战略发展、提高资金使用效率及增强融资能力等方面具有重要意义。

1. 助推企业集团战略发展，发挥金融驱动作用。财务公司作为企业集团内部的金融机构，信贷业务主要为集团产品经营、资产重组与资本运营的战略发展提供资金支持。集中财力发展企业集团主营、关键、重点项目，可以充分发挥企业集团整体综合优势，切实起到金融驱动作用。

2. 提高企业集团资金使用效率，降低企业集团财务费用。财务公司通过企业集团资金集中管理吸收的存款，可以通过信贷业务快速投放于集团成员单位，

信贷业务收入完全体现在集团内部，充分发挥了金融纽带的作用，对完善企业集团内部资金统一管理和调配，提高企业集团资金使用效率，降低企业集团财务费用有着至关重要的意义。

3. 及时为企业集团成员单位提供资金支持，保证企业集团成员单位生产经营的正常进行。由于各种原因，企业集团成员单位经常出现因资金紧缺而影响生产经营正常进行的情况，财务公司比商业银行更了解企业集团成员单位的生产特点，可以通过灵活多样的信贷业务为成员单位提供救急资金，保证企业集团成员单位生产经营活动的正常进行，弥补商业银行因对集团成员单位不熟悉，审贷手续烦琐，放款时间长，难以及时为成员单位提供应急资金以致影响生产的不足。

4. 增强企业集团的融资功能，降低企业集团融资成本。一方面，财务公司是企业集团和商业银行之间的桥梁，可以利用自身对内对外的特殊地位和功能，将众多成员单位的贷款需求进行集合，形成大额贷款需求，达到规模效应，统一与商业银行进行融资洽谈，增强企业集团的融资功能，提高企业集团的议价能力，促使商业银行对企业集团给予优惠贷款；另一方面，财务公司以牵头行及代理行的身份组织商业银行对企业集团开展银团贷款，以较小的自有资金撬动商业银行的外部资金，相应地将外部融资变成内部融资，可以为集团成员单位争取最优惠的贷款利率，提高集团成员单位贷款效率，降低集团成员贷款成本。

5. 推进企业集团产品销售，促进企业集团产业结构和产品结构的调整。财务公司开展买方信贷业务和消费信贷业务，主要是为企业集团的产品销售提供配套的金融服务，由于支持的是企业集团成员单位适销产品的销售，故可以促进企业集团优化产业机构和产品结构。

6. 优化企业集团财务状况。通过财务公司信贷业务提供启动资金，定期清理集团内部"三角债"，并且通过财务公司资金平台进行内部封闭结算，加快企业集团成员单位之间资金结算的速度，可使企业集团内部应收账款呈几何级数量减少，进而优化企业集团的财务状况。

7. 规范企业集团内部的资金拆借行为。企业集团经常会出现一些成员单位资金十分紧张，而另一些成员单位资金闲置的状况，因此企业集团成员单位之间互相拆借的行为比较普遍，此举违反了国家关于企业间不得拆借资金的有关规定，财务公司的委托贷款业务可以有效解决此类行为，规范了企业集团内部的资金拆借行为。

8. 丰富企业集团融资渠道，满足企业集团的特殊融资需求。《企业集团财务公司管理办法》明确规定财务公司的业务服务对象为"企业集团的成员单位"，因此，财务公司能够专心致志地面向企业集团成员单位，深入开展符合企业集团成员单位有特色需求的"专业化服务"和"定制服务"，丰富企业集团融资渠道，满足企业集团的特殊融资需求。

七、财务公司信贷业务的优势

（一）效率高

首先，财务公司相对于商业银行及其他金融机构，更熟悉、了解本集团成员单位的经济和财务状况，相较而言具有信息优势。财务公司的相关工作人员，大多有企业集团成员单位的工作经历及背景，对企业集团所从事的各项业务、流程等都有一定的了解，进行贷前调查时，更加准确、高效。

其次，企业集团往往在内部发行刊物或直接通报相关信息，而财务公司作为企业集团成员单位之一，能够第一时间把握企业集团发展的动态，这些动态对财务公司信贷业务的开展有很重要的指导意义。

最后，由于信贷业务的申请人均为企业集团成员单位，隶属于同一个体系，风险一般存在企业集团内部，使得风险较易把握，因此审批过程更加高效。

（二）利率优

企业集团的利益最大化就是财务公司追求利益的目标，这与商业银行及其他金融机构追求的自身利益最大化的目标有着本质的区别。因此，财务公司在设定各项信贷业务的利率及费率时，会从整个企业集团考虑，在不违反国家规定和保持自身正常经营的前提下，给予成员单位最为优惠的信贷业务利率及费率。

（三）专业性强

虽然各商业银行及其他金融机构有着较多的金融服务人才，但对整个企业集团的了解仍较为欠缺。财务公司具有先天优势，与企业集团发展战略相结合，一切从企业集团的主营业务特点出发，容易形成专业金融服务优势，从而为企业集团成员单位提供量身定做的信贷业务。

（四）灵活性大

许多商业银行及其他金融机构，虽然网点较多，但是往往受到其自身规章制度的限制，无法对信贷业务的申请单位作出迅速反应。根据监管机构的规定，财务公司可以开展绝大部分的商业银行业务，信贷业务品种齐全，可以根据成员单位的要求灵活改变，且业务开展不受地域限制，可与结算、投资、保险等业务结合为企业集团成员单位提供一揽子的金融服务，实现财务公司与成员单位的双赢。

（五）支持力度深

财务公司成立的目的就是为了提高整个企业集团的资金运营效率，企业集团会给予财务公司较多的支持。例如向所有的成员单位积极宣传财务公司，鼓励或要求成员单位的融资业务向财务公司倾斜等，而商业银行和其他的金融机构则难以得到企业集团的这些支持。

第三节 财务公司信贷业务基本操作流程

为加强信贷管理，规范信贷经营管理行为，有效防范和控制信贷风险，提高信贷资产质量，为集团成员单位提供高效优质的信贷服务，财务公司应该根据国家有关法律法规，结合财务公司的行业特点及内部信贷基本制度，制定规范化的信贷业务操作规程。信贷业务的运作必须严格按规范的程序进行。

本节主要介绍财务公司信贷业务的基本操作程序和操作流程要点。财务公司的信贷业务基本操作流程包括受理、调查评价、审批、发放及贷后管理五个重要阶段。

一、受理

受理阶段主要包括客户申请→资格审查→客户提交材料→初步审查等环节。受理人员依据有关法律法规、规章制度及财务公司的信贷政策审查客户的资格及提供的申请材料，决定是否接受客户的信贷业务申请。

（一）客户申请

客户申请可以是客户主动到财务公司申请信贷业务，也可以是财务公司受理人员向客户营销信贷业务。受理人员既要认真了解客户需求情况，又要准确介绍财务公司的有关信贷政策，包括借款人的资格要求、信贷业务利率、费率、期限、用途等。

（二）资格审查

资格审查主要是为了确定客户是否为财务公司信贷业务的对象且是否具备办理财务公司信贷业务的基本条件。实践中，资格审查的重点主要有：客户有按期还本付息能力，原应付贷款利息和到期贷款已清偿，没有清偿的，已经做了财务公司认可的偿还计划；除不需要经工商部门核准登记的事业法人外，营业执照应当经过工商部门办理年检手续；已在财务公司开立一般存款账户；除国务院规定外，有限责任公司和股份有限公司对外股本权益性投资累计额未超过其净资产总额的50%；客户的资产负债率符合有关规定要求；申请固定资产贷款的，新设项目法人的所有者权益与项目总投资的比率不低于国家规定的投资项目资本金比例；持有人民银行核发的年检合格的贷款卡。

（三）客户提交资料

客户资料是财务公司开展信贷业务调查的基础，对于符合资格要求的客户，财务公司受理人员可要求客户提供如下资料：

1. 客户基本资料

（1）借款申请书，其内容应包括借款用途、金额、期限、还款来源及担保方式等；

（2）经年检的营业执照；

（3）组织机构代码证；

（4）法定代表人身份证明；

（5）贷款证卡；

（6）经财政部门或会计（审计）师事务所核准的前3个年度及上个月财务报表和审计报告（成立不足3年的企业，提交自成立以来的年度和近期报表）；

（7）税务部门年检合格的税务登记证明；

（8）公司合同或章程；

（9）若借款人为有限责任公司、股份有限公司、合资合作公司或承包经营企业，要求提供董事会（股东会）或发包人同意申请信贷业务决议、文件或具有同等法律效力的文件或证明；

（10）财务公司要求提供的其他资料。

2. 信贷业务材料

根据办理的具体信贷产品，要求客户提供有关材料。

3. 担保材料

根据担保的具体方式，要求客户提供有关证明材料。

（四）初步审查

受理人员收到客户申请材料后，应清点材料是否齐全，对材料的完整性、合法性、规范性、真实性和有效性进行初步审查，具体包括以下几个方面。

1. 基本资料审查

（1）信贷业务申请书

① 信贷业务品种、币种、期限、金额、担保方式、借款用途与协商的内容相符；

② 加盖的公章清晰，与营业执照和贷款卡（证）上的企业名称三者一致。

（2）财务报表

① 加盖的公章清晰，与营业执照和贷款卡（证）上的企业名称三者一致；

② 有财政部门的核准意见或会计（审计）师事务所的审计报告。

（3）税务登记证

有税务部门年审的防伪标记。

（4）股东会或董事会决议

① 内容应包括申请信贷业务用途、期限、金额、担保方式及委托代理人等；

② 达到公司合同章程或组织文件规定的有效签字人数。

（5）贷款卡（证）

① 在有效期内；

② 年审合格。

（6）营业执照及其他有效证明经年审合格

2. 信贷业务材料的初步审查

根据各类不同信贷产品的规定，对客户提供的信贷业务材料进行初步审查。

3. 担保材料的初步审查

根据担保的方式对客户提供的担保材料进行初步审查。

二、调查评价

初步调查合格后进入调查评价阶段，不合格则退回客户申请，并告知客户不合格原因，待完善后重提申请。

调查评价阶段主要包括贷前调查及审查环节。

（一）贷前调查

贷前调查是办理信贷业务的关键环节，财务公司信贷管理部门要就客户申请的贷款金额、期限、利率、贷款方式等提出建议，形成调查报告。各类信贷产品调查的侧重点有所不同，但主要的调查内容有以下几个方面。

1. 偿债能力调查

（1）贷款用途调查

贷款如用于具体交易，应主要分析交易的合法性、合理性和交易结构。贷款如用于资金周转，应主要分析借款人生产环节（贸易环节）的资金周转过程，从而判断其要求融资的合理性、合理数量和期限。贷款如用于固定资产投资，应重点分析项目投产后现金流量状况，确认项目是否能够产生足够的现金流归还贷款。

（2）还款来源调查

对客户进行财务分析和非财务因素分析，综合评定客户还款能力，主要内容如下：

①基本情况，主要是借款人的贷款主体资格、主导产品及在行业和区域经济发展中的地位和作用；

②经营状况，主要是近几年生产、销售、效益情况和前景预测；

③财务状况，主要是近几年资产负债、资金结构、资金周转、盈利能力、现金流等；

④信誉状况，主要是借款人有无拖欠公司或其他金融机构贷款本息的记录及其他信誉状况；

⑤经营者素质，主要是法定代表人和领导层其他成员的学识、经历、业绩、品德和经营管理能力等；

⑥贷款用途是否合法、合规；

⑦担保情况，主要是抵（质）押物的权属、价值和变现难易程度，保证人的保证资格和能力；

⑧其他需要了解的内容。

2. 偿债意愿调查

（1）调查客户在金融机构贷款情况、对外担保情况，有无不良信用记录，有无大额或有负债或重大诉讼案件。

（2）调查客户主要高管情况，有无道德风险等。

3. 贷款效益性调查

（1）确定信贷业务的期限、利率、费率和金额。具体确定利率与费率时，应考虑国家金融政策的有关规定、客户的具体情况、业务的风险、同业竞争、与客户的关系、财务公司的资金筹集成本等因素。

（2）本笔信贷业务给财务公司带来的附带效益。从存款、结算、中间业务、提高经济效益等方面定性定量相结合加以分析。

4. 其他调查。

借款人资本状况、组织机构、银企关系等。

（二）审查

财务公司信贷管理部门完成贷前调查后，将贷前调查报告连同借款申请及其他相关资料一并送交财务公司风险管理部门。风险管理部门收到信贷管理部门提交的调查报告及其他相关资料后，及时进行审查，提出审查报告并出具审查意见。审查的主要内容是：

1. 信贷部提交的资料是否齐全；

2. 借款人主体资格是否合法，有无承担民事责任的能力；

3. 借款人是否符合公司规定的贷款基本条件；

4. 借款人生产经营、财务状况、信誉状况、发展前景及内部管理是否良好；

5. 贷款用途是否合法、合规；

6. 贷款金额、期限、利率是否合规；

7. 还款来源是否充足、可靠、合法、有效；

8. 是否控制在公司给予的授信额度之内；

9. 借款人经营中存在的主要问题及对贷款安全的潜在影响；

10. 贷款风险的综合测定。

三、审批

根据财务公司信贷管理部门贷前调查报告、借款人提供的有关资料及风险管理部门的审查意见，财务公司贷款审查委员会定期召开会议，对借款人的贷款申请进行评审。

贷款审批人员在阅读审查申报材料的基础上，根据国家有关方针政策、法律法规和财务公司的信贷规章，审查信贷业务的技术、经济和商业可行性，分析申报项目的主要风险点及其风险规避和防范措施，依据该笔信贷业务预计给财务公司带来的风险和收益决定是否批准该笔信贷业务。贷款审批人必须独立审批决策，不得受包括申请人在内的任何其他人的不正当影响。

审批结论分为同意、不同意和续议三种，表决采取多数原则。

1. 表决通过。审批结论为同意的，应满足审批牵头人同意并有超过（大于）2/3 全部参加当次审批的贷款审批人同意。

2. 表决未通过。审批结论为不同意的，同意、续议的票数之和未超过 2/3 全部参加当次审批的贷款审批人数，或审批牵头人不同意。

3. 表决后再议。审批结论为续议的，申请的信贷业务未被否决，但同意的票数未超过 2/3 全部参加当次审批的审批人数，或审批牵头人的意见为续议的。

四、发放

贷款审查委员会审批同意的信贷业务，进入发放阶段。发放阶段主要包括签订合同→落实用款条件→贷款支用→信贷登记等环节。

（一）签订合同

1. 借款申请经审查批准后，财务公司信贷管理部门与借款人签订《借款合同》、《保证合同》或《抵（质）押合同》。

2. 合同一般采用标准格式文本。特殊情况下需使用非标准格式文本的，按财务公司有关规定办理。

3. 合同的填写、签订、审核等其他具体要求，按财务公司的有关规定执行。

（二）落实用款条件

根据审批决策意见和与客户签订的合同条款，信贷管理部门与客户协商落实用款条件。用款条件包括：

1. 客户已按照有关法律法规规定，办妥与信贷业务有关的批准、登记、交付及其他法定手续；

2. 设有担保的，担保合同或其他担保方式已生效；

3. 客户没有发生双方约定的任一违约事项；

4. 其他约定条件已经满足。

（三）贷款支用

合同生效后财务公司信贷管理部门通知客户向财务公司提交《借款借据》，办理提款手续。

（四）信贷登记

信贷业务经办人员在财务公司业务管理系统及中国人民银行信贷登记咨询系统进行业务登记。

五、贷后管理

贷后管理阶段主要包括信贷资产的检查、回收、展期及不良信贷资产管理、贷款档案管理等环节。

（一）信贷资产检查

信贷资产检查是指财务公司对信贷客户及影响其信贷资产安全的有关因素进行不间断监控和分析，以便及时发现早期预警信号，并积极采取相应补救措施的信贷管理过程。检查内容主要包括：

1. 贷款的使用是否符合合同规定；

2. 借款人的生产经营及财务状况的变化情况；

3. 借款人管理层、产品市场及经济策略等的变化情况；

4. 保证人的保证能力及变化情况；

5. 抵（质）押物的保管及价值变化情况；

6. 借款人的其他情况。

（二）信贷资产收回

信贷资产的收回通常有四种方式，不同的方式有不同的业务管理模式。

1. 正常收回

正常收回是指合同到期，借款人按合同规定的时间按时还款，具体操作步骤如下：

（1）贷款到期，财务公司信贷管理部门提前通知借款人按时归还贷款。

（2）借款人填写《还款凭证》，交财务公司信贷管理部门办理还款手续。

（3）信贷业务经办人员在财务公司业务管理系统及中国人民银行信贷登记咨询系统进行业务登记。

（4）财务公司退还客户抵、质押物权利凭证。

2. 提前归还贷款

合同未到期，借款人提前归还或财务公司要求客户提前归还贷款主要有两种情形：借款人要求提前归还贷款；借款人经营、财务状况恶化，财务公司要求借款人提前归还贷款。

3. 贷款展期

对于符合一定条件的到期贷款，财务公司可受理借款人提出的展期申请。

（1）展期条件

①由于国家调整价格、税率或贷款利率等因素影响借款人经济效益，造成其现金流量明显减少，还款能力下降，不能按期偿还贷款；

②不可抗拒的灾害或意外事故造成不能按期偿还贷款；

③借款人生产经营正常，贷款原定期限过短，不适应借款人正常生产经营周期需要；

④本金无逾期；

⑤其他符合财务公司有关规定的情况。

（2）展期申请材料

①借款人贷款到期前提交《借款展期申请书》；

②经财政部门或会计（审计）师事务所核准的上一年度及上个月财务报表和审计报告；

③国家调整价格、税率的有关文件；

④有关部门出具的灾害或意外事故证明；

⑤保证人，抵、质押人的意向书；

⑥财务公司要求的其他材料。

（3）展期的相关规定

①短期贷款展期期限累计不超过原贷款期限；中期贷款展期期限累计不超过原贷款期限的一半；长期贷款展期期限累计不超过3年。

②贷款的展期期限加上原期限达到新的利率期限档次时，从展期之日起，贷款利息按新的期限档次利率计收；贷款的展期期限加上原期限达不到新的利率期限档次时，按原档次利率计息。

③借款人未申请展期或申请展期未得到批准，其贷款从到期日次日起，转入逾期贷款账户。

4. 未按期偿还

对逾期未还贷款，财务公司信贷管理部门要及时填制《贷款逾期催收通知书》，分别发送到借款人和担保人进行催收，并取得回执。从逾期之日起，执行逾期利率。

（三）不良资产管理

不良资产管理是指财务公司贷款发放后，按照资产回收风险程度将各类信贷资产划分为不同的等级，以便采取相应措施，加快不良信贷资产处置速度，防止不良贷款价值贬损。

1. 不良贷款的催收和扣划

（1）借款人不按期归还贷款，依合同规定直接从借款人或保证人账户上扣收。

（2）对逾期、呆滞贷款，信贷管理部门每季度向借款人和保证人发一次催收通知书，督促借款人和保证人在催收通知书上签字或盖章后作为回执留存。

2. 对不良贷款的监控

（1）风险管理部门对不良贷款要加强监控、清收和转化，单独建账、专人管理、专项清收。

（2）对逾期贷款要密切关注借款人及保证人存款情况，及时扣收贷款本息。

（3）依法处分抵（质）押物。

（4）对呆滞贷款要注意运用法律手段维护债权。

（5）对已成呆账的不良贷款，要整理好有关文件资料，做好债权保全和呆账核销准备。

（四）贷款档案管理

信贷管理部门负责贷款档案移交前的收集、整理和立卷工作，并对移交前档案资料的真实、完整、有效、保密等负责。贷款档案的主要内容包括：企业基本

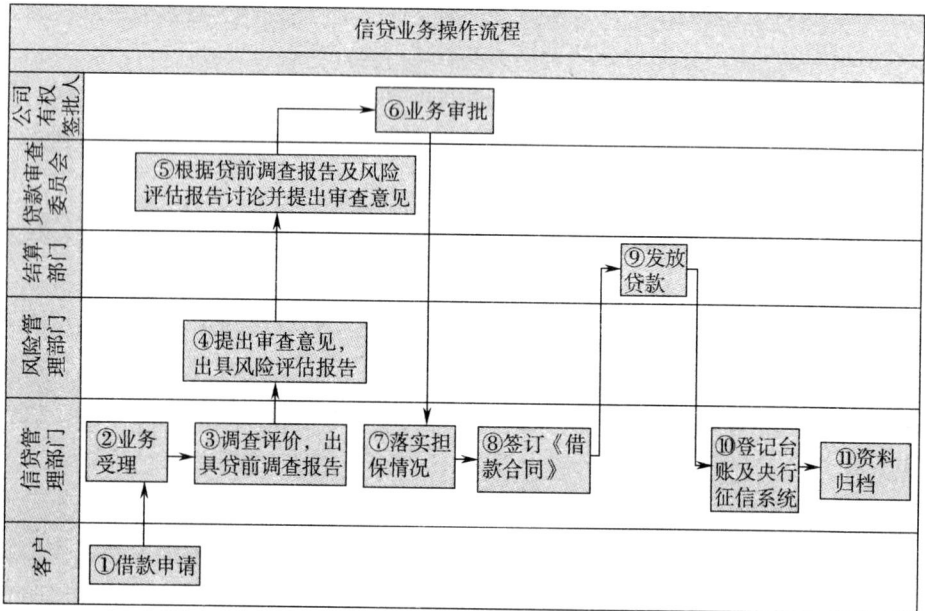

图4-1　信贷业务操作流程

状况，包括企业沿革、经营规模、范围和人员情况等；企业的经济性质、核算方式；借款申请书、贷前调查报告、贷款合同、抵（质）押物有关凭证、贷后检查报告等主要法律文书；贷款台账及借款人按规定报送的各种财务统计报表；其他与贷款相关的资料。

第四节　财务公司的传统信贷业务

财务公司的传统信贷业务是财务公司信贷业务的支柱，是财务公司开展其他特色信贷产品的基础，是财务公司信贷业务的重中之重。财务公司的传统信贷产品主要包括授信业务、流动资金贷款业务和固定资产贷款业务。

本节将重点介绍传统信贷产品的概念、原则、条件、用途、贷前调查的重点、贷后管理等基本内容。

一、授信业务

（一）基本概念

授信是指在对客户的资信情况进行分析评价的基础上，通过核定客户最高综合授信额度，统一控制财务公司贵宾客户办理的融资风险总量的管理制度。财务公司对该客户在一定时期内提供的各类信用余额之和不能超过该客户的最高综合授信额度。

（二）授信对象

授信对象包括单一法人客户和集团客户。单一法人客户是指具有独立法人资格，且与其他法人无关联关系的客户。集团客户是指相互之间存在直接或间接控制关系，或其他重大影响关系的关联方组成的法人客户群。确定为同一集团法人客户内的关联方可称为成员单位。集团客户的特征包括：①在股权或经营决策上，直接或间接控制其他企事业法人或被其他企事业法人控制；②共同被第三方企事业法人所控制；③由主要投资者个人、关键管理人员或与其关系密切的家庭成员（包括三代以内直系亲属关系和两代以内旁系亲属关系）共同直接或间接控制；④对关联方的财务和经营政策有重大影响；⑤与自然人股东关系密切的家庭成员持有或控制的股份或表决权，应当与该自然人股东持有或控制的股份或表决权合并计算；⑥能够实际控制后者的其他情况。

（三）授信原则

财务公司对客户开展授信业务时，一般遵循授信主体、形式、币种、对象四统一原则。

1. 授信主体统一。财务公司应确定一个机构统一审核批准对客户的授信，一般为贷款审查委员会。

2. 授信形式的统一。财务公司对单一法人客户统一确定授信额度，实施集中统一控制客户信用风险，即要做到表内信贷及表外信贷业务授信统一。财务公司对该客户提供的贷款、承兑、贴现、法人账户透支、担保等表内外信用余额之和不得超过授信额度。

3. 授信币种的统一。财务公司对客户的本币业务授信和外币业务授信要置于同一授信额度下。

4. 授信对象的统一。要将客户作为一个整体，授信的对象只能是依法经工商行政管理机关核准登记、具有法人资格的集团成员单位，不能对不具备法人资格的分支公司客户授信。对于集团类客户，将其作为一个授信整体。

（四）授信方式

财务公司对客户的额度授信一般采用两种方式。

1. 内部授信。指财务公司在对客户的资信情况进行分析评价的基础上，核定客户最高综合授信额度，作为财务公司内部控制客户信用的最高限额。

内部授信不对客户公开，仅作为财务公司内部掌握的可能给予客户的信用额度，不是财务公司对客户的信用承诺。内部授信的最高综合授信额度是财务公司内部的商业机密，是控制检测指标，属风险的内部控制管理，不具有法律效率。

2. 公开授信。指财务公司在对客户的资信情况进行分析评价的基础上，核定客户最高综合授信额度，并与客户签订书面的授信协议，使客户在一定时期和核定的额度内，能够便捷地使用财务公司信用。

设立公开授信，对符合财务公司规定条件的客户作出信用额度的公开承诺，在有效防范风险的基础上，能够高效地满足优良客户合理的信用需求。

（五）授信额度的使用原则

1. 法人客户授信方案的有效期原则上为1年，优质客户授信有效期最长可为2年。

2. 财务公司办理信贷业务时必须查验最高综合授信额度是否充足。最高综合授信额度不足的，要按授信额度调整的要求经贷款审查委员会审批通过后方可融资。

3. 在客户最高综合授信额度内可以调整分项授信额度。

二、流动资金贷款

根据《流动资金贷款管理暂行办法》（中国银行业监督管理委员会令 2010 年第 1 号）规定，流动资金贷款是指贷款人向企（事）业法人或国家规定可以作为借款人的其他组织发放的用于借款人日常生产经营周转的本外币贷款。

（一）流动资金贷款管理原则

财务公司开展流动资金贷款业务应遵循"明确用途、从优发放、及时跟踪"的原则管理。

（二）流动资金贷款分类

1. 按贷款期限划分流动资金贷款可分为临时贷款、短期贷款、中期贷款等。①临时贷款指期限在 3 个月（含 3 个月）以内的流动资金贷款，主要用于企业一次性进货的临时需要和弥补其他季节性支付资金不足；②短期贷款指期限为 3 个月至 1 年（不含 3 个月、含 1 年）的流动资金贷款，主要用于企业正常生产经营周转的资金需求；③中期贷款指期限为 1 年至 3 年（不含 1 年，含 3 年）的流动资金贷款，主要用于企业正常生产经营中经常性的周转占用和铺底流动资金贷款。

2. 按照担保方式的不同，流动资金贷款可以分为信用贷款、第三方保证贷款、抵押贷款和质押贷款。

3. 按照资金具体用途，流动资金贷款可分为：①营运资金贷款，指为满足优质借款人日常经营中合理的资金连续使用需求，以其未来综合收益和其他合法收入等作为还款来源而发放的贷款；②周转限额贷款，指为满足借款人日常经营中确定用途项下的资金短缺需求，以约定的、可预见的经营收入作为还款来源而发放的贷款；③临时贷款，指为满足借款人在生产经营过程中因季节性或临时性的物资采购资金需求，以对应的产品销售收入和其他合法收入等作为还款来源而发放的短期贷款；④搭桥贷款，指满足借款人日常业务活动中阶段性资金需求，以未来所获政府、集团拨款等非经营性现金流作为还款来源而发放的过渡性贷款。

（三）流动资金贷款所需提供资料

办理流动资金贷款，客户除提供基本贷款资料外，还需根据财务公司要求，提供购销合同等用于受托支付管理的相关资料。

（四）流动资金贷款贷前调查重点

流动资金贷款用途主要是补充企业日常生产经营所需的周转资金，因此在对流动资金贷款申请进行审查时，除落实一般调查事项外，还应关注以下方面：

1. 借款人流动资金需求量测算。流动资金贷款需求量应基于借款人日常生产经营所需营运资金与现有流动资金的差额（流动资金缺口）来确定。其中：

营运资金量＝上年度销售收入×（1－上年度销售利润率）×（1＋预计销售收入年增长率）/营运资金周转次数

新增流动资金贷款额度＝营运资金量－借款人自有资金－现有流动资金贷款－其他渠道提供的营运资金

2. 借款人的经营范围、核心主业、生产经营、贷款期内经营规划和重大投资计划等情况。

3. 借款人的应收账款、应付账款、存货等真实财务状况。

4. 借款人现有融资性负债情况。

5. 还款来源情况，包括生产经营产生的现金流、综合收益及其他合法收入等。

（五）流动资金贷款信贷条件的确定

1. 贷款金额

根据借款人所提申请、实际流动资金贷款需求量及财务公司资金供给能力，由借款人和公司双方共同商议后确定，并在借款合同中载明。

2. 贷款期限

根据借款人的生产经营周期、具体贷款用途、还款能力和财务公司的资金供给能力，由借款人和公司双方共同商议后确定，并在借款合同中载明。

3. 贷款利率确定及计息方式

流动资金贷款利率按照中国人民银行制定的贷款利率政策确定每笔贷款业务利率，并在贷款合同中注明。人民币贷款利率分为浮动利率和固定利率两种方式。临时流动资金贷款和短期流动资金贷款原则上采用固定利率方式；中期流动资金贷款利率由财务公司与客户协商确定。

贷款计息原则上实行按季结息，每季度末月 20 日为结息日。

（六）流动资金贷款的贷后管理

财务公司信贷部门应加强贷款资金发放后的管理，针对借款人所属行业及经营特点，通过定期与不定期现场检查与非现场检测，分析借款人经营、财务、信用、支付、担保及融资数量和渠道变化等情况，及时掌握影响借款人偿债能力的风险因素。

三、固定资产贷款

根据《固定资产贷款管理暂行办法》（中国银行业监督管理委员会令2009年第2号）规定，固定资产贷款是指贷款人向企（事）业法人或国家规定可以作为借款人的其他组织发放的用于借款人固定资产投资的本外币贷款。

（一）固定资产贷款管理原则

财务公司开展固定资产贷款业务应遵循"审慎判断贷款投向、合理控制贷款总量、严格锁定还款来源、密切关注用款进度"的原则管理。

（二）固定资产贷款分类

根据中国银行业监督管理委员会2010年3月发布的《关于〈固定资产贷款管理暂行办法〉的解释口径》，固定资产贷款是指用于固定资产投资的贷款，其中固定资产投资范围参照国家统计部门《固定资产投资统计报表制度》中关于固定资产投资的统计口径，指总投资在50万元及50万元以上的固定资产投资项目。

按照固定资产的具体用途，固定资产贷款可分为：①基本建设贷款，是指用于借款人以扩大生产能力为主要目的的新建、扩建工程贷款；②技术改造贷款，是指用于借款人以内涵扩大再生产为主的技术改造项目贷款。

（三）固定资产贷款所需提供资料

办理固定资产贷款的借款人除提供基本借款资料外，还需提供项目可行性研究报告；国家有权部门或集团公司对项目或固定资产的审批、核准或备案文件；国家有权部门对项目或固定资产在环境保护、土地使用、资源利用、城市规划、安全生产等方面的许可文件；项目或固定资产资本金和其他建设资金筹措方案及其落实情况证明资料；与项目或固定资产建设及生产经营有关的合同、协议或意向性文件，如总承包合同、特许经营权、购买协议、原材料供应合同等；如在项目营运期贷款，需要提供借款人与其他金融机构所签订的针对该项目的借款合同和有关文件，项目建成投产后的经营情况说明及相关材料证明等。

（四）固定资产贷款贷前调查重点

固定资产贷款用途主要是企业基于基建技改项目的生产能力扩建，因此在对固定资产贷款申请进行审查时，除落实一般调查事项外，还应关注以下方面：

1. 借款人主体资格及项目建设、运营的依法合规性；

2. 项目建设条件；

3. 项目可行性；

4. 项目资金筹措情况及自有资金到位情况；

5. 项目预期现金流；

6. 项目股东及管理者情况；

7. 项目风险分担情况；

8. 项目融资方案、用款计划和还款计划等。

（五）固定资产贷款信贷条件的确定

1. 贷款金额

固定资产贷款金额应综合考虑项目投资需求、资本金比例要求、预期现金流、项目风险水平以及自身风险承受能力等因素合理确定。具体包括：

（1）项目及固定资产融资贷款自有资金比例不低于总投资的30%；

（2）项目搭桥贷款金额不超过贷款期内拟拨财政资金或集团及成员单位拟拨资金中实际可用于还款部分的70%；

（3）涉及项目前期贷款金额不超过项目总投资的30%；

（4）涉及项目营运期贷款不超过为建设该项目形成的其他金融机构融资余额。

2. 贷款期限

固定资产贷款期限应在审慎评估项目风险和偿债能力的基础上，根据项目预期现金流、投资回收期及融资金额等因素合理确定。

（1）项目及固定资产融资贷款期限原则上不超过项目及固定资产建设期加10年；

（2）项目搭桥贷款期限一般不超过1年，最长不超过3年且不超过项目建设期；

（3）涉及项目前期贷款期限原则上不超过3年且不超过项目建设期；

（4）涉及项目营运期贷款期限不超过为建设该项目形成的其他金融机构融资剩余期限加5年且不超过项目建设期加10年。

3. 贷款利率

固定资产贷款利率应按照中国人民银行利率政策及财务公司利率定价相关管

理规定、根据风险收益匹配原则合理确定，并在贷款合同中注明。

（六）固定资产贷款贷后检查

固定资产贷款业务存续期内，信贷部门应定期进行贷后检查分析。在项目的建设和运营各阶段，要跟踪检查借款人和项目发起人的履约情况及信用状况、项目环境保护合规情况以及市场波动和政策变动情况等；要按规定对担保情况进行检查并重新评估担保能力；要关注是否有触及违约的条款发生；对投保商业保险的需要及时续保，借款人对保险条款进行实质性改动或提前终止的应征得财务公司同意。项目建设阶段应及时关注项目的进展，资金使用情况，关注项目产成品市场环境的变化以及是否存在完工风险；项目试生产阶段，还应密切监督项目试生产情况，确认实际的项目生产数据和技术指标是否达到完工标准；在项目经营阶段，应重点关注项目产成品的市场环境、供求状况，项目现金流是否达到预期标准，项目营业收入是否能够按约定进入还款准备金账户。

第五节　财务公司的特色信贷业务

随着经济社会的变革与发展，企业集团的金融需求也随之日益多样化、复杂化。为适应新形势，为企业集团提供金融驱动的财务公司应当积极用符合科学发展观要求的、符合财务公司内在发展规律的观念，来思考、谋划、定位财务公司的各项信贷工作，不断创新信贷业务，为企业集团提供更加全面、优质的信贷服务。因此，财务公司在开展信贷业务过程中，一方面要主动加强金融创新，开发符合企业集团及财务公司特色的信贷业务；另一方面要通过与金融机构的紧密合作，不断学习并吸收适合自身特色的信贷业务。

本节将重点介绍财务公司开展的主要特色信贷产品的概念、原则、条件、用途、贷前调查的重点、贷后管理等基本内容。

一、保理业务

保理业务指保理申请人将其因向购货方销售商品、提供服务或其他原因所产生的应收账款转让给财务公司，由财务公司为保理申请人提供应收账款融资及相关的综合性金融服务。

（一）保理业务管理原则

财务公司开展保理业务应遵循"债权关系真实合法、债权转让平等互利"

的原则管理。

（二）保理业务分类

1. 根据委托者权益让渡程度不同，保理业务可分为无追索权（买断型）保理和有追索权（回购型）保理。①应收账款无追索权（买断型）保理是指公司作为保理商，受让卖方与买方订立的货物销售或服务合同所产生的应收账款，并且承诺放弃对卖方的追索权，独立承担买方拒绝付款或无力付款责任的一种保理方式。②应收账款有追索权（回购型）保理是指公司作为保理商，将卖方与买方订立的货物销售或服务合同所产生的应收账款打包买入，并约定一定期限，由卖方无条件赎回的一种保理方式。

2. 按是否公开财务公司的名称来划分，保理业务可分为公开保理和隐蔽保理。①公开保理是指在应收账款债权从销售商转让给财务公司的同时，通知购货方债权转让的事实，货款直接付给财务公司。②隐蔽保理是指财务公司与销售商约定不向购货商披露财务公司与销售商之间应收账款转让的事实，仍按一般程序收款。

（三）保理业务需提供资料

办理保理业务，申请人除需提供基本借款资料外，还需提供应收账款所基于的购销合同原件及复印件、发票原件及复印件，必要时，还应提供对于合同及发票复印件真实性保证的承诺书。

（四）保理业务贷前调查重点

保理业务的实质是应收账款的转让，因此在对保理业务申请进行审查时，除落实一般调查事项外，还应关注以下方面：

1. 购销合同的合法性；

2. 应收账款权属是否清楚，是否无瑕疵，销货是否未将其转让给第三人、也未在其上为任何第三人设定任何质权和其他优先受偿权；

3. 销货方与购货方未在合同中约定应收账款不得转让的条款；

4. 应收账款的还款期限一般应在 1 年以内，最长不得超过 2 年；

5. 购货方资信情况等。

（五）保理业务信贷条件的确定

1. 融资金额

（1）应收账款无追索权（买断型）保理的融资金额按实际情况与卖方协商确定。

（2）应收账款有追索权（回购型）保理的融资金额＝应收账款发票金额×融资比率，融资比率不超过80%。

2. 保理期限

保理期限为保理业务发生日到购销合同约定付款日，保理期限最长不超过12个月。

3. 融资费

融资费＝融资成本＋手续费

融资成本＝融资金额×融资费率×实际天数

手续费＝融资金额×手续费率×实际天数

无追索权（买断型）保理的融资费自财务公司将融资金额划入销售商账户之日收取，按保理期限计算。

有追索权（回购型）保理融资费费随本清，自财务公司将融资金额划入销售商账户之日起，以实际发生天数为基础按日计算。

（六）保理业务的贷后管理

财务公司信贷部门在办理保理业务后，应对其进行跟踪管理。信贷人员应加强对于购销双方关于购货合同的履行情况的跟踪调查。保理业务为回购型的，应及时了解借款人经营情况及财务状况；保理业务为买断型的应对债务人的还款意愿跟踪调查，严格把控风险。

二、银团贷款及银团保理业务

银团贷款是由获准经营贷款业务的多家银行或非银行金融机构参加，基于相同的贷款条件，采用统一贷款协议，向同一借款人发放的贷款。

银团保理是由获准经营贷款业务的多家银行或非银行金融机构参加，基于相同的贷款条件，采用统一贷款协议，向同一保理申请人发放的保理贷款。

（一）银团贷款及银团保理办理原则

财务公司开展银团贷款及银团保理业务应遵循"信息共享、独立审批、自主决策、风险自担"的原则管理。

（二）银团贷款及银团保理成员职责

1. 牵头行

银团贷款及保理牵头行是指经借款人同意、发起组织银团、负责分销银团贷款份额的银行，是银团贷款的组织者和安排者。牵头行的主要职责是：①发起和筹组银团贷款或保理，并分销银团贷款或保理份额；②对借款人进行贷前尽职调查，草拟银团贷款或保理信息备忘录，并向潜在的参加行推荐；③代表银团与借款人谈判确定银团贷款或保理条件；④代表银团聘请相关中介机构起草银团贷款或保理法律文本；⑤组织银团贷款或保理成员与借款人签订书面贷款协议；⑥银团协议确定的其他职责。

根据实际规模与需要，在银团内部可以增设副牵头行，并按照银团贷款相关协议履行相应职责。

2. 代理行

银团代理行是指银团贷款或保理协议签订后，按相关贷款条件确定的金额和进度，归集资金向借款人提供贷款，并接受银团委托按银团贷款/保理协议规定的职责对银团资金进行管理的银行。银团代理行应当代表银团利益，借款人的附属机构或关联机构不得担任代理行。代理行的主要职责：①审查、督促借款人落实贷款条件，并提供贷款或办理其他授信业务；②办理银团贷款/保理的担保抵押手续，并负责抵（质）押物的日常管理工作；③拟订账户管理方案，开立专门账户管理银团资金，对专户资金的变动情况进行逐笔登记；④根据约定用款日期或借款人的用款申请，按照银团贷款/保理协议约定的承贷份额比例，通知银团贷款/保理成员将款项划到指定账户；⑤划收银团本息和代收相关费用，并按承贷比例和银团贷款/保理协议约定及时划转到银团成员指定的账户；⑥根据银团贷款合同，负责银团贷款/保理资金支付管理、贷后管理和贷款使用情况的监督检查，并定期向银团贷款/保理成员通报；⑦密切关注借款人财务状况，特别是贷款期间发生企业并购、股权分红、对外投资、资产转让、债务重组等影响借款人还款能力的重大事项时，代理行在获取借款人通知后按银团贷款合同约定尽早通知各银团贷款/保理成员；⑧借款人出现违约事项时，代理行应及时组织银团成员对违约贷款/保理进行清收、保全、追偿或其他处置；⑨组织召开银团会议，协调银团贷款/保理成员之间的关系；⑩接受各银团贷款/保理成员不定期的咨询与核查，办理银团会议委托的其他事项等。

3. 银团参加行

银团参加行是指受牵头行邀请，参加银团并按照协商确定的承贷份额向借款人提供贷款的银行。

银团参加行的主要职责是参加银团会议，按照约定及时足额划拨资金至代理行指定的账户，参加银团会议，做好贷后管理，了解掌握借款人的日常经营与信用状况的变化情况，对发现的异常情况应及时通报代理行。

4. 担保代理行

担保代理行是指在担保结构比较复杂的银团贷款/保理中，负责落实银团贷款/保理的各项担保及其抵（质）押物登记、管理等工作的银行。

5. 财务公司

财务公司一般担任牵头行职责。

（三）银团贷款所需提供资料

借款人申请办理银团贷款业务需根据具体贷款品种及银团参与行的具体要求提供相关资料。

（四）银团贷款及银团保理信贷条件

1. 贷款金额

银团贷款及银团保理金额根据客户所提申请及各参与行资金供给能力协商确定，并在合同中载明。

2. 贷款期限

贷款、保理期限根据借款人的生产经营周期、还款能力由借款人和银团贷款/保理成员共同商议后确定，并在借款合同中载明。

3. 贷款利率

贷款利率由借款人和银团贷款成员共同商议后确定，并在借款合同中载明。人民币贷款利率分为浮动利率和固定利率两种方式。短期银团贷款业务及银团保理业务原则上采用固定利率方式；中长期银团贷款利率由借款人和银团贷款成员共同商议后确定。

银团贷款计息原则上实行按季结息，每季度末月 20 日为结息日。银团保理业务融资费收取方式根据保理业务类型由借款人和银团贷款成员共同商议后确定。

（五）银团贷款及银团保理业务贷后管理

银团贷款及银团保理的贷后管理根据具体贷款性质不同按期进行贷后检查。

三、委托贷款业务

委托贷款是指由委托人提供资金并承担全部风险，财务公司作为受托人，根据委托人确定的贷款对象、用途、金额、期限、利率等代为发放，监督使用并协助回收的贷款。

（一）委托贷款办理原则

财务公司开展委托贷款业务应遵循"委托人主体资格合规，借款人借款用途明确"的原则办理。

（二）委托贷款所需提供资料

办理委托贷款业务的委托人和借款人应提供基本的借款资料，以及载明委托贷款信贷条件的委托书等资料。

（三）委托贷款贷前调查重点

委托贷款业务属于财务公司中间业务，财务公司不承担任何贷款风险，在贷前调查过程中应关注以下方面：

1. 委托人均需为集团成员单位；

2. 委托人的资金来源和用途必须符合国家政策规定，严禁委托人将信贷资金或拆借资金作为委托资金来源；

3. 委托资金要先存后贷；

4. 财务公司对委托人到期应收回的委托资金和日常应收利息，必须先收后付，不予垫资。

（四）委托贷款信贷条件

1. 贷款金额

委托贷款金额由委托人与借款人双方共同商议后确定，并在借款合同中载明。

2. 贷款期限

委托期限金额由委托人与借款人双方共同商议后确定，并在借款合同中载明。

3. 贷款利率

委托贷款利率及借款人违约金的计收由委托人决定，但必须符合中国人民银行的有关规定。

4. 手续费

财务公司根据委托的金额和期限向委托人一次或分次收取手续费，手续费率由公司与委托人协商确定。如办理委托贷款展期，在办理展期协议的同时，委托人按原费率交纳展期手续费。

四、买方信贷业务

买方信贷是指企业集团成员单位进行市场调研、取证，确认经销商或借款人资信后，向财务公司提出买方信贷业务申请，财务公司对暂时缺少资金购买企业集团成员单位产品的购买者发放的贷款。

（一）买方信贷业务管理原则

财务公司开展买方信贷业务应遵循"交易真实，担保有效，风险可控"的原则办理。

（二）买方信贷业务分类

买方信贷业务根据基于的贸易对象不同，可分为国内贸易买方信贷和出口买方信贷。

（三）买方信贷需提供的资料

借款人申请买方信贷业务，除提供基本借款资料外，还需提供与购货方（集团成员单位）签订的《购销合同》原件及复印件，以及所基于标的物的保险投保情况证明资料等。

（四）买方信贷业务的基本要求

1. 买方信贷所基于的标的物一般为企业集团成员单位生产或提供的各类产品、技术或服务。

2. 买方信贷贷款发放金额原则上低于买卖双方签订购销合同总金额。实践中，按照风险程度不同，贷款发放比例略有区别。一般不超过买卖双方签订购销合同金额的 70%，最高不得超过 85%。

3. 办理买方信贷，一般由卖方企业（集团成员单位）提供保证担保，同时将标的物作为抵押，也可由买卖双方提供其他符合贷款条件的担保方式。

（五）买方信贷业务贷前调查重点

买方信贷的借款人可以为集团外企业，因此在对买方信贷业务申请进行审查时，除落实一般调查事项外，还应关注以下方面：

1. 买方信贷的使用范围限于购买机电产品、成套设备、单机、船舶、其他机电产品和高新技术及其产品；

2. 商务合同必须符合国家和政府的有关法律规定；

3. 国内贸易的买方或进口商即期支付的比例不能低于商务合同金额的 15%；

4. 买方信贷基于商务合同的标的物已投保相关货物运输保险、财产保险等。

（六）买方信贷业务信贷条件的确定

1. 贷款金额

对购买成员单位产品提供的贷款由借贷双方根据购销合同协商确定，最高不超过合同金额的85%。

2. 贷款期限

贷款期限根据借款人的生产经营周期、还款能力和财务公司的资金供给能力由借款人和公司双方共同商议后确定，并在借款合同中载明。

3. 贷款利率及计息方式

买方信贷业务利率水平按照中国人民银行制定的贷款利率政策确定每笔贷款业务利率，并在借款合同中注明。人民币贷款利率分为浮动利率和固定利率两种方式。短期买方信贷原则上采用固定利率方式；中长期买方信贷利率由财务公司与客户协商确定。

贷款计息原则上实行按季结息，每季度末月20日为结息日。

（七）买方信贷业务的贷后管理

财务公司信贷部门在办理买方信贷业务后，应对其进行跟踪管理。信贷人员应关注借款人、担保人的生产经营情况及财务状况，对所涉及的融资项目要关注其实施进度，同时对借款人市场活动、行动及重大战略调整等情况及时跟进，定期对其履约能力进行评估，严格把控风险。

五、消费信贷业务

消费信贷是指财务公司以信用、抵质押、保证等担保方式向个人发放的、用于购买集团成员单位生产的耐用消费品或支付其他费用的贷款。

（一）消费信贷业务管理原则

财务公司开展消费信贷业务应遵循"贷款真实，担保有效，风险可控"的原则办理。

（二）消费信贷业务分类

消费信贷业务根据所涉及标的物的不同可分为汽车消费贷款、房屋按揭贷款、大额耐用品消费贷款等。汽车消费贷款是指贷款人利用自有资金向借款人发放的用于购买不以盈利为目的的自用汽车的商业贷款。住房按揭贷款是指贷款人利用自有资金向借款人发放的用于购买一手房、二手房及商业用房的商业贷款。大额耐用品消费贷款是指贷款人利用自有资金向借款人发放的用于购买大额耐用消费品的商业贷款。

（三）消费信贷业务所需提供资料

申请办理消费信贷业务的借款人，除提供基本借款资料外，还需提供与成员单位（销货方）签订的《购货合同》原件及复印件、个人身份证及户口原件及复印件、收入证明及财务公司要求的抵、质押物或其他信用证明材料。

（四）消费信贷业务的基本要求

1. 消费信贷所基于的标的物为企业集团成员单位生产的耐用消费品。

2. 实际业务中，消费信贷贷款发放金额按照风险程度不用，贷款发放比例略有区别，一般不超过买卖双方签订购销合同金额的 70%。国家有相关规定的按国家规定执行。

3. 办理消费信贷原则上要求担保，担保方式包括抵押、质押和保证。采取抵押方式的抵押物须为借款申请人本人或第三人（限自然人）名下的拥有房屋所有权证的住房或商用房。以个人住房抵押的，贷款金额原则上最高不超过抵押价值的 70%，以个人商用房抵押的，贷款金额原则上最高不超过抵押物价值的 60%。

（五）消费信贷业务贷前调查重点

消费信贷的借款人为自然人，因此在对消费信贷业务申请进行审查时，除落实一般调查事项外，还应关注以下方面：

1. 有当地常住户口或当地有效居留身份，有固定居所；

2. 有稳定、合法的收入来源，有按期偿还贷款本息的能力；

3. 能够提供财务公司认可的抵押物、质押权利或具备公司认可的信用资格；

4. 在财务公司开立保证金账户，存有不低于所购商品价款 20% 的款项。

（六）消费信贷业务信贷条件

1. 贷款金额

消费信贷贷款金额根据借款人所提申请、借款人购买成员单位产品价格以及所提供的抵押物价值等因素，在合理考虑财务公司资金供给能力的基础上综合确定。

2. 贷款期限

贷款期限根据借款人的生产经营周期、还款能力和财务公司的资金供给能力由借款人和公司双方共同商议后确定，并在借款合同中载明。

3. 贷款利率及计息方式

按照中国人民银行制定的贷款利率政策确定每笔贷款业务利率，并在借款合同中注明。人民币贷款利率分为浮动利率和固定利率两种方式。短期消费信贷原则上采用固定利率方式；中长期消费信贷利率由财务公司与客户协商确定。

贷款计息原则上实行按月结息，每月 20 日为结息日。

（七）消费信贷业务贷后管理

消费信贷业务的借款人为自然人，在进行贷后管理时要重点跟踪借款人收入和抵押物价值的变化、担保人担保意愿等情况，若出现借款人收入下降、抵押物价值贬损等影响贷款安全情形的，应及时采取相应的风险防控措施。

六、担保业务

财务公司担保业务原则上为保证担保，是指财务公司与申请人约定，当申请人不履行其债务时，由公司按照约定承担连带责任，履行债务或承担责任的业务。

（一）担保业务办理原则

财务公司办理担保业务应遵循"依法合规、交易真实、防范风险、确保收益"的原则。

（二）担保业务种类

财务公司担保业务可分为融资类担保业务及非融资类担保业务。这两类担保业务在实际业务中一般包括如下形式：

1. 融资类担保业务包括借款保函、授信额度保函、有价证券保付保函、融资租赁保函、延期付款保函。

2. 非融资类担保业务提供的主要产品有投标保函、履约保函、预付款保函、质量维修保函、海关免税保函、经营租赁保函等。

（三）担保业务所需提供资料

申请办理担保业务的申请人，需提供以下资料：

1. 担保申请书，其内容应包括担保的项目、用途、担保金额、期限、还款或付款来源等。

2. 董事会或法定代表人授权申请该项保证的证明文件。

3. 申请保证的事项或被保证的借款合同、协议或相关文件资料。

4. 反担保材料。申请人提供反担保的方式有质押、抵押、缴存保证金、第三方保证等，反担保方式可以并用，反担保合同应以书面形式订立。①申请人以质押、抵押等方式提供反担保的，应提交权利凭证及权属证明，权利凭证所载明的金额按 70% 折扣率计算后，折扣价值必须超过申请担保的金额。②申请人以银行或其他非银行金融机构开立的权利凭证出质的，还应提交该权利凭证及开立单位向公司出具的确认文件。③申请人提供反担保的，应出具《不可撤销反担保函》、第三方保证人营业执照、会计报表及为其他债权人提供担保的资料、证明或未提供担保的承诺性文件等。第三方保证人为有限责任公司、股份有限公司的，还应提交其公司董事会同意担保的承诺文件（其公司章程未指明由董事会授权担保事项的除外）。

（四）担保业务审查重点

财务公司办理担保业务，信贷部门应就以下内容进行审查：

1. 被担保人的合法资格；

2. 有关交易、项目的真实性及可行性；

3. 被担保人资信状况及履行合同义务的能力；

4. 按规定需要提供反担保的，反担保是否合法、有效、足值；

5. 对未采用统一格式文本的担保业务，还需审查有关文本的合法性、有效性。

（五）担保业务的信贷条件

1. 金额

担保的金额应根据主合同金额的合理比例确定。

2. 期限

担保的有效期应根据主合同的履行期限确定，原则上不得超过 5 年。

3. 费率

担保业务的担保费率由财务公司与申请人协商确定，原则上按季收取，对于担保期限在一年以内的，可一次性收取。

（六）担保书的形式

1. 由申请人随主合同一并提供的担保书，经公司审查认可后，按所提供的担保书格式填写有关内容并加盖公章。

2. 根据申请单位的要求，由公司出具保函的，按照公司规定的格式填写并加盖公章。

（七）担保业务的后续管理

办理担保业务后，信贷部应按规定定期检查，及时发现可能影响被担保人履行合同或偿还债务的事项，并采取有效措施防范和化解风险。检查重点包括以下几方面：

1. 有关交易、项目的进展情况，主合同的履行情况；

2. 被担保人担保期内的经营活动和财务状况是否发生重大变化，是否发生贷款逾期、欠息和其他不良记录；

3. 反担保变化情况，包括反担保人担保能力的变化情况，抵押物、质物的权属、价值变化情况等；

4. 其他可能影响被担保人履约能力或支付能力的事项。

第五章

企业集团财务公司票据业务

票据业务是金融机构的一项传统资产业务，是信贷业务的重要组成部分。票据业务建立在商业信用基础之上，是银行信用和商业信用的有机结合。开办票据业务可以促进商业信用的票据化，加强对企业商业信用的管理，为促进商品生产和商品流通、搞活经济创造有利条件。随着我国经济的快速稳定发展，金融创新的不断深化，社会信用环境的改善以及企业直接融资需求的日益增强，票据业务稳步健康发展，作为货币市场的重要组成部分，以商业汇票为主体的票据市场发挥了重要作用。

本章首先从基本概念入手，介绍了票据业务的类别、业务范围、主要产品及制度依据等相关内容，然后详细介绍了纸质商业汇票业务和电子商业汇票业务的操作流程。

第一节　票据业务综述

一、商业汇票和票据业务的概念

（一）商业汇票的概念

票据有广义和狭义之分，广义票据是指权利凭证，包括商业单据和票据；狭义票据是指资金所有权的证明，包括三大票据，即汇票、本票和支票。

汇票是指出票人签发的，委托付款人在见票时或者在指定日期无条件支付确定的金额给收款人或者持票人的票据。汇票按照出票人的不同分为银行汇票和商业汇票。银行汇票是指出票银行签发的，由其在见票时按照实际结算金额无条件支付给收款人或者持票人的票据，银行汇票的出票人必须是银行。商业汇票是由出票人签发的，委托付款人在指定日期无条件支付确定的金额给收款人或者持票人的票据，商业汇票的出票人必须是企业。金融机构信贷业务中的票据业务专指商业汇票业务。与其他票据不同，商业汇票是一种远期付款工具，兼具支付、融资和投资功能。它不仅是一种企事业单位之间进行支付的工具，也是企事业单位和银行之间融通资金的工具，还是社会公众进行银行理财产品投资的一种工具。

（二）票据业务的概念

票据业务是指信用机构按照一定的方式和要求为票据的设立、转移和偿付而进行的日常营业性的业务活动。票据业务涉及的当事人主要有出票人、承兑人、收款人、背书人、被背书人、持票人以及承兑行、贴现行等，因此票据业务将工商企业和金融机构紧密联系在一起，以商业信用和银行信用共同为经济活动中的支付结算提供保障。

二、商业汇票的分类

商业汇票按其承兑人不同，分为银行承兑汇票和商业承兑汇票。

银行承兑汇票是由在承兑银行开立存款账户的存款人出票，向开户银行申请并经银行审查同意承兑的、保证在指定日期无条件支付确定的金额给收款人或持票人的票据。

商业承兑汇票是出票人签发的，由银行以外的付款人承兑的委托付款人在指定日期无条件支付确定的金额给收款人或持票人的票据。

三、商业汇票的基本要素

商业汇票是一种要式证券，专业性和规范性要求很强，要式齐全是基本要求。商业汇票基本要素又称必须记载事项或者绝对记载事项。基本要素缺一不可，未记载各项基本要素的商业汇票无效。纸质商业汇票和电子商业汇票的基本要素略有不同。

（一）纸质商业汇票基本要素

按照《中华人民共和国票据法》第二十二条的规定，纸质商业汇票票面有七项必须记载事项，未记载七要素之一的，纸质商业汇票无效。这七要素包括：

1. 表明"银行承兑汇票"或"商业承兑汇票"的字样

在实务中，人们使用的纸质商业汇票一般都是印刷制作成的空白格式凭证，已印就"银行承兑汇票"或"商业承兑汇票"字样，出票人不需另行记载。

2. 无条件支付的委托

所谓支付的委托就是汇票的出票人委托付款人支付票据金额的一种意思的表示，无条件则是要求这种支付委托必须是单纯的委托，不得附加任何条件。在实务中，人们使用的票据一般都是印刷制作成的空白格式凭证，已印就"无条件支付的委托"字样，出票人不需另行记载。

3. 确定的金额

票据金额是票据上记载的金钱数额，是票据的绝对记载事项。票据上如果欠缺票据金额记载，将导致票据无效。

所谓确定的金额是指汇票上记载的金额必须是固定的数额，如一万元、十万元等，如果做有选择的记载（如十万元到二十万元）、浮动的记载（如十万元以下）、高低限的记载（如十万元以上二十万元以下），都不是确定的金额。如果汇票上的金额是不确定的，汇票将因之无效。任何人都不得更改票据金额，被更改票据金额的票据无效。

4. 付款人名称

付款人是指出票人或者出票人在汇票上记载的委托其支付票据金额的人。付款人并非因出票人的支付委托即成为当然的票据债务人，而是必须经其承兑才能成为票据债务人。付款人一经承兑后，即成承兑人，是汇票的主债务人。

付款人名称是汇票的绝对记载事项，若未记载付款人名称，该票据将因之无效。因为持票人将不知道向谁提示承兑和向谁提示付款，而且汇票是委托付款证券，不记载付款人名称，那么出票人的委托付款关系不可能成立。

5. 收款人名称

收款人是指出票人在汇票上记载的受领票据金额的最初票据权利人，是票据基本当事人之一。收款人名称是票据上的绝对记载事项，出票人签发票据时，必须记载收款人名称，如果欠缺该项记载，票据将因之无效。收款人名称任何人都不得更改，收款人名称被更改的票据无效。

6. 出票日期

出票日期是指出票人在票据上记载的签发票据的日期。出票日期是确定行使票据权利日期或期限的重要依据，例如确定付款日期、提示承兑日期、确定利息起算日等。出票日期是票据的绝对记载事项，出票人签发票据时，必须记载出票日期，否则票据无效。

7. 出票人签章

出票人签章是指出票人在票据上亲自书写自己的姓名或加盖本人印章。《票据法》规定，只有在票据上签章的人才承担票据上的责任。因此，签章是确定票据债务人的身份及其必须承担票据责任的根本依据。特别是出票人签章，不仅是出票人向收款人表示承担票据责任的依据，还是出票行为有效成立的一个至关重要的形式条件。出票人签章是票据的必须记载事项，缺乏该记载事项，票据无效。

(二) 电子商业汇票基本要素

电子商业汇票同纸质商业汇票一样，都要依据票据文义来确定票据权利人享有的票据权利和票据债务人承担的票据债务。纸质商业汇票的内容依据记载在票据上的文字而定。电子商业汇票的文义性体现在票据当事人作出真实意思表示后存储在系统中的数据电文。

根据《电子商业汇票业务管理办法》第二十九条的规定，电子商业汇票有九项基本要素。与纸质商业汇票七项基本要素相比，新增了"出票人名称"和"票据到期日"两项必载事项，并且纸质商业汇票第一项表明"银行承兑汇票"或"商业承兑汇票"的字样，在电子商业汇票中，其要求相应调整为表明"电子银行承兑汇票"或"电子商业承兑汇票"的字样。现就电子商业汇票新增基本要素加以介绍。

1. 出票人名称

出票人是电子商业汇票的基本当事人，是票据权利的创设人，应以其电子签名来确认其真实的意思表示。电子商业汇票同纸质商业汇票不同，不使用实体签章，取而代之的是电子签名。电子签名并不体现在电子商业汇票上，而是系统身份认证的一种技术手段。因此，为明确电子商业汇票各方权利义务关系，保障票据权利人利益，有必要在电子商业汇票上标明出票人名称，作为绝对应记载事项。这一点与纸质商业汇票有所区别。

2. 票据到期日

票据到期日是出票日记载的电子商业汇票的到期日期。从出票日起到到期日止，最长不超过 1 年，对日计算。与纸质商业汇票有四种付款日期（见票即付、定日付款、出票后定期付款和见票后定期付款）不同，电子商业汇票只有一种付款日期——定日付款，因此电子商业汇票必须有出票日期和票据到期日的记载，可以确定票据的权利时效、持票人行使或者保全票据权利的期限，也是票据债务人履行其义务的依据。

四、票据业务相关制度依据

近年来，随着社会主义市场经济体制的建立和快速发展，随着金融体制改革的不断深化，我国的支付体系取得了引人瞩目的成绩，基本形成了以人民银行现代化支付系统为核心，银行业金融机构行内支付系统为基础，票据支付系统、银行卡支付系统等为重要组成部分的支付清算网络体系；形成了以票据、银行卡为主体，以电子支付工具为发展方向的非现金支付工具体系；以人民银行为核心，金融机构为主体，支付清算组织为补充的支付服务组织体系；各类体系的正常运转均需要法规制度体系作为支撑和保证。票据作为一项非现金支付结算工具，在国民经济中发挥了巨大的作用，其产生、流转、管理过程中的规则以及各方当事人的权责利益等，同样适用国家支付结算法规制度体系的法律法规制度。

（一）国家相关法规制度

在我国，开展票据业务所依据的相关法律和行政法规包括《中华人民共和国票据法》、《中华人民共和国中国人民银行法》、《中华人民共和国商业银行法》、《中华人民共和国物权法》、《中华人民共和国电子签名法》等基础法律，以及《票据管理实施办法》、《支付结算办法》、《人民币银行结算账户管理办法》、《电子商业汇票业务管理办法》等行政法规。

为了满足电子商业汇票业务处理需要，促进电子商业汇票流通，保障电子商业汇票当事人各方权利，中国人民银行在《电子商业汇票业务管理办法》的基础上，还制定了与电子商业汇票相关的配套制度，包括《电子商业汇票系统管理办法》、《电子商业汇票业务处理手续》、《纸质商业汇票登记查询管理办法》、《电子商业汇票再贴现业务处理手续》、《电子商业汇票系统运行管理办法》、《电子商业汇票系统数字证书管理办法》、《电子商业汇票系统危机处置预案》、《电子商业汇票业务服务协议指引》。按照法律适用中"上位法优于下位法"的原则，这九项制度遵循了《中华人民共和国票据法》的基本规定和立法精神，既相对独立又互相联系，构成了一个有机整体。电子商业汇票系统配套制度明确了电子商业汇票当事人的权利、义务、业务处理流程和手续，规范了系统的准入、退出、运行维护、监管和危机处置，对纸质商业汇票业务登记查询的业务规则和责任进行了明确。

（二）财务公司票据业务实施细则

财务公司在开展票据业务过程中，应根据自身组织架构和岗位职能设置，并结合本集团公司生产经营特点及成员单位支付结算特点，制定票据业务实施细则，从职责职权、业务流程、风险控制等多方面进行规范和约束。

财务公司票据业务实施细则的内容应包括制定细则的法律法规依据、财务公司各个部门在开展票据业务中的职责职权划分、集团成员单位加入电子商业汇票系统的程序和要求、财务公司办理票据业务的基本要求及审查重点、业务办理流程、财务公司票据业务台账、报表及档案管理、电子商业汇票信息查询等。

五、票据业务范围及种类

金融机构票据业务范围涉及与商业汇票相关的各类票据行为，主要包括票据承兑、贴现、转贴现、再贴现、保证、票据代保管、票据托收、票据追索等。其中银行承兑业务和票据贴现业务是最主要的两类票据业务。

中国人民银行电子商业汇票系统的建成上线，是我国在票据业务上一项重大的金融创新，对金融机构票据业务和中国票据市场产生了巨大影响和推动作用。作为非银行金融机构，财务公司加入电子商业汇票系统，取得了与商业银行相同的票据市场地位，票据业务范围进一步扩大，票据业务种类进一步细化，接入电子商业汇票系统的财务公司可以办理的票据业务种类包括银票承兑、保证、贴现、转贴现、再贴现申请、质押、提示付款、追索以及为在本财务公司开户的企业集团内部成员单位客户提供电子商业汇票服务业务。

六、财务公司开展票据业务的意义

财务公司的经营宗旨是"立足集团、高效服务"，加入电子商业汇票系统后，财务公司票据业务范围扩大、票据业务种类增多、票据业务产品细化、票据业务服务提升。从商业汇票的功能上看，它是所有票据种类中唯一兼具结算与融资功能的票据，其最大价值在于服务于真实商品贸易，形成结算链条，首尾衔接，流通便利。因此，财务公司开展票据业务，具有更加深远的意义。

1. 有利于集团内部盘活资金，清理"三角债"

票据市场所独具的特征之一就是能够通过票据的承兑、贴现业务直接为企业提供融资服务，票据业务资金流动会对成员单位的资金管理产生影响。商业汇票流转链能够真实反映交易中的支付结算链，其与生产企业购销产业链密不可分。作为集团公司的成员单位之一，财务公司具有了解和熟悉各成员单位产品配套关系的先天优势，能够为各成员单位提供支付结算及资金融通的整体解决方案。一方面，电子商业汇票系统给财务公司提供了大量集团成员单位票据往来信息，结合各集团成员单位间应收应付账款信息，可以清理出集团内部"三角债"往来情况，通过电子商业汇票系统信息的采集和分析，可以为解决集团内部"三角债"打下坚实基础。另一方面，通过财务公司办理票据业务，可促成集团内部应收、应付账款向应收、应付票据转化，明确债权债务的清偿时间节点，各成员单位可以财务公司电子商业汇票系统为平台作转让背书，及时支付往来款项，成为集团内部"三角债"的长效解决方案，有利于集团内部盘活资金，清理"三角债"，最终推动各成员单位健康、快速发展。

2. 有利于集团公司票据支付结算统一管理

目前，已有不少集团公司利用其财务公司平台实行票据统一承兑、统一入库、统一支付、统一贴现、统一托收的"五统一"管理，可为集团公司减少现金支付，降低资金占用，节约融资成本。电子商业汇票系统解决了纸质票据集中的物理交付和保管难题，实现了票据在系统中安全、快捷流通和妥善保管。同时，为方便集团公司实施电子商业汇票的集中管理，中国人民银行就此提出："考虑到财务公司有对集团内部电子票据集中管理的需要，允许集团内的成员单位或其直接交易对手通过电子商业汇票系统以背书方式将电子商业汇票转让给集团公司，对于此种情况下贸易背景的审查可放宽要求。只有拥有财务公司的集团出于票据集中管理的目的才能适用该方法。"[1] 这段说明一方面为集团公司电子商业汇票集中管理提供了政策依据，另一方面还为集中管理中出现的票据背书等提出实际操作办法。

成员单位通过财务公司办理各类票据业务，集团公司便可充分利用公司的电子商业汇票系统平台采集数据，无论是纸质还是电子商业汇票业务，均可进行信息集中管理，为集团公司票据支付结算统一有序管理打下坚实基础。

---

[1] 引自《〈电子商业汇票业务管理办法〉释义》，第163页。

3. 有利于降低集团整体财务费用

财务公司秉承服务于集团的经营宗旨，本着让利于集团成员单位的基本原则办理各项票据业务，无论是承兑业务中的承兑手续费、承兑保证金，还是贴现业务中的贴现利率，贴现赎回利率，财务公司均能够为各成员单位提供更加优惠的利率和费率，直接降低了成员单位的融资成本，最终体现为降低集团整体财务费用支出。

4. 有利于拓宽成员单位融资渠道

随着财务公司票据业务的发展，票据业务产品日趋丰富，办理票据业务手续方便灵活，越来越适应成员单位生产经营及支付结算特点，票据业务对缓解成员单位特别是中小型企业融资难所发挥的作用日渐突出。虽然票据的承兑主体主要是成员单位中的大中型企业和优势企业，但经过票据的多次背书转让，众多中小企业尤其是为大中型企业配套服务的中小成员单位成为最终的持票人，持票成员单位通过向财务公司办理贴现而最终获得资金支持，拓宽了成员单位的融资渠道。

5. 利用票据融通资金，增加经济效益

财务公司通过贴现买入的票据资产以及集团公司票据集中管理形成的票据资产，是公司可再生利用的丰富资源。在资金紧张的情况下，通过开展转贴现或再贴现转出业务，开辟资金头寸调配的新渠道，及时解决公司资金紧张的困难；在资金丰裕的情况下，通过研究票据市场信息，捕捉票据市场机会，与商业银行展开合作，进行银行间票据转入、转出业务，可进一步提高资金使用效率。财务公司办理各类票据业务所产生的收益，最终也将回馈给以集团公司为代表的各个股东单位。

第二节　财务公司票据业务管理

财务公司信贷业务中，票据业务具有非常明显的特点。一是票据业务必须基于票据，因此票据的真伪识别、传递、保管有其特有的要求；二是票据业务期限短并且较为灵活；三是票据业务必须基于买卖双方真实交易背景开展；四是票据业务涉及出票人、承兑人、收款人、背书人、贴出人等，当事人较多且分布区域分散；五是票据业务参与金融机构较多，包括开户行、承兑行、贴入行、托收行、付款行等，需要金融机构之间的沟通与配合。票据业务的上述特点对票据业

务管理提出了更高的要求，也因上述与贷款业务的不同特点，财务公司应关注票据业务与贷款业务的资源配置，注重二者的协调发展。

纸质商业汇票业务和电子商业汇票业务既有相同的地方，也会因票据介质的不同带来管理上的迥异。本节对纸质和电子商业汇票业务管理上具有显著特点的方面分别介绍，主要包括纸质商业汇票的防伪、纸质商业汇票在电子商业汇票系统中的登记查询；电子商业汇票优特点、电子商业汇票系统搭建等。

一、纸质商业汇票业务管理

近年来，随着我国经济快速稳定发展，企业信用程度的提高以及直接融资需求的增强，我国商业汇票的使用量不断增长，票据市场交易量和市场交易规模不断扩大。在人民银行电子商业汇票系统建成运行前，我国商业汇票均为纸质商业汇票，作为我国货币市场的重要组成部分，以纸质商业汇票融资为主要业务的票据市场发挥了重要作用。

（一）纸质商业汇票概念

纸质商业汇票是以特定纸张制作的、由出票人签发的、委托付款人在指定日期无条件支付确定的金额给收款人或者持票人的票据。

（二）纸质商业汇票防伪

纸质商业汇票区别于电子商业汇票的一项重大特点是纸质商业汇票依托于物理纸张，票据本身以及签章是鉴别真伪的手段。虽然在票据的纸张和印制过程中，应用了很多防伪材料和防伪措施，但是仅凭肉眼辨别真伪仍存在很大的困难。一些不法分子利用伪造、变造的票据凭证和签章骗取金融机构和客户资金的案件时有发生，票据使用者和金融机构应高度重视纸质商业汇票的防伪工作。

1. 票据伪造和变造的概念

票据的伪造指无权限人假冒出票人或虚构人名义进行签章和票据其他记载事项的行为。票据上的伪造包括票据的伪造和票据上签章的伪造两种。前者是指假冒他人或虚构人的名义进行出票行为，如在空白票据上伪造出票人的签章或者盗盖出票人的印章而进行出票；后者则是指假冒他人名义而进行出票行为之外的其他票据行为，如伪造背书签章、承兑签章、保证签章等。

票据的变造指采用技术手段改变原有票据上已经记载事项的内容，或增加、减少票据记载事项的内容，从而达到变更票据权利义务关系的目的。

2. 票据的防伪

票据的防伪主要从纸张、油墨、印刷技术等方面进行防伪。根据人民银行的要求，自2011年3月1日起，一律使用2010版新版纸质票据凭证。新版票据凭证的防伪技术比老版的更加先进。

（1）纸张防伪

纸质商业汇票的纸张是选用特定树种的木心部分树纤维为原料制成的，比一般的造纸原料贵重得多，造纸原料配方有着严格的固定比例，因此纸的质地光洁细腻，挺括平整。通过水印、紫外荧光防涂改等技术，达到纸质商业汇票纸张防伪的目的。

（2）油墨防伪

印制纸质商业汇票使用的油墨是特制的油墨，其原材料构成比较复杂，其颜料、填充料、干燥剂等都是特殊制造的。各种原材料的调配都有专门的技术。针对不同的印刷设备，油墨的调制方法和性能也有所不同；为加强票据的防伪功能，在纸质商业汇票的不同部位还使用不同性能的油墨，油墨在纸上的堆积层比较厚，立体感强，用手触摸可有突出手感，可达到纸质商业汇票油墨防伪的目的。

（3）印刷技术防伪

纸质商业汇票的印刷使用了多种防伪技术，特殊版纹设计采取先进的机器雕刻技术，使得票据的底纹、团花、网状线等极其精细，仿制的难度极大，如果用放大镜观察，很容易与假票相区分。缩微印刷、彩虹印刷、多色底纹印刷等技术的使用，使得票据底纹的图案、花色没有重叠、缺口、漏白、错位等现象，假票想要全部对接完好，几乎是不可能的，使用这些特殊印刷技术，使不法分子难以造假，达到纸质商业汇票印刷技术防伪的目的。

（三）纸质商业汇票登记查询业务

为了实现纸质商业汇票票面信息的集中登记存储，便利纸质商业汇票的贴现、质押业务查询，以有效防范纸质商业汇票的伪造、变造风险，进一步提高跨行纸质商业汇票业务的查询效率，中国人民银行在电子商业汇票系统中开发设计了纸质商业汇票登记查询功能模块，该功能模块是金融机构必须上线参与的模块，它能够为纸质商业汇票承兑、贴现、转贴现、再贴现、质押、质押解除、挂失止付等票据行为提供登记及查询服务。

1. 纸质商业汇票登记查询主体

银行业金融机构、财务公司（以下统称金融机构）是纸质商业汇票登记及查询的主体。登记主体负责按规定的登记方式和登记时点将纸质商业汇票相关信息登记至电子商业汇票系统。登记主体应在办理纸质商业汇票有关业务后的当日至迟次日（遇法定休假日、电子商业汇票系统非营业日顺延）进行登记。

参与纸质商业汇票业务的非金融机构的其他当事人为非登记查询主体。非登记主体在办理纸质商业汇票承兑、质押、质押解除、挂失止付、公示催告、止付解除、未用退回业务后，可委托其开户金融机构进行上述业务信息的登记，非登记主体进行委托登记时，应向其开户金融机构提供真实的纸质商业汇票。非查询主体在办理票据的质押、背书等业务时，可委托查询主体查询票据的相关信息。

2. 纸质商业汇票登记内容

登记主体办理纸质商业汇票承兑、未用退回、贴现、转贴现、再贴现、质押、质押解除、委托收款、付款、拒付、挂失止付、公示催告、止付解除业务，应按规定进行登记。纸质商业汇票的登记主体及登记内容为：

（1）承兑业务的承兑人应登记票据种类、票据号码、出票人名称、收款人名称、承兑行或承兑人开户行行号、承兑人名称、出票日期、承兑日期、到期日、金额、交易合同编号。

（2）未用退回业务的承兑人应登记票据种类、票据号码、承兑行或承兑人开户行行号、承兑人名称、出票日期、到期日、金额、未用退回日期。

（3）贴现业务的贴入人应登记票据种类、票据号码、承兑行或承兑人开户行行号、承兑人名称、出票日期、到期日、金额、贴现日期、贴出人名称、贴入人名称，贴入人行号、交易合同编号、发票号码。

（4）转贴现业务的贴入人应登记票据种类、票据号码、承兑行或承兑人开户行行号、承兑人名称、出票日期、到期日、金额、转贴现日期、贴出人名称、贴入人名称、贴入人行号。

（5）再贴现业务的贴出人应登记票据种类、票据号码、承兑行或承兑人开户行行号、承兑人名称、出票日期、到期日、金额、再贴现日期、贴出人名称、贴出人行号、贴入人名称。

（6）质押业务的质权人应登记票据种类、票据号码、承兑行或承兑人开户行行号、承兑人名称、出票日期、到期日、金额、出质日期、出质人名称、质权人名称、质权人行号或质权人开户行行号。

（7）质押解除业务的质权人应登记票据种类、票据号码、承兑行或承兑人开户行行号、承兑人名称、出票日期、到期日、金额、质押解除日期、原出质人名称、原质权人名称、原质权人行号或原质权人开户行行号。

（8）委托收款业务的持票人开户行应登记票据种类、票据号码、承兑行或承兑人开户行行号、承兑人名称、出票日期、到期日、金额、委托收款日期、最后一手持票人名称、委托收款银行名称、委托收款银行行号、背书次数。

（9）票据付款后，承兑行或承兑人开户行应登记票据种类、票据号码、承兑行或承兑人开户行行号、承兑人名称、出票日期、到期日、金额、付款日期、最后一手持票人名称。

（10）票据拒付后，承兑行或承兑人开户行应登记票据种类、票据号码、承兑行或承兑人开户行行号、承兑人名称、出票日期、到期日、金额、拒付理由、拒付日期、最后一手持票人名称。

（11）受理票据挂失止付或公示催告业务的承兑人应登记票据种类、票据号码、承兑行或承兑人开户行行号、承兑人名称、出票日期、到期日、金额、申请止付日期、止付类型、申请止付人名称、受理止付人名称。

（12）受理票据止付解除业务的承兑人应登记票据种类、票据号码、承兑行或承兑人开户行行号、承兑人名称、出票日期、到期日、金额、止付解除日期、止付解除类型、申请止付解除人名称、止付解除人名称。

二、电子商业汇票业务管理

随着商业汇票使用量的不断增长和票据市场的迅猛发展，我国票据市场的发展瓶颈也日渐显现。为了解决票据业务和票据市场现有的弊端，便利企业支付和融资行为，支持商业银行票据业务创新，人民银行于 2008 年 1 月作出建设电子商业汇票系统的决策，以满足各类经济交易对安全高效的电子票据支付结算与融资服务需求，并从根本上解决了现行票据市场交易方式效率低下、信息不对称、风险较大等问题，使我国票据市场的基础设施建设取得突破性发展。

2009 年 10 月 28 日，由中国人民银行组织建设的电子商业汇票系统建成运行，这是继大额实时支付系统、小额批量支付系统、全国支票影像交换系统、境内外币支付系统之后，人民银行建设运行的又一重要跨行支付清算系统。该系统的建成运行，标志着我国商业票据业务进入电子化时代，是我国金融信息化、电子化进程中的又一个重要里程碑，必将对我国票据业务的未来发展产生深远影响。

（一）电子商业汇票概念及优点

1. 电子商业汇票概念

电子商业汇票是指出票人依托中国人民银行电子商业汇票系统（ECDS）、以数据电文形式制作的、委托付款人在指定日期无条件支付确定金额给收款人或持票人的票据。

电子商业汇票分为电子银行承兑汇票和电子商业承兑汇票。电子商业汇票的分类与纸质商业汇票有所区别，二者的区别在于由财务公司承兑的商业汇票归类不同，财务公司承兑的纸质商业汇票为商业承兑汇票，财务公司承兑的电子商业汇票为电子银行承兑汇票。[①]

图 5-1 至图 5-4 分别为电子银行承兑汇票和电子商业承兑汇票的正反面。

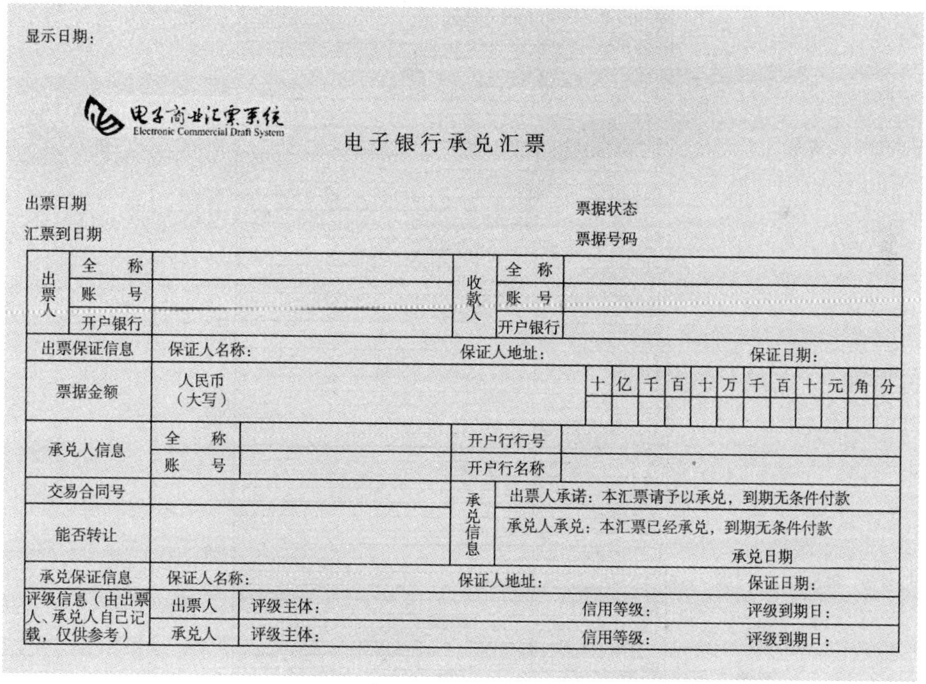

图 5-1　电子银行承兑汇票正面

① 引自：《〈电子商业汇票业务管理办法〉释义》，第 24 页，"表 1-1　商业汇票分类对比表"。

显示日期：

电子商业汇票系统
Electronic Commercial Draft System

电子银行承兑汇票

票据号码

转让背书	
背书人名称	
被背书人名称	
不得转让标记	
背书日期	

保证	
被保证人名称	
保证人名称	
保证人地址	
保证日期	

质押背书	
出质人名称	
质权人名称	
出质日期	
质押解除日期	

买断式贴现背书	
背书人名称	
被背书人名称	
不得转让标记	
背书日期	

回购式贴现背书	
背书人名称	
被背书人名称	
背书日期	
赎回开放日	
赎回截止日	

回购式贴现赎回背书	
背书人名称	
被背书人名称	
不得转让标记	
背书日期	

买断式贴现背书	
背书人名称	
被背书人名称	
不得转让标记	
背书日期	

回购式转贴现背书	
背书人名称	
被背书人名称	
背书日期	
赎回开放日	
赎回截止日	

回购式转贴现赎回背书	
背书人名称	
被背书人名称	
不得转让标记	
背书日期	

买断式再贴现背书	
背书人名称	
被背书人名称	
不得转让标记	
背书日期	

回购式再贴现背书	
背书人名称	
被背书人名称	
背书日期	
赎回开放日	
赎回截止日	

回购式再贴现赎回背书	
背书人名称	
被背书人名称	
不得转让标记	
背书日期	

央行卖出商业汇票	
背书人名称	
被背书人名称	
不得转让标记	
背书日期	

提示付款	
提示付款人名称	
提示付款日期	
付款或拒付	
付款或拒付日期	
拒付理由	

追索清偿	
追索人名称	
清偿人名称	
追索日期	
追索类型	
清偿日期	

再追索清偿	
追索人名称	
清偿人名称	
追索日期	
追索类型	
清偿日期	

图 5 – 2　电子银行承兑汇票背面

显示日期：

电子商业汇票系统
Electronic Commercial Draft System

电 子 商 业 承 兑 汇 票

出票日期　　　　　　　　　　　　　　票据状态
汇票到日期　　　　　　　　　　　　　票据号码

出票人	全　称		收款人	全　称	
	账　号			账　号	
	开户银行			开户银行	

出票保证信息	保证人名称：		保证人地址：		保证日期：

票据金额	人民币（大写）			十 亿 千 百 十 万 千 百 十 元 角 分

承兑人信息	全　称		开户行行号	
	账　号		开户行名称	

交易合同号		承兑信息	出票人承诺：本汇票请予以承兑，到期无条件付款
能否转让			承兑人承兑：本汇票已经承兑，到期无条件付款
			承兑日期

承兑保证信息	保证人名称：		保证人地址：		保证日期：

评级信息（由出票人、承兑人自己记载，仅供参考）	出票人	评级主体：		信用等级：		评级到期日：
	承兑人	评级主体：		信用等级：		评级到期日：

图 5 - 3　电子商业承兑汇票正面

2. 电子商业汇票的优点

电子商业汇票的应用是商业汇票操作模式的一次全面革新，它具有以数据电文形式取代纸质凭证、以电子签名取代实体签章、以网络传输取代人工传递等突出特点。电子商业汇票的优点和优势在于：

（1）脱离纸质媒介，消除票据风险

电子商业汇票的出票、背书转让采用电子签名、数字认证的方式，可为企业节省票据运输、保管等环节，降低纸质票据携带和转让等风险；电子商业汇票使用经过安全认证的电子数据流和可靠的电子签名，能够抑制假票和克隆票等风险。

（2）借助网络平台，提高流转效率

电子商业汇票中涉及票据传递的背书转让和交付等票据行为，均以票据当事人双方分别在电子商业汇票系统中"提示申请"或"签收"所完成，借助网络平台，可实现票据实时传递，提高票据流转效率，增强了票据的流通性和交易活跃性。

图 5 - 4　电子商业承兑汇票背面

（3）票据期限延长，最长可为 1 年

传统纸质票据最长期限为 6 个月，而电子商业汇票的最长期限延长为 1 年。

（4）单张限额提高，最高金额 10 亿元

传统纸质票据单张票据限额 1 亿元，而电子商业汇票的单张票据限额为 10 亿元。

（5）减少工作环节，免除查询验票

电子商业票据贴现不需查询，节省查询时间，电子签收后企业即可在系统中申请贴现，异地票据贴现不用再考虑"异地加 3 天"因素，为企业节省贴现成本；票据业务入账环节减少会计审验票据的步骤，流程简便，资金和票据交割同步进行，进账及时，大大提高了办理速度，降低了票据管理成本。

（二）电子商业汇票系统

1. 中国人民银行电子商业汇票系统

（1）电子商业汇票系统接入方式

金融机构（包括各商业银行和财务公司）接入中国人民银行电子商业汇票系统时，可以选择直接连接和间接连接两种接入方式，二者的区别是：直接接入的金融机构可以为本金融机构客户提供电子商业汇票服务，而间接接入的金融机构只能办理自身为票据当事人的业务，如承兑、贴现、转贴现等，不能为客户提供电子商业汇票业务服务。

按照中国人民银行的要求，金融机构可以选择开通电子商业汇票业务，必须开通纸质商业汇票登记查询业务。金融机构开办电子商业汇票业务，只能选择直连方式；开办纸质商业汇票登记查询业务，可以选择直连或者间连方式；若同时开办电子商业汇票业务和纸质商业汇票登记查询业务，则必须选择直连方式。

（2）电子商业汇票系统功能模块

人民银行电子商业汇票系统包括电子商业汇票业务处理功能模块、纸质商业汇票登记查询功能模块以及商业汇票公开报价三大功能模块。其中，电子商业汇票业务处理功能模块属于该系统的核心，实现电子商业汇票签发、流转、结清等功能；另两个功能模块作为电子商业汇票系统的辅助功能模块，实现纸质商业汇票的登记查询功能和商业汇票公开报价功能。三个功能模块全部服务于商业汇票业务，使得电子商业汇票系统成为一个综合性的商业汇票业务处理及信息共享平台。

（3）电子商业汇票系统票据行为

电子商业汇票系统支持的票据行为包括出票（含承兑）、背书转让、贴现（包括赎回业务）、转贴现（包括赎回业务）、再贴现（包括赎回业务）、央行卖出商业汇票、质押（包括质押解除业务）、保证（包括对出票人、承兑人、背书人的保证）、提示付款（包括到期提示付款和逾期提示付款）以及追索（包括再追索，类型上可分为拒付追索和非拒付追索）。

（4）电子商业汇票系统运行

为支持社会经济活动中电子商业汇票业务当事人进行票据业务处理的需要，电子商业汇票系统按照 7×12 模式运行，每周运行 7 天，每天 8:00～20:00 为系统运行时间。

电子商业汇票系统在设计上支持灵活的运行时间设置，在必要的时候可以灵活调整系统运行时间以及设置系统节假日。电子商业汇票系每个工作日分为营业前准备阶段、日间处理阶段、业务截止阶段和日终处理阶段四个阶段。

日间处理阶段从早晨 8 点开始，到晚上 8 点截止。在日间处理阶段，电子商业汇票系统受理所有的业务处理：大额支付系统营业期间，电子商业汇票系统会打开线上清算功能，支持票款对付方式的线上资金清算；大额支付系统关闭后，电子商业汇票系统可以处理线上清算以外的所有业务。

电子商业汇票系统的业务截止阶段、日终处理阶段和营业前准备阶段从晚上 8 点持续到第二天早晨 8 点，完成系统与各参与者的票据业务核对处理、系统的业务统计、计费、清理等工作，业务截止后不再受理新的票据业务。

2. 财务公司电子商业汇票系统

财务公司电子商业汇票系统与中国人民银行电子商业汇票系统相连，在系统上线前，为确保系统运行的安全性和稳定性，中国人民银行对财务公司电子商业汇票系统需完成接口验收、远程调试、模拟运行测试、现场检查等一系列工作，经检查合格予以批准加入全国电子商业汇票系统。

开通电子商业汇票业务的财务公司，其电子商业汇票系统支持的票据行为应在中国人民银行电子商业汇票系统中支持的所有票据业务行为内。财务公司电子商业汇票系统一端接入中国人民银行电子商业汇票系统，一端接入本公司核心系统，通过系统集成使成员单位在网银系统客户终端直接操作完成电子商业汇票业务。

财务公司电子商业汇票系统软件功能除严格按照人民银行要求开发设计外，还应该结合公司自身组织机构设置、各项票据业务流程设计、岗位职能、风险控制要求等，进一步提高电子商业汇票系统的操作性、实用性、效率性和风险控制性。由于财务公司票据业务资金结算只能采取线下清算模式，电子商业汇票系统软件开发时，票据业务中涉及的资金结算业务需要充分考虑与公司资金结算系统的对接。此外，设立分公司的财务公司，在加入人民银行电子商业汇票系统时，按照要求采取一点接入方式连接该系统，分公司电子商业汇票系统需要与总公司接入的中国人民银行接入点 CCPC 之间进行证书绑定，以实现分公司电子商业汇票业务操作。

3. 开办电子商业汇票业务的条件①

（1）接入机构提供电子商业汇票业务服务所需要的条件

①拥有大额支付系统行号

接入机构应该拥有大额支付系统行号，这是其在电子商业汇票系统的唯一身份标识。

②满足加入电子商业汇票系统的相关技术及安全性要求

电子商业汇票是以数据电文形式制作和流转的，票据当事人通过接入机构内部系统办理电子商业汇票业务，然后接入机构再向电子商业汇票系统转发相关指令。所以接入机构需开发一个内部系统与电子商业汇票系统对接，才能为票据当事人提供业务。由于该项业务涉及票据当事人的票据和资金安全，而且业务处理需要有很高的安全性和时效性，因此接入机构的内部系统应该满足人民银行规定的加入电子商业汇票系统的相关技术及安全性要求。

③具有健全的电子商业汇票系统相关的内部管理制度

电子商业汇票是中国第一种安全电子化的票据，其业务处理模式与纸质票据有所不同。虽然已有《中华人民共和国中国人民银行法》、《中华人民共和国票据法》、《中华人民共和国电子签名法》、《中华人民共和国物权法》、《票据管理实施办法》和《电子商业汇票业务管理办法》等制度来规范电子商业汇票业务活动，但由于各家接入机构的具体情况各不相同，因此需要有健全的电子商业汇票系统相关内部管理制度来规范其业务。

④使用电子签名

票据当事人办理电子商业汇票业务，必须使用合法的电子签名，以体现其对实现票据行为的真实意思表示。此外，电子商业汇票当事人所有的票据行为均通

① 苏宁：《中国电子商业汇票》，北京，中国金融出版社，2009。

过接入机构在电子商业汇票系统中进行登记，因此电子商业汇票系统也需要通过电子签名来确保其相应的电子商业汇票的票据行为的确是由票据有权操作人的接入机构转发而来。

（2）票据当事人参与电子商业汇票业务活动所需条件

这里的票据当事人包括接入机构自身的票据部门、通过接入机构从事电子商业汇票业务活动的被代理机构和金融机构以外的法人及其他组织。票据当事人参与电子商业汇票业务活动需要具备如下具体条件：

①需在接入机构开立账户并开通电子商业汇票服务

由于电子商业汇票涉及资金清算的问题，而且行号＋账号＋组织机构代码＋类别是识别票据当事人是否有权操作票据的唯一条件，因此票据当事人必须在接入机构开立账户并开通电子商业汇票服务。

②拥有中华人民共和国组织机构代码

组织机构代码是票据当事人在电子商业汇票业务活动中身份识别的唯一标识。

③使用电子签名

电子商业汇票上当事人的真实意思表示不再以实体签章的形式确认，而是以电子签名的方式作出，因此使用电子商业汇票的当事人应具有电子签名，以便系统能够确保电子商业汇票当事人为有权行为人。

三、财务公司票据业务与贷款业务的协调管理

从票据业务发展实践看，票据贴现业务与信贷业务出现明显关联性，配合信贷整体规划，正确运用票据业务策略，将能有效地促进信贷业务的平稳增长。财务公司贷款业务受公司资金量、监管机构信贷规模调控的影响，不同时期贷款业务量增长情况不一，票据业务运作针对全公司贷款投放周期进行相应的反向资金运作，可提高信贷投放的均衡性，并提高资金运营效益。

（一）在贷款投放不足期，加大票据买入和持票力度

年初，贷款投放刚刚起步，资金、风险资产规模较为充裕，应采取各种措施，加大票据买入力度，尽可能多地持有票据，提高资金的利用效率。在这个时期，要重视票据融资余额的增量，尽量提高票据日均余额，相对淡化票据的周转率。在买入票据规模和买入利率之间，向买入票据规模倾斜。

（二）在贷款投放加速期，保持合理票据融资余额

随着各项贷款的投放进度加快，全年度贷款计划的逐步落实，必须做好信贷投放旺盛期的提前预测，进行相应策略调整，通过采取调整贴现规模，运用利率杠杆，寻找票据转卖出口等措施，一方面要将票据余额调整到合理水平，另一方面提高票据资产流动性，为下一步减持做好准备，在这段时期，要重视建立转卖渠道，适当加快票据周转速度。要重视研究转贴现市场，做好转贴现价格未来预测，防范票据利率风险。

（三）在贷款投放的旺盛期，提高票据资产的流动性

在贷款投放的旺盛期，资金和贷款规模都会出现一定程度的紧张，要配合全公司整体的经营目标，加大票据卖出力度，运用价格杠杆控制票据买入量来达到压减票据资产的目的，为贷款投放腾出空间。在这个时期，应重视票据的周转率，一方面保证总体贷款计划的落实，另一方面尽量规避可能出现的利率风险。如果因为经营需要，一定要办理直贴，则应当快进快出，尽量避免持票。

第三节　票据业务产品及操作流程

由于纸质商业汇票和电子商业汇票相互转换将面临如何认定转换后两者的法律关系、签章如何转换、克隆票的风险等现实问题，因此，中国人民银行决定在电子商业汇票推出初期和相关法律制度尚未作出调整前，暂时不考虑纸质商业汇票和电子商业汇票相互转换的问题。电子商业汇票系统运行后，纸质商业汇票会继续使用，电子商业汇票与纸质商业汇票是并存的两种工具，由客户根据自身需要和条件选择使用。

无论是纸质商业汇票还是电子商业汇票业务，均须依据真实交易背景而开展，因此，这两类票据业务操作流程均包括书面资料受理、审查、审批等线下业务流程以及系统经办、复核等线上操作流程。

纸质商业汇票与电子商业汇票业务流程的不同体现在三个方面：一是纸质商业汇票有票据查票验票环节，而电子商业汇票在人民银行电子商业汇票系统中具有唯一识别性，没有伪造变造等票据风险，电子商业汇票没有票据查票验票环节；二是两种业务在不同的系统中操作完成，电子商业汇票业务必须登录电子商业汇票系统中进行操作完成，而纸质商业汇票业务需要登录财务公司核心业务系统中完成；三是纸质商业汇票业务需要在电子商业汇票系统中进行登记录入上

报，而电子商业汇票业务的开展自始至终都在该系统完成，无须重复登记录入。

鉴于电子商业汇票将是未来票据业务发展的趋势，本节以电子商业汇票为例介绍各项票据业务流程，在分别介绍各项票据业务流程前，首先介绍票据业务受理及审查、审批环节中的业务审查重点。

一、财务公司票据业务审查重点

近年来我国金融机构票据业务突飞猛进的增长，给生产经营带来了良好的效益。票据因其周转快、背书简便、融资快等特点而得以广泛应用，票据业务量呈数十倍增长。庞大的交易量和惊人的周转速度也导致票据业务的问题层出不穷，经济案件时有发生，且大多金额巨大，给金融机构带来了巨大损失。因此金融机构必须完善内部控制体系、提高风险识别、防范和控制能力。为降低票据业务风险，财务公司在查票验票的基础上，重点控制操作风险，加强票据业务资料的审查。票据业务审查重点在于客户基本条件、商业汇票审查、真实交易背景审查等方面。

（一）办理票据业务需提供的资料

客户向财务公司申请办理票据业务所需要的书面资料，主要分为客户基础资料和票据业务资料两类。基础资料包括营业执照副本复印件、组织机构代码证复印件和贷款卡复印件等，基础资料于每年年审后第一次办理时提供，保存于客户永久性档案中，本年多次办理票据业务可不再重复提供。票据业务资料是当次办理业务的相关资料，主要包括证明真实交易背景的相关材料以及与金融机构办理本次票据业务需要签订的合同协议及凭证，根据业务种类的不同，需要提供的资料有所不同。

1. 办理电子银行承兑汇票业务所需资料

（1）承兑业务申请表及承兑协议书；

（2）出示承兑业务项下的商品交易合同原件并提供复印件，或其他能够证明汇票合法性的凭证；

（3）承兑申请人与收票人之间的增值税发票复印件（《中华人民共和国增值税暂行条例》所列不得开具增值税发票的商品、劳务交易除外）；

（4）承兑申请人财务报表及承兑资金还款来源说明；

（5）财务公司要求的其他相关资料。

2. 办理电子商业汇票贴现业务所需资料

（1）贴现申请书、贴现凭证及贴现协议；

（2）出示贴现票据项下的商品交易合同原件并提供复印件，或其他能够证明汇票合法性的凭证；

（3）贴现申请人与出票人或其前手之间的增值税发票复印件（《中华人民共和国增值税暂行条例》所列不得开具增值税发票的商品、劳务交易除外）；

（4）财务公司要求的其他相关资料。

3. 办理纸质商业汇票贴现业务所需资料

（1）经持票人背书的未到期商业汇票；

（2）贴现申请书、贴现凭证及贴现协议；

（3）出示贴现票据项下的商品交易合同原件并提供复印件，或其他能够证明汇票合法性的凭证；

（4）贴现申请人与出票人或其前手之间的增值税发票复印件（《中华人民共和国增值税暂行条例》所列不得开具增值税发票的商品、劳务交易除外）；

（5）财务公司要求的其他相关资料。

4. 办理票据委托收款业务所需资料

此项业务仅需客户提供经持票人背书的未到期商业汇票原始票据即可办理。

（二）票据业务审查重点

1. 客户基本条件审查

财务公司票据业务客户限定为集团公司成员单位范围内，审查重点为识别判定其是否为集团公司成员单位。

2. 商业汇票审查

财务公司收到客户办理票据业务的申请后，对其提交的商业汇票票据，应重点审查是否符合以下基本要求：

（1）票据纸张完整，票据要素齐全；

（2）票据汉字、阿拉伯数字大小写书写规范；

（3）票据字迹和签章清晰可辨认；

（4）票据背书连续，无空白背书、重复背书、抬背不符等瑕疵，票据为无条件背书；

（5）成员单位持票人背书印鉴章为在财务公司预留印鉴章。

3. 真实交易背景审查规范

（1）购销合同

①购销合同签订时间有效性。

用于贴现的购销合同签订日不早于贴现申请日前两年。长期合作类或项目类经济合同，根据合同中约定的支付结算期间确定。

②购销合同基本要素。

购销合同应具有合同编号、采购标的物规格型号、采购单价、采购数量、合同总价等基本要素；合同双方签字盖章；合同双方名称与印章相符；合同标的物与该单位经营范围相符。

③开放式购销合同。

开放式购销合同，不能明确合同总金额的，至少应明确采购规格型号、采购单价、采购数量等要素的其中一项，并注明"具体采购规格型号、采购单价、采购数量等以开具的增值税发票（或普通发票）为准"。

与涉外企业签订的开放式购销合同，遵循国际惯例，可适当放宽条件，但要求提供中文翻译版本合同，并由中方签字盖章。

（2）商业发票

①商业发票种类。

办理票据业务应提供与购销合同对应的增值税发票或普通发票。

②商业发票备注栏列明购销合同号。

③商业发票号码不重复。

④商业发票是卖方保存的"记账联"或者"存根联"，并具有卖方合法签章。

（3）购销合同与商业发票的匹配

①购销合同金额大于或等于商业发票合计金额；

②购销合同金额和商业发票合计金额分别大于或等于商业汇票合计金额；

③购销合同签订日期早于或等于商业发票日期；

④商业发票中货物或应税劳务名称、规格型号、采购数量、单价与购销合同清单相关内容相一致。

二、票据业务产品及操作流程

（一）票据承兑业务

银行承兑是指金融机构作为付款人，根据承兑申请人（出票人）的申请，承诺对有效商业汇票按约定的日期向收款人或被背书人无条件支付汇票款的行为。电子商业汇票的承兑是指付款人依据相关法律规定，在电子商业汇票上记载一定的事项，以表示其愿意在汇票到期日无条件支付电子商业汇票金额的一种票据行为。电子商业汇票按承兑人不同分为电子商业承兑汇票和电子银行承兑汇票，以银行和财务公司为承兑人签发的电子商业汇票为电子银行承兑汇票。

对出票人签发的商业汇票提供承兑是金融机构基于对出票人资信认可而给予的信用支持，或者说银行承兑实际上是一种信用增级服务，金融机构予以承兑就意味着对购货企业承付货款提供了保证，一旦商业汇票到期购货方无力支付货款，金融机构必须无条件替企业垫付资金。

1. 承兑业务费率

银行承兑业务费率一般由承兑手续费和风险承担费两部分构成，另外根据承兑申请人的财务状况和资信情况，收取一定比例的承兑保证金。承兑手续费按承兑金额万分之五收取；一些商业银行还收取风险承担费，按照敞口金额的一定比例收取，通常为 0 ~ 1%；承兑保证金比例从零到百分之百都有，风险承担费的收取比例高低与承兑保证金有关，保证金比例越高，风险承担费收取越低。

2. 承兑业务与贷款业务的比较

对客户而言，签发银行承兑汇票与贷款业务相比，具有成本低廉、期限灵活、用途可控等优势，对比总结如表 5 - 1 所示。

表 5 - 1　　　　　　　　　　银行承兑汇票与贷款比较[①]

	银行承兑汇票	贷款
融资综合成本	极低，按票面金额 0.05% 收取	偏高，按贷款金额一定百分比收取，通常在 5% 以上
资金使用效率	随用随开，没有资金闲置	可能有资金闲置
用途监控	可以监控资金用途，防止资金挪用	很难监控，容易被挪用

3. 承兑业务产品

银行承兑业务可细分为代理签发银行承兑汇票、全额保证金银行承兑汇票、准全额保证金银行承兑汇票、理财产品质押银行承兑汇票等多种产品。

（1）代理签发银行承兑汇票

针对成立集团结算中心的集团客户，下属子公司对外签订采购合同，由金融

---

① 陈立金：《银行票据产品培训》，北京，中国经济出版社，2009。

机构为集团结算中心代理开具银行承兑汇票的票据业务。

（2）全额保证金银行承兑汇票

这是金融机构根据客户保证金额度，开具与保证金本金同等金额的银行承兑汇票的一种票据业务。全额保证金银行承兑汇票适合在一些对资金价格不敏感行业的客户之间开具。

（3）准全额保证金银行承兑汇票

金融机构根据客户保证金额度，开具不大于保证金本金及其未来利息之和的一种银行承兑汇票业务。

（4）理财产品质押银行承兑汇票

客户购买金融机构的低风险理财产品，以该理财产品作为质押，金融机构为客户办理银行承兑汇票的一种银行授信业务。

4. 承兑业务信贷规模及授信额度管理

银行承兑业务为表外业务，不占用公司信贷规模。

银行承兑业务占用出票人在财务公司的授信额度。

5. 承兑业务流程

财务公司开展电子银行承兑汇票业务流程包括：

（1）成员单位提交承兑业务申请及相关书面资料

（2）审核贸易背景真实性相关资料

（3）审核出票人授信额度占用情况

（4）票据业务风险审核

（5）管理层审批

（6）签订承兑协议

（7）收取出票人承兑手续费及保证金

（8）电子商业汇票系统线上操作

（9）签发纸质商业承兑汇票

（10）在央行征信系统登记承兑业务

（11）业务资料归档管理

财务公司电子商业汇票出票及承兑业务流程如图 5-5 所示。

（二）票据贴现业务

贴现是指持票人在票据到期日前，将票据权利背书转让给金融机构，由其扣除一定利息后，将约定金额支付给持票人的票据行为。电子商业汇票贴现业务是

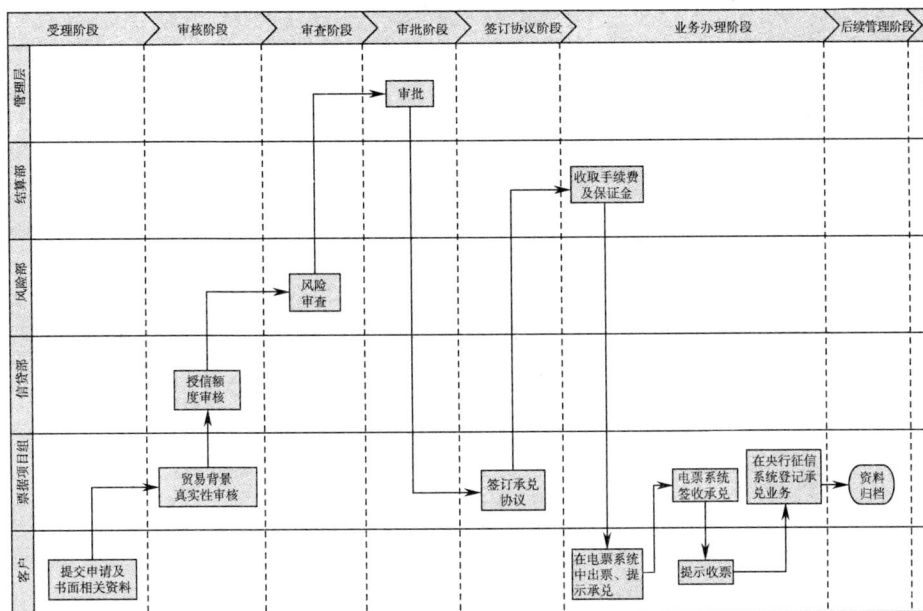

图5-5　财务公司电子商业汇票出票及承兑业务流程

指电子商业汇票的持票人在汇票到期日前，为了取得资金，贴付一定利息，通过央行电子商业汇票系统将票据权利转让给金融机构的融资行为，是金融机构向持票人融通资金的一种方式。其最大的特性是贴现申请、背书转让依靠网络和计算机技术，以数据电文形式完成。

1. 贴现利率及贴现赎回利率的确定

中国人民银行《关于印发〈商业汇票承兑、贴现与再贴现管理暂行办法〉的通知》（1997年5月22日发布生效）第六条规定，贴现利率采取在再贴现利率基础上加百分点的方式生成，加点幅度由中国人民银行确定。《电子商业汇票业务管理办法》（2009年10月16日发布生效）第四十九条规定，贴现和转贴现利率、期限等由贴出人与贴入人协商确定。

财务公司票据贴现利率及贴现赎回利率综合考虑中国人民银行再贴现利率、国家货币政策、国内票据市场、本地票据市场、银行间同业拆借利率、资金成本、风险控制等因素确定。

2. 贴现利息的计算

票据贴现利息由票面金额、贴现天数以及贴现利率三个因素决定。贴现天数的计算，应根据承兑人是否在异地判定：承兑人在本地的，贴现天数为从贴现之日起至商业汇票到期日前一日止的天数；承兑人在异地的，考虑资金在途时间，贴现天数为从贴现之日起至商业汇票到期日前一日止另加三天的划款日期的合计天数。

（1）承兑人在本地票据贴现利息

贴现利息＝承兑汇票金额×（贴现日至汇票到期前一日）×年贴现利率/360

（2）承兑人在异地票据贴现利息

贴现利息＝承兑汇票金额×（贴现日至汇票到期前一日＋3天）×年贴现利率/360

3. 贴现业务产品

票据贴现业务是一项长盛不衰的传统票据业务，此项业务为广大工商企业所接受和推崇，成为一项重要的融资手段。贴现业务按照交易方式分为买断式贴现和回购式贴现；按照贴现利息支付方式分为卖方付息式贴现、买方付息式贴现、协议付息式贴现；此外，根据集团客户等要求，可以有集团贴现、代理贴现、商业承兑汇票保贴等产品。

（1）买断式票据贴现

买断式票据贴现是指商业汇票的合法持票人在商业汇票到期以前，为获得票款将商业汇票背书转让给金融机构，金融机构根据贴现日至汇票到期日天数向持票人或者第三人收取贴现利息后，将汇票余款返还客户的一种票据贴现业务。

（2）回购式票据贴现

回购式票据贴现指已在金融机构办理贴现业务的客户，在票据到期之前可根据自身资金安排的需要，在约定的赎回期内将贴现票据回购，金融机构根据实际用款天数，将已收取的剩余时间的贴现利息返还客户的一种票据贴现业务。

电子商业汇票业务中，持票人可直接申请办理回购式票据贴现业务，纸质商业汇票回购式贴现业务必须报经监管机构批准后开展。

（3）卖方付息票据贴现

卖方付息票据贴现是指商业汇票合法持票人将未到期的商业汇票转让给银行，银行按票面金额扣除贴现利息后，将余额支付给持票人的一种票据贴现业务。

（4）买方付息票据贴现

买方付息票据贴现是指商业汇票合法持票人（卖方）将未到期的商业汇票

转让给银行，银行在向买方收取贴现利息后，按票面金额将全款支付给持票人的一种票据贴现业务。

（5）协议付息票据贴现

协议付息票据贴现是指商业汇票合法持票人（卖方）将未到期的商业汇票转让给银行，买卖双方协商分担支付票据贴现利息，银行在向买卖各方收取贴现利息后，将余额支付给持票人的一种票据贴现业务。

（6）集团贴现

集团贴现业务是指集团成员单位将票据背书转让给集团结算中心，集团结算中心统一向金融机构申请贴现，金融机构将贴现后余款划付给集团结算中心的一种票据贴现业务。

（7）代理贴现

代理贴现是指商业汇票贴现申请人通过与其代理人、贴现金融机构签订三方协议，委托其代理人在贴现金融机构代为办理票据贴现手续，贴现金融机构审核无误后，直接将贴现款项划付给贴现申请人的一种票据贴现业务。

（8）商业承兑汇票保贴

商业承兑汇票保贴是指对符合金融机构授信条件的企业，以书函的形式承诺为其签发或持有的商业承兑汇票办理贴现，即给予保贴额度的一种授信业务。

4. 贴现业务信贷规模及授信额度管理

（1）买断式贴现业务

买断式贴现业务既占用公司信贷规模，又占用相关单位在财务公司的授信额度。

买断式贴现业务结束，既释放公司信贷规模，又释放相关单位在财务公司的授信额度。

（2）回购式贴现业务

回购式贴现业务仅限于贴出人为成员单位时开展的电子商业汇票业务。

回购式贴现业务贴入时，既占用公司信贷规模，又占用相关单位在财务公司的授信额度。

回购式贴现业务回购完成后，既释放公司信贷规模，又释放相关单位在财务公司的授信额度。

5. 贴现业务流程

电子商业汇票贴现业务按照交易方式分为买断式贴现和回购式贴现。

（1）财务公司办理买断式贴现业务流程包括：

①成员单位提交贴现业务申请及相关书面资料

②审核贸易背景真实性相关资料

③审核贴现人授信额度占用情况

④票据业务风险审核

⑤管理层审批

⑥签订贴现协议

⑦在央行电子商业汇票系统业务操作

⑧在央行征信系统登记票据贴现业务

⑨票据业务档案归档管理

财务公司电子商业汇票买断式贴现业务流程如图 5-6 所示。

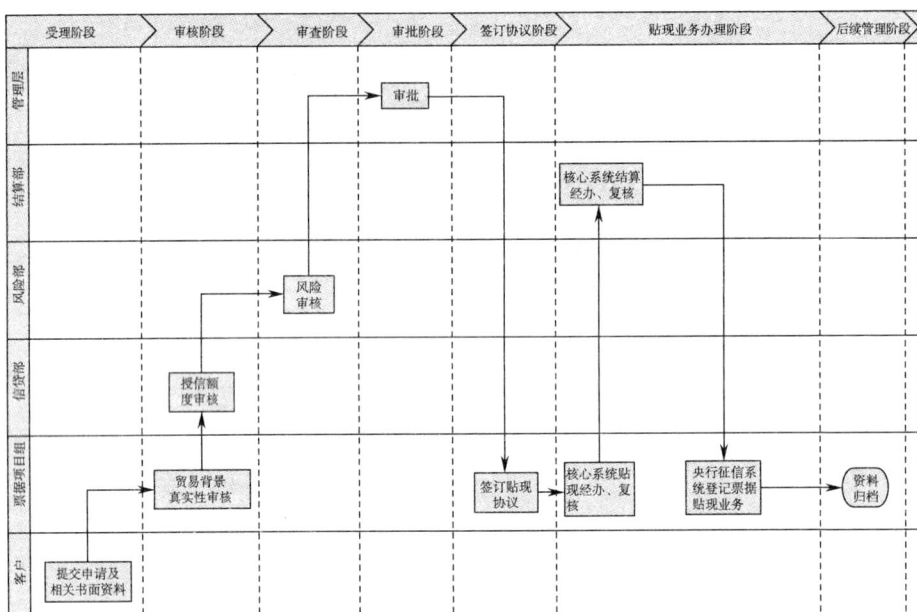

图 5-6　财务公司电子商业汇票买断式贴现业务流程

（2）财务公司办理回购式贴现业务流程包括：

①成员单位提交贴现业务申请及相关书面资料

②审核贸易背景真实性相关资料

③审核贴现人授信额度占用情况

④票据业务风险审核

⑤管理层审批

⑥签订贴现协议

⑦央行电子商业汇票系统贴现业务操作

⑧在央行征信系统登记票据贴现业务

⑨贴现赎回期，赎回业务电票系统线上操作

⑩票据业务档案归档管理

财务公司电子商业汇票回购式贴现业务流程如图5-7所示。

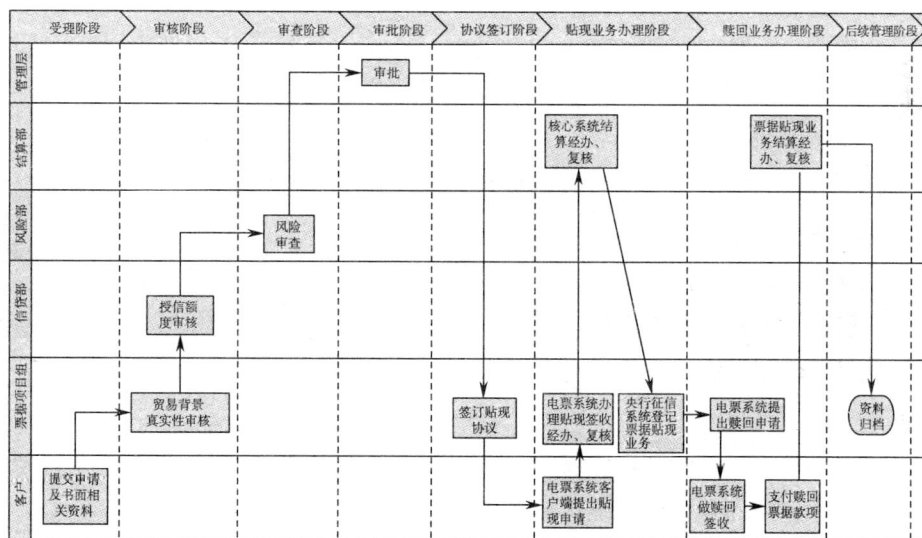

图5-7　财务公司电子商业汇票回购式贴现业务流程

（三）票据转贴现业务

转贴现是指持有票据的金融机构在票据到期日前，将票据权利背书转让给其他金融机构，由其扣除一定利息后，将约定金额支付给持票人的票据行为。商业汇票转贴现业务按照交易方式分为买断式转贴现和回购式转贴现。受财务公司经营范围的限制，买断式票据转贴现转入只限于转入成员单位在贴出人的商业汇票贴现资产。

1. 转贴现利息计算

转贴现利息计算方式与贴现业务一致。

2. 转贴现业务信贷规模及授信额度管理

（1）买断式转贴现转入业务，财务公司转入票据只能是成员单位在商业银行办理贴现形成的票据资产，回购式转入不受此限制。

（2）票据买断式转入业务，其授信额度及信贷规模的占用或释放与买断式贴现业务相同。

（3）票据买断式转出业务，释放财务公司信贷规模，由于公司仍存在票据连带责任，不释放相关单位在财务公司的授信额度。

（4）票据回购式转贴现业务，按下列规则占用

①回购式转贴现转出，原直贴业务中成员单位占用的相应授信额度及公司信贷规模不变。

②回购式转贴现转入，不占用相关单位在财务公司的授信额度和公司信贷规模。

3. 转贴现业务流程

（1）电子商业汇票买断式转贴现转入业务流程包括：

①提出转入票据需求

②转入票据资金额度审核

③转入票据授信额度审核

④转入票据风险审查

⑤管理层审批

⑥与贴出人签订转贴现协议

⑦央行电子商业汇票系统转贴现业务操作

⑧支付贴出人转贴现金额

⑨票据转贴现转入业务档案归档管理

财务公司电子商业汇票买断式转贴现转入业务流程如图5-8所示。

（2）电子商业汇票回购式转贴现转入业务流程包括：

①提出转入票据需求

②转入票据资金额度审核

③转入票据授信额度审核

④转入票据风险审查及管理层审批

⑤与贴出人签订转贴现协议

⑥央行电子商业汇票系统转贴现业务操作

⑦支付贴出人转贴现金额

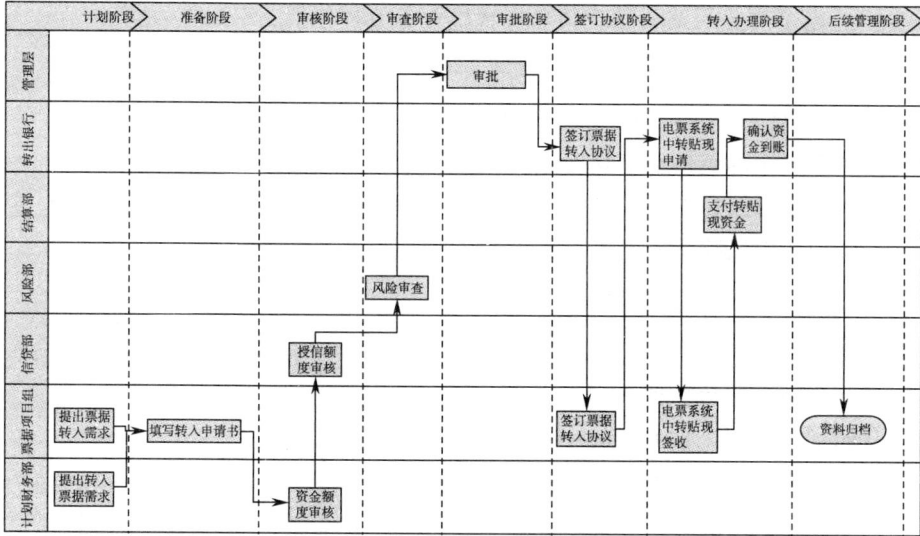

图5-8　财务公司电子商业汇票买断式转贴现转入业务流程

⑧贴现赎回期央行电子商业汇票系统贴现赎回业务操作

⑨收取转贴现票据赎回金额

⑩票据转贴现转入业务档案归档管理

财务公司电子商业汇票回购式转贴现转入业务流程如图5-9所示。

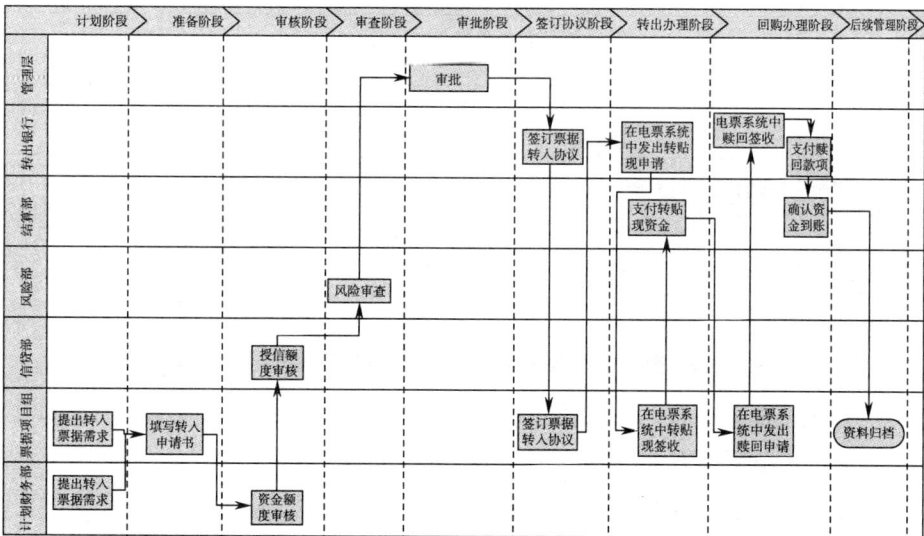

图5-9　财务公司电子商业汇票回购式转贴现转入业务流程

（3）电子商业汇票买断式转贴现转出业务流程包括：

①提出转出票据需求

②筛选转出电子商业汇票，票据转出询价

③转出票据资金额度审核

④转出票据授信额度审核

⑤转出票据风险审查及管理层审批

⑥与贴入人签订转贴现协议

⑦央行电子商业汇票系统转贴现业务操作

⑧收取贴入人转贴现金额

⑨贴现赎回期央行电子商业汇票系统贴现赎回业务操作

⑩支付贴出人转贴现赎回金额及业务档案归档管理

财务公司电子商业汇票买断式转贴现转出业务流程如图 5 - 10 所示。

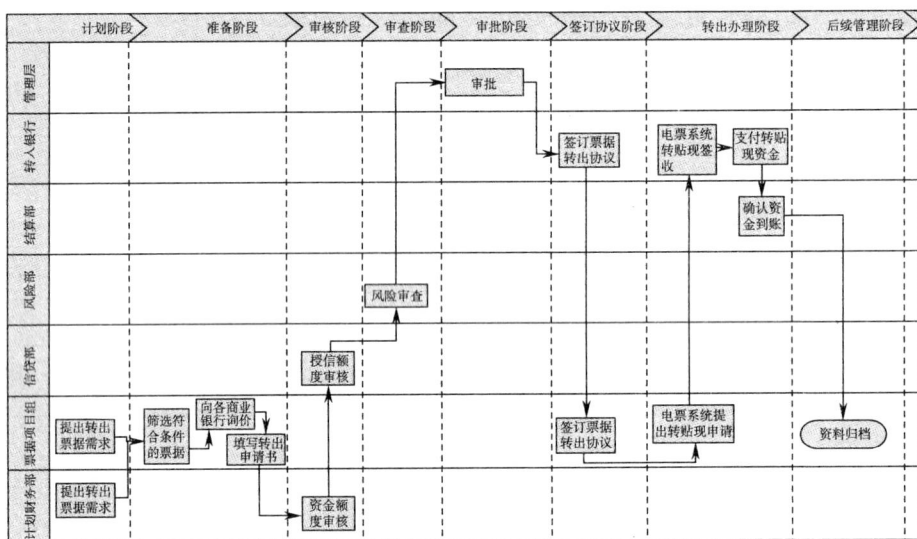

图 5 - 10　财务公司电子商业汇票买断式转贴现转出业务流程

（4）电子商业汇票回购式转贴现转出业务流程包括：

①提出转出票据需求

②筛选转出电子商业汇票，票据转出询价

③转出票据资金额度审核

④转出票据授信额度审核

⑤转出票据风险审查及管理层审批

⑥与贴入人签订转贴现协议

⑦央行电子商业汇票系统转贴现业务操作

⑧收取贴入人转贴现金额

⑨贴现赎回期央行电子商业汇票系统贴现赎回业务操作

⑩支付转贴现票据赎回金额及业务档案归档管理

财务公司电子商业汇票回购式转贴现转出业务流程如图5－11所示。

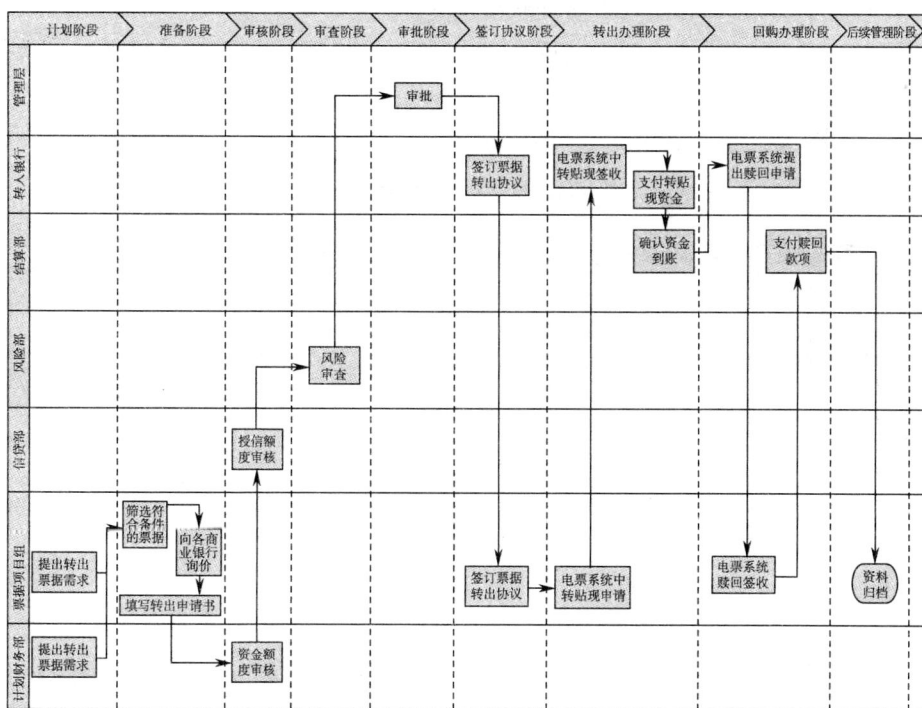

图5－11　财务公司电子商业汇票回购式转贴现转出业务流程

（四）票据再贴现业务

再贴现是指持有票据的金融机构在票据到期日前，将票据权利背书转让给中国人民银行，由其扣除一定利息后，将约定金额支付给持票人的票据行为。电子商业汇票再贴现业务的贴出人必须为金融机构，贴入人必须为中国人民银行。再贴现业务按交易方式分为买断式再贴现业务和回购式再贴现业务。再贴现利率由中国人民银行确定，再贴现利息计算方式与贴现业务一致。

1. 电子商业汇票买断式再贴现业务流程包括：

（1）提出转出票据需求

（2）筛选符合条件的票据

（3）转出票据资金额度审核

（4）转出票据授信额度审核

（5）转出票据风险审查

（6）管理层审批

（7）向央行提出再贴现申请并获得批准

（8）央行电子商业汇票系统再贴现业务操作

（9）收取央行划付的再贴现金额

（10）票据再贴现业务档案归档管理

财务公司电子商业汇票买断式再贴现业务流程如图5－12所示。

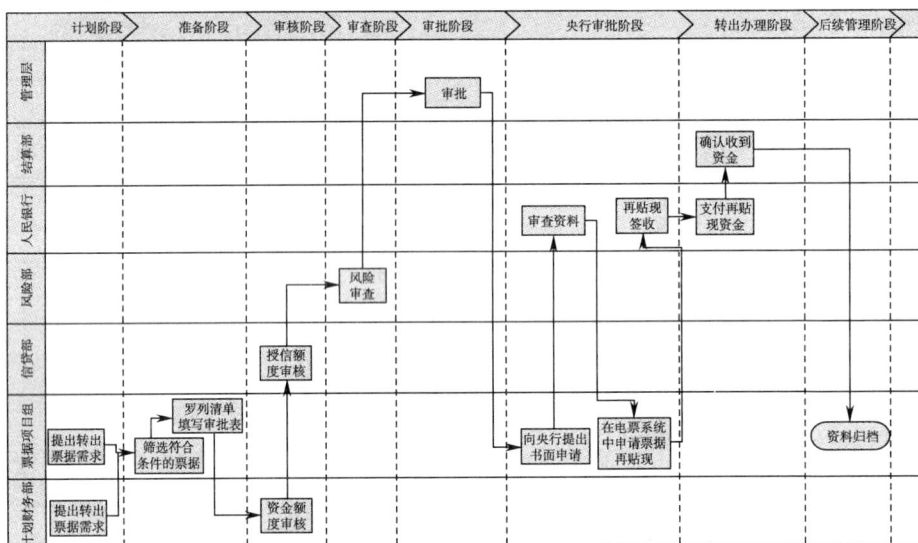

图5－12　财务公司电子商业汇票买断式再贴现业务流程

2. 电子商业汇票回购式再贴现业务流程包括：

（1）提出转出票据需求

（2）筛选符合条件的票据

（3）转出票据资金额度审核

（4）转出票据授信额度审核

（5）转出票据风险审查

（6）管理层审批

（7）向央行提出再贴现申请并获得批准

（8）央行电子商业汇票系统再贴现业务操作

（9）收取央行划付的再贴现金额

（10）贴现赎回期央行电子商业汇票系统贴现赎回业务操作

（11）向央行支付再贴现票据赎回金额

（12）票据再贴现业务档案归档管理

财务公司电子商业汇票回购式再贴现业务流程如图 5 - 13 所示。

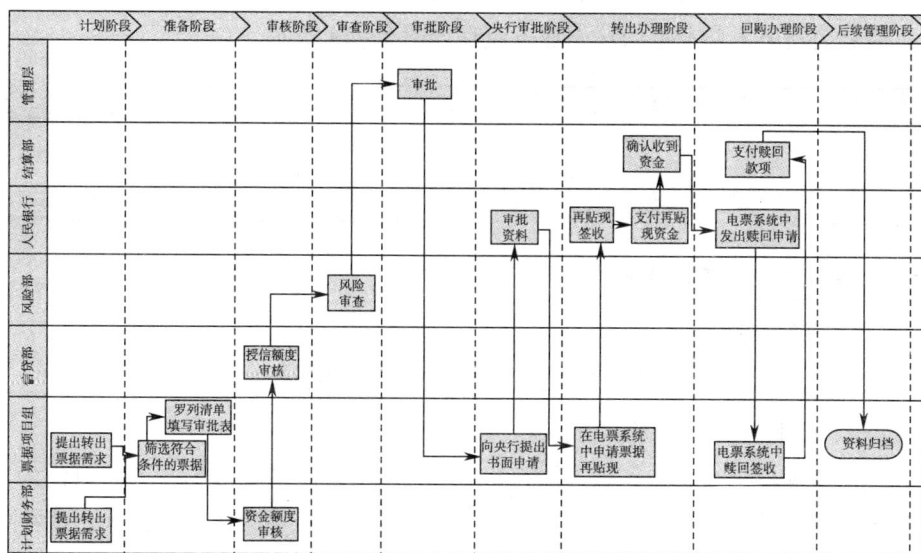

图 5 - 13　财务公司电子商业汇票回购式再贴现业务流程

（五）票据背书业务

《中华人民共和国票据法》中对背书的定义为：背书是指持票人为了将汇票权利转让给他人或者将一定的汇票权利授予他人行使，在票据背面或者粘单上记载有关事项并签章的票据行为。

按背书的目的分类，背书分为两类：一类是转让背书，一类是非转让背书。转让背书是以转让票据权利为目的的背书，非转让背书是指将一定的汇票权利授予他人行使，主要包括委托收款背书和质押背书。

《票据法》中的转让背书是广义概念，它包括了所有持票人将汇票权利转让给他人的情况，如企业与企业之间的汇票权利转让、企业与金融机构之间的汇票权利转让（贴现）等。而电子商业汇票转让背书，仅指企业（除银行和财务公司）之间电子商业汇票权利的转让，即背书人和被背书人都必须是企业。[①] 同时，《电子商业汇票业务管理办法》规定，电子商业汇票除转让背书外，贴现、转贴现、再贴现、赎回、质押等也同样需要作成背书，并记载相关事项[②]，分别称为贴现背书、转贴现背书、再贴现背书、赎回背书、质押背书。

财务公司电子商业汇票业务中票据背书业务流程为：

（1）背书人在电子商业汇票系统中提出背书申请

（2）被背书人在电子商业汇票系统中作背书签收

财务公司电子商业汇票背书业务流程如图 5 – 14 所示。

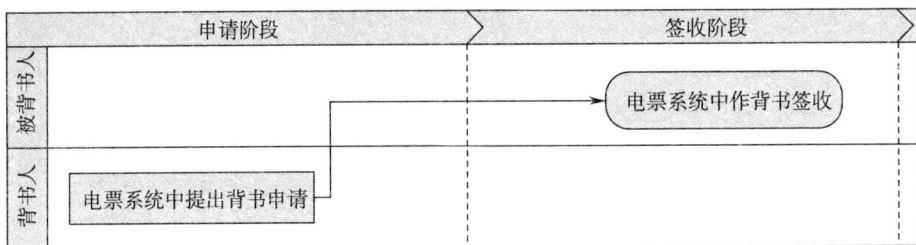

图 5 – 14　财务公司电子商业汇票背书业务流程

（六）票据质押及解质押业务

票据质押是指为了担保债务履行，作为持票人的债务人或第三人将自己的票据作为质物，设立质权的行为。电子商业汇票的各类业务主体均可作为出质人或质权人。电子商业汇票质押申请日应早于票据到期日。根据《中华人民共和国物权法》的相关规定，质权自权利凭证交付质权人时设立，没有权利凭证的，质权自有关部门办理出质登记时设立，电子商业汇票可以视为是一种电子形式的权利凭证，其质押及解质押必须通过电子商业汇票系统登记办理。

财务公司电子商业汇票质押及解质押业务流程为：

---

① 引自：《〈电子商业汇票业务管理办法〉释义》，第 141 页。
② 引自：《〈电子商业汇票业务管理办法〉释义》，第 167 页。

（1）出质人提交票据质押申请材料

（2）票据质押业务审批

（3）双方签订票据质押协议

（4）在电子商业汇票系统做票据质押业务操作

（5）票据解质押业务审批

（6）在电子商业汇票系统做票据解质押业务操作

财务公司电子商业汇票质押及解质押业务流程如图5-15所示。

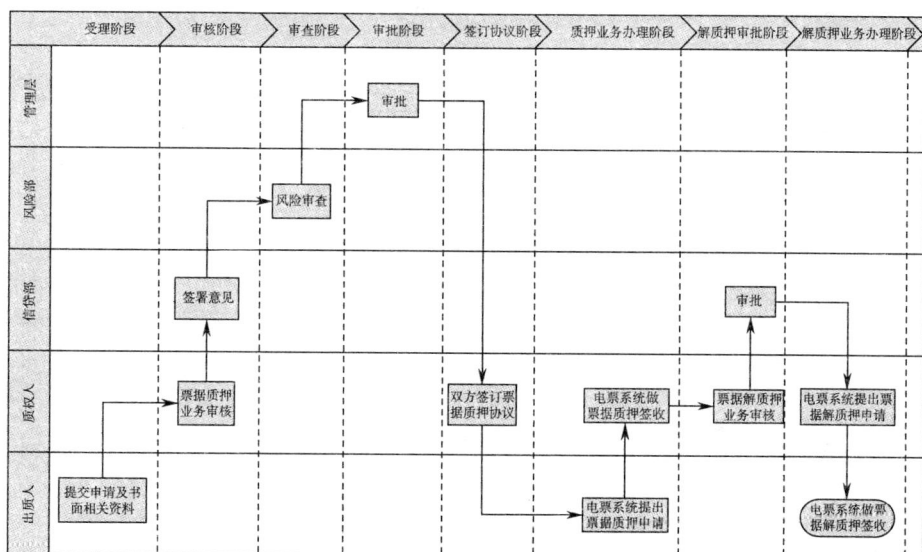

图5-15　财务公司电子商业汇票质押及解质押业务流程

（七）票据提示付款及逾期提示付款业务

提示付款是指持票人通过电子商业汇票系统向承兑人请求付款的行为。电子商业汇票提示付款必须由持票人通过电子商业汇票系统向承兑人发起提示付款申请，非经电子商业汇票系统而以口头、书面或其他方式进行的电子商业汇票提示付款行为均无效。

由于财务公司在中国人民银行大额支付系统中没有清算账户，所以财务公司或者通过财务公司办理电子商业汇票业务的企业、金融机构之间不能实现DVP线上清算（票据交付和资金交割同时完成并互为条件的一种交易方式），在提示付款或者逾期提示付款业务中，资金结算仍需线下清算。

1. 财务公司持有到期电子商业汇票，办理提示付款或逾期提示付款业务流程为：

（1）在电子商业汇票系统做提示付款或逾期提示付款业务申请

（2）承兑人在电票系统做提示付款、逾期提示付款签收

（3）承兑人支付票据款项

（4）财务公司收到资金，做资金结算经办及复核

财务公司作为电子商业汇票持有人，提示付款或逾期提示付款业务流程如图5-16所示。

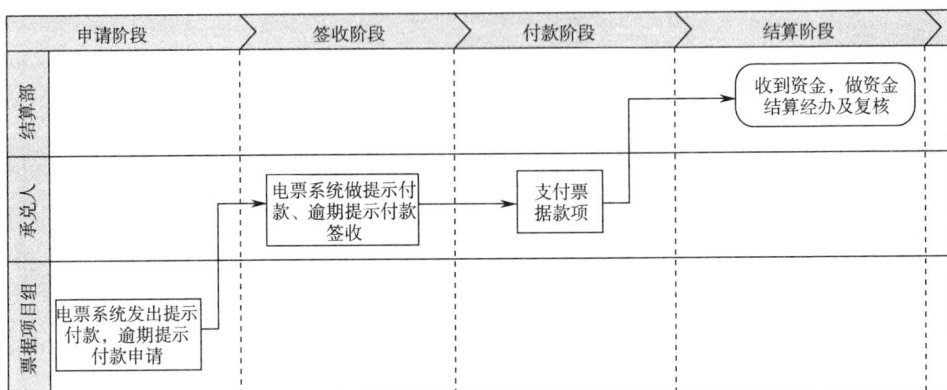

图5-16 财务公司作为电子商业汇票持有人提示付款或逾期提示付款业务流程

2. 财务公司作为电子银行承兑汇票承兑人，收到持票人提示付款申请，办理票据款项支付流程为：

（1）持票人在电子商业汇票系统发出提示付款、逾期提示付款申请

（2）付款前对持票人所提示的电子银行承兑汇票进行审查

（3）在电子商业汇票系统做提示付款、逾期提示付款签收

（4）经审批后支付票据款项

财务公司作为电子银行承兑汇票承兑人，提示付款或逾期提示付款业务流程如图5-17所示。

（八）票据保证业务

票据保证，指商业汇票上记载的债务人以外的第三人保证该票据获得付款的票据行为。商业汇票的保证业务在被保证人的界定上，纸质商业汇票和电子商业

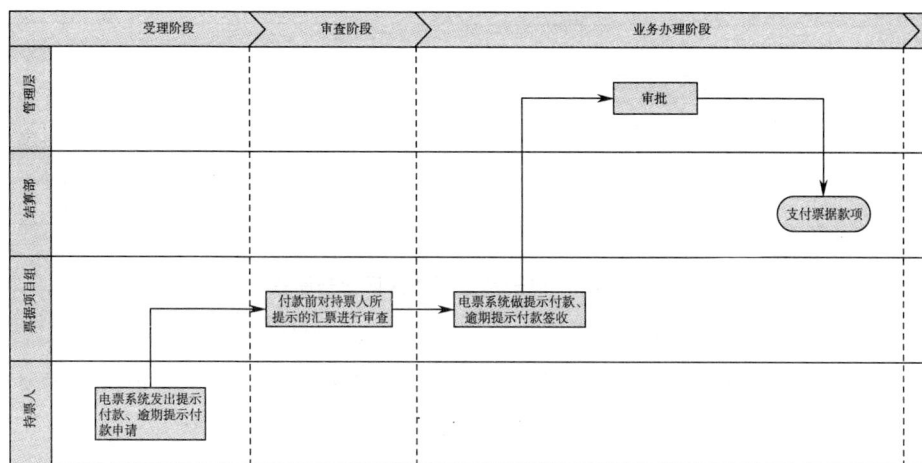

图5－17　电子商业汇票提示付款或逾期提示付款业务流程（财务公司为承兑人）

汇票各有不同。按照《中华人民共和国票据法》的规定，纸质商业汇票保证人必须在汇票或者粘单上记载被保证人名称，未记载被保证人名称的，已承兑的汇票，承兑人为被保证人，未承兑的汇票，出票人为被保证人。

　　电子商业汇票的保证业务包括出票阶段对出票人的保证和对承兑人的保证以及票据流转阶段对背书人的保证。系统将保证业务的申请人认定为被保证人，被保证人的界定取决于作出保证行为的时间：电子商业汇票在完成出票信息登记后，且在出票人发起提示承兑业务前，票据由出票人拥有，出票人发起保证申请并经保证人签收的，被保证人为出票人；电子商业汇票在完成承兑后，且在出票人发起提示收票业务前，承兑人发起保证申请并经保证人签收的，被保证人为承兑人；出票人将电子商业汇票交付收款人后，持票人发起保证申请并经保证人签收的，被保证人为背书人。[①]

　　财务公司电子商业汇票业务中保证业务流程为：

　　（1）出票人、承兑人或持票人在电票系统中提出保证申请

　　（2）被保证人在电票系统中做保证签收

　　财务公司电子商业汇票保证业务流程如图5－18所示。

---

　　① 引自：《〈电子商业汇票业务管理办法〉释义》，第185页。

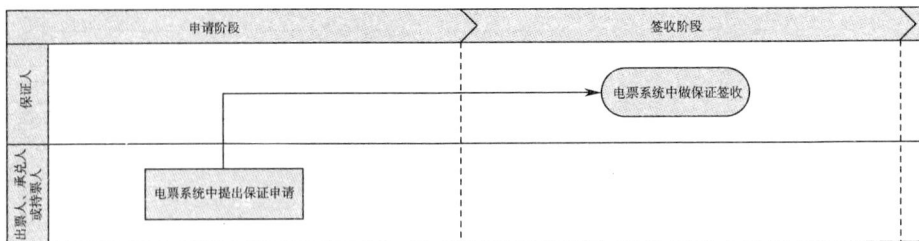

图 5 - 18　电子商业汇票保证业务流程

（九）票据追索业务

根据追索原因的不同，票据追索分为拒付追索和非拒付追索。拒付追索又称到期追索，指汇票到期后持票人依法提示付款被拒绝时，向出票人、承兑人、背书人以及其他票据债务人要求清偿票据金额、利息和其他法定款项的权利。非拒付追索又称期前追索，指汇票到期前因法定事由持票人已经完全丧失了汇票到期后获得付款的可能性，持票人向出票人、承兑人、背书人以及其他票据债务人要求清偿票据金额、利息和其他法定款项的权利。

持票人在票据到期日前向承兑人提示付款被拒付的，持票人不得拒付追索；持票人在票据提示付款期内向承兑人提示付款被拒付的，持票人可向所有前手拒付追索；持票人未在票据提示付款期内向承兑人提示付款，其提示付款日期超过提示付款期末日并在票据权利时效末日前提示付款被拒付的，丧失对其前手的追索权，但持票人仍可以向出票人、承兑人及其保证人进行追索。

财务公司电子商业汇票业务中追索业务流程为：

（1）追索人在电票系统中提出追索通知

（2）同意清偿人在电票系统中提出追索同意清偿申请

（3）追索人在电票系统中对收到的追索同意清偿申请进行签收

（4）线下清算追索资金

追索流程完成后，清偿人可以发起再追索，再追索业务流程同追索业务流程财务公司电子商业汇票追索业务流程如图 5 - 19 所示。

三、票据衍生产品

随着票据业务日趋激烈的市场竞争，各个金融机构在票据业务种类下进一步细分业务单元，竞相开发出各类票据业务产品。除了单一的票据承兑业务产品、

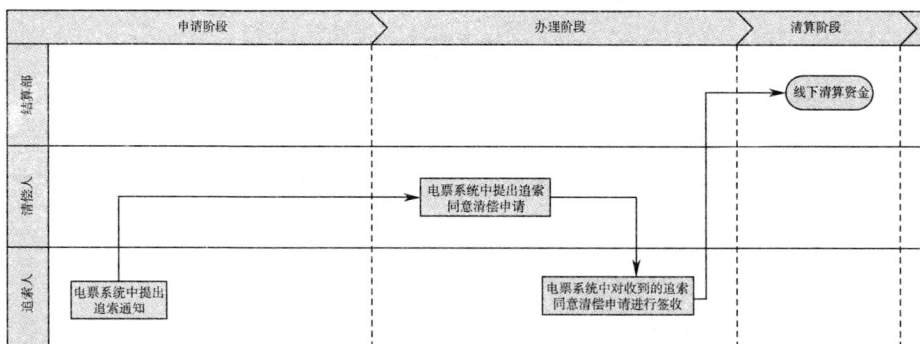

图 5 - 19 电子商业汇票追索业务流程

票据贴现业务产品外，还根据票据期限长短的变化、票据金额大小的变化、票据种类的变化等，并结合贷款、票据质押等，派生出多种票据衍生产品。

（一）票据期限的变化

金融机构根据持票人的支付结算期需求，在保持商业汇票总金额不变的前提下，采取质押方式，将持票人持有的短期银行承兑汇票置换成较长期银行承兑汇票，或者相反，将持票人持有的长期银行承兑汇票置换成较短期银行承兑汇票，并且根据持票人的支付需要灵活变换票据张数，以满足买方采购活动中支付结算需要的一种票据业务产品。

（二）票据金额的变化

金融机构根据持票人的支付结算金额需求，在保持商业汇票总金额不变的前提下，采取质押方式，将持票人持有的一笔大额银行承兑汇票置换成多笔小额银行承兑汇票，或者相反，将持票人持有的多笔小额银行承兑汇票置换成一笔大额银行承兑汇票，以满足买方采购活动中支付结算需要的一种票据业务产品。

（三）票据种类的变化

1. 商票变银票

金融机构根据持票人的需要，协助持票人变换票据种类，在保持商业汇票总金额不变的前提下，采取质押方式，将持票人收到的商业承兑汇票置换成银行承兑汇票，并且根据持票人的支付需要灵活变换票据期限长短，以满足持票人支付结算需要的一种票据业务产品。

2. 银票变保贴商票

金融机构根据持票人的需要，协助持票人变换票据种类，在保持商业汇票总金额不变的前提下，以持票人收到的银行承兑汇票为质押，金融机构为持票人开立保证贴现的商业承兑汇票，保证持票人商务交易支付的一种票据业务产品。

（四）银行承兑汇票＋代理贴现＋买方付息

这是在卖方较为强势的商务交易中，金融机构为买方办理银行承兑汇票，买方代理卖方完成票据贴现并承担银行承兑汇票的贴现利息的一种综合票据业务产品。

（五）票据信托计划

票据信托计划指金融机构通过与信托公司合作发行信托计划，引入特定投资者资金，买入持票人持有的商业汇票，为持票人解决流动资金需要，并释放银行信贷规模的一种特定票据业务产品。

（六）票据池

票据池指金融机构为客户提供商业汇票鉴别、查询、保管、托收等一揽子服务，并可以根据客户的需要，随时提供商业汇票的提取、贴现、质押开票等融资，保证企业经营需要的一种综合性票据增值服务产品。

（七）集团付息票据

集团付息票据指集团客户下属子公司签发买方付息银行承兑汇票（或银行保贴的商业承兑汇票），集团结算中心统一支付所有下属子公司应当支付的贴现利息，银行承兑汇票到期，集团结算中心统一划拨资金解付银行承兑汇票的一种综合票据金融服务产品。

（八）银行承兑票据滚动质押融资

银行承兑票据滚动质押融资指客户以未来较长时间内陆续收到的、确定最高金额范围内的银行承兑汇票作为质押，在金融机构办理贷款业务，客户可以在贷款期间内，不断替换质押物，金融机构提供中长期固定用途贷款的一种综合授信融资服务产品。

第六章

企业集团财务公司投资业务及投资银行业务

企业集团财务公司作为非银行金融机构，既要立足服务于集团内部，又应积极面向外部金融市场，有效利用外部金融资源和市场机会，使财务公司成为集团与金融、资本市场连接的有效载体。因此，投资业务及投资银行业务是财务公司业务体系的重要组成部分，是体现财务公司经营多元化、专业化的重要环节之一，科学开展投资业务及投资银行业务对于提升财务公司核心竞争力和市场开拓能力起着重要作用。

本章重点介绍了投资业务及投资银行业务的基本概念、业务品种及相关监管要求，阐述了财务公司开展投资业务及投资银行的目的及意义；根据业务开展经验，列举了投资业务及投资银行业务的内部控制；并从应用实践入手，介绍了投资产品池的建立以及投资银行业务的具体应用。

第一节　投资业务概述

投资是社会中重要的经济行为，通过投资可以创造财富、体现价值，可以促进人才、资金、技术、管理经验和信息等生产要素的流动，可以扩大配置资源的市场空间。当前我国投资的主体和投资范畴都非常广，而财务公司由于自身经营性质、风险偏好、监管要求等因素，只在规定领域开展了投资业务。

一、投资业务的概念

从金融学的角度，投资是指投资者当期投入一定数额的资金购买证券、股权等金融资产或房地产、收藏品等其他实物资产而期望在未来获得回报的经济行为。

投资的范畴非常广，主要包括证券投资、股权投资、外汇投资、期货投资等金融市场投资行为，以及房地产投资、实业投资、黄金投资、收藏品投资等实物市场投资行为。

任何投资业务都遵循"风险与收益平衡"的原则，即任何投资都有风险，收益越高的投资则风险也越大。

二、财务公司投资业务品种

为确保企业集团资金的安全性，中国银行业监督管理委员会依据审慎原则，对财务公司投资业务范围实行了较为严格的监管和限定。根据中国银行业监督管理委员会颁布实施的《企业集团财务公司管理办法》第二十九条规定，财务公司可以开展投资业务的范围为对金融机构的股权投资；有价证券投资。

（一）对金融机构的股权投资

随着金融机构跨界经营现象的不断涌现，部分财务公司开始通过投资金融机构股权的模式进行一定程度的混业经营，尝试在金融市场里将业务延伸至银行、证券和基金等领域，努力向业务综合化和产品多元化的方向发展，以提高自身的金融服务功能和核心竞争力。

在业务实践中，对金融机构的股权投资一般理解为财务公司作为战略投资者或财务投资者对商业银行、证券公司、信托公司、基金公司、保险公司以及保险经纪公司等金融机构进行中长期股权投资（见表6-1）。作为战略投资者倾向于适度参与所投资金融机构的经营管理，并以此作为财务公司业务拓展和业务合作的一个渠道，通过资源整合、产品交叉开发、客户资源综合利用，以实现战略目标要求；作为财务投资者，则不参与日常经营，倾向于分享所投资金融机构股权所产生的股息分红收益或资本利得收益。

对于金融机构股权投资的业务操作主要依据长期股权投资或项目投资的管理办法或制度来实施。财务公司一般可以通过发起设立、协议转让或参与挂牌竞拍等方式获得金融机构的股权；而退出方式则可以选择协议转让、挂牌竞卖以及等待公司股票上市后择机卖出等方式。

在业务实践中，由于金融机构股权投资的机会成本较高且普遍流动性不强，因此未成为财务公司投资业务的主体。

表6-1 财务公司投资金融机构股权统计家数（2009年） 单位：家

财务公司	被投资金融机构						
	证券公司	基金公司	银行	信托公司	保险公司	保险经纪公司	其他金融机构
30	7	4	6	3	4	7	5

注：其他金融机构指汽车金融公司、其他财务公司、期货经纪公司。

数据来源：《中国企业集团财务公司年鉴（2010年卷）》。

（二）有价证券投资

有价证券的广义定义比较宽泛，是指标有票面金额，证明持有人有权按期取得一定收入并可自由转让和买卖的所有权或债权凭证。有价证券是虚拟资本的一种形式，它本身没有价值，但有价格。有价证券按其所表明的财产权利的不同性质，可分为三类：商品证券、货币证券及资本证券。因此，有价证券投资的范围较广，可以涉及货币市场、证券市场以及商品市场，涵盖股票、债券、基金以及以有价证券为标的的金融市场标准化理财产品等多种产品。

从业务操作环节来看，有价证券投资主要分为两种类型：一种类型指在授权投资额度内，财务公司自主决定买卖有价证券；另一种类型是以委托的方式，选择与证券公司、基金公司、信托公司签订委托理财合同，将一定数额的资金委托给证券公司、基金公司或信托公司买卖有价证券。

在业务实践中，有价证券投资是财务公司投资业务的主体。业务开展较多的品种有新股申购、定向增发、股票二级市场投资、基金投资、债券投资以及信托产品投资。

三、财务公司投资业务的监管要求

由于投资业务直接面对企业集团外部的金融市场，存在一定的风险，因此监管当局对财务公司开展投资业务历来保持严格、审慎的监管态度，依据《企业集团财务公司管理办法》的相关条款来管理和约束财务公司投资行为，涉及条款为第二十九条、第三十条、第三十二条、第三十四条，主要通过限定投资范围和限定投资比例两种途径控制风险，其他如资本充足率、流动性比率等评价指标也会结合公司总体经营情况进行监管。

（一）限定投资范围

1. 财务公司不得办理实业投资；

2. 在审批财务公司有价证券投资细分业务范围时，要求"财务公司在经批准的业务范围内细分业务品种，应当报中国银行业监督管理委员会备案，但不涉及债权或者债务的中间业务除外"。

（二）限定投资比例

根据《企业集团财务公司管理办法》的规定，财务公司长短期投资额与资本总额的比例不得高于70%。

四、财务公司开展投资业务的目的及意义

投资业务对于财务公司实现业务多元化、拓展盈利渠道、增加金融服务手段、提升核心竞争力等方面有着重要的促进作用。

（一）优化业务结构，提升可持续发展能力

国内金融体制实行较高的基准利差水平，这成为财务公司长期以来利差盈利模式的重要保障和业务驱动力，并形成了以存贷业务为主、较为单一的业务体系。但随着金融市场改革的深入和开放程度的进一步增加，利率市场化进程的加速推进、海内外金融机构的竞争加剧，可以预见，未来市场利率和汇率的波动将显著加大，这对于传统的利差盈利模式将形成严峻的挑战。市场环境的变化将促使财务公司主动优化业务结构，逐步导入投资等外向型、主动型资产类业务，提升收购、兼并以及资产重组的专业能力，形成多元化业务体系，增加与所在企业集团产业发展的协同性，并最终改变整个行业的业务形态和发展模式。

国外成功的财务公司的发展历程可以佐证，通过开展投资等多元化业务可以使财务公司适时在传统经营模式的基础上，逐步强化资产管理和收益管理，进而实现成功的资产负债管理，以应对不断发展变化的金融形势，保持财务公司参与金融市场竞争的可持续发展能力。

（二）提升金融功能，助推企业集团发展

在经济全球化的背景下，市场化改革、资本化运作已成为企业集团做大做强、跻身世界强手之林的必由之路。企业集团的发展仅仅依靠传统的经营模式已无法适应市场经济日新月异的步伐，善用资本市场、借力资本运作，对于企业集团的跨越式发展起着举足轻重的作用。作为非银行金融机构的财务公司，不仅要借助内源融资的优势着力降低企业集团的融资成本，更可以充分发挥金融机构的

功能，通过开展投资业务积极主动地参与资本市场，把握市场机会，从外部金融市场拓展盈利渠道和融资渠道，从而全面提高企业集团资金的使用效率和运作效益，并成为企业集团与金融市场和资本市场连接的有效载体和实施平台，通过科学利用外部金融资源和市场机会，推动产融结合，促进企业集团的发展。

（三）主动参与竞争，增强核心竞争力

财务公司的服务对象主要是所在企业集团，但这并不意味着财务公司是一个封闭体。作为非银行金融机构，财务公司有很强的金融属性，受外部金融市场的影响也会比较大，很难在外部金融环境的变化和冲击下独善其身。因此，财务公司在立足于企业集团业务的同时，应适当增强投资类等外向型业务取向，主动参与市场竞争，开拓相关业务领域，培养专业化团队，增强抗风险意识和能力。

从政策监管的角度来看，监管当局准予符合条件的财务公司开展投资业务，正是源于为增强财务公司竞争力而赋予了部分混业经营金融机构的特征，鼓励财务公司的金融业务适当多元化，有效分散风险，并增加金融服务手段的多样性，在促进企业集团发展的同时，增强自身核心竞争力。

第二节　投资业务的内部控制

财务公司投资业务必须符合国家法律法规，并在监管规定内和公司内部控制的体系内来完成。因此，坚持科学合理的风险控制原则，并在此基础上设计建立投资业务工作流程，从而明确相关管理职责，是投资业务风险可控、收益提高的重要保证。

一、制度依据

1. 基础法律法规。财务公司开展投资业务所依据的基础法律、行政法规和规章包括《中华人民共和国公司法》、《中华人民共和国证券法》、《中华人民共和国证券投资基金法》等基础法律，以及《企业集团财务公司管理办法》等规章。

2. 不同金融市场的行业监管要求。财务公司开展投资业务涉及货币市场、股票市场、债券市场、基金市场等，需要遵守不同金融市场出台的各自行业规则，例如《首次公开发行股票并上市管理办法》、《关于进一步改革和完善新股发行体制的指导意见》、《关于公司债券发行、上市、交易的有关事宜的通知》等。

财务公司必须遵守上述法律法规及行业政策的相关规定，结合自身业务开展情况，制定一系列管理制度，搭建出投资业务内部控制体系。一般可以通过制定《财务公司投资业务管理办法》，明确财务公司投资业务总体的风险控制原则、主要工作流程及部门管理职责。在此基础上，通过制定相关投资品种的实施细则，如《货币市场基金投资实施细则》、《新股申购投资实施细则》、《债券投资实施细则》等，对投资业务管理进行进一步细化。

以下重点介绍投资业务的风险控制原则、主要工作流程及管理职责。

二、投资业务的风险控制原则

（一）品种及规模控制原则

1. 投资余额不得超过公司资本总额的70%。

2. 根据中国银行业监督管理委员会规定的业务范围和批准的业务品种进行有价证券投资，不得超越业务范围和业务品种。

（二）合规性原则

1. 有价证券投资必须使用公司合法有效的账户进行操作，严禁以个人、其他单位名义进行买卖。

2. 原则上不投资最近3年有重大违规行为基金管理公司管理的基金；原则上不投资出现重大亏损或受到证监会公开谴责的公司股票及企业债券。

3. 公司掌握有价证券投资内幕的人员应严格保密，未经公司领导许可，严禁向他人透露。但法律法规或监管部门要求的除外。

4. 定期对投资资产进行风险分类，按照公司《资产五级分类管理办法》进行。分类结果经风险评估委员会批准确定。

5. 定期对投资业务进行风险评估，对交易的收益与风险进行适时、审慎评价，确保业务各项风险指标控制在规定范围内。

（三）止损原则

为有效回避市场风险，投资部门应根据市场实际情况，对风险类有价证券资产合理拟定止损点及止损操作方式，报风险评估委员会审议通过后，严格执行。

（四）业务环节隔离原则

投资部门负责投资业务的交易环节，资金部门负责资金准备环节，结算部门负责划款及清算环节，财务部门负责记账环节。各司其职，相互监督，确保风险可控。

（五）专业化原则

1. 投资业务应利用专业咨询服务平台等系统，研究和管理市场风险（包括利率风险、汇率风险、股价风险等），减少投资的随意性。

2. 投资部门应建立完善的市场沟通机制，加强与金融机构的信息交流和互动，保持较高的市场敏感度和专业化程度。

三、投资业务主要工作流程

主要工作流程可以分为五个阶段，具体如下：

1. 调研分析阶段。投资部门根据市场情况和公司资金头寸情况，对有价证券投资品种进行研发分析，撰写可行性分析报告。

2. 项目审批阶段。投资部门提交风险管理部门审核并出具风险审核意见后报请风险评估委员会审议。经风险评估委员会批准后，投资部门提交《有价证券投资业务审批书》，经计划财务部门、风险管理部门签署意见后，上报公司领导审批后执行。

3. 业务实施阶段。投资部门根据经批准的《有价证券投资业务审批书》所确定的投资品种、投资比例、价格等要素，进行有价证券交易。严格控制交易风险，实行交易复核制，确保操作指令发送无误。

4. 交易核算阶段。投资部门留存交易凭证复印件，并将交易凭证原件交计划财务部门核算。投资部门记录交易台账。结算部门及时通过银行资金清算系统进行资金清算，并跟踪资金的收付到账情况。

5. 后续管理阶段。投资部门应密切跟踪投资产品的市场变化情况，定期提出相应投资建议。按月与计划财务部门进行账务核对。

四、投资业务相关管理职责

依据上述主要工作流程，应明确各个业务环节及相应部门的管理职责如下：

1. 投资部门应履行以下职责：

（1）根据投资业务范围和业务品种，拟订有价证券投资策略和实施方案，报风险评估委员会批准后实施。

（2）对有价证券投资品种进行研发分析，撰写书面可行性分析报告，对有价证券投资所面临的市场风险进行分析和判断，提出投资建议，报风险评估委员

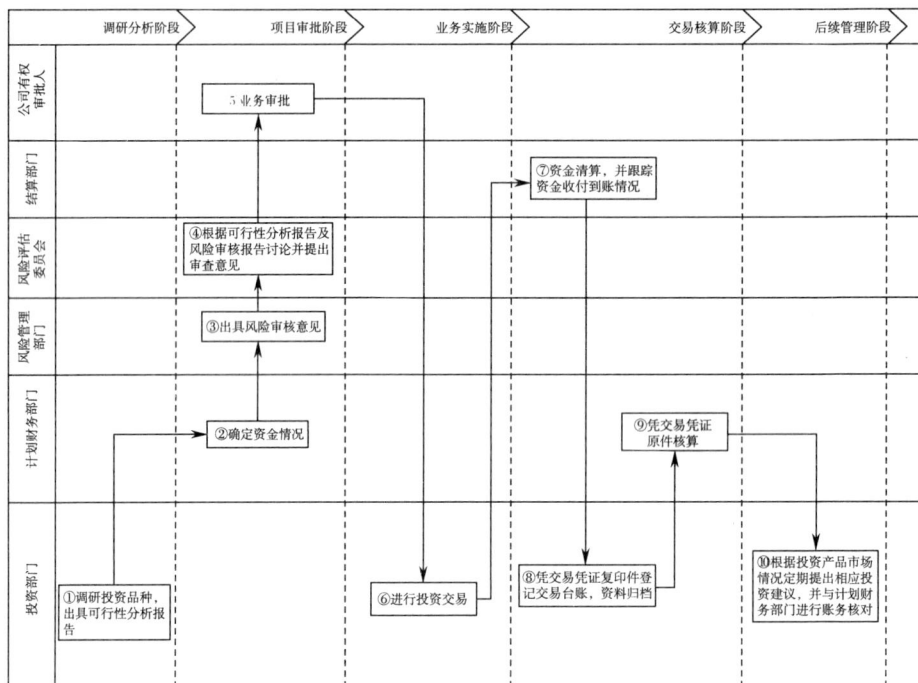

图6-1　投资业务工作流程

会批准后实施。

（3）定期或不定期向主管领导汇报有价证券投资业务情况。

（4）接受风险评估委员会对有价证券投资业务的风险评估。

（5）实时关注有价证券资产的市值变化情况，及时调整并完善投资策略及方案。

（6）选择有价证券托管机构并报总经理批准。

（7）建立有价证券投资品种的台账。台账应包括（但不限于）有价证券投资品种的名称、种类、数量、价格及买入、卖出时间、盈亏情况等要素。定期核对各交易账户，做到账账相符、账实相符。

（8）按月对有价证券进行资产五级分类初分，报风险评估委员会批准。

（9）协调资金确保有价证券投资的顺利实施。

（10）保存交易凭证和合同，并按公司要求提供给核算部门或存档。

（11）根据银监会、人民银行及交易市场的有关要求按时上报相关业务报表。

2. 计划财务部或有类似业务职能部门的管理职责为负责协调资金，确定资金使用规模和期限，并根据交易凭证进行账务处理，定期核对账务，做到账账相符、账实相符。

3. 结算部门或有类似业务职能部门的管理职责为负责交易资金汇划及清算。

4. 风险管理部门的管理职责为负责投资业务的风险评估，对交易的收益与风险进行适时、审慎评价，确保业务各项风险指标控制在规定范围内。

第三节 投资产品池的建立

投资产品池是基于资产配置、多元化投资以及分散风险等投资理念基础上形成的操作策略，是适合财务公司开展投资业务的基本投资策略。以下主要介绍投资产品池的概念、建立的必要性、建立的范围和标准以及具体应用。

一、投资产品池的概念

投资产品池指在对金融市场产品进行充分调查研究的基础上，选出符合财务公司风险偏好，适合财务公司安全性、流动性和收益性要求，符合比较基准的投资产品，建立产品备选库，适时进行投资。

投资产品池的建立基于机构投资者理性的投资回报预期，取决于机构投资者有效辨识不同市场、资产领域的相对变化趋势和价值定位的能力。

投资产品池实质上体现的是一种投资组合和资产配置，目的是更好地把握市场机会，形成多元化投资策略，降低投资风险。通常投资产品池内可按照不同行业搭配、收益—风险搭配以及长短期限结构搭配等。

二、建立投资产品池的必要性

1. 明确配置方案，有的放矢。有利于科学分析市场和产品，并为我所用，减少盲目性及所带来的金融市场风险。

2. 明确资金来源，有利于合理地分配公司资源，减少资金头寸波动所带来的影响。明确中长期投资业务资金来源于注册资本，既可以提高资金稳定性，又可以合理确定公司风险承受力；明确短期投资业务资金来源于公司富余头寸，有利于提高短期头寸的使用效率，使资金头寸得以充分利用。

3. 明确比较基准，有利于明确风险偏好，并有利于考核评价。比较基准的合理设定，是投资产品池建立的前提。在充分考虑公司风险偏好后合理设定比较基准，有助于正确的价值投资理念的形成，并可以有效防范金融风险。

三、投资产品池的建立范围和标准

1. 由于有价证券是一个广义概念，因此在实践操作中，涉及股票市场、债券市场、基金市场、信托市场以及银行标准化理财产品市场等均可以纳入投资产品池的建立范围。

2. 投资产品池的选择标准主要依据收益—风险的合理配比，如图6-2所示。

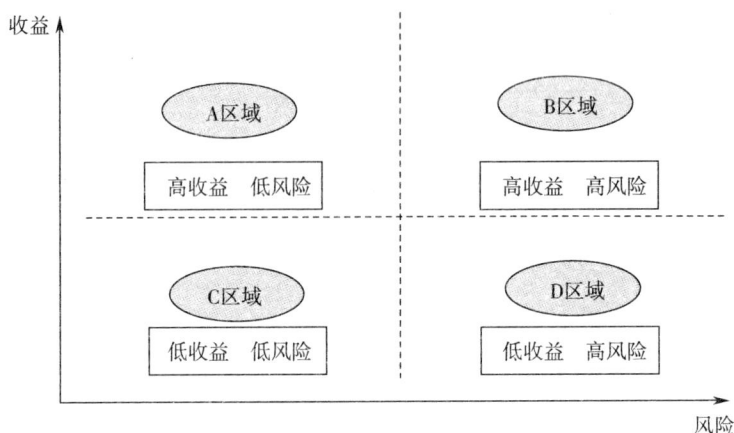

图6-2 收益—风险配比

在实践操作中，总体而言，财务公司投资产品应选择在 A、B、C 区域，避免 D 区域。

从期限结构来说，短期投资产品的资金来源于公司富余头寸，风险承受能力较低，对安全性要求较高，因此优先选择 A、C 区域；中长期投资产品的资金来源于公司注册资本，具有一定风险承受能力，因此，优先选择 A、B 区域。

3. 比较基准的选择

比较基准的选择是建立投资产品池的重要前提之一，在实践操作中，需要参考不同金融市场的产品信息并及时更新。同时，比较基准要充分考虑产品在流动性、安全性和收益性等方面的可比性。下面以超短期投资产品的比较基准简单举例。

选取同业存放利率作为超短期产品的比较基准并与市场产品进行比较，如表6-2所示。

表 6 - 2 投资产品池比较基准

		安全性	流动性	收益性
比较基准	同业存放利率	高	T	2.8%
产品选择	A 产品	高	T + 1	4%
	B 产品	高	T + 5	5%

根据表 6 - 2 反映的信息，尽管 B 产品在安全性上与 A 产品一致，且年化收益率高于 A 产品，但由于流动性指标远远超出了比较基准，因此，我们将选择 A 产品作为超短期产品进行投资。

四、投资产品池的具体应用

按照不同行业、收益—风险、不同期限结构的产品，我们提出了投资产品池的设计框架，如图 6 - 3 所示。

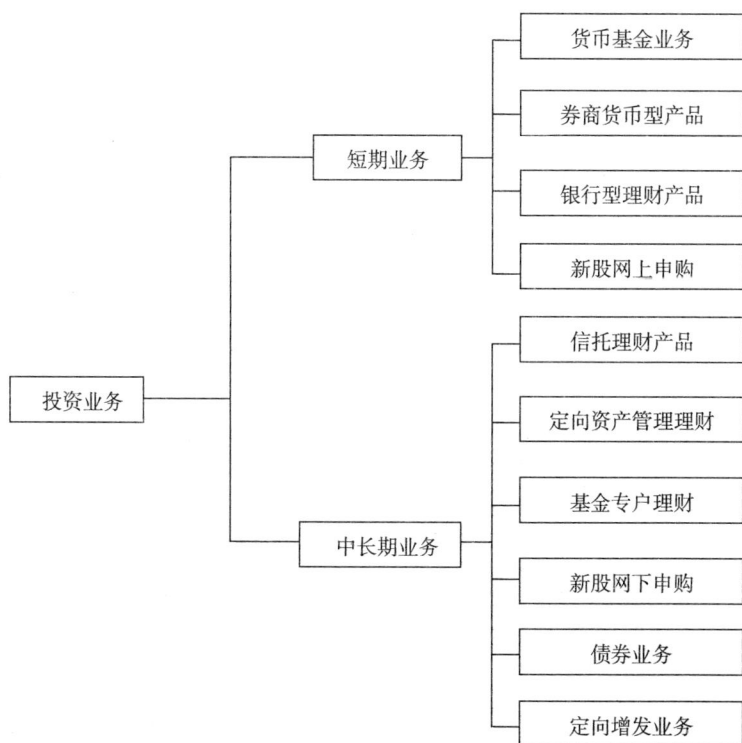

图 6 - 3　投资产品池框架

如图6-3为以短期、中长期业务为架构的投资业务产品池。该产品池既可以着眼于以自营投资业务为载体，充分发挥金融机构的投资功能，积极参与资本市场，把握市场机会，从外部市场拓展盈利渠道，努力提高资金的使用效率和运作效益；又可以延伸到以财务顾问等中间业务为载体，提升财务公司的高端金融服务能力，实现服务集团的经营理念。

需要重视的是，一是产品池必须随着金融市场变化和新产品推出而不断更新和完善；二是所有产品必须有相应的工作流程，并随着业务发展不断优化和固化。

第四节　投资银行业务

投资银行业务属于中间业务，财务公司目前开展的投资银行业务以债券承销、财务顾问以及发行财务公司金融债为主。以下主要介绍投资银行业务的概念及其在财务公司的应用。

一、投资银行业务的概念

广义的投资银行业务包括众多的资本市场活动，即包括公司融资、兼并收购顾问、股票债券的销售和交易、资产管理、投资研究和风险投资业务等。

而由于国内监管政策的限制，财务公司目前所能开展的是狭义的投资银行业务，主要包括三个业务方向：一是债券一级市场承销，二是财务顾问业务，三是发行财务公司金融债。

二、投资银行业务在财务公司的应用

（一）债券一级市场承销

债券发行过程中，通常由中介机构代理发行人发行债券。而中介机构借助自己在债券市场上的信誉和营业网点，在规定的期限内将债券销售出去的过程，称为债券承销。

我国《证券法》规定，向社会公开发行的证券票面总值超过人民币5 000万元的，应当由承销团承销。承销团应当由主承销与参与承销的金融机构组成。

由于财务公司在债券市场影响力较小，参与债券承销的总体规模较少，因此具备主承销资格的财务公司非常少，且为历史形成，目前财务公司已较难获批主承销资格。因此，债券一级市场承销业务中，财务公司多以副主承销或分销商的身份参与。

（二）财务顾问业务

1. 财务顾问业务的基本特点

财务顾问业务是指财务公司依托在长期经营过程中形成中的资金、信息、人才和客户群等方面的综合优势，为客户提供投资理财、资金管理、并购策划、资产重组等方面的金融服务并从中收取一定费用的业务。

（1）财务顾问是根据客户的需求，为客户的资本运作、资产管理、债务管理等活动提供一揽子解决方案，帮助客户降低融资成本，提高资金利用效率和投资收益，改进财务管理。

（2）财务顾问业务的特点是专业化、个性化、"量体裁衣"，具有创新性。

（3）财务顾问业务使财务公司走出了一条"融资"与"融智"相结合的道路，体现了知识经济时代知识管理的新思维。

2. 财务公司开展财务顾问业务具有的优势

（1）信息优势

财务公司作为集团的金融机构，具备得天独厚的先天优势，一方面在企业的信息收集和分析掌握上优于商业银行，另一方面作为资金市场和资本市场的参与者，金融市场信息充分，与其他的金融机构交往深入，具备企业信息和金融信息的交融优势。由于财务公司背靠企业集团，中高层管理人员多来自集团内部，对集团企业情况非常了解，在本集团的资产重组、企业并购、项目融资等资本业务中更容易进入角色，能够提供更适合企业需求的服务品种。

（2）组织优势

在集团大型项目评估、公司重组、融资安排、资本运作方面，集团需要与各类中介机构进行交往，财务公司作为集团的金融平台，代表集团身份对外与各类中介机构进行接洽，充分运用职业分析和判断，对中介机构提出的服务方案进行修改，提高了集团人力资源的使用效率；同时，财务公司可以最大限度地运用集团声誉和资源筹码，在谈判上为集团获得主动，降低中介费用的支出。

3. 财务公司开展财务顾问业务的基本程序

以财务公司担当集团发行债券的财务顾问为例，基本程序如表6-3所示。

表6-3   财务顾问工作程序（以发行债券为例）

序号	财务顾问工作程序
①	协助调查企业的长、短期资金需求及项目需求并初步确定该次债券发行规模。
②	根据集团企业需求，分析债券市场情况，帮助企业了解债券发行的利率及合适时机。
③	根据调研，制定企业的债券发行工作方案书，并成立专门的工作项目组。
④	引入中介机构，协助企业初步筛选中介机构，并准备主承销商及评级机构的招标资料。
⑤	协助企业向具备资格的商业银行和评级机构发出正式招标文件并召开招标会议，协助企业确定主承销商和评级机构并签订主承销协议。
⑥	协助主承销商和评级机构进场完成尽职调查工作，协助企业完成签订保密协议等具体工作。
⑦	协助企业按尽职调查提纲完成文字资料，并提供给主承销商和相关中介机构。
⑧	协助企业完成银行间交易商协会规定的申报材料的准备、完成与汇总，交与主承销商和相关中介机构。
⑨	在企业领取银行间交易商协会发出的备案通知书后，配合企业和主承销商寻找合适时机正式发行债券。
⑩	协助企业开展发行准备工作和市场推介，正式发行。
⑪	协助企业发布兑付公告并完成兑付工作。

（三）发行财务公司金融债

1. 财务公司发行金融债券的目的和意义

目前财务公司的融资渠道除了来自集团企业成员单位的存款，外部融资途径有限，存在融资渠道较为单一、公司资产负债期限不匹配（"短存长贷"期限错配）的情况，将会在一定程度上制约财务公司的发展，削弱财务公司为集团提供金融服务的能力。因此要为集团成员提供中长期的稳定的融资服务，除资本金以外，还需要通过发行财务公司金融债的方式吸收长期限的资金来源，优化负债结构，以有效控制和降低经营风险，支持集团和成员单位的战略发展。其意义有以下几个方面。

（1）有利于支持集团和成员单位发展，充分发挥财务公司的金融服务功能。通过发行金融债券可以为集团和成员单位提供中长期的债务融资工具，节约融资成本，拓宽融资渠道，有效利用集团以外的资金弥补其自有资金的不足，为集团发展提供更有力的资金支持。

（2）有利于解决财务公司资金来源单一的问题，调整资本结构和资产负债期限结构、防范和化解金融风险。通过开辟新的外部融资渠道，以主动负债对冲被动负债，提高资金运用的安全性和经营稳定性，提升财务公司自我发展能力。

（3）有利于提升财务公司的市场知名度和影响力，并以此为契机，加大传统业务的创新力度，提升投资银行、财务顾问专业能力，培育新的利润增长点和盈利模式。

2. 财务公司金融债券发行概况

（1）金融债券的政策规定

根据《全国银行间债券市场金融债券发行管理办法》（中国人民银行 2005 年 4 月 27 日发布）和《中国银监会关于企业集团财务公司发行金融债券有关问题的通知》（银监发〔2007〕58 号），企业集团财务公司发行金融债券应具备以下条件：

①具有良好的公司治理结构、完善的投资决策机制、健全有效的内部管理和风险控制制度及相应的管理信息系统；

②具有从事金融债券发行的合格专业人员；

③依法合规经营，符合银监会有关审慎监管的要求；

④财务公司设立 1 年以上，经营状况良好，申请前 1 年利润率不低于行业平均水平，且有稳定的盈利预期；

⑤申请前 1 年，不良资产率低于行业平均水平，资产损失准备拨备充足；

⑥申请前 1 年，注册资本金不低于 3 亿元人民币，净资产不低于行业平均水平；

⑦近 3 年无重大违法违规记录；

⑧无到期不能支付债务；

⑨银监会规定的其他审慎性条件。

（2）财务公司金融债券的特点

①有利于拓宽直接融资渠道，优化金融资产结构。

②资金稳定。金融债券在到期之前一般不能提前兑换，只能在市场上转让，从而保证了所筹集资金的稳定性。

③期限灵活。财务公司发行金融债券时可以灵活规定期限，长期项目投资，可发行期限较长的债券；中期资金需求，可发行期限适合的债券。

④成本较低。财务公司发行金融债券的利率通常低于一般的企业债券，有利于降低资金成本。

（3）财务公司金融债发行的监管要求

2007 年银监会下发《关于企业集团财务公司发行金融债券有关问题的通知》（银监发［2007］58 号）后，2007 年总计有 7 家财务公司发行了金融债。自 2007 年试点之后，2008 年是银监会总结试点经验的阶段。2009 年 1 月 10 日银监会下发《关于调整部分信贷监管政策促进经济稳健发展的通知》，提出银监会将进一步扩大发行金融债券财务公司的范围和发债规模。在准备工作成熟的基础上，推进 2009 年财务公司金融债的审批发行工作。

2008 年人民银行出台《银行间债券市场非金融企业债务融资工具管理办法》（中国人民银行令［2008］1 号）后，将非金融企业债务融资工具的日常管理权限移交至中国银行间市场交易商协会。而金融企业债务融资工具（其中包括财务公司金融债）的发行及交易的管理权限仍保留在人民银行金融市场司。各机构关系如图 6 - 4 所示。

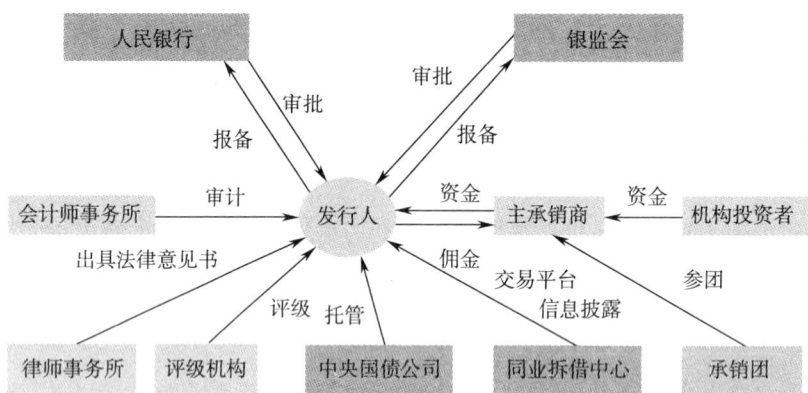

图 6 - 4　各机构关系

（4）第一批试点财务公司发行金融债券情况

2007 年第一批总计有 7 家财务公司发行了金融债，发行的基本情况如表 6 - 4 所示。

表 6 - 4　　　　　　　第一批试点财务公司金融债券发行情况

发行人	发行总额（亿元）	期限（年）	票面利率（%）	发行日期	债券信用评级
中国石化财务公司	40	3	4.4	2007.10.18	AAA
中核财务公司	10	10	5.6	2007.11.13	AAA
中国电力财务公司	22.8	5	5.4	2007.11.14	AAA

发行人	发行总额 （亿元）	期限 （年）	票面利率 （%）	发行日期	债券 信用评级
中国华电集团财务公司	10	10	5.6	2007.11.15	AAA
上海电气集团财务公司	10	5	5.22	2007.11.29	AA +
中国华能财务公司	17	5	5.5	2007.12.17	AAA
武汉钢铁集团财务公司	13	3	5.05	2007.12.20	AAA

从第一批试点情况来看，财务公司金融债发行利率均显著低于相同时期的相同信用等级中央企业债 10bp ~ 20bp，甚至个别财务公司金融债发行利率接近于同期央行票据产品利率，最终的发行结果充分显示了财务公司作为企业集团债券融资平台的优势地位。

（5）财务公司金融债发行流程及时间安排

表 6 – 5　　　　　　财务公司金融债发行流程及时间安排

时间	工作内容
T 日	发行人与主承销商达成金融债券发行的承销意向
T + 1	主承销商开始对发行人进行尽职调查，中介机构进场
T + 1 ~ T + 15	发行人股东会通过金融债券发行决议
T + 1 ~ T + 15	主承销商完成金融债券发行材料的制作
T + 17	主承销商将发行材料上报中国银监会审批
预计 T + 40	中国银监会向发行人下达批复
预计 T + 50	中国人民银行批准发行，下发准予行政许可决定书
预计 T + 51 ~ 53	金融债券正式招标发行，募集资金到账

中国银行业监督管理委员会直接监管的财务公司发行金融债，需向中国银监会提交申请，由银监会受理、审查并决定。由银监局监管的财务公司发行金融债则需先通过当地银监局报批，经银监会下发批复文件后，向人民银行报送申请材料，经人民银行下发准予行政许可决定书，在人民银行核准发行之日起 2 个月内开始发行财务公司金融债券。

第七章

企业集团财务公司保险集中代理业务

企业集团财务公司经中国银行业监督管理委员会批准可以开展保险代理业务，财务公司的保险代理业务主要是服务于集团保险集中管理。目前大型企业集团公司，尤其是中央企业开展保险集中管理工作已经成为一种趋势，它不仅利用规模优势优化了集团内的保险成本，更利用财务公司的专业优势提高了集团纯粹风险的科学化管理。财务公司开展保险代理业务一方面丰富了业务品种，改善了业务结构；另一方面使客户得到全方位的金融服务，有利于树立良好的服务形象。目前，国内开展保险代理业务的财务公司不多，但是很多财务公司正在开展有关业务的研究和探讨。

本章重点介绍了企业集团财务公司开展保险集中管理的概念、原理及意义；梳理了开展保险集中代理的有关制度依据；并从实践入手，详细介绍了保险集中代理的主要业务及流程。

第一节　保险集中代理业务概述

保险代理业务是银监会批准财务公司开展的业务之一，其主要功能是为客户提供各种符合客户需求的保险产品，协助客户完成产品设计、产品选择、投保以及保费的支付，并协助客户处理有关理赔。本节将主要介绍保险代理的基本概念及特点。

一、保险代理基础知识

（一）保险代理

保险代理人是指根据保险人的委托，在保险人授权的范围内代为办理保险业务，并依法向保险人收取代理手续费的单位或者个人。在现代保险市场上，保险代理人已成为世界各国保险企业开发保险业务的主要形式和途径之一。

根据我国《保险代理人管理规定（试行）》保险代理人分为专业代理人、兼业代理人和个人代理人三种。其中，专业保险代理人是指专门从事保险代理业务的保险代理公司，是唯一具有独立法人资格的保险代理人。兼业保险代理人是指受保险人委托，在从事自身业务的同时，指定专用设备专人为保险人代办保险业务的单位，主要有行业兼业代理、企业兼业代理和金融机构兼业代理、群众团体兼业代理等形式。个人代理人是指根据保险人的委托，在保险人授权的范围内代办保险业务并向保险人收取代理手续费的个人。

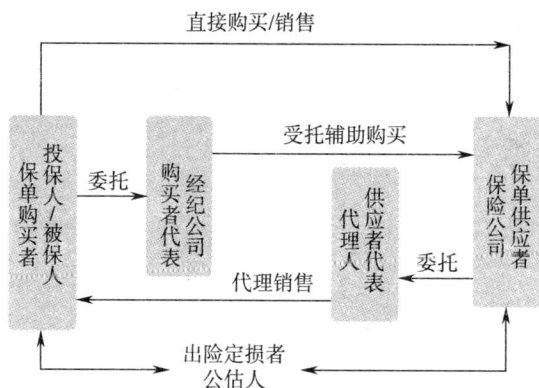

图7-1　保险市场运作机制

（二）财务公司经批准可以成为兼业代理人

财务公司在银监会批准的经营范围中，允许经营保险代理业务。根据《保险兼业代理管理暂行办法》（保监发〔2000〕144号）中第六条规定，申请保险兼业代理资格应具备下列条件：

①具有工商行政管理机关核发的营业执照；

②有同经营主业直接相关的一定规模的保险代理业务来源；

③有固定的营业场所；

④具有在其营业场所直接代理保险业务的便利条件。

除以上条件以外，各地区保监局对兼业代理资格申请另有明细要求。对于代理险种的范围，地区保监局主要审查代理险种与申请单位的主业相关性。

财务公司可以根据《中华人民共和国保险法》、《保险兼业代理管理暂行办法》和地区保险兼业代理机构管理试点办法实施细则，申请保险兼业代理人资格并开展保险代理业务。

二、企业集团保险集中管理概念

企业集团保险集中管理即企业集团通过设立保险业务集中管理平台，将保险需求和内部资源集中，形成规模优势，并通过专业化整合，集中设计企业集团统一的保险方案、条件和价格。其特点是"统一运作、统一采购、统一方案、统一价格、统一服务"。企业集团保险集中管理是财务公司开展保险几种代理业务的必要前提和坚实基础，因此下文将对企业集团保险集中管理的相关概念进行介绍。

（一）企业集团保险集中管理的必要性

1. 国内外众多大型企业集团实施保险集中管理效益显著

集团保险集中管理是一种先进的保险与风险管理方式，为国内外众多企业实践所证实，并取得了显著的效果。国际大型跨国企业中90%以上采用统保的管理方式，如西门子、GE、道达尔等，其统保管理范围涵盖了其旗下全球所有机构。

目前国内众多大型企业已采用了保险集中管理的方式。如中石油、中海油、国家电网、鞍钢、工商银行等。集团统保工作聚集集团资源，从方案、价格、服务等方面均可以取得更有利的条件，同时集中的管理规范了运作模式，使保险和风险管理工作逐步走向科学化、专业化。

2. 降低各项成本支出，成为企业持续不断的目标

保险费用支出虽在企业整体成本中份额较小，但其支出方式是纯现金，同时该部分支出换取的保险保障是否合理，又进一步影响企业营业外支出的可挽回程度。因此，科学、合理地降低保险成本支出，也是企业控制财务成本的一个重要环节。

（二）利用财务公司进行集团保险集中管理的优势

财务公司可以作为企业集团保险集中管理的平台，对企业集团的保险业务进

行集中代理和集中管理。

1. 避免占有大额主业成本，实现最小成本取得最佳成效

企业集团可以成立保险公司，以"自保"形式实现保险集中管理，也可以成立保险经纪公司运作保险集中管理。但这不仅需要占用大额主业成本，而且在短期内不易形成独有的市场竞争力。财务公司具有保险兼业代理资质，以财务公司为代理和服务平台，不仅能够满足集团保险集中管理的需求，以最小成本取得最佳成效，同时也可以为今后管理升级奠定良好基础。

2. 深入理解企业集团产业特性，提供贴身式服务

与外部保险单位相比，财务公司具有天然优势。财务公司作为集团的成员单位之一，更加了解企业集团的背景、产业特性、各成员单位的生产经营情况和管理需求，能够更准确、直观地掌握各单位的风险情况和风控能力。因此，财务公司能够为企业集团及成员单位提供符合产业特点的贴身式保险服务。这也决定了财务公司能为各单位提供更好的保险服务和顾问建议。

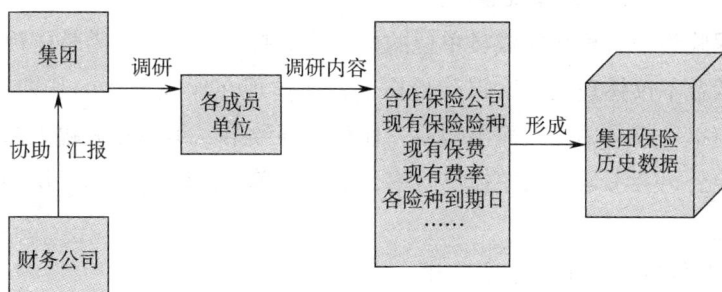

图7-2　集团保险集中管理—调研阶段

3. 拥有专业化团队，致力于实现最优目标

一方面，财务公司通过设置专业团队为企业集团各成员单位的保险提供更加专业的服务，可以改变保险由普通财务人员管理而非专业保险人员管理的状况，使专业化程度提高。另一方面，财务公司可以作为集团保险业务的顾问。从招标前的整体规划，到保险方案和保障内容设计、价格谈判，再到投保流程和理赔流程的规范，以及后续对各单位具体操作流程的培训，财务公司可以提供全程的贴身服务和建议。同时，财务公司通过代理人身份可以向保险公司收取一定额度的手续费，进一步降低整体保险成本。保险集中代理可以帮助企业集团实现保险价格降低、保障扩大、管理专业的三重效益。

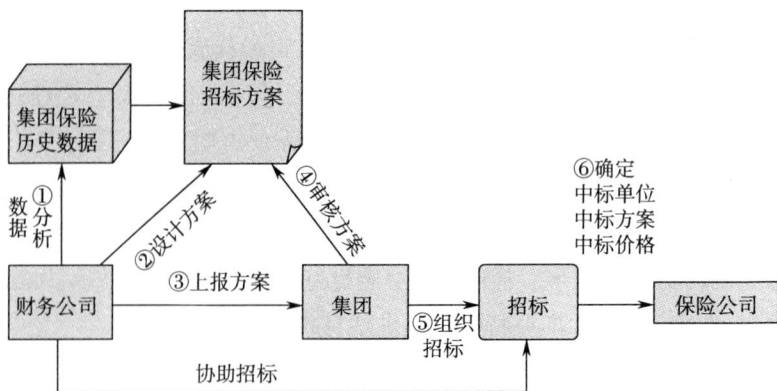

图7-3 集团保险集中管理—招标阶段

三、企业集团保险集中管理的原理

（一）集中管理，形成规模效益

集团保险集中管理将使成员单位的保险业务打包，形成集团整体规模优势。

规模效益不仅体现在一次保险价格上，还体现在保险成本的长期稳定性上。集中管理前单一成员单位大额出险后，往往会导致第二年保费大幅上涨；集中管理后，保险公司会考量集团整体出险率，弱化了单一出险的影响，从而使保险成本长期稳定。

（二）科学运作，走向专业管理

利用财务公司的专业能力，研究各成员单位的风险情况和保险情况，科学整合内部资源。

（三）量身设计，升级保障范围

通过了解内部风险情况和保险需求，量身设计出适合企业集团各成员单位的一揽子保险方案，即集团的成员企业"该保什么，不该保什么，该保多少"，"以现有的规模，费率应该定在多少才算合理，可以免费增加哪些权益和保障"等等。

（四）公开招标，取得最优结果

以现有规模和一揽子方案向保险市场进行公开招投标和询价，通过方案竞争、价格竞争和服务竞争等综合评判，确定出企业集团保险集中管理的最终方案、价格、服务以及合作保险公司。

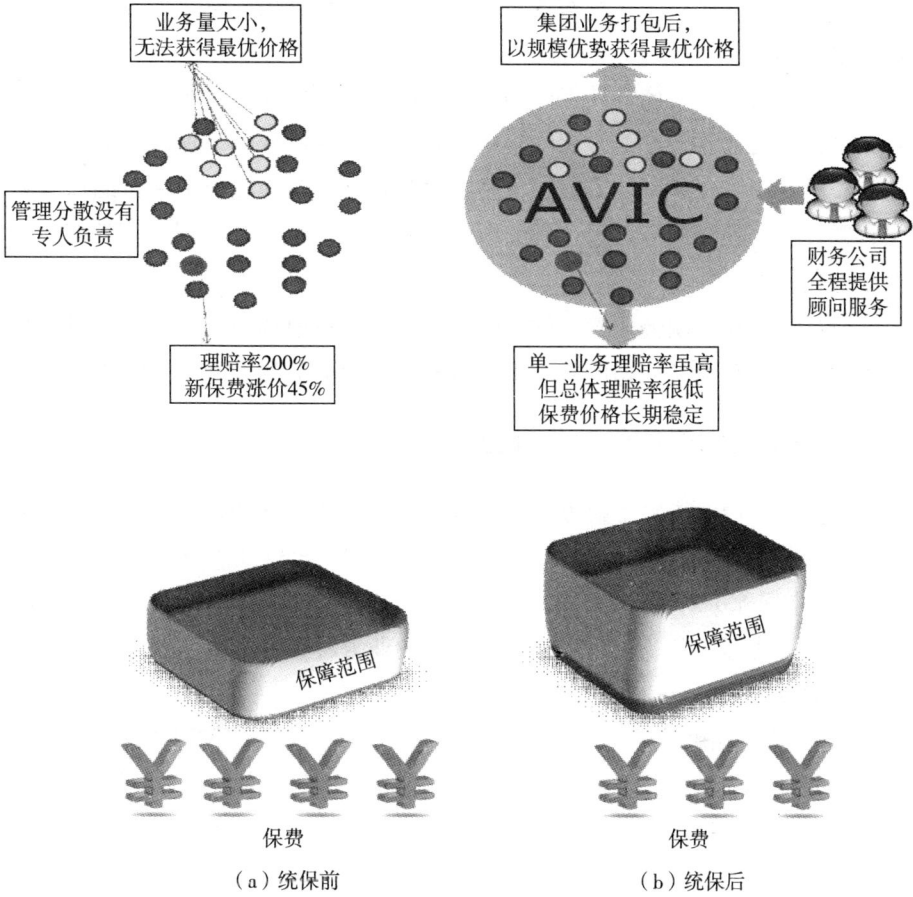

图 7-4　统保前后的区别

　　企业集团保险集中管理以财务公司作为专业化服务平台，使保险工作从分散管理走向集中、专业管理，管理水平进一步提升，更有利于实现集团利益最大化。

四、企业集团保险集中管理的管理层次

　　企业集团保险集中管理模式划分了明确的管理层次，企业集团、成员单位和财务公司具有明确的定位和职能。

　　一般来讲，集团公司作为保险集中管理的管理和监督层，主要负责组织集团公司保险业务集中管理的前期调查、可行性研究等工作；负责保险业务集中管理

实施方案的研究、制定工作；对成员单位和服务单位提出要求，并起到督促执行和监督落实的作用。

财务公司是企业集团开展保险集中管理的技术顾问和服务平台。主要职责是配合集团公司财务管理部推进保险集中管理工作、保险战略、保险规划等提供专业建议；设计集团保险具体方案、价格、服务标准；为集团成员单位的保险业务提供日常投保、理赔服务以及全程的顾问、咨询建议、业务培训、业务辅导，并提供个性化服务。

各成员单位在集团公司确定的保险公司范围内自愿选择，执行集团对保险集中管理的要求，在财务公司的协助下完成各项保险业务的办理和后续的理赔。

五、财务公司开展保险代理业务的意义

开展保险代理业务对于财务公司而言可以丰富业务种类，为客户提供更加全面的金融服务，提升财务公司的服务形象和品牌价值。

（一）丰富业务种类

开展保险代理业务，可以丰富财务公司的业务种类，为集团及成员单位提供更加全面的金融服务。

（二）调整业务结构

开展保险代理业务，可以发展中间业务，调整业务结构。

（三）横向业务支持

开展保险代理业务，有助于财务公司更深入了解成员单位的资产状况、风险管理状况，可以为信贷业务提供横向业务支持。

第二节　保险集中代理的制度依据

在我国，各企业集团开展保险集中管理工作已经成为一种趋势。目前，已有多家财务公司正在筹备或者计划开展保险集中管理工作。通过总结与各家财务公司的交流情况，目前行业内普遍对开展保险集中管理工作中涉及的资质申请、代理关系管理和业务运营等方面相关的制度依据及操作流程有较大兴趣，所以在本节将就保险集中代理的有关制度依据进行详细介绍。

我国目前保险监管机构对兼业代理的管理制度较少，其主要监管依据是《保险兼业代理管理暂行办法》（保监发［2000］144号）。本节将就保险兼业代理的

有关制度，从资格管理、代理关系管理和经营管理三方面进行介绍。

一、代理资格管理有关制度

（一）代理许可证换发

保险兼业代理许可证一般有效期为二年，财务公司开展保险代理业务应在许可证有效期内。

1. 换发机关

中国保监会对保险兼业代理机构与保险公司建立代理关系的数量实行分类管理：

（1）与同一家 A 类保险兼业代理机构建立代理关系的保险公司数量不限；

（2）与同一家 B 类保险兼业代理机构建立代理关系的保险公司数量不得超过 5 家；

（3）与同一家 C 类保险兼业代理机构建立代理关系的保险公司数量不得超过 1 家。

A 类、B 类保险兼业代理机构发生资格变更及延续的，可直接到当地中国保监会派出机构办理。C 类保险兼业代理机构应委托保险公司代为办理，被委托保险公司负责对上述有关事项进行确认后向当地中国保监会派出机构提出申请。

2. 换发期限

保险兼业代理机构应在许可证有效期届满前 30 日内向中国保监会申请换发。

3. 换发申请材料

保险兼业代理机构申请换发许可证的，应当向中国保监会提交下列材料：《保险兼业代理许可证换发申请表》；办理保险代理业务人员的名单及《资格证书》复印件；原许可证正、副本；前 2 年内代理保险业务的基本情况表；前 2 年内本机构代理保险业务接受保险监管、工商、税务等部门监督检查情况的说明及有关附件；监管费缴清证明；保险兼业代理机构达到保险继续教育要求的有关证明；B 类和 C 类保险兼业代理机构须提供至少 1 家保险公司出具的委托代理意向书；B 类和 C 类保险兼业代理机构须提交所有与其仍然存在保险兼业代理关系的保险公司出具的保险委托代理合同履行情况的说明。

4. 换发限制

保险兼业代理机构有下列情形之一的，不予换发许可证：代理保险业务中存在欺诈、误导等严重违规行为；办理保险代理业务的人员不符合规定的资格条件；被工商行政管理部门吊销或注销工商营业执照；主营业务不能正常经营或有严重失信行为；不履行保险委托代理合同的规定事项；B 类和 C 类机构未能取得保险公司出具的委托代理意向书；未按规定缴纳监管费和缴存保证金；曾被保险公司投诉或被保险行业协会列入黑名单并被证实确有违法违规行为；法律、法规规定不予换发许可证的其他情形。

5. 换发审查

中国保监会根据需要对许可证的换发申请进行全面审查和综合评价，并于收到申请之日起 5 日内作出是否受理的决定，自受理之日起 20 日内作出是否核准的决定。决定受理或予以换发的，应当通知申请人；决定不予受理或不予换发的，应当通知申请人并说明理由。

（二）代理许可证变更

保险兼业代理机构因下列事项变更的，应当在办理变更登记之日起 30 日内，向中国保监会报告，并提交相应的书面材料和电子数据。

①名称变更；

②住所或经营场所变更。

保险兼业代理机构因自身经营条件发生变化，申请变更下列事项的，应报中国保监会核准，并提交相应的书面材料和电子数据。

①代理险种变更；

②保险兼业代理机构类别变更。

保险兼业代理机构变更许可证记载内容的，应当向中国保监会提交下列书面材料：《保险兼业代理机构基本事项变更申请表》；营业执照或登记证书副本复印件；组织机构代码证副本复印件；原许可证正、副本。

（三）代理许可证补发

保险兼业代理机构遗失许可证的，应当向中国保监会申请补发，并提交下列材料：《保险兼业代理许可证补发申请表》；在中国保监会指定报纸登载的遗失声明复印件。

二、代理关系管理有关制度

开展保险代理业务之前，财务公司需与合作的保险公司订立书面的委托代理合同。在遵守法律、行政法规的前提下，根据中国保监会有关规定，合同应当包括以下基本事项：保险代理险种范围；保险单证的领用及核销程序；代收保险费、代理手续费的结算方式及结算时间；合同有效期限。

三、经营管理有关制度

（一）保险代理业务范围

保险兼业代理机构可以从事下列保险代理业务活动：代理销售保险产品；代理收取保险费；代理相关保险业务的损失勘查和理赔手续；中国保监会规定的其他业务。

值得说明的是，保监会对兼业代理机构所代理险种的范围有一定的监管要求。保监会要求兼业代理机构所代理的险种应该具有主业相关性和相对稳定的业务量。因此，在申请代理险种时，应提交客户资源、客户稳定性、客户保险需求以及主业相关性的描述和支持材料。如果兼业代理机构服务于集团统保业务，应提供集团主业相关性的有关材料。

以中航工业财务公司为例，虽然财务公司本身主业没有飞机制造等相关业务，但是财务公司作为企业集团保险集中管理的指定服务机构，可以以企业集团的主业申请"航空航天保险"和"特种保险"。

（二）代理销售和协助投保有关制度

保险兼业代理机构应当向投保人如实告知保险合同中的条款内容以及其他可能影响投保人、被保险人的投保决策的重要事实。

保险兼业代理机构及其业务人员不得欺骗保险人、投保人、被保险人或者受益人，在代理保险业务过程中不得有下列行为：代投保人、被保险人在保险合同及相关文件上签字；隐瞒与保险合同有关的重要情况；以本机构名义销售保险产品或者进行保险产品宣传；阻碍投保人履行如实告知义务，或者诱导其不履行如实告知义务；泄露在办理业务中知悉的有关投保人、被保险人、受益人或者保险公司非公开的业务、财产信息或者个人隐私；挪用、截留保险费或保险金；串通投保人、被保险人或者受益人骗取保险金；其他损害投保人、被保险人、受益人和保险公司合法权益的行为。

（三）代收代付保费有关制度

兼业代理机构负责代收客户的保费，并将保费划入承保保险公司的指定账户。

1. 专户管理

保险兼业代理机构代收保险费的，应当开设独立的代收保险费账户进行专户管理，并将户名和账号等账户信息书面告知所代理的保险公司。

2. 代付规则

保险兼业代理机构代收保险费的，应当在委托代理合同约定时间内交付保险公司，不得动用代收保险费账户内的资金，不得在代收保险费账户内坐扣代理手续费。

（四）账务及档案管理有关制度

保险兼业代理机构应当建立完整规范的业务档案及有关台账，及时记录相关业务信息。业务档案内容应载明以下基本事项：客户姓名或者名称；代理险种；代收保险费的收取时间和解付时间；代理手续费金额和结算时间；《统一发票》的开具情况；其他重要业务信息。

保险兼业代理机构的保险代理业务档案和代收保险费的账户管理应符合保监会兼业代理机构管理办法的基本要求，并应妥善保管业务档案、账簿等有关业务经营活动的原始凭证及有关资料，保管期限不得少于 10 年。

与多家保险公司开展保险代理业务的保险兼业代理机构，应当以所代理的每一家保险公司为单位，对代收保险费情况进行明细反映，并按中国保监会指定的格式于每季度结束后的 10 日内报送电子数据。

（五）手续费及发票管理有关制度

保险兼业代理机构向保险公司收取代理手续费，应当向保险公司开具《统一发票》，并对取得的手续费收入依法纳税。

保险兼业代理机构在开具《统一发票》时，应根据提供的保险代理业务的具体内容，在电脑上登记"业务结算表"，逐笔列明客户名称、险种、保单编号、代收保费、收费时间和解付时间、手续费的计算方法及金额等内容。"业务结算表"由保险公司或保险兼业代理机构根据实际情况自行设计，"业务结算表"的电子数据应妥善保管。

保险兼业代理机构不得从自身投保的保险业务中提取保险代理手续费。另外，兼业代理机构不得坐扣手续费。

第三节　保险集中代理的主要业务及流程

财务公司在集团保险集中管理工作中的代理角色与市场上一般的保险代理人有一些差别。财务公司承担的不仅是集中代理的工作，更多的是为成员单位提供专业的服务和咨询建议，并在保险业务从咨询建议、投保、保费划转，到后续理赔等工作中提供全程的跟踪服务。此外，财务公司可以根据企业集团成员单位的保险业务特点和需求提供服务。

一、保单提醒业务

确保客户及时办理续保，财务公司代理业务向客户和保险公司提供保单提醒业务。一般来说，续保业务可以按月提醒。

1. 建立提醒台账

为做好对客户和对保险公司的提醒，财务公司应当建立健全详细的业务台账或业务系统，可以从中得到各种口径的统计信息，以便在后续工作中不会因为业务量增多而导致业务疏漏。

在台账和系统中，至少应该包括被保险人、险种、保单号、起终保日期、承保的保险公司、双方联系人等明细资料。

2. 客户提醒

提前一个月提醒客户下个月即将到期的各种保险业务。从台账和系统中提取每个客户下月到期的保险业务，制成表格，发送给客户的保险业务管理人员。同时要与客户沟通对续保业务的要求、是否有未决事项、是否有投保需求变化等，并协助客户办理续保。

表 7 - 1　　　　　　　　　　　　客户提醒表

×× 公司——2011 年 3 月续保提醒

制表日期：2011 年 2 月

序号	险种	到期日	承保保险公司
1	×× 险	2011 - 03 - 01	A 保险公司
2	×× 险	2011 - 03 - 12	B 保险公司
3	×× 险	2011 - 03 - 15	A 保险公司
4	×× 险	2011 - 03 - 20	C 保险公司
5	×× 险	2011 - 03 - 27	C 保险公司
...			

3. 保险公司提醒

提前一个月提醒每家合作的保险公司下个月即将续保的全部客户和续保内容。从台账和系统中提取每个保险公司下月到期的保险业务，制成表格，发送给保险公司的专门负责人员。

表 7 - 2   保险公司提醒表

××保险公司——2011 年 3 月续保提醒

制表日期：2011 年 2 月

A 客户	××险	2011 - 03 - 01
	××险	2011 - 03 - 15
B 客户	××险	2011 - 03 - 15
	××险	2011 - 03 - 20
	××险	2011 - 03 - 27
C 客户	××险	2011 - 03 - 12
	××险	2011 - 03 - 19
D 客户	××险	2011 - 03 - 25

二、投保业务

（一）续保业务

由于保险业务是合同类业务，一般来说，一张保单的有效期是一年（由于客户需求不同，也有按月、按天投保的情况）。续保业务是指客户已经有投保历史，在原保单到期后，为下一个保险年度办理投保。一般来说，续保业务的投保需求与以往年度投保需求基本一致，主要变化是标的资产的保额。当客户的经营发生重大变更时，续保时的需求会发生较大变化，此时应参照新增业务流程，为客户重新设计方案。具体实践中，主要包括以下环节：

1. 财务公司协助客户填写投保单。通知客户填写投保单，并协助客户检查投保单，如投保单填写内容与客户投保意愿有差异，应提醒客户差异内容。

2. 财务公司履行说明义务。向客户履行说明保险条款内容的义务，如投保条件、投保风险、保险金额、责任免除条款、赔付处理、犹豫期规定、退保处理、失效复效、现金价值等，并诚信、客观地解释客户提出的有关问题，与客户再次确认投保内容。

3. 财务公司通知保险公司承保。将客户的投保单传递给指定的保险公司，申请出具保单。

4. 保险公司办理续保并出具电子保单。为确保保险公司出具的保单完全符合集团保险集中管理招标条件，财务公司可以与保险公司协商，要求保险公司先出具电子保单，财务公司协助审核。

5. 财务公司保单审核。财务公司的保单审核职能是体现代理业务价值的重要服务之一，由于客户对保险业务的专业知识不足，对集团招标条件了解不够细致，很难对保险公司出具的保单提出专业意见，进而可能影响保障和理赔。财务公司作为集团保险集中管理项目代理人，应该负责协助客户审核保单，对于与招标条件不符的保单，应通知保险公司予以调整。确保保单的保障范围、效力、价格和服务均与集团招标条件一致。

6. 财务公司跟踪出单。经财务公司审核无误，财务公司应通知保险公司出具正式保单，并跟踪保险公司正式保单的出单情况，确保保单和发票及时传递到客户手中。

7. 保险公司出具正式保单。保险公司应及时出具正式保单、发票，并传递给客户，便于客户归档和财务处理。

8. 财务公司登记台账。财务公司应及时登记业务台账或业务系统，确保信息健全。同时，财务公司应通知客户缴纳保费。

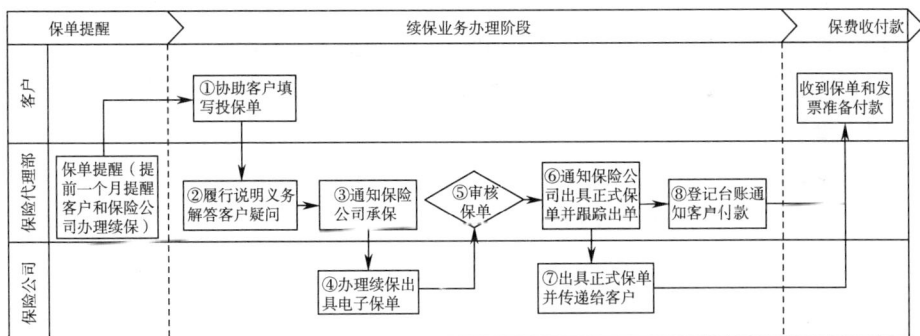

图 7 - 5　续保业务流程

（二）新增业务

随着客户的经营管理情况发生变化，客户的保险业务会产生新的需求。如扩建厂房的客户会需要增加建筑安装工程保险，签订出口合同的客户会需要出口货运险等。对于客户的新增需求，财务公司应在充分了解客户的需求之后，从专业角度，结合集团的招标条件，量身定制客户的保险方案。

保险代理业务在受理新增业务的同时，可以为横向业务部门提供信息共享支持。如客户的风电项目正在设计建筑安装工程保险方案，可以通知信贷部门积极跟进项目贷款需求。

1. 了解客户需求

根据客户提出的特殊保险需求或个性化保险需求，需要认真听取诉求，并作记录。记录后，要复核信息，获得客户确认。

对于重大项目询价，需制作客户需求确认表，发送给客户，并获得确认。

2. 财务公司为客户设计方案

根据客户的投保需求，告知客户相关险种在集团保险集中管理项目中的中标方案、中标价格、中标条件、相关条款等情况。如果客户需求是招标外的险种，则协助客户设计相关方案，提供咨询，同时向客户提供同类产品的比价参考和方案参考。根据方案初稿和客户反馈意见进行方案修改和完善。

3. 财务公司协助客户进行市场询价

如果客户需求是招标以外的险种，则根据客户的投保需求，进行市场询价。秉承公平、公开、公正的原则，将客户的需求和设计的方案向保险公司发起公开询价。确保向保险公司发起询价的时间、内容、要求的一致性。

4. 客户确定投保

将汇总的询价结果反馈至客户，由客户进行自由选择，不做有倾向性的推荐。如客户要求财务公司代为选择，则代选原则为"同价取保险范围大者，同保险范围取价低者"。

客户选定保险公司后，协助客户办理后续投保工作。

5. 财务公司协助填写投保单

通知客户填写投保单，并协助客户检查投保单，如投保单填写内容与客户投保意愿有差异，应提醒客户差异内容。

6. 财务公司履行说明义务

向客户履行说明保险条款内容的义务，如投保条件、投保风险、保险金额、责任免除条款、赔付处理、犹豫期规定、退保处理、失效复效、现金价值等，并诚信、客观地解释客户提出的有关问题，与客户再次确认投保内容。

7. 财务公司通知保险公司承保

将客户的投保单传递给指定的保险公司，申请出具保单。

8. 财务公司进行保单审核

根据客户的投保要求，协助客户审核保单。如果是招标范围内的险种，则对于与招标条件不符的保单，应通知保险公司予以调整。如果是招标范围外的险种，则根据客户初始投保需求，协助客户审核保单，对于与客户投保需求不一致的内容，通知保险公司及时调整。

9. 财务公司跟踪出单

跟踪保险公司正式保单的出单情况，确保保单和发票及时传递到客户手中。

10. 财务公司登记台账

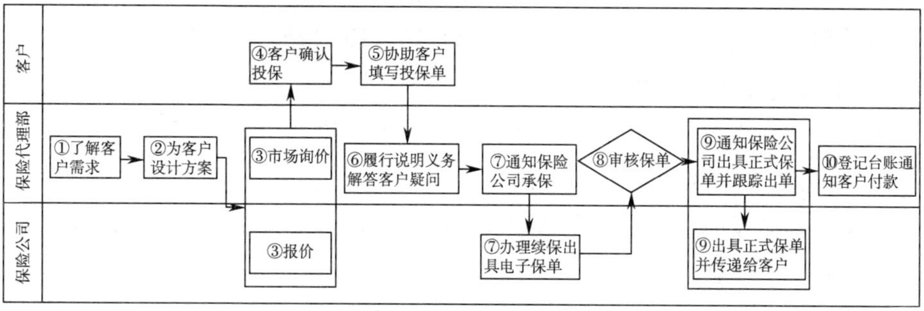

图 7-6　新增业务流程

三、保费代收

（一）专户管理

财务公司应按照保监会有关要求，对代收保费开立独立账户，进行专户管理，该账户仅作为保费的代收代付使用。

财务公司在保费代付环节具有天然优势，代理业务可以充分利用公司的结算系统平台。公司的结算系统往往都已经建立了覆盖全集团的结算网，实现绝大多数成员单位具有客户端，同时与多个银行建立了接口，使客户在支付保费时更加便捷。客户既可以通过外部银行转账，又可以通过内部账户直接转账，可以实现客户多元化的付款需求。

（二）代收管理

财务公司在协助客户完成投保后，向客户发送付费通知书，书面通知客户及时缴纳保费。

财务公司收到保费后，应及时对账，并登记台账。确保实时掌握哪些保单已经收到保费、哪些未收，并及时催收保费。

财务公司应将已经代收的保费按保险公司分别制作对账单，以方便保险公司与财务公司双方在保费代付环节的结算。

财务公司不得动用代收保险费账户内的资金。

四、保费代付

（一）代付时效

财务公司应将代收的保费及时、全额代付给对应的保险公司。双方可以在委托代理协议中约定保费代付的时间，可以日结、10日结、月结等。

（二）不得坐扣手续费

财务公司在支付保费时，应全额支付，不得坐扣手续费。

（三）台账管理及审批

财务公司应及时、准确、完整地登记保费代付台账，并按公司管理规定保存相关结算单证、对账单等。

在保费代付过程，应建立严格的审批制度。

五、手续费管理流程

（一）对账工作

根据招标确定的手续费比例和约定的手续费支付时间，按期制作每家保险公司的《保费及手续费对账单》，认真核对保费金额和应收手续费金额，一式两份发送至保险公司。经双方确认盖章后，保费对账单生效。

（二）开具发票

根据对账单确认的手续费金额，与保险公司沟通开票信息，如开票抬头、张数、金额等。

核对无误后，将对账单复印件提交至财务，经财务审核无误，开具发票。财务部应确认手续费收入。

将发票联申请加盖公司财务章，并寄给保险公司。

将业务联保存、归档、备查。

（三）手续费收取

及时催收已开票手续费，并及时将手续费到账情况在《手续费管理台账》中登记。

逾期未结手续费，以书面形式通知保险公司，并声明协议罚则。

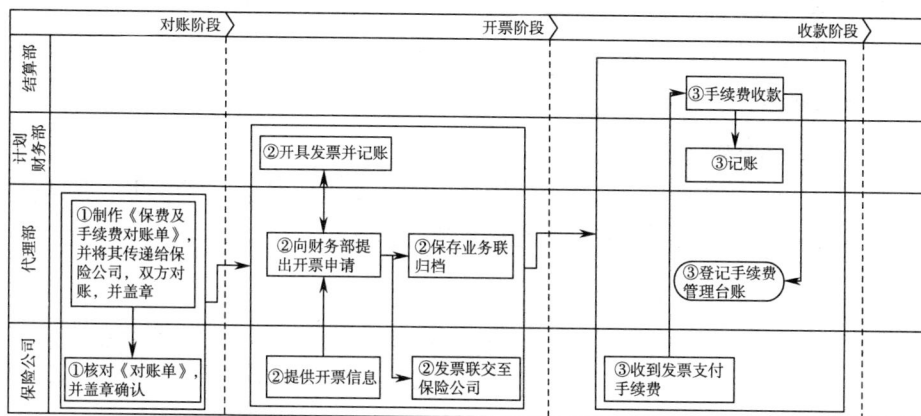

图 7 - 7　手续费收取流程

六、报表管理

财务公司应建立代理业务报表管理办法，按时间节点制作不同用途的报表，如《年度、季度、月度业务统计报表》、《按保险公司的业务统计报表》、《手续费收入报表》等，并提供给有关部门审阅和监管。

七、理赔服务流程

一旦发生险情，财务公司将协助成员单位向保险公司索取理赔，并为成员单位提供如下理赔服务：

（一）报案受理

接到成员单位报案后，立刻记录有关情况，并协助分析出险情况，指导成员单位报案，或代为报案。

（二）协助理赔

1. 常规理赔

常规出险时，财务公司负责协调成员单位和保险公司之间的理赔工作，根据理赔进展，解答理赔问题。

2. 大额出险

发生较大额度损失出险时，财务公司可根据客户要求到现场协助理赔定损、理赔查勘、协调理赔有关事宜。

3. 争议理赔

理赔出现争议时，财务公司负责协调理赔事宜，根据保单条款的权利义务约定，客观处理理赔事项。

（三）理赔记录

接到出险报案或通知后，在系统中建立理赔记录，登记出险时间、地点、单位、对应保单、承保公司、险种、理赔进展等情况。

第八章

企业集团财务公司的国际业务

随着我国经济体制改革的深化，已有许多企业积极地参与到全球化的进程当中。随着这些年国家外汇管理政策的逐步放宽，企业集团通过自己的财务公司开展国际业务既具有重要意义，又具备可行性。

本章从介绍国际业务的概念与种类，财务公司开展国际业务的意义入手，随之阐述企业集团财务公司开展国际业务的政策背景与制度依据，然后介绍企业集团进行外汇资金集中运营管理的常见模式，最后介绍财务公司各项国际业务操作方法和流程，其中重点展开介绍了具有特殊性的统一结售汇业务的操作方法与流程。

第一节　国际业务概述

一、国际业务概念与种类

对于商业银行来说，国际业务就是人民币业务的国际化。国际间进行贸易和非贸易往来而发生的债权债务，要用货币收付，在一定的形式和条件下结清，这样就产生了国际结算业务。国际结算方式是从简单的现金结算方式，发展到比较完善的银行信用证方式，货币的收付形成资金流动，而资金的流动又须通过各种结算工具的传送来实现。国际结算业务带来了以外币形式存在的资金，这些资金的管理与运用需求衍生发展出了各种各样的国际业务。所谓国际银行业务，概而言之，指的是商业银行业务的国际化，或者说是跨越国界的商业银行业务。商业银行常见的国际业务有外汇存款、外汇贷款、外汇汇款、国际结算、资信调查、咨询、鉴证业务和结售汇业务等。

对于财务公司来说，为便利和支持境内企业外汇资金运用和经营行为，完善境内企业外汇资金内部运营管理、提高外汇资金使用效率，境内企业内部成员可以依照外汇管理有关规定实施外汇资金集中运营管理。外汇资金集中运营管理，是指境内企业内部成员使用境内自有外汇资金的行为，包括相互拆借外汇资金、实施外币资金池管理、通过内部财务公司开展即期结售汇业务。同人民币业务一样，外币资金的集中是开展各项国际业务的基础，而各项国际业务对外币资金的集中起到了促进作用，提供了需求保障。目前财务公司能够开展的国际业务有外汇存款业务、外汇贷款业务、结售汇业务、国际结算业务、资产管理业务等。

（一）外汇存款业务

外汇存款指成员单位在财务公司开立外汇结算账户，并办理以外币形式存在的活期存款、隔夜存款、七天通知存款和定期存款等业务。

（二）外汇贷款业务

外汇贷款是指财务公司以自营或被委托的方式向成员单位发放的以外币形式存在的用于流动资金周转或特定项目需要的贷款。

（三）结售汇业务

结售汇业务是结汇业务与售汇业务的统称。结汇是指境内企业取得外汇收入后，将规定范围内的外汇收入及时调回境内，按照财务公司挂牌汇率，全部卖给财务公司的行为。售汇是指境内企业因对外支付需用外汇时，持有关证件、文件材料等，用人民币到财务公司购买所需外汇的行为。

（四）国际结算业务

国际结算业务是指财务公司经国家外汇管理局批准，在境外开立离岸外汇账户，通过远程电子银行系统为集团成员单位在境外的外汇资金提供的各种服务，包括境内外汇结算和境外外汇结算。

（五）资产管理业务

外汇资产管理业务是指向成员单位提供的外汇理财产品，一般为外币结构性存款。

（六）其他

财务公司可以根据自身业务特点开展其他国际业务。如外币自营投资理财、套期保值，开展保险集中代理的财务公司还可以开展外币保险险种，如出口信用保险、国际货运保险等。

二、财务公司开展国际业务的意义

我国企业自上世纪 90 年代起走出国门，到境外收购企业、投资办厂、开展加工贸易，已经遍布全球 160 多个国家和地区，越来越多的大型企业集团参与到国际化的进程中去。但根据《中国企业集团财务公司年鉴（2010）》中的相关数据，只有不足 40 家财务公司开展了国际业务。为了配合企业集团更好地参与世界经济发展进程，财务公司开展国际业务是助力企业发展的必然趋势。

（一）是助推国家战略落地，加速产业转型的需要

1. "走出去"战略加速推进，全球化发展迫在眉睫

2000 年我国正式提出"走出去"发展战略，中央"十五"计划中提出：实施"走出去"战略是推动我国经济持续发展的一大动力，是我国经济结构战略性调整的客观需要，是开拓国际市场和参与经济全球化的必然要求。

资本市场的运作和国际市场的开拓是大型企业集团推进"走出去"战略的双翼。充分利用国际、国内两个市场两种资源两种资本，多领域多层次地积极拓展国际市场，是建设具有国际影响力和国际竞争力大企业集团的必经之路。

2. 战略加速政策放宽，新政符合多方利益

近年来，随着中国企业逐步实施"走进去"全球化战略，国家外汇管理部门在外汇资金管理政策上不断进行改革。外汇资金集中运营准入门槛进一步放宽，成为企业资金管理领域里的一项重大突破，为企业"走出去"的实施敞开了一扇大门。

政策的放宽，使境内企业对内部成员的外汇资金实施集中管理和相互拆放成为现实。对于企业而言，减少对外部融资渠道的依赖，有利于企业减少融资成本；对外汇局而言，实际上是鼓励了企业外汇留存，减轻国家外汇储备压力，可谓一举两得，既符合国家外汇管理的需要，也惠及企业的根本利益。

（二）是企业集团国际化开拓，实现跨越式发展的需要

1. 促进国际化发展战略落地，助推跨越式发展

开展外汇资金集中化运营管理，将成为企业集团"资本化运作"和"国际化发展"战略落地的强大工具，最大限度地减少集团外汇资产的离散，实现全球性的资源配置，助推集团的跨越式发展。

2. 深化资金集中管理，加强外汇资金控制能力

开展外汇资金集中化运营管理将进一步深化集团公司资金管理工作。作为资金集中管理的一个重要方面，外币资金的集中管理必将推动资金集中管理工作迈上新台阶。

3. 降低外币汇率风险，确保外汇资产保值

人民币国际化趋势加速发展，金融危机对经济社会影响深远，人民币不断升值，国际汇率未来调整局面复杂。外汇资金集中化运营管理将有利于加强集团对外汇资金的控制能力，提升集团外汇风险管理水平。

实施外汇资金集中化运营管理，建立内部外汇风险管理平台，将规避对外收支中涉及的汇率风险，通过集中化的运作和管理，运用各种技术经济方法规避和防范汇率风险，可以规避外汇资产贬值，确保外汇资产保值、增值。

4. 提高外汇资金使用效率，优化资源配置

通过实施外汇资金集中化运营管理，将有助于形成具有调节能力的"外汇资金池"、具有疏导功能的"外汇资金渠"。

通过统筹调配经常项目项下的外汇资金，根据成员公司需求，进行资金调拨和内部结售汇，企业集团能够对其内部成员对外收款、付款，对内资金结算进行全方位控制，实现资源的最优配置，提高外汇资金的使用效率。

5. 扩宽外汇融资渠道，深化银企战略合作

外汇资金集中运营后，可以通过集团内部外汇供需的调剂，以内部外汇资源满足内部外汇贷款的需求，使企业减少对外部融资渠道的依赖。集团将以较低的融资成本取得高效融资，满足境内、境外企业的外汇资金需求，支持海外项目的顺利实施，进而实现集团的国际化开拓。

开展外汇资金的集中运营使集团资源得以整合并形成外汇资产的规模效益，能够大幅提高集团公司在外汇资本市场的整体信誉和融资能力。

同时，外汇资金的集中化运营管理也将深化银企合作，外汇资金的保值增值、外汇衍生产品的运作、金融资产安全的需求将为银企合作带来新的机遇。

6. 降低集团财务成本，提升集团竞争力

一方面通过资本的集约化运作，资金集中的规模经济效应可以提升集团与战略合作银行的谈判能力，同时降低各种金融服务费用、业务保证金比例等；另一方面通过建立集团内部的外汇资金集中运营管理平台，可直接进入银行间外汇市场进行交易，减少了中间环节，使集团汇兑成本得到有效降低，进而帮助"走出去"的成员单位解决大额的汇兑成本及结算费用问题，节约成员单位的财务

成本。

7. 提升集团财务管理水平，促进产融结合

外汇资金集中运营管理将进一步提升集团财务管理水平，进一步促进法人治理结构完善，缩小与国际跨国公司的差距。同时，可以积累金融业务经验，培养金融人才，为实现产业资本与金融资本结合打下坚实的基础。

（三）是各成员单位以集团战略为导向、科学发展的需要

成员单位是以共同的产权归属为基础、以统一的集团战略为导向、以资源共享和相互协作为桥梁的整体，而不是各取资源、各谋出路、各自发展、各树旗帜的个体。离开了集团公司和各成员单位的相互支持与合作，单个成员单位难以实现全面、协调、可持续发展。

外汇资金的集中运营管理对各成员单位同样是利大于弊，积极作用非常明显。

1. 在不改变其资金所有权和使用权的前提下，提高外汇资金的筹资能力，降低筹资成本。

2. 降低汇率风险、财务风险，完善财务管理职能，提高财务业绩。

3. 解决了有能力"走出去"的企业筹资困难、海外项目难以启动等问题，并能通过集团实现外汇内部供需调剂、跨境放款，提高资金流动性。

4. 推动各成员单位建立外汇资金集中管理模式，更新管理理念和方法，促进成员单位经济发展和财务管理能力提升。

三、财务公司国际业务风险与收益提示

在充分认识到财务公司开展国际业务具有重要意义的基础上，也要看到由于国际业务的特殊性所带来的各项风险以及在承担相应风险的基础上国际业务带给企业集团的切实收益。

（一）财务公司开展国际业务可能存在的风险

由于财务公司一般定位为集团金融服务平台，目的不仅是盈利，更多的是考虑如何促进集团主业的发展，促进集团价值的最大化。因此就外汇产品的引进及产品的组合上第一个要考虑的是风险控制。外汇产品组合主要存在的风险有以下几种。

1. 市场风险

财务公司开展国际业务面临的最主要的市场风险有汇率风险和利率风险两个

方面。外汇产品本身汇率/利率等波动产生的风险不需要由财务公司来承担，而是由产品的所有方，即企业来承担。但财务公司从集团整体利益出发，在推荐给企业外汇产品时需对该产品的风险性给予充分的提示，根据企业风险偏好的不同，推荐和引入恰当的产品，对于与企业自身承受风险能力明显不匹配的，应劝企业不予使用；对由于财务公司自营外汇资产市场波动、代客结售汇业务和参与人民币外汇即期交易市场时间差所引发的汇率风险由财务公司自行承担。

2. 违约风险

在外汇产品的经营上，财务公司对产品的买卖双方的信用风险评估是财务公司首要关注的。产品卖出方一般为境内的中、外资银行。财务公司与银行之间合作紧密，与有些银行更是结成了战略合作伙伴关系，其违约的可能性微乎其微。而产品的买入方为与财务公司属同一集团下的成员企业，财务公司对其经营、财务状况均非常了解，其违约的可能性也很小，企业有意外情况也会及时与财务公司联系，财务公司可通过其他方式来帮助企业解决资金需求，所以外汇产品的违约风险较小。

（二）财务公司开展国际业务的收益

1. 外汇产品购入卖出差价

由于财务公司与境内各中、外资银行有多年的长期合作关系，在某些商业银行、特别是一些外资银行所取得的外汇产品价格是非常优惠的，优于企业自己同商业银行洽谈所取得的价格，如外币存贷款业务价格、结售汇业务价格等，这部分差价财务公司可能全部或部分截留在财务公司，形成财务公司的利润。

2. 其他辅助产品带来的收益

根据财务公司开展国际业务的思路，往往根据企业自身特点为企业量身定做一个组合产品，在这组产品中不仅有从商业银行取得的外汇产品，还有其他的组合产品，这些产品可能是财务公司本身所具有的，由外汇产品带动增加的财务公司其他业务也会给财务公司带来收益。例如某企业由于进口原材料需做购汇付款，而该企业流动资金又出现暂时的短缺，财务公司为确保该企业正常经营，可对其开展人民币贷款业务，这会进一步增加财务公司收益。

3. 推动人民币资金进一步集中

近几年来，各大企业集团一直推进资金的集中管理，集团大部分人民币资金也集中到了财务公司，但还有部分资金在其他商业银行，其中一个主要的原因是出于办理国际业务时开立信用证及保函的保证金的需要。通过国际业务的推动，财务公司作为集团代表与各商业银行展开战略合作，集中与合作银行改用信用担保方式进行信用证和保函业务，取消或降低了原有的保证金或手续费，既使集团资金占用成本大幅降低，财务公司又能将滞留在外的人民币存款吸收进来，由财务公司统一运作，提高资金的使用效率，进而提高整体收益。

第二节　外汇资金的集中运营
管理政策背景与制度依据

一、外部政策背景

在对外逐步开放的宏观经济环境背景下，根据《中华人民共和国外汇管理条例》、《境内外汇划转管理暂行规定》等法规、规章，关于外汇资金的集中运营管理问题，国家外汇管理局进行了多次探索。曾先后下发《关于跨国公司外汇资金内部运营管理有关问题的通知》（汇发［2004］104 号）（以下简称 104 号文）和《关于企业集团财务公司开展即期结售汇业务有关问题的通知》（汇发［2008］68 号）（以下简称 68 号文）。为进一步降低境内企业外汇资金集中运营管理门槛，明确境内外币资金池业务运营模式，规范和健全外汇资金集中运营管理规章，国家外汇管理局于 2009 年 10 月 12 日下发了《境内企业内部成员外汇资金集中运营管理规定》（汇发［2009］49 号）（以下简称 49 号文），于 2009 年 11 月 1 日起实施。与 104 号文和 68 号文相比，49 号文主要有以下变化：一是放宽了业务主体资格；二是明确了资金池业务的方式、原则、结构、审核程序等内容；三是进一步下放权力，国家外汇管理局不再承担具体的审核工作；四是进一步简化了核准手续。

外汇局出于外汇监管的考虑，在允许企业外汇资金集中运营的同时，也规定了企业和银行的义务。一是境内企业应履行国际收支申报等各项统计报告义务及外汇资金的收付手续。二是受托银行应在每月初 5 个工作日内向外汇局报备相互拆放外汇资金的委托贷款情况，在 10 个工作日内报备外币资金池业务月报表。参与资金池业务的成员如发生变更应报外汇局备案审核。三是开展资金池业务的财务公司应通过外汇账户管理信息系统报送相关数据。

（一）开展外汇资金集中运营业务的一般性要求

一是开展业务的具体方式。由于非金融机构没有贷款的权利，所以，无论是相互拆放外汇资金还是开展资金池业务，只能通过外汇指定银行或具有国际业务资格的财务公司以委托贷款的方式进行。二是开展业务的资金来源。只能是资本金外汇账户和经常项目外汇账户内可自由支配的外汇资金。三是不得轧差。相互拆放资金和资金池业务必须坚持全收全支原则，不能轧差计算。四是利率须正常。利率水平应参照国际金融市场同期商业贷款利率水平，约定拆放利率，不得畸高畸低。五是不得结汇。境内企业委托外汇资金不得结汇使用，不得用于质押人民币贷款。如需结汇，境内企业应将来源于其资本金外汇账户或经常项目外汇账户的委托贷款资金原路返回其划出的账户后，再办理结汇。不得结汇和不得轧差的规定可以有效地防止企业通过外汇资金的集中运营规避目前的外汇管理和外汇监管，有助于防范外汇管理风险。

（二）开展外汇资金集中运营的具体规定

对于外汇资金集中运营三种模式的具体业务管理，49号文分别予以了明确规定。

1. 相互拆放外汇资金的业务管理

相互拆放外汇资金是指外汇资金富余的企业可以将外汇资金拆借给需要的企业。属于分散交易，没有固定的交易对象。对于相互拆放外汇资金业务的管理，49号文主要规定了以下几个方面的内容：

一是受托银行的选择。由于拆放外汇资金只能以委托贷款的方式进行，因此需要选择一家具有贷款资格的外汇指定银行或财务公司作为受托人（也称受托银行），受托银行按照规定的资格条件对境内企业审核后，与放款人和借款人签订委托贷款合同。受托银行既可以选择在放款人所在地，也可以选择在借款人所在地。由于放款人居于主动地位，所以，受托银行选择在放款人所在地的情况更普遍。二是借款人账户的收支范围。借款人应在受托银行开立外汇委托贷款专用账户。该账户的收入项目是委托贷款收入及划入的还款资金，支出范围是借款人偿还的贷款本息、经常项目外汇支出及经核准的资本项目外汇支出。需要注意的是，由于用于拆放的外汇资金来自资本金外汇账户和经常项目外汇账户，所以放款人不用再开立专门的账户。当然，参与此业务的企业有可能既是放款人，也是借款人，作为借款人就需要开立委托贷款专用账户了。三是受托银行在受托办理委托贷款业务将外汇资金在相关账户划入或划出时，无须经过外汇局的核准。四是还款路径遵循原路返回原则。首先保证将还款资金划回到资本金外汇账户，直到补足资本金外汇账户划出的金额后，剩余本息再划入经常项目外汇账户。

2. 外币资金池的业务管理

外币资金池管理是指选择一家主办企业牵头将参与的成员企业的外汇资金进行集中运营管理。它相当于有一个固定的交易对象。与相互拆放外汇资金业务相比，外币资金池业务的管理相对严格一些。

（1）对成员资格的要求。开展外币资金池业务的境内企业应依法注册成立，注册资本均已按期足额到位，且最近两年不存在外汇违规行为。

（2）主办企业与受托银行。主办企业牵头对所有参与的内部成员的外汇资金进行集中运营。无论是将资金集中到"池"中，还是到"池"中取资金，都属于企业之间相互调剂资金余缺，资金在不同企业间的有偿使用只能采取委托贷款的方式。因此，应选择一家银行帮助办理委托贷款手续。需要注意的是，受托银行只有在获得外汇局的批准后，才可以帮助办理资金池业务。

境内企业通过财务公司以吸收参与成员外汇存款、对参与成员发放外汇贷款的方式开展外汇资金运营业务，或财务公司在主管部门核准的经营范围内，吸收参与成员外汇存款，向参与成员发放外汇贷款，所涉及的外汇账户开立、境内外汇划转等事项无须经外汇局核准，财务公司按照有关规定通过外汇账户管理信息系统报送相关数据即可。

（3）账户开立。在委托贷款框架下开展外币资金池业务，主办企业和参与企业应分别开立外汇委托贷款主账户和子账户。由于无论是主办企业还是参与企业，都既可能拆入资金，也可能拆出资金，因此账户的收入和支出范围是一致的。收入范围是拆入的委托贷款、收回的委托贷款本金和利息、从其资本金外汇账户和经常项目外汇账户划入的资金。支出范围是拆出的委托贷款、归还的委托贷款本金和利息、原路划回其资本金外汇账户和经常项目外汇账户的资金、划入其经常项目外汇账户的委托贷款利息、用于经常项目的对外支付。

3. 即期结售汇的业务管理

企业的结售汇业务一般到外汇指定银行办理，但是经过批准也可以通过财务公司办理，具体业务范围包括财务公司对参与成员的人民币与外币之间兑换的业务以及财务公司因自身经营活动需求产生的人民币与外币之间的兑换业务。财务公司开展即期结售汇业务应具备以下几个条件：具有金融业务及国际业务经营资格、具有完备的结售汇内部管理制度和技术条件及基础设施、最近两年没有外汇违规行为等。具备上述条件的财务公司还需将书面申请、资格证明文件及必要的规章制度提交外汇局，外汇局在实地核查开展结售汇业务必备的基础设施后，在

20 个工作日内决定是否核准。财务公司在取得资格后 30 日内，再向所在地外汇局申请核定结售汇综合头寸。需要注意的是，结售汇业务只能由财务公司的总公司进行，分支机构不得经营即期结售汇业务。

二、内部制度依据

按照上述政策的相关规定，结合自身业务开展情况，需要制定一系列管理制度，搭建出国际业务内部管理体系。

开展外币资金集中的企业需要制定外币资金集中管理制度与方案，开展外币存贷款、国际结算以及资产管理业务的企业应该结合外币的特殊性，制定外币存贷款、国际结算以及资产管理业务管理办法，或在人民币管理办法中添加外币内容。

开展外币即期结售业务必需的内部管理制度有《结售汇操作规程》、《结售汇单证管理制度》、《结售汇业务统计报告制度》、《结售汇业务会计科目及核算暂行办法》，自行审单并进行国际收支申报的财务公司还需要制定《国际收支申报业务内部管理规章制度》。根据企业自身情况，补充的管理制度可以有《结售汇业务授权管理规定》、《结售汇周转头寸管理制度》、《结售汇从业人员岗位责任制度》等。

参与人民币外汇即期交易市场交易的财务公司还需要制定《人民币外汇即期交易操作规程》、《人民币外汇即期交易风险管理规定》、《人民币外汇即期交易权限管理暂行规定》等。

第三节　外汇资金的集中运营管理模式

随着国家外汇管理局逐步放宽外汇运营准入门槛，目前，越来越多的国内大型企业集团实现了外汇资金集中运营管理。集团公司可以充分利用人民币资金集中的管理经验和资金垂直管理体系，进行外汇资金集中运营。外汇资金集中运营管理，包括境内企业内部成员相互拆放外汇资金、实施外币资金池管理以及开展即期结售汇业务。企业集团可以根据自身发展特点自行或通过财务公司选择多样的外汇资金集中运营管理模式。

一、企业集团实施外币资金池模式

境内企业开展外币资金池业务，可以在委托贷款的法律框架下通过指定银行或财务公司进行。从经营模式来说，可以采用全部集中、境内集中或境内境外多点集中的模式。全部集中指集团所有外币资金全部联网授权至境内集中；境内集中指只集中境内外币资金；境内境外多点集中指境内资金境内集中，境外资金境外集中的模式。下面介绍三个常见的境内集中模式。

（一）"资金集中、结算不集中"模式

该模式资金管理执行"落地后集中"原则，只实现资金集中，结算不集中。外币收付汇核销手续由成员企业委托当地银行自行办理，成员单位委托当地银行进行各自的国际收支申报工作，外币收付汇的合规性审查委托银行代办，财务公司负责合作银行的选择。

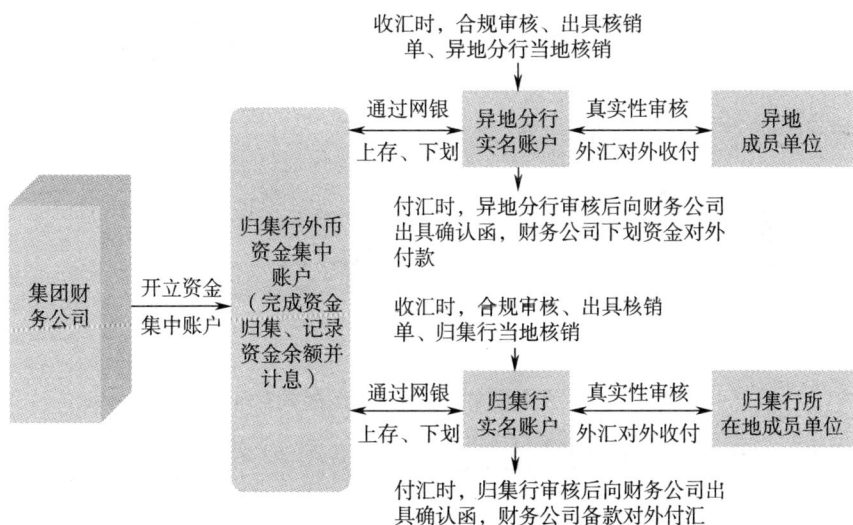

图 8 - 1　"资金集中、结算不集中"模式业务流程

该模式的优点在于业务操作模式不变，委托银行进行核销手续、合规性审查以及国际收支申报的工作，操作相对简便；缺点在于只掌控资金流，欠缺业务流信息，且存在财务公司与归集银行异地对接问题。适用于成员单位遍布全国各地、不熟悉核销手续、合规性审查以及国际收支申报手续的财务公司。

（二）"资金集中、结算集中"模式

该模式资金管理执行"落地前集中"原则，财务公司账户作为结算账户使用，成员单位保留结算账户，实行限额主动上划管理。实现资金集中（所有收付款通过财务公司在归集行开立的账户办理）的同时，实现结算的集中（财务公司统一办理成员单位的结算业务）。外汇收付汇核销、国际收支申报全部由财务公司完成，外汇合规性审查由财务公司承办，财务公司负责合作银行的选择。

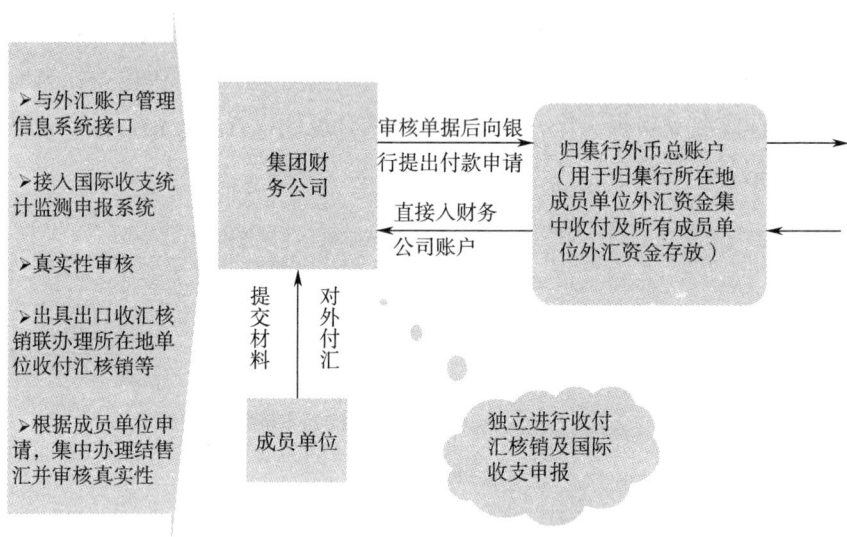

图 8-2 "资金集中、结算集中"模式业务流程

该模式的优点在于实现了资金流、业务流统一，财务公司完全取代银行进行核销手续、合规性审查以及国际收支申报的工作；缺点在于该操作模式需外汇局特批，且财务公司压力大，操作相对复杂。适用于集团外币资金管理要求高、成员单位集中在同一地区、熟悉核销手续、合规性审查以及国际收支申报手续、业务纯熟的财务公司。

（三）"资金集中、结算部分集中"模式

该模式资金管理执行"落地后集中"原则，集团公司系统内所有成员单位均在主归集行开立账户，实现资金集中（收款汇入成员单位在归集行开立的账户后再归集，付款由财务公司下拨到成员单位在归集行开立的账户后对外支付）的同时，部分结算集中在归集行办理（如收付汇结算及贸易融资）；部分结算在分行办理（如开证、到单、信用证通知、议付等）。外币收付汇核销手续由成员企业委托当地银行自行办理，成员单位委托当地银行进行各自的国际收支申报工作，外币收付汇的合规性审查委托银行代办，财务公司负责合作银行的选择。

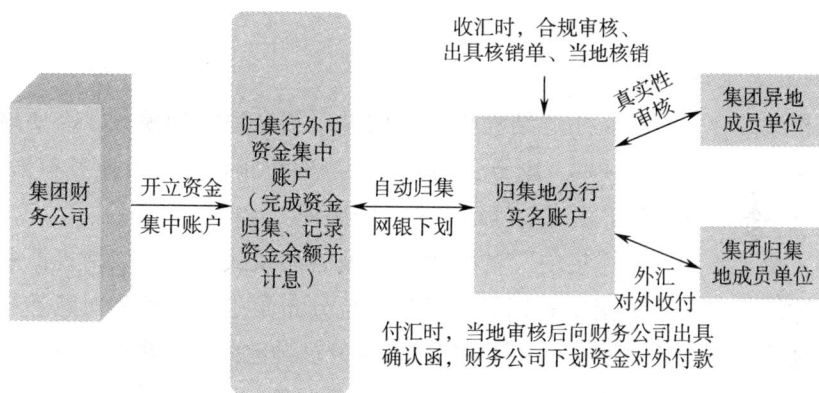

图 8 - 3　"资金集中、结算部分集中"模式业务流程

该模式结合了上述两种模式的特点，优点在于实现资金流、业务流统一的同时，委托银行进行核销手续、合规性审查以及国际收支申报的工作；缺点在于同样存在财务公司与归集银行异地对接问题，且财务公司压力也较大。适用于成员单位遍布全国各地、不熟悉核销手续、合规性审查以及国际收支申报手续，但要求统一进行收付汇结算及贸易融资的财务公司。

外币资金池为了满足短期的资金需求，创造一个新的资金来源。同样，也有助于集团公司降低外汇汇率活动带来的汇率风险。外币资金池运营经验表明：外币资金池管理模式，不仅方便了企业的经营，降低了企业财务成本，而且有助于大型企业集团提高集团内部的风险控制能力。

二、企业集团财务公司开展即期结售汇业务模式

在实现外汇资金集中管理或集中收付汇的基础上，集团财务公司可以满足不同成员单位的进出口结售汇需求，在内部议定的汇价下为其办理结售汇业务，币种主要涉及美元、欧元、英镑、港元、日元五个币种。2007 年 5 月，为了贯

彻《中国人民银行关于加快发展外汇市场有关问题的通知》和《非金融企业和非银行金融机构申请银行间即期外汇市场会员资格实施细则（暂行）》中有关扩大即期外汇市场参与主体、增加市场活跃程度的要求，外汇局试点批准了部分企业集团财务公司参与银行间即期外汇市场，可以在取得人民币外汇即期交易会员资格后实现外汇头寸平盘，为结售汇业务的开展提供了资金融通途径。目前集团财务公司统一结售汇业务有两种开展模式，即自主审单模式和代理审单模式。

（一）自主审单模式

该模式配合"资金集中、结算集中"的外币资金池管理模式，需要财务公司与海关、外汇管理局联网，财务公司完全充当银行角色，进行业务单据审核、国际收支申报以及结售汇汇率的确定、业务的办理。

同"资金集中、结算集中"的外币资金池管理模式一样，该结售汇业务管理模式适用于主要业务集中在同城、成员单位分布集中、财务公司熟悉核销手续、合规性审查以及国际收支申报手续，业务开展纯熟的企业集团，操作具有一定复杂性，专业性强，需要单独争取政策支持，财务公司压力大。

国内目前以该模式开展结售汇业务的典型代表是中石化财务公司。

（二）代理审单模式

该模式配合"资金集中、结算不集中"或"资金集中、结算部分集中"的外币资金池管理模式，采取与银行合作，由银行负责审核单据并代为进行国际收支申报，并将业务单据传递给成员单位或财务公司，财务公司负责结售汇汇率的确定与业务办理的操作方法。虽然银行负责所递交文件表面真实性的审核，对于审核文件的真实性完整性及对应外汇政策的风险由财务公司负责。

同"资金集中、结算不集中"和"资金集中、结算部分集中"的外币资金池管理模式一样，该模式适用于业务分散、成员单位分布广泛、不熟悉合规性审查以及国际收支申报手续的财务公司，操作相对简便，但存在单据流转效率问题和代理审单风险。目前开展即期结售汇业务的财务公司大多采取这种模式。

国内目前以该模式开展结售汇业务的典型代表有中石油财务公司、中化财务公司。

（三）两种配合模式比较分析

表8-1 　　　　　代理审单模式与自主审单模式比较

	代理审单模式	自主审单模式
政策限制	①办理资金自动归集，按需下拨方式须向外汇管理局报备；②办理内部结售汇业务须向外汇局提交申请及操作流程，获批后进行（不涉及国际收支、核销及退税问题，政策障碍较小，同时申请银行间外汇市场成员资格），对于真实性审核严格要求。	①办理集中收付汇业务须向外汇局提交申请及操作流程，获批后进行，对于操作流程的合规性、风险管理能力要求较高；②办理内部结售汇业务须向外汇局提交申请及操作流程，获批后进行（不涉及国际收支、核销及退税问题，政策障碍较小），对于真实性审核严格要求；③通过财务公司进行集中收付汇的，财务公司须具有代位银行职责，包括履行真实性审核，国际收支申报等。
财务公司对外	与银行进行系统外平盘，通过银企互联系统进行单据传送。	①与银行进行系统外平盘，通过银企互联系统进行单据传送；②向外汇局报送数据，进行国际收支申报。
结售汇与财务成本	实现内部结售汇，通过本外币资金在集团内部轧差有效降低了集团结售汇业务财务成本；但集团不对成员公司通过协办行办理的结算业务手续费进行控制。	实现内部结售汇，通过本外币资金在集团内部轧差有效降低了集团整体财务成本，由于财务公司是唯一对外结算窗口，因此集团对各成员公司结算手续费也有较强的控制。
结算主体	结算主体为各成员单位，结算账户开在当地协办行。	结算主体为集团财务公司，结算账户开在所在地承办行。
集团公司对成员公司的控制方式	实现资金归集，控制资金上收下拨。	未实现资金归集，从业务前端控制成员公司收付汇。
集团对结算业务的控制	只控制资金，不控制业务的发生。	集团财务公司作为集团唯一进出口结算窗口。

　　上述结售汇业务模式与外币资金池管理模式的配合是一般情况，并不意味着财务公司以一种模式开展外币资金池管理的同时必须以配套的模式开展结售汇业

务。事实上，也存在只进行外币资金池管理但不开展统一结售汇业务的财务公司。相反地，也存在只开展统一结售汇业务但不进行外币资金池管理的财务公司。

三、企业集团外币资金集中运营管理模式案例

2009年，经国家外汇管理局批准，青岛市先后有海尔集团、海信集团、新华锦集团、中远青岛中心、中国外运有限公司山东分公司、中远集团等企业集团实现了外汇资金集中运营管理，这些企业集团"一企一策"，开展了符合自身发展特点的国际业务。

（一）"集中管理＋境外放款"业务

以财务公司作为集团内部外汇资金转账结算业务的操作平台，通过境内外汇资金集中管理专户对境内外汇资金进行集中运营管理，在外汇管理局核定的一定美元跨境放款额度内，通过设定境外放款综合头寸进行跨境资金集中运作，为中资跨国公司境外成员的发展提供了资金支持，实现全球范围内配置资金。

国内目前以这种模式开展外币资金集中运营管理的典型代表是海尔财务公司。

（二）"集中管理＋内部结售汇"业务

以集团资金结算中心作为境内外汇资金集中管理的职能部门，汇集整个集团经常项目下的外汇资金至集团外汇资金集中管理主账户，统筹调配经常项目项下的外汇资金，根据成员公司需求，由财务公司进行资金调拨和内部结售汇。通过全额外汇资金集中管理，企业集团能够对其内部成员对外收款、付款，对内资金结算进行全方位控制，实现资源的最优配置。

国内目前以这种模式开展外币资金集中运营管理的典型代表是海信集团资金结算中心。

（三）"集中管理＋外币委托贷款"业务

将所有成员单位作为该集团公司集中管理成员。总公司对下属公司实行闲置暂时不用资金的上划管理，对临时的外汇资金需求以委托贷款形式下拨，待该公司收到国外客户资金回款时予以归还。有效提高了资金使用效率，节约了财务成本。

国内目前以这种模式开展外币资金集中运营管理的典型代表是中国外运总公司。

（四）"集中管理＋内部资金调剂"业务

集团资金管理中心负责集中管理其境内成员公司的经常项目外汇资金以及进行外汇和人民币资金的调剂和划转，并由该公司集中在外汇指定银行办理结汇和购汇手续。

国内目前以这种模式开展外币资金集中运营管理的典型代表是新华锦集团资金管理中心。

目前，国内已有40余家企业集团的财务公司取得了即期结售汇业务资格，除了上述国际业务开展比较成熟的中石油、中石化、海尔以外，中化、华能、兵器、中航工业等集团的财务公司在国际业务的开展上也进行了积极的探索，在运行中便利企业集团集约化经营，节约资金成本成效明显。

第四节　财务公司国际业务操作方法与流程

在本章第一节已经提及，目前财务公司能够开展的国际业务有外汇存款业务、外汇贷款业务、结售汇业务、国际结算业务、资产管理业务等。本节介绍财务公司各项国际业务操作方法和流程，其中重点展开介绍了具有特殊性的统一结售汇业务的操作方法与流程。

一、外汇存款业务

包括活期存款、隔夜存款、七天通知存款和定期存款，定期存款一般分为一个月、三个月、六个月、一年、二年几个档次。财务公司可根据市场情况，对人民银行各币种挂牌利率进行浮动；对于符合规定的大额存款可根据市场情况，协商确定存款利率。特殊性在于外币账户的开立、变更、销户需要分别到成员单位当地和财务公司所在地外汇管理局报备。

业务开展不需要单独报批资格，业务办理流程同人民币存款业务。

二、外汇贷款业务

按资金用途可分为流动资金贷款和项目贷款，按照出资方不同可以分为自营贷款和委托贷款。对于有大量进口业务的企业，在其外汇收入不足的情况下，借入外币资金成本会比借人民币的低，并且能规避汇率波动带来的风险。财务公司可根据国际金融市场利率的变动情况以及资金成本、风险差异等因素自行确定贷款利率。相对于人民币贷款，资料审核的重点集中在企业国际业务往来背景。

业务开展不需要单独报批资格，业务办理流程同人民币贷款业务。

三、国际结算业务

国际结算业务包括境内外汇结算和境外外汇结算。财务公司经国家外汇管理局批准，可以在境外开立离岸外汇账户，可以通过远程电子银行系统为集团成员单位在境外的外汇资金提供各种服务，如划款、外汇兑换等，为集团成员单位的境外资金提供安全而有效的管理。

业务开展需要报批资格，业务办理流程随地域的不同有所区别。

四、资产管理业务

资产管理业务主要是向成员单位提供的外汇理财产品，一般为外币结构性存款，是成员单位在不能及时结汇的情况下，尽量通过理想的结构性存款获得较高的存款利率来弥补人民币升值带来的损失。

业务开展不需要报批资格，业务办理流程同人民币理财业务。

五、结售汇业务

结售汇业务相比其他国际业务具有其特殊性，开展此业务需要向外汇管理部门报批结售汇经营资格。结售汇业务包括售汇业务、经常项下结汇业务、资本项下结汇业务。财务公司可以依据自身业务经验和成员单位地域分布情况选择自行或由当地银行代理财务公司进行售汇业务和资本项下结汇业务单据的真实性审核，汇率的确定和业务办理在财务公司进行。以普遍采用的代理审单模式为例，业务操作方式如图 8-4 所示。

（一）操作方式概述

财务公司在本地银行（归集行）开立外币账户，用于归集调配成员单位外币资金，并由财务公司办理集团公司及成员单位的结汇、购汇及外汇兑换业务。

财务公司根据成员单位结汇、售汇情况首先进行内部调剂，调剂后形成外汇多头或空头，由财务公司通过银行间即期外汇市场统一平盘。

财务公司办理集团公司及成员单位结汇、购汇及外汇兑换业务时，对相关业务单据的审核，委托成员单位开户行（协办行）办理。

财务公司通过银行间即期外汇市场进行交易，并委托外汇资金集中管理归集

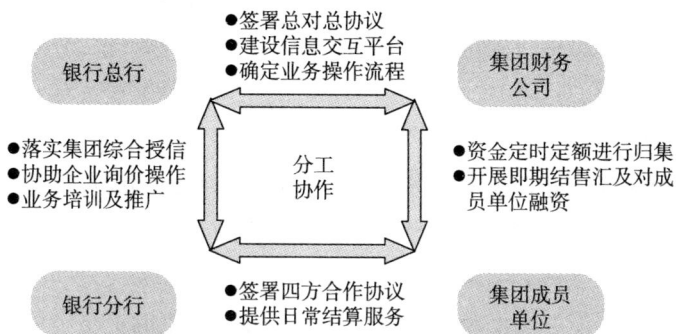

图8-4　代理审单模式业务操作方式

行通过财务公司外汇资金主账户进行资金交割。

（二）业务职责

方案的操作建立在财务公司与银行战略合作的基础上，归集行、协办行一般为同一家银行的上下级分支行。归集行、协办行、财务公司的具体业务职责如下：

1. 归集行

一般为银行总行，负责为财务公司开立外币账户，用于外币资金集中管理和调配；为财务公司提供网银系统，进行资金的划拨。

2. 协办行

一般为银行分支行，负责为成员单位开立外币账户，用于外币资金结算；负责对成员单位提交的结售汇单据的合规性进行审核，并将《审单确认函》提交给财务公司；负责外币境外支付手续的审核；负责外汇申报业务。

3. 财务公司

负责为成员单位开立内部外币账户，用于对归集的外币资金进行管理调配；按照成员单位的指令及协办行的《审单确认函》，办理本外币资金的交割；负责成员单位本外币资金的汇划；负责结售汇业务相关报表的报送。

（三）结汇、购汇及外币兑换业务操作方式

1. 成员单位业务发起

成员单位有结汇、购汇及外币兑换需求时，须提前向财务公司提出申请，并准备相关单据递交协办行；协办行须按照财务公司《审单委托书》的约定及外汇局要求，对成员单位递交的文件进行表面真实性和合规性审核，并出具审核意见；成员单位将协办行意见反馈给财务公司，并与财务公司就结汇、购汇及外币兑换的金额、汇率等进行确认；财务公司按照内部账户管理，分别调整成员单位相关币种账户余额。

2. 汇率的确定

财务公司在统一办理集团内部结售汇业务时，对内部成员所适用的汇率可自行决定，但必须遵守有关外汇指定银行挂牌汇价的管理规定。

3. 资金清算

成员单位因结汇、购汇及外币兑换与财务公司产生的资金清算，通过财务公司内部账户管理系统进行，由财务公司调整成员单位不同币种账户余额实现；成员单位有对外付汇要求时，通过外汇资金集中管理办法，由财务公司通过外汇资金集中管理归集行主动下拨；成员单位对外资金收付通过成员单位开户行（协办行）办理，相关业务单据的审核由协办行负责。

4. 数据报送

财务公司按照外汇局要求报送相关数据，包括每个工作日结售汇业务量、成员单位在财务公司开立的外汇资金实名子账户及其他外汇局要求报送的相关信息。

（四）银行间外汇市场外汇交易操作方式

财务公司在取得经营结售汇业务资格后，向国家外汇交易中心提出银行间外汇市场会员资格的申请，由外汇交易中心初审合格后报国家外汇管理局备案。

财务公司成为外汇交易中心会员，通过银行间外汇市场对外汇头寸进行交易，并优先采取与战略合作银行进行询价交易的方式进行。交易流程如下：

1. 财务公司在银行间外汇市场与战略合作银行总行全球金融市场部进行外汇买卖交易，此交易由财务公司交易员按照银行间外汇市场要求进行。

2. 银行总行收付中心与财务公司在交易款项交割前一个工作日确认交易（交割方式为 T+0 时，于交易当日进行确认）。方式为总行收付中心将《外汇买卖交易证实书》传真给财务公司，财务公司有权签字人在传真件上签字后传真给开户行（归集行），由归集行通过电话及传真方式与总行收付中心确认。

3. 财务公司将提供对外汇买卖交易确认有权签字人的授权书、有权签字人的签字样本及授权归集行扣款的委托书。

4. 归集行根据扣款委托书及经财务公司确认的《外汇买卖交易证实书》传真件扣划财务公司在该行账户，并出具相关业务凭证。

（五）统一结售汇业务办理流程

财务公司需要根据自身情况选择开展统一结售汇业务的具体模式，并设计相应业务流程。以由银行代理审核单据的中石油模式为例，具体业务流程如下：

①成员单位根据自身需要向财务公司提出结售汇申请，根据结售汇类型不同，客户需提供的相关资料不同。

②成员单位向当地银行（协作行）提交业务真实性背景材料，包括公司基本情况、审计报表、结售汇数额及用途等。

③当地银行（协作行）根据国家外汇管理局相关政策要求审核客户真实交易背景，审核通过后将相关单据传递至财务公司。

④财务公司经办人员初审结售汇申请、审单确认函及相关资料的完备性、准确性，如需材料，联系客户进一步提供。

⑤财务公司经办人员遵循自身定价原则，结合市场行情、当地银行报价和客户自身情况初步提出结售汇汇率。

⑥财务公司复核人员审核结售汇申请及相关资料、审单确认函、结售汇汇率的完备性、准确性及合理性。

⑦～⑨提交财务公司部门负责人、相关领导进行审批，根据自身内部部门设置与授权审批流程的不同自行设计，采用既定挂牌汇率的财务公司可跳过此环节。

⑩财务公司经办人员与成员单位落实结售汇汇率，采用既定挂牌汇率的财务公司可跳过此环节。

⑪财务公司负责结算的部门进行资金汇划。

⑫财务公司经办人员整理相关资料，并将资料转交综合管理员，做好业务单据的存档工作。

⑬财务公司负责结算的部门生成相关业务单据，交付成员单位。

⑭ 财务公司负责财务的部门进行账务处理，生成相关业务凭证。

此流程次序编码与流程图程序一一对应，需要注意的是，经常项下结汇业务由于在发生国际收支时收款行已经审核过相关业务单据的真实交易背景，故跳过第2、第3项流程。

随后根据公司具体情况在业务开展之中或之后，逐笔或日终参与银行间人民币外汇即期交易市场交易对外汇资金头寸进行平补。

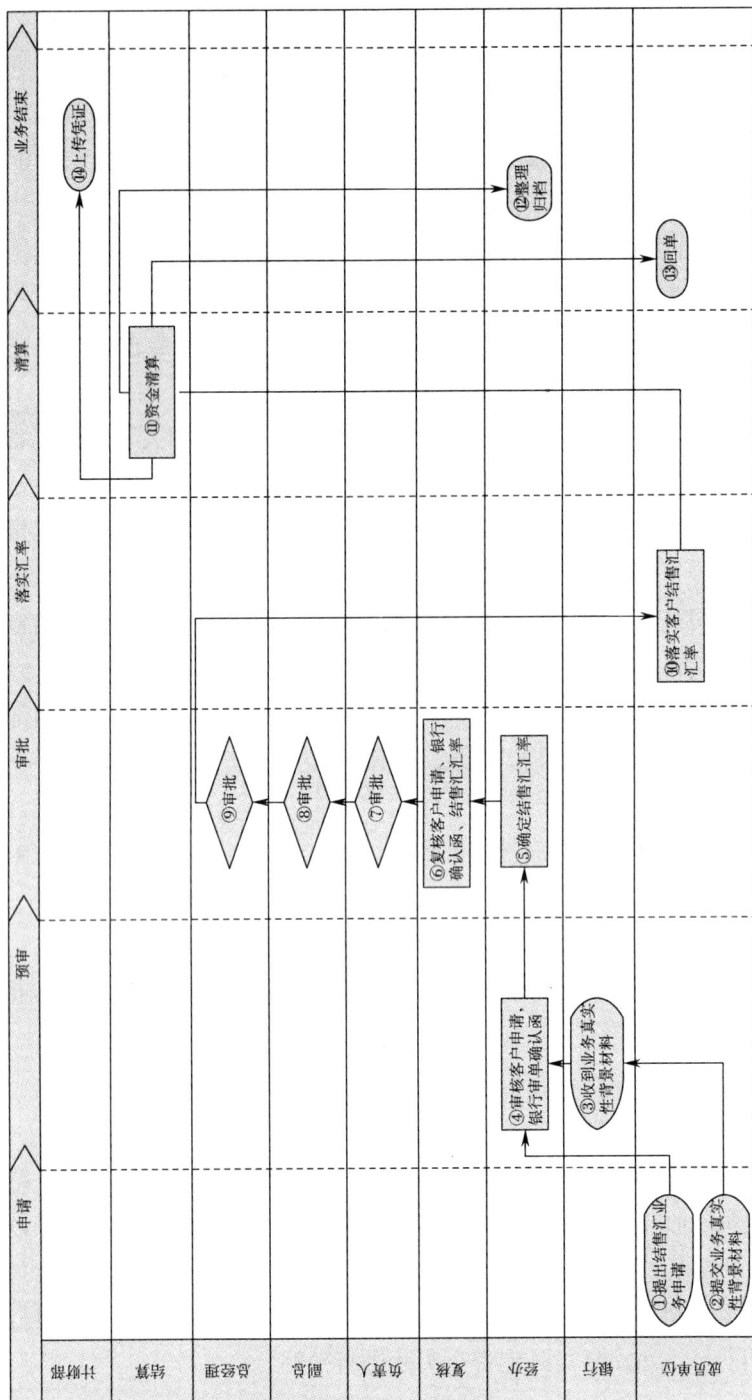

图8-5 结售汇流程

	申请	预审	审批	落实汇率	清算	业务结束
主管领导						⑭上传凭证
复核			⑨审批			
经办助理			⑧审批		⑪资金清算	⑫整理归档
审核			⑦审批			
风审人员						
客服			⑥复核客户申请、银行确认函、结售汇汇率			
		④审核客户申请、银行审单确认函	⑤确定结售汇汇率			⑬回单
柜台						
授权审核	①提出结售汇业务申请 ②提交业务真实性背景材料	③收到业务真实性背景材料		⑩落实客户结售汇汇率		

第九章

企业集团财务公司融资租赁业务

融资租赁业务始于 20 世纪 50 年代的美国，该业务将融资、融物及担保有机结合，被发达国家视为"仅次于银行信贷的第二大融资方式"。融资租赁作为一种新型的融资工具，在促进企业新技术改造、盘活企业资产存量、降低企业负债率、提高企业产品竞争力、促进消费等方面具有独特的发展优势。

中国的融资租赁业始自上世纪 80 年代。我国加入世贸组织后，商务部和银监会分别颁布了新的外商投资租赁业管理办法和金融租赁公司管理办法，并开始了内资租赁企业开展融资租赁业务的试点。融资租赁业务作为构建多层次金融市场体系的一种重要手段，多年来受到商务部、银监会等监管机构的重视。中国银监会副主席蔡鄂生在"银行租赁国际研讨会"上关于"开展银赁合作　迎接租赁业的美好未来"的讲话中曾指出：国际经验证明，租赁在促进设备销售进而拉动经济增长方面可以发挥巨大的作用，在很多国家，租赁已成为仅次于银行信贷的设备融资方式，车辆、飞机、办公设备等领域的租赁份额甚至已经超过银行信贷。中国经济多年来以 10% 左右的速度快速发展，固定资产投资巨大，蕴涵着大量的租赁业务发展机遇。

本章为突出实务操作性，将从融资租赁基本概念入手，进而介绍我国开展融资租赁业务的制度依据并重点介绍融资租赁业务的主要操作流程。

第一节　融资租赁业务概述

融资租赁区别于普通租赁，是通过"融物"实现"融资"的一种新型融资工具，在促进企业新技术改造、盘活企业资产存量、降低企业负债率、提高企业产品竞争力、促进消费等方面具有独特优势。

一、融资租赁基础知识

（一）融资租赁的基本概念

根据《中华人民共和国融资租赁法（草案）》征求意见稿，融资租赁是指出租人根据承租人和供货人的选择，从供货人处取得租赁物，将租赁物出租给承租人，向承租人收取租金的交易活动，租赁期届满时承租人可以续租、留购或返还租赁物，首次租赁期限最短为一年，出租人限于依法取得融资租赁经营资格的企业。适用于融资租赁交易的租赁物为机器设备等非消耗性动产。

中国人民银行颁布实施的《金融租赁公司管理办法》在附则第四十六条中对融资租赁所做的定义还指出，融资租赁业务以出租人保留租赁物的所有权和收取租金为条件，使承租人在租赁合同期内对租赁物取得占有、使用和受益的权利。

（二）融资租赁与经营租赁的区别

根据以上定义可以看出，融资租赁与经营租赁的区别在于：租赁交易一般是出租人和承租人双方当事人参与，签订一份租赁合同，租赁物一般为出租人已有的物品。而融资租赁交易一般有出租人、承租人和供货人三方参与，至少签订两个合同，融资租赁合同和购买合同，而且购买合同的决策人是承租人，买方则是出租人。这就导致租赁和融资租赁在法律权利义务的划分、交易税目等方面都有不同。融资租赁是一种专门的交易形式，具有多种普通租赁不具有的社会和经济功能。其法律实质是出租人按承租人对租赁物与供货人的选择取得租赁物再出租给承租人，也可通俗地表示为"你租我才买，我买你必租"。

在实践中，融资租赁和经营租赁具体有以下方面的区别：

1. 承租人对权利的最终要求不同

经营租赁的最大特点在于承租人租赁资产的目的仅限于使用资产，在租赁期满后一般将资产归还给出租人，而最终不取得资产的所有权。在融资租赁中，承租人在租赁期间内使用出租人的资产，并于租赁期届满时获得资产的所有权。通常，在租赁期满时，承租人可以根据租赁契约中规定的优先购买选择权，支付一笔转让费，即可获得其所租赁的资产。从这个意义上讲，融资租赁实际上是一种融资行为。

2. 在租约的可否撤销条款上不同

在经营租赁中，承租人有权在租赁期满前撤销租赁合同，而融资租赁合同通常是不可撤销的。

3. 租赁期长短不同

由于经营租赁的目的主要是取得资产的使用权而并非最终获得资产，所以租赁期限较短，通常远远短于资产的有效经济寿命。而融资租赁的期限则较长，有时甚至长于资产的有效经济寿命。

4. 租金总额是否接近于租赁资产的公允价值

由于租赁期限较短，经营租赁的租金总额往往只占租赁资产公允价值的一小部分，而且经营租赁租金属于一种非全额清偿，即出租人的投资回收来源于不同的承租人支付的租金；而融资租赁类似于购买，因此其租金总额一般接近于甚至等于租赁资产的公允价值。

5. 履约成本的承担者不同

经营租赁中，租赁资产有关的税金、保险费和修理费等费用一般不由承租人承担，而融资租赁中的这些费用通常都是由承租人承担的。

（三）融资租赁的分类

按照融资租赁方式的不同，可以分为直接租赁、售后回租、转租赁和委托租赁四种形式。

1. 直接租赁

直接租赁是融资租赁最基本的业务形式，即出租人筹措资金，按照承租人的要求向供货商购买设备并支付货款，将设备出租给承租人使用并收取租金。

2. 售后回租

售后回租指承租人将自有物件出卖给出租人，同时与出租人签订一份租赁合同，将物件租回的方式。售后回租具有较强的融资机能，在不影响承租人使用设备的前提下，能够有效改善承租人的资产负债表和解决资金流动性，还能享受税收优惠。

3. 转租赁

转租赁指以同一物件为标的物的多次融资租赁业务，是相对于只对同一标的物进行一次租赁的融资租赁而言，转租人以收取租金差为目的，对上一出租人承担偿付租金的义务，租赁物件的法律所有权归第一出租人。

4. 委托租赁

委托租赁指出租人接受委托人的资金或租赁物件，根据委托人的指定向承租人办理的融资租赁业务，在租赁期间租赁物件的所有权归委托人，出租人代理管理并收取佣金。

另外，融资租赁业务根据不同的标准，还有多种划分形式，例如按照资金来源比例可以划分为单一投资租赁、杠杆租赁和托拉斯租赁；按租赁标的物划分为产品租赁和设备租赁等。

二、融资租赁业务的意义

融资租赁由于其自身业务特性，对于企业集团成员单位融通资金、改善财务结构，以及财务公司扩展业务范围、降低信贷风险等都具有一定意义。

（一）融通资金，支持成员单位生产经营

承租人通过融资租赁业务，借助金融机构资金，分期付款取得标的设备使用权，融通资金，满足企业的正常生产经营及产能扩大等需要，为企业生产经营发展提供了更加丰富的"融资融物"渠道。具体来讲，一方面，财务公司为集团成员单位购置生产设备提供融资租赁，有利于集团成员单位加快设备更新及技术改造，改善财务报表，减少还款压力等，进而达到产业升级；另一方面，为购买或使用集团成员单位产品的企业提供融资租赁，融资租赁可以实现"分期付款"、"化整为零"的支付形式，减轻购货企业即承租人的支付压力，因此也成为生产厂商扩大销售规模的促销手段之一。

（二）有效理财，优化企业集团财务结构

企业（承租人）通过委托租赁、售后回租、融资性经营租赁，可以实现表外融资，保持或降低资产负债率，提高流动比率和速动比率，改善财务指标，优化财务结构，实现有效的财务管理。另外，采用融资租赁方式租入设备在营业税和所得税的扣缴上，都有一定程度的优惠。

（三）丰富品种，降低财务公司信贷风险

融资租赁业务由于资金使用用途明确，与贷款相比，减少了财务公司在资金支付方面的信息不对称问题，从而在一定程度上降低了风险。同时，由于融资租赁中租赁资产所有权归财务公司所有，一旦承租人经营状况出现恶化或出现其他可能导致其无法按期支付租金的情况，财务公司可以及时采取相应措施，有效控制风险，减少或者避免损失。

第二节　融资租赁业务的监管要求和制度规定

企业集团财务公司开展融资租赁业务受中国银行业监督管理委员会监管，在其批准范围内开展业务。

一、财务公司开展融资租赁业务的准入条件

《企业集团财务公司管理办法》第二十八条规定，财务公司可以对成员单位办理融资租赁业务。第二十九条规定，符合条件的财务公司经银监会批准后，可以对成员单位产品办理融资租赁业务。根据《中国银行业监督管理委员会非银行金融机构行政许可事项实施办法》第一百一十二条规定，财务公司申请开办成员单位产品融资租赁业务，应具备以下条件：

1. 财务公司设立 1 年以上，且经营状况良好；

2. 注册资本不低于 5 亿元人民币或等值的可自由兑换货币；

3. 经股东会或董事会同意；

4. 有比较完善的投资决策机制、风险控制制度、操作规程以及相应的管理信息系统；

5. 有相应的合格的专业人员；

6. 银监会规定的其他审慎性条件。

财务公司申请开办融资租赁业务需向银监会提交申请，由银监会受理、审查并决定。银监会自受理之日起 3 个月内作出批准或不批准的书面决定。

银监局、银监分局监管的财务公司开办融资租赁业务，向所在地银监局提交申请，由银监局受理并初步审查、银监会审查并决定。银监会自收到完整申请材料之日起 3 个月内作出批准或不批准的书面决定。

二、融资租赁业务的监管要求

融资租赁业务面向对象包括集团内成员单位及所选择标的产品供应商为成员单位的非成员单位，业务存在一定风险。在监管上，融资租赁业务纳入信贷业务监管体系一监管，其业务发生情况合并在信贷业务统计数据中按期向人民银行及银监会等监管机构上报。

三、融资租赁业务相关制度

（一）制度依据

财务公司根据《企业集团财务公司管理办法》、《中国银行业监督管理委员会非银行金融机构行政许可事项实施办法》、《融资租赁法（草案）》及其他有关

法律、行政法规的规定，结合本企业集团公司的具体情况建立融资租赁业务管理制度体系。

（二）业务范围

根据《企业集团财务公司管理办法》第二十八条规定，财务公司可以对成员单位办理融资租赁业务。第二十九条规定，符合条件的财务公司经银监会批准后，可以对成员单位产品办理融资租赁业务。因此，财务公司办理融资租赁业务的客户对象可以为集团成员单位，或供货方为集团成员单位的集团外企业。成员单位在融资租赁业务中既可以为承租人，也可以为供货方。

（三）办理原则

财务公司办理融资租赁业务应遵循"真实购销、真实租赁"的原则，避免将融资租赁做成设备抵押贷款或项目贷款。

（四）制度体系

财务公司根据业务流程和内部管理需要，建立由《融资租赁业务管理办法》、《融资租赁业务流程》、《融资租赁业务档案管理》等制度组成的制度体系，明确融资租赁业务的办理流程、审查重点、贷后管理等管理规范。

第三节　融资租赁的主要业务流程

融资租赁业务在操作中通常涉及购销合同和融资租赁合同两个合同的签订，在实践中，根据所开展融资租赁业务种类的不同以及各财务公司内部管理要求，业务流程上有所区别，但一般应包括以下环节。

一、受理申请

融资租赁业务申请人需向财务公司提交融资租赁业务书面申请，同时提交以下资料：

1. 借款人公司章程、营业执照（副本）、组织机构代码证、税务登记证、贷款卡、验资报告、法定代表人身份证明等。对需年检的，还应有最新年检证明。

2. 借款人及主要股东近 3 年经审计的年度财务报告和最近一期月度财务报告及财务分析报告；经营期不满 3 年的依据实际经营期限提供经审计的年度财务报表和最近 3 期财务报告及财务分析报告；借款人为新设项目法人的，可只提供股东相关材料。

3. 根据公司章程提供相应有权决策机构出具的融资租赁业务办理决议。

4. 承租方明确提供租赁物的名称、制造厂商、型号、规格、数量、质量等生产标准、技术标准，进口设备必备的国家级批准文件及手续（如定编手续、控购手续等）。

除上述四项基本资料外，若为项目所需设备，还需提供以下资料：

5. 项目可行性研究报告。

6. 国家有权部门或集团公司对项目或固定资产的审批、核准或备案文件。

7. 国家有权部门对项目或固定资产在环境保护、土地使用、资源利用、城市规划、安全生产等方面的许可文件。

8. 项目或固定资产资本金和其他建设资金筹措方案及其落实情况证明资料。

9. 与项目或固定资产建设及生产经营有关的合同、协议或意向性文件，如总承包合同、特许经营权、购买协议、原材料供应合同等。

10. 为项目建设租赁设备的需要提供申请人与其他金融机构所签订的针对该项目的借款合同和有关文件，项目建成投产后的经营情况说明、收益情况预测及相关材料证明。

11. 公司认为需要提供的其他有关资料。

财务公司业务人员审阅承租人提交的上述资料，确定受理意向，开展项目评估。

二、项目评估

融资租赁项目开始前，融资租赁公司都要对承租人的资信状况进行审查，财务公司业务人员对承租人的基本情况、财务状况、非财务因素以及融资项目担保情况等四个主要方面对承租人和担保人进行现场和非现场调查。具体内容如下。

（一）承租人主体资格调查

1. 承租人提供资料及信息是否真实、有效、完整。

2. 承租人及主要股东基本情况、经营状况和财务状况，若为项目所需，还要调查承租人在项目中所承担的义务和享有的权利。

3. 承租人为新建项目法人的还应调查股东的出资金额和比例。

4. 承租人在借款期内拟实施的重大经营、融资和投资计划。

5. 承租人所处行业的基本情况、市场发展前景，若为项目所需设备还应对项目的经营情况预测进行调查。

6. 承租人资信情况和历史记录。

7. 承租人近年经营业绩、资产负债情况。

8. 承租人投资项目是否符合国家产业政策。

9. 其他需要调查的情况。

（二）承租人财务状况调查

1. 资产项目调查

① 应收账款、其他应收款的欠款单位，账龄、追索情况、风险情况以及坏账准备金提取情况。

② 存货数量、品种、存放时间、流动性、存货成本及当前市场价格情况，是否计提存货跌价准备、计提是否充足。

③ 固定资产的使用、维护计提折旧的情况，是否设定抵押权，在建工程情况调查。

④ 对外投资的投资数额、投资占比、投资收益等情况调查。

⑤ 其他资产项目的调查。

2. 负债项目调查

① 对银行等金融机构负债额、负债期限及本息偿还情况调查。

② 对各项应付、预收金额较大、账龄较长款项的调查。

③ 或有负债情况调查。

3. 所有者权益调查，即对所有者权益准确性、真实性核实。

4. 收入、费用、利润项目调查，即对承租人销售收入、成本利润的真实性、稳定性进行调查。

（三）担保情况调查

1. 采取保证方式，应调查保证人的保证资格、保证能力、保证行为真实性。

2. 采取抵（质）押方式，应调查抵（质）押物的合法性、有效性和充分性。

财务公司业务人员根据上述调查内容，对承租人租赁用途、租赁期限、宽限期、租赁利率、担保人担保能力、租赁项目综合效益等进行综合分析和评价，根据实际情况，为承租方提供量身定做项目方案。

三、融资租赁项目审查

为有效控制风险，风险管理部门要充分发挥风险防范的第二道防线作用。

公司风险管理部门需对业务人员提供融资租赁投向的合理性，融资租赁风险度以及效益性，项目的可行性分析，项目可行性报告，建设项目审批手续的完整性、合法性等方面进行风险审查并且提出审查意见，上报公司专业审查委员会审批。

四、融资租赁项目审批

为充分发挥风险控制的三道防线作用，财务公司可以设立融资租赁业务的专业审查委员会，作为业务审批决策的最终机构。实践中，公司专业审查委员会综合业务部门和风险部门意见，充分发挥专家作用，对融资租赁项目进行讨论及决策，给出明确意见。

经审查委员会审查未通过的项目，企业应根据财务公司要求及时补充相关资料。补充资料后仍不能满足要求的，该项目撤销，项目资料退回企业。经审查委员会通过的融资租赁项目可交由业务部门执行。

五、合同签订

融资租赁项目经过财务公司审查通过的，相关各方应签订合同，应以书面形式签订。

财务公司业务人员与承租人签订《融资租赁合同》，根据不同担保方式与担保人签订相应的《保证合同》、《抵（质）押合同》，并办妥有关抵（质）押物的公证、登记。《融资租赁合同》经双方有权签字人签字后生效。

六、落实担保

为防范信用风险，维护财务公司的债权安全，保证融资租赁业务租赁金的按时安全回收，财务公司可以就融资租赁项目要求采用担保的方式，作为风险缓释措施。实践中，落实担保方式可采用如下流程：

1. 采用保证方式担保，由两名经办人员到担保单位核实，并在核保书上签名。

2. 采用抵（质）押物担保，经办人员应参与抵（质）押物产权登记，并办理抵（质）押物产权登记证明、质押物入库手续。

值得注意的是，不管以什么方式担保，在担保函中应明确规定经济担保人是其债务第一追索人，以落实担保人承担的债务风险和还款责任。

七、租赁设备的购买

1. 承租人自主决定的租赁物件的名称、规格、型号、性能、质量、数量、技术标准及服务内容、品质、技术保证及价格、交货时间等，由财务公司与租赁物件供应商签订《购货合同》。

2. 租赁物件应在融资租赁合同中约定的交付时间、地点，由财务公司向承租方交付。

3. 承租人按照《融资租赁合同》的约定，办理设备保险，并将保单交由财务公司保管。

4. 业务人员按照《购货合同》确定的款项支付方式、支付时间，经公司审查后，向租赁物件供应商支付货款。

5. 按规定，由财务公司业务人员做好不动产登记手续，由指定专人妥善保管设备发货票。

八、跟踪检查

1. 业务人员根据发票凭证等单据，登记融资租赁台账，并经复核人员复核，并在人民银行融资租赁登记系统中进行登记。

2. 融资租赁合同生效后，经办人员至少每季度定期对承租人合同执行情况、租赁设备使用情况、承租人、担保人经营管理和资信变动情况进行跟踪，出具《融资租赁检查报告》，发现有危及资产安全或其他重要情况，应及时提出风险化解措施，并报公司领导层决策。

九、租金收回

根据《融资租赁合同》的约定，在租金偿付日前，由财务公司业务人员向承租人进行租金偿付提示，按期收到租金后，由业务人员及时登记台账，确保信息准确。

十、逾期催收

若承租人未能按期偿付租金，由业务人员进行进一步催收，催收仍然无效的，在有效期内，依法向承租人或保证人追偿债务或依法处置抵（质）押物。

十一、租赁设备移交

1.《融资租赁合同》到期，承租人按合同约定全额支付各期租金及手续费后，由业务人员填写《设备移交清单》，由承租人签章确认。

2. 财务公司向承租人移交设备发货票，并开具产权转移证明，并做好相应的登记手续，及台账登记并在央行融资租赁登记系统中进行登记。

根据上文所述，融资租赁业务的基本流程如图 9 - 1 所示。

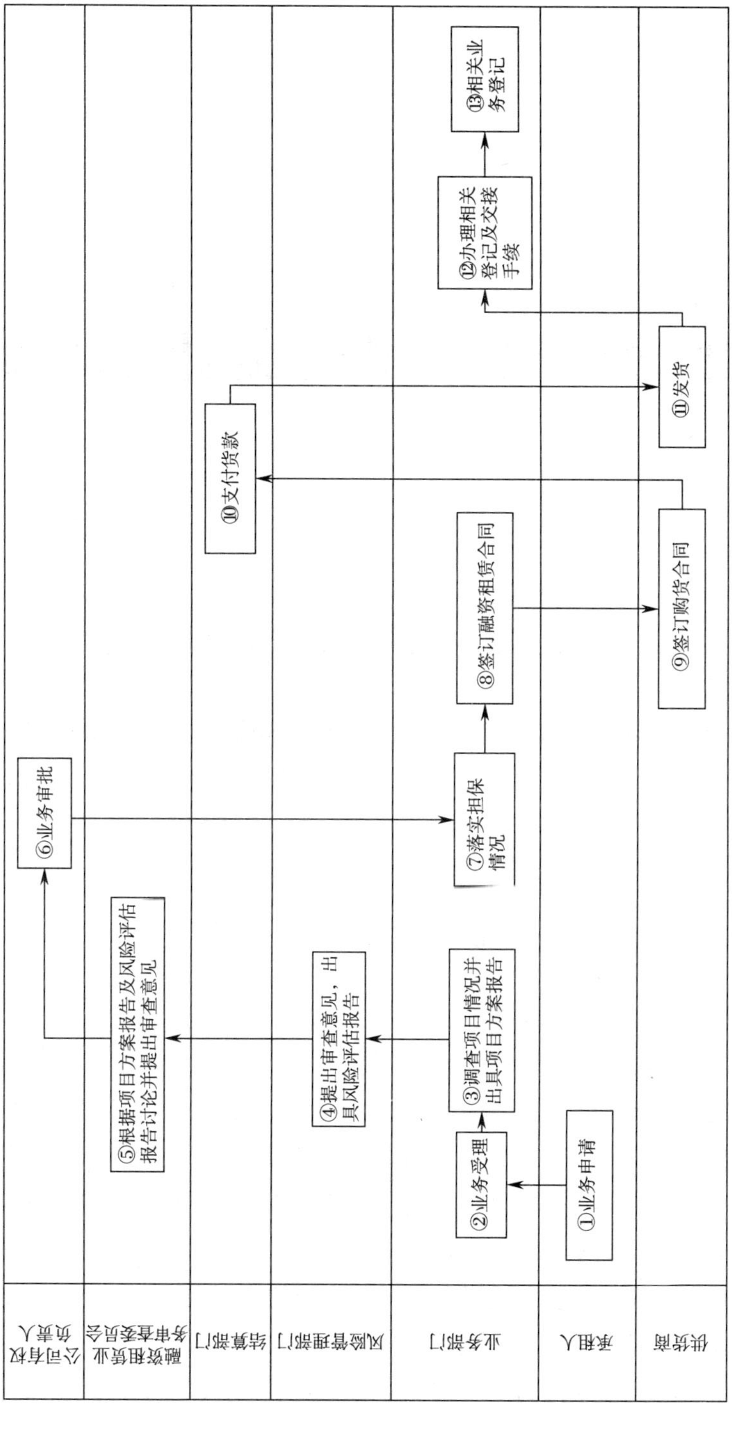

图9-1　融资租赁业务基本流程

第十章

企业集团财务公司资金计划与财务管理

第一节 财务公司资金计划管理

财务公司资金计划管理的目的是为了加强公司资金管理，保证资金的安全性、流动性和盈利性。计划财务部门是公司资金归口管理部门，负责公司总分机构资金的统一管理，在公司范围内统一调度资金。分支机构需要按照公司总部机构有关权限规定，在授权范围内进行资金运作及管理。

一、资金调度与计划管理

（一）财务公司的资金来源

财务公司的资金来源主要有四个方面：一是自有资金，主要是实收的资本金，也包括部分资本溢价，以及后续经营过程中所形成的自身积累，但总体来说，这部分资金来源所占比重较小，而且增长空间有限；二是借入资金，主要是解决临时资金不足的同业拆借资金和满足短期资金需求的信贷资产转让、票据转贴现资金，这部分资金不能长期占用；三是吸收存款，来源于企业集团内单位再生产过程中的闲散货币资金，这部分是财务公司的主要资金来源，比重远大于自有资金；四是代理业务资金，包括受托贷款资金和受托投资资金。资金按照币种包括人民币和外币（美元、欧元、日元、港元等）。本节主要以人民币业务为例介绍财务公司的资金计划与财务管理。

（二）资金调度与计划管理的基本原则

资金调度与计划管理的基本原则是集中管理、计划指导、分块经营、比例调控。集中管理是指公司对资金实行统一调度和管理。计划指导是指公司根据董事会确定的经营目标及要求，统一编制年度经营计划、季度预算、月度资金统筹和周资金分析，并逐日跟踪比对，指导公司经营业务开展。分块经营是指根据公司资金计划，各业务部门和分公司分块落实各项经营活动。比例调控是指按照中国银行业监督管理委员会有关资产负债比例管理要求，有效控制资产负债结构和资产质量。

（三）资金调度与计划管理的具体内容

1. 年计划

根据公司经营计划目标，按照中国银行业监督管理委员会资产负债比例管理有关规定，组织编制涉及年度资金经营管理及综合信贷收支、资金市场运作和投资等的年度综合经营计划，经公司批准后下达执行，指导公司年度预算的编制。

2. 季预算

计划是预算编制的基础，预算编制是对计划的进一步细化落实。计划财务部通过预算编制对年度计划进行按季分解，并按季进行季度经济运行分析。季度经济运行分析主要是结合经营业务活动进行资金运用的安全性、流动性和效益性分析，要求将公司资金运行情况和相关分析报告公司领导，并提出意见和建议。

3. 月统筹

根据公司年度经营计划和分季预算，结合公司各业务实际运营情况和发展趋势，计划财务部门按月编制资金收支统筹计划并进行执行分析，对重大资金收支实施统筹管理，指导当月资金配置，全面反映资金状况，提高资金使用的预见性，保证公司资金的良好循环，提高资金使用效率，为公司领导决策提供参考依据。

4. 周分析

根据公司月度资金统筹计划，结合公司各业务实际运营情况和发展趋势，计划财务部门按周编制资金收支计划并对执行进行对比分析，对资金收支计划实施动态管理和预测，合理调配资金头寸。

5. 日跟踪

每日查询各银行账户的资金变动情况，结合周资金计划，盘点资金头寸，进行资金调度。在满足流动性和业务资金需求的前提下，通过市场询价、公平竞价方式，选择资金产品，合理运用富余资金头寸。

下面以周资金计划为例，详细介绍总分机构资金计划的编报过程。

（1）编报要求

为了保证资金计划的严肃性、准确性和及时性，明确结算、投资、信贷等各业务部门经理是业务资金管理的第一责任人，超过金额一定限额的各类业务资金均应纳入资金计划，经部门确认后提交计划财务部门。分公司由分公司计划财务部门负责归口编报，经分公司负责人确认后提交。部门、分公司领导外出期间，应通过授权管理确保资金计划及时报送。

（2）编报原则

由于总部各业务部门对分公司有业务对口指导职能，总部各业务部门上报资金计划时，应加强与分公司对口业务部门的沟通、协调，本着"谁使用谁申请"的原则，避免资金计划的漏报和重报。

（3）编报内容

各业务部门的资金计划包括资金来源和资金使用两部分内容。资金来源应预计资金的来源渠道、方式、时间和金额范围。资金使用应提供预计的资金使用内容、方式、时间和金额范围。如果无资金来源和资金使用计划，也应明确反馈，进行零申报并简要说明原因，有利于计划财务部门区分无资金需求计划和未及时提交两种情况，督促资金计划编报。

分公司资金计划包括当前所有银行账户的资金情况和下周资金头寸缺口或富余头寸金额，并对形成原因作出简要说明。

（4）报送时间和方式

各业务部门、分公司每周四前将下周（自然周周一至周五）的资金计划提交计划财务部。计划财务部进行总体资金平衡后，于每周五完成下周的资金计划，并于每周一将上周的计划数和实际数进行对比分析，寻找差异，必要时要求业务部门提交差异说明。资金计划编制完成经部门经理审核、业务主管领导审定后，提交公司领导。

二、资金业务的种类与特点

（一）资本金管理

1. 资本由核心资本和附属资本构成，核心资本包括实收资本、资本公积、法定盈余公积、一般（风险）准备金和未分配利润；附属资本包括专项（风险）准备。

2. 公司根据中国银行业监督管理委员会对分公司批准的营运资金额度，足额拨付，并指导监督使用。分公司负责对拨入营运资金的管理。

3. 公司根据资产规模发展情况，按照资本充足率要求，适时制定增资扩股方案，报请董事会及股东会审议通过，经中国银行业监督管理委员会批准后实施。

4. 法定盈余公积金、一般（风险）准备金以及利润分配由计划财务部门根据国家相关法律法规、公司章程和董事会的决议进行提取、分配和核算。

（二）存贷资金管理

1. 总部结算部、信贷部根据公司年度计划分别汇总编制总分机构年度存款和信贷计划，计划财务部进行总体平衡，编制和下达公司存贷款资金计划。

2. 根据集团公司资金集中管理实施方案，公司总分机构结算部门负责吸收指定范围的成员单位存款，分别对所辖成员单位提供结算服务，不断挖掘存款潜力，使各项存款的品种、期限、结构合理。

3. 总分机构信贷部门，在保证信贷资产质量的前提下，要积极开拓信贷业务品种，为成员单位提供多元化的融资渠道，计划财务部门应合理调度资金保证信贷业务的正常开展。分公司开展信贷业务出现资金不足时可向公司总部申请拆借。

4. 信贷部门、结算部门应与客户建立定期沟通机制，通过充分沟通掌握客户尤其是重点客户的资金使用状况，并纳入资金计划管理。因客户临时需要而发生大额存款或贷款业务，各业务部门原则上应提前1~2个工作日通知计划财务部门，便于公司整体资金合理安排。

（三）资金运作管理

1. 资金运作是指公司办理同业授信、同业拆借、信贷资产转让、票据转（再）贴现、债券投资、债券回购、基金及资本市场运作等业务的筹融资活动。

2. 资金运作应严格执行中国银行业监督管理委员会和中国人民银行关于资金拆借、投资品种的规定及国家有关法律规定，同时严格按照公司相关业务管理办法和操作规程规范办理。

3. 计划财务部门是资金运作的总牵头部门，除日常资金头寸管理和参与资金拆借操作外，还应根据公司资金的余缺情况，进行统筹协调，合理配置资金运作的品种并对利率水平进行总体控制。

4. 风险管理部负责资金的日常风险监控和管理，保证资金的筹集、运用满足资产负债比例，风险控制指标的监管要求。

5. 信贷部门和投资部门根据计划财务部门安排的资产配置要求，分别对相关业务进行配合或操作。

6. 资金运作必须严格执行审批制度，按审批权限经批准后方可办理。

（四）存款准备金管理

存款准备金管理是指各类银行、信用社、财务公司和金融租赁公司等存款性金融机构按照吸收存款的一定比例提取后存放中央银行（中国人民银行）的款项。财务公司的存款准备金包括法定存款准备金和超额存款准备金两部分。

1. 法定存款准备金管理

法定存款准备金由公司按照中央银行规定，以每旬末活期存款、长期存款、代理业务资金（减代理业务占款）以及委托存款（减委托贷款）合计金额乘以存款准备金率，计算应交法定存款准备金额。公司总分机构的存款准备金由总部计划财务部门汇总后统一进行报表编制和资金调拨，由总部结算部门于次旬五日内报送报表并将资金足额缴存于中国人民银行存款准备金账户内，并负责相关报表资料的保存。

为规范执行中央银行"法定存款准备金统一由法人机构缴存"的有关规定，对分公司法定存款准备金管理要求如下：

（1）报送时间和方式：每旬后 1 日内，即每月的 1 日、11 日、21 日，如遇法定节假日则顺延至法定节假日后第一个工作日，各分公司将存款准备金的相关会计资料报送公司总部计划财务部，公司总部结算部负责存档保存。

（2）报送内容：每月 1 日应报送上月月计表和上月末的一般存款余额表，每月 11 日应报送本月 10 日的一般存款余额表，每月 21 日应报送本月 20 日的一般存款余额表。

（3）每旬后 3 日内，即每月的 3 日、13 日、23 日，如遇法定节假日则顺延至法定节假日后第一个工作日，公司总部计划财务部按照汇总口径的上旬末（每月的 10 日、20 日和月末最后一日）的一般存款余额和最新的存款准备金率计算法定存款准备金，编制一般存款余额表，并根据本期应缴存款准备金的实际金额填制"资金调拨单"，一般存款余额表经过会计复核—部门经理审核—主管副总经理审批后，随同经主管副总经理审批的"资金调拨单"一并转交总部结算部门。

（4）总部结算部门负责按时办理资金划转和会计资料报送、存档。当一般存款余额增加时，最迟每月的 5 日、15 日、25 日的上午 12 点前将应补资金划入准备金账户内，并跟踪确认；当一般存款余额下降时，最早只能在每月的 5 日、15 日、25 日办理超额准备金转出。会计资料于每旬后 5 日内报送人民银行。每月 1 日至 5 日应报送上月月计表（合并口径资产负债表）和上月末的一般存款余额表，每月 11 日至 15 日应报送本月 10 日的一般存款余额表，每月 21 日至 25 日应报送本月 20 日的一般存款余额表。每月的 5 日、15 日、25 日分别为每旬报送会计资料的最后一天，如遇法定节假日则顺延至法定节假日后第一个工作日。为确保会计资料及时上报，总部结算部应提前一天报送会计资料，避免造成迟报。需要注意的是，当一般存款余额下降时，可以提前交报表，但不得提前划出资金。

（5）公司法定存款准备金管理实行三级审批，三层复核，确保准确无误。三级审批的审批级次由低到高分别为：计划财务部门业务经办—计划财务部门经理—主管副总经理。三层复核分别为：计划财务部门会计—结算部门业务经办—风险管理部门稽核。

2. 超额存款准备金管理

超额存款准备金是指存放中央银行的超过法定存款准备金部分的资金。由于考虑支付资金汇划费用以及方便缴存而采取法定存款准备金计算金额取整等因素的影响，因而实际存放中央银行账户的资金通常会大于法定存款准备金而存在一定差额。

目前，中央银行已经取消了对存款性金融机构超额准备金比率的要求，在账户管理上，将法定存款准备金率和超额存款准备金率合二为一，仅开立一个中央银行的准备金存款账户。

随着存款准备金职能的不断丰富，存款准备金已由起初的保证支付功能，逐渐成为一种控制信贷规模和货币供给的数量型货币政策工具。中央银行不定期地调整存款准备金率，对其实行严格按旬考核，并依据《中国人民银行法》第四十六条规定对违反存款准备金规定的行为实施处罚，因此准确掌握中央银行对法定存款准备金的考核期间，显得尤为重要。考核规定是当旬第五日至下旬第四日每日营业终了时，中央银行的存款准备金账户余额与上旬末的一般存款余额之比不得低于规定的存款准备金比率。

（五）存放同业资金管理

存放同业资金是指银行或非银行金融机构存放在其他银行和非银行金融机构

的款项。对财务公司而言，主要是指公司存放在商业银行的各类存款。

（1）存放同业资金主要分为两类：一类是为保证客户存款支取准备的最富流动性的备付金存款，主要为存放同业的活期存款；另一类是与银行开展业务合作形成的以资金存放形式存在的资金产品。

（2）备付金存款管理遵循流动性与效益性相结合的原则，即在确保支付能力的前提下，尽量压缩备付金占用，争取较高的同业存放价格，灵活调度资金，提高资金收益。备付存款资金头寸原则上按照前一日活期存款余额的20%核定，资金计划可根据资金计划和市场条件在 +5% 的范围内灵活掌握。当余额低于备付标准时，计划财务部门有权申请在总分机构之间进行资金调拨调剂，出现总体资金头寸紧张时应及时报告领导并通知相关业务部门采取措施，各业务部门、分公司应密切配合，服从统一调度。如遇客户定期存款到期，结算部门要通过报送资金计划方式提前通知计划财务部门，以便做好备付资金头寸调剂。

（3）存放同业的资金产品，包括 1 天、7 天、14 天、21 天、28 天等固定期限的超短期资金产品，以及 1 ~ 6 月的短期资金产品。根据公司资金特点，也可以通过友好协商、互惠互利的方式，与银行共同设计期限灵活、利率浮动附带提前支取条件的资金产品，如资金分阶段到期、价格与 Shibor 挂钩、部分提前支取等。资金产品的选择遵循"参照同业拆借市场的基准价格，比价格、比效率、比服务"的原则进行。

（4）为了便于资金头寸管理，计划财务部门与结算部门应及时沟通大额资金变动情况。结算部门对集团成员单位、分公司上存和下划资金业务，原则上按对口银行的资金归集账户进行操作，特殊情况需从其他账户划转资金的，结算部门须提前通知计划财务部门。

（5）资金调拨实行逐笔审批，并按以下程序办理：公司在办理资金划拨时，须由计划财务部门提出申请，填制资金调拨单，经计划财务部门经理审核、主管副总经理、总经理审批后，结算部门凭资金调拨单进行资金划拨。

（6）公司总分机构要加强对资金的分析预测，做好资金长期计划和短期匡算，特别是对大额进出款项要严格监控。加强资金头寸变动情况的跟踪监测，掌握不同阶段影响头寸变动的主要因素，总结各时期资金变化规律，提高资金调度水平，最大限度地发挥资金效益。

（六）分公司备付资金管理

1. 分公司原则上不得在与公司总部合作外的金融机构开立账户，若因特殊原因必须开立账户的，要上报公司总部审批，并核定限额，严格管理，防止资金头寸分散闲置，确保资金安全。

2. 分公司备付资金管理实行核准制。每年年度预算下达后 10 日内，分公司根据年度业务规模申报日常资金备付限额（原则上分公司的资金备付率不得超过平均活期存款规模的 15%），经总部批准后执行。总部计划财务部负责对核定的分公司备付资金限额、备付率进行监督检查，有权根据实际情况合理调整备付限额，并将检查情况通报公司领导。分公司超出备付率的富余资金必须及时主动上存公司总部，当分公司备付存款资金低于备付限额时，可及时向总部申请下划补足。当分公司上存资金不足以弥补其备付资金，出现缺口时，可申请向总部拆借资金。分公司计划财务部门要随时掌握资金头寸变化情况，对备付资金可能出现缺口或有大宗资金需求的情况，须通过编报周资金计划的方式上报。出现临时资金变动需求，要第一时间向公司总部提交资金调拨申请，以便公司总部调剂资金头寸。

$$资金备付率 = \frac{存放同业资金 + 库存现金}{活期存款}$$

（七）总分机构资金往来的管理

总分机构之间的资金往来业务包括内部资金存放和内部资金拆借。资金存放是指分公司将富余资金头寸存放公司总部的行为。资金存放实行内部资金利率，存放资金的流动通过资金上划和下拨两种方式来实现。内部资金利率是资金在公司总分机构间流动时的成本价格。

1. 内部资金存放

分公司资金除必要备付金外，富余资金头寸一律上存公司总部，由分公司主动发起向总部结算部门申请办理上存、下划，并及时报告总部计划财务部门。公司总部按照存放中央银行法定存款准备金存款利率上浮 20% 计付分公司存款利息。分公司存放公司总部资金的利息由结算部门负责计算并划付至分公司在公司总部开立的内部存款账户内。

2. 内部拆借

（1）内部拆借资金利率

分公司的资金头寸出现缺口时，可向公司总部提出内部资金拆借申请。内部拆借资金利率由公司总部计划财务部参考全国银行间同业拆借市场的利率制定，拆借利率每年 10 月核定一次，参照当年 9 月 30 日的银行间债券市场同期回购利率上浮 30 个基点的原则制定，新的拆借利率从次年 1 月 1 日起执行。

（2）内部拆借资金的审批

分公司在提出资金拆借业务申请时，填报"资金调拨业务申请表"，并同时报告当前所有银行账户的资金情况。为了保证内部资金调拨的及时性，公司总部对分公司提交的"资金业务申请表"传真件进行审核确认，并完成审批程序后办理"资金调拨单"传递总部结算部门，总部结算部门按"资金调拨单"的要求将资金下划至分公司指定账户内。同时，总部计划财务部将经审批的"资金业务申请表"回传给分公司，分公司应妥善保存资金调拨业务申请表原件和传真件以备查证。

（3）内部拆借资金的归还

分公司内部拆借资金合同到期当日必须归还，不得拖延。资金头寸富余时也可以申请提前归还，分公司在提交还款申请时，须先与总部计划财务部门核定拆借合同编号、应还本金和应付利息金额，经确认无误后向公司总部结算部上划资金或申请主动扣款。传递结算部门的资金用途栏须标明与该笔资金相对应的资金调拨业务申请表编号。

3. 资金计息方式

分公司上存公司总部存款和向总部拆借的资金实行按季结息，每季末 20 日为结息日，利息由总部结算部门统一扣收。

4. 账务核对

总部计划财务部门应与总部各业务部门、分公司按月核对有关资金台账数据，确保资金账务数据准确。

5. 监督与检查

为了保证各项业务健康、顺利的发展，公司总部采取定期、不定期方式对分公司各项资金业务运行情况进行检查、稽核，对检查中发现的问题要及时纠正。分公司违反规定，除限期纠正违规行为外，公司总部应视情况通报公司领导后对相关责任人给予处罚。分公司应加强日常的自查、稽核，对发现的问题要及时向总部汇报，积极整改。

第二节　财务公司会计制度体系

企业集团财务公司作为非银行金融机构，2007 年之前执行财政部于 2001 年

11 月 27 日发布的《金融企业会计制度》。2006 年 2 月财政部颁布了《企业会计准则——基本准则》，并要求自 2007 年 1 月 1 日起在上市公司中执行，2008 年实施范围扩大到中央国有企业，2009 年进一步扩大范围至全国的大中型企业。由此可见，中央国有企业集团所属的财务公司于 2008 年 1 月 1 日起执行《企业会计准则——基本准则》，其他性质的企业集团财务公司于 2009 年 1 月 1 日起执行。

一、会计核算管理

会计核算管理主要是根据《中华人民共和国会计法》、《企业财务会计报告条例》、《企业会计准则——基本准则》等有关法律、法规，结合《集团公司的会计核算办法》，规范财务公司会计核算工作，真实完整、准确及时地提供会计信息。

（一）会计核算基础

1. 公司必须根据实际发生的经济业务事项进行会计核算，填制会计凭证，登记会计账簿，编制财务会计报告。

2. 下列经济业务事项，应当办理会计手续，进行会计核算：

（1）款项和有价证券的收付；

（2）财物的收发、增减和使用；

（3）债权债务的发生和结算；

（4）资本、权益的增减；

（5）收入、支出、费用、成本的计算；

（6）经营成果的计算和处理；

（7）需要办理会计手续，进行会计核算的其他事项。

3. 公司会计核算年度自公历 1 月 1 日起至 12 月 31 日止。

4. 公司会计核算以人民币为记账本位币。

5. 公司的会计核算遵循权责发生制原则。

6. 公司的会计凭证、会计账簿、财务会计报告和其他会计资料，必须符合国家统一的会计制度规定。

使用电子计算机进行会计核算的，其软件及其生成的会计凭证、会计账簿及其他会计资料，也必须符合国家统一的会计制度规定。

7. 会计核算必须遵循下列规定：

（1）必须实行钱、账分管，有账有据，账务核对应按日和定期进行。应保证账账、账款、账实、账表、账据、表内外账核对相符。经办人员和会计主管人员在核对相符后，必须签章。

（2）根据合法、有效凭证准确使用会计科目记账。转账业务程序为先记借后记贷，先记账后签回单。

（3）会计记账必须经过复核。

（4）会计核算必须实行事中或事后监督。

（5）会计核算分为明细核算和综合核算。分户账、现金收（付）日记簿、登记簿、余额表为明细核算。科目日结单、总账、日记表为综合核算。综合核算与明细核算相互核对、制约。

8. 会计核算以持续、正常的经营活动为前提，以所发生的各项业务为对象，记录和反映公司的经济业务情况；在各会计期间内，所采用的会计政策应当前后一致，不得随意变更。

9. 会计记账采用借贷记账法。以科目为主体，"借"、"贷"为记账符号。有借必有贷，借贷必相等。其平衡关系为资产总额等于负债总额加所有者权益总额。

会计凭证、账簿、报表的填列以人民币"元"为金额单位，"元"以下填至"分"。"元"以上计数逗点采用三分位制。

凭证、单据、账折的各种代用符号为："第"号为"#"；"每个"为"@"；人民币元符号为"￥"；年、月、日简写顺序应自左而右"年/月/日"；年利率简写为"年%"；月利率简写为"月‰"，日利率简写为"日万分之"。

（二）会计科目、会计凭证、会计印章与会计档案

1. 会计科目

根据《企业会计准则》和《企业会计准则——应用指南》（包括企业会计准则应用指南、会计科目及主要账务处理）和财务公司会计核算特点设置会计科目，设置的具体会计科目参见本章第二节第二部分内容。为了满足实际核算需要，分公司可根据自身情况增设明细会计科目，但必须符合《企业会计准则》和总部会计科目体系的总体要求，同时报总部备案。公司统一规定的会计科目编号不得随意变更。

会计科目按照与资产负债表的关系分为表内科目和表外科目两种。属于会计要素的核算内容使用表内会计科目。属于或有资产，或有负债，有价单证、空白

重要凭证以及实物管理的核算内容使用表外科目。表外科目采用单式记账，发生记收入，销减记付出，收入在左，付出在右，余额与有关实物、单证、账簿相一致。

会计科目修改变更，除年度终了采用结转对照表方式进行新旧科目结转，以保证上下年度新、旧科目余额衔接外，在年度中间，一律填制凭证，通过分录结转。

2. 会计凭证

（1）会计凭证的设置和填制要求

会计凭证是各项业务和财务活动的原始记录，是办理业务和记账依据，包括原始凭证和记账凭证。

公司会计核算业务采用复式凭证。

填制凭证必须做到要素齐全，内容真实，数字准确，字迹清楚，符合规定。

会计凭证的基本要素包括：年、月、日；收付款人的开户行名称、户名和账号；人民币符号、大小写金额；款项来源、用途摘要和附件张数；会计分录和凭证编号；客户签章；银行及有关人员印章。

（2）空白重要凭证的管理要求

空白重要凭证是指由银行或公司印制的无面额的经公司或开户单位填写金额并签章后即具有支取款项效力的空白凭证。

空白重要凭证实行"专人管理，入库保管"办法，属于公司签发的空白重要凭证，必须坚持"证印分管，证押分管"。

空白重要凭证一律纳入表外科目核算。

对外出售和内部领用的空白重要凭证，应建立专用空白重要凭证登记簿。开户单位领用空白支票时（含其他重要空白凭证，下同）填写"空白凭证领用单"，加盖全部预留印鉴方为有效。公司在发给开户单位前应加盖该企业账号和开户行全称章；企业销户时，应将剩余支票和其他空白重要凭证切角后全部交回公司注销，进行登记，不得短缺。开户单位对领用的空白支票和其他空白重要凭证负全部责任，如有遗失，因此而产生的一切经济损失，由领用单位负责。

严禁将空白重要凭证移作他用，不准在空白重要凭证上预先盖好印章备用。凡应公司签发的空白重要凭证，严禁由客户签发使用。

3. 会计印章

会计印章包括业务公章、现金收付讫章、银行收付讫章、转讫章、结算专用章、财务专用章、发票专用章等。会计印章管理应遵循公司统一制定的《印章管理办法》。会计印章日常管理应做到专人管理，人离入锁，授权使用。一般情况下，禁止携带会计印章外出用印；遇特殊情况，报经公司领导批准后，指定双人同行外出用印。

4. 会计档案

（1）会计档案是指会计凭证、会计账簿和财务报告等会计核算专业资料，是记录和反映本公司经济业务的重要史料和证据。具体包括：

会计凭证类：原始凭证、记账凭证、汇总凭证、其他会计凭证。

会计账簿类：总账、明细账、日记账、固定资产卡片、辅助账簿、其他会计账簿。

财务报告类：月度、季度、年度财务报告，包括会计报表、报表附注及文字说明、其他财务报告。

其他类：银行存款余额调节表、银行对账单、计算机系统技术资料及电子业务数据、其他应当保存的会计核算专业资料。

（2）公司每年形成的会计档案，由相关业务部门按照归档的要求，负责整理立卷或装订成册。当年会计档案，在一个会计年度终了后，由相关部门指定专人（出纳员不得兼任）保管一年。期满之后，由相关业务部门编造移交清册，一式两份（一份保留、一份交档案员），于移交年3月31日前交公司档案管理部门统一保管。

（3）会计档案的归档要求、保管期限、查阅使用以及销毁根据《中华人民共和国档案法》、《中华人民共和国会计法》、《会计档案管理办法》、《银行会计档案管理办法》等有关法律法规，按照公司统一制定的《公司档案管理办法》执行。

（三）账务组织、处理及会计报表

1. 记账规则

目前，会计电算化已经得到广泛应用。一般来说，企业集团财务公司均采用电子计算机记账，其规则如下：

（1）数据输入，必须由指定的操作员办理，非操作员不得输入任何数据。

（2）数据输入必须根据合法有效凭证（其中票据金额、日期、收款人名称更改的为无效凭证，下同），做到数字准确，摘要齐全，调整账户信息必须根据会计主管人员签发书面通知书输入。支付款项不得超过存款余额、贷款限额或拨款（经费）限额。

（3）操作员不得自制凭证上机处理，更不准无凭证进行数据输入。

（4）由电子计算机自动生成的凭证（利息凭证），其转账数据必须指定人员复核，并核对份数、金额及平衡关系。

（5）对红字凭证，输入时按同方向负数处理，即用"－"表示，并在摘要栏注明冲账原因。

计算机操作人员分为系统管理员、一般操作人员、复核人员。

系统管理人员有权对系统运行进行控制并操作，有权检查各业务员操作终端机的情况及终端机的状态，但不得处理任何具体业务，也不得装入与公司业务无关的程序和数据。

一般操作人员在其规定业务范围内凭会计凭证、经部门经理签章的更正文件输入有关业务数据。查询自行输入的业务，操作人员必须严格按照规定的权限进行操作，操作员与复核员以及操作员之间不得相互兼任，不得越权处理会计业务。

复核人员复核业务并进行查询，负责账务核对。

计算机操作人员使用的个人密码，应严格保密并经常更换，防止失密，离岗应签退。

凡要求输入计算机开销账户、冲账、删账、调整计息积数、调整利率、启动计息和查询、修改客户密码、取消挂失、冻结解冻等，均须根据会计主管人员批准的书面通知办理。

2. 记账凭证、账簿更正规定

（1）记账凭证更正规定

如果在制记账凭证时发生错误，应当重新填制。

已经登记入账的记账凭证，在当年内发现填写错误时，可以用红字填写一张与原内容相同的记账凭证，在摘要栏注明"注销某月某日某号凭证"字样，同时再用蓝字重新填制一张正确的记账凭证，注明"订正某月某日某号凭证"字样。如果会计科目没有错误，只是金额错误，也可以将正确数字与错误数字之间的差额，另编一张调整的记账凭证，调增金额用蓝字，调减金额用红字。发现以前年度记账凭证有错误的，应当用蓝字填制一张更正的记账凭证。

（2）账簿更正规定

账簿记录发生错误，不准涂改、挖补、刮擦或者用药水消除字迹，不准重新抄写，必须按照下列方法进行更正：登记账簿时发生错误，应当将错误的文字或者数字画红线注销，但必须使原有字迹仍可辨认；然后在画线上方填写正确的文字或者数字，并由记账人员在更正处盖章。对于错误的数字，应当全部画红线更正，不得只更正其中的错误数字。对于文字错误，可只划去错误的部分。

由于记账凭证错误而使账簿记录发生错误，应当按更正的记账凭证登记账簿。

3. 账务核对要求

账务核对分每日核对与定期核对。其内容包括借贷相等、资产总额等于负债总额加所有者权益总额、综合核算和明细核算，账账、账款、账表、账实、账据、表内外账核对，从而保证账务核对相符。

（1）每日核对的要求

总账各科目余额和发生额合计借贷相等；总账按科目应与分户账或余额表的余额合计核对相符。

现金收、付日记簿的合计数应与现金科目总账借、贷方发生额核对相符；现金库存簿的库存数，应与实际库存现金和现金科目总账余额核对相符。

财务与结算之间采取内部清算往来形式进行核算的财务公司，内部清算往来科目余额核对相符。

表外科目余额应与有关登记簿核对相符，其中重要空白凭证、有价单证经办人员核对当天领入、使用、出售及库存实物数。

（2）定期核对的要求

①中央银行和其他往来银行送来的对账单，应及时核对相符，并按时编制银行存款余额调节表。

②各开户单位的存款、贷款、未收贷款利息（含复利）账户，都应按月填发"余额对账单"与单位对账。年度终了后的一个月内，向存款人送达上年度账户余额对账单，并及时收回对账回执。根据对账回执与存款人核对年度账务，对未达账项应及时查明原因并进行处理。

对计息范围、利率和利息必须做到事先认真复核，事后加强检查，保证计算正确。

对企业的存贷款利息，一律转账，不得收付现金，并签发给企业存贷款利息（含应收利息的复利）清单。

利率分为年利率、月利率、日利率三种。

企业活期存款按季计息，每季末月的 20 日为结息日，21 日营业开始记账。企业定期存款到期清户，结计利息，不计复利，属于存款计息账户的逾期天数或提前支取，按支取日挂牌活期利率计息。

贷款根据借款合同规定按季结息，每季末月 20 日为结息日，21 日营业开始记账，对企业不能按期支付的利息按中央银行有关规定处理。

同业之间资金往来，按照双方协定利率计算利息。

月末按照权责发生制原则，对存款、贷款、存放同业以及金融债券未结息部分进行预提应收、应付利息，对一次性收取的委托业务手续费、票据贴现息等进行分摊确认损益。

存贷款账户结清时，当即结息列账。

贷款逾期，以贷款合同规定期限为依据，到期日未归还即为逾期，逾期贷款在贷款合同规定利率基础上按中央银行规定处理。

定期存款到期日为节假日，可在节假日前一天支取（定期存款可以全部或部分提前支取，但只能提前支取一次），扣除相应提前天数的利息；节假日后支取，按过期支取办法办理。

贷款到期日为节假日，提前归还，扣除相应提前天数的利息；节假日次日归还，按相应后移的天数计收利息，不按逾期利率计算。

③公司总部与分公司之间有些往来经济业务，为保证往来业务数据核对相符，月末公司总部统一进行内部往来业务数据汇总抵销，公司总部与分公司建立每月末往来业务数据对账制度。

每月末前一天，由总部将总分机构内部往来业务余额对账单传送至分公司，经分公司核对后，当天将加盖分公司财务专用章的往来业务余额对账单传送总部。总分机构就核对不符部分，及时查找原因，进行账务调整，保证总分机构之间往来业务数据核对相符。如果系统支持总分机构自动对账功能，也可由系统对账相符后生成总分机构内部往来业务余额对账单。

4. 账簿结转、装订要求

会计账簿分为明细分类账簿和总分类账。明细分类账簿包括分户账、现金收（付）日记账、登记簿、余额表；总分类账指总账。

明细分类账是总分类账的明细科目，可分类连续地记录和反映公司资产、负债、所有者权益、成本、费用、收入等明细情况，记账会计应根据会计核算要求和公司所属经营行业的特点、经营项目的主要范围，设置明细分类账。

①账簿结转要求

明细账结转：账页记满转下页；计算机分户记账满页，打印结转；年度终了结转时，各科目分户账更换新账页（定期存款、贷款账页除外）；销账式账页应将未销各笔逐笔过入新账页，并结出余额，在摘要栏填列该笔账务原始旧账务的发生日期和内容。

总账结转：总账按月结转新账。

②账簿装订要求

各种账簿在更换新账页后，旧账页应按下列规定分别装订：

明细分类账、总账按年装订；总分类账采用借、贷、余额三栏式的订本账，明细分类账格式选择借、贷、余额三栏式明细分类账。

发生收款和付款业务的，按月打印现金日记账和银行存款日记账，并与库存现金核对无误。

会计账簿装订成册，要填写"封面"和"启用表"，会计账簿封面应标明单位全称、账簿名称、会计年度、册数等项目，项目要填写完整。会计账簿扉页应当附启用表，并后附列明科目索引表，启用表的内容包括启用日期、账簿页数、记账人员和会计机构负责人（会计主管人员）姓名，并加盖名章和单位公章（或财务专用章）。

用计算机打印的会计账簿必须连续编号，经审核无误后装订成册。

5. 会计报表相关规定

会计报表是综合反映本会计期间业务发展、财务状况和经营成果的书面文件，必须按时编报、认真复核，做到数字真实、内容完整、计算准确、字迹清楚、签章齐全、报送及时。

会计报表应当根据完整而正确的会计账簿记录和有关资料进行编制，会计报表的填列，以人民币"元"为金额单位，"元"以下填至"分"。

会计报表须装订成册，加具封面，由单位负责人、总会计师、会计机构负责人或会计主管、稽核人员、制表人员签名或盖章。

公司对外报送会计报表通常包括资产负债表、利润表、现金流量表、经济指标完成情况分析表、金融统计监测管理报表、集团公司财务报表、银监会和财务公司协会要求报送的报表（不包括公司报送银监会的非现场监管报表，非现场监管报表简称1104报表，属于风险监管报表）。

公司内部管理会计报表通常包括资产负债表、利润表、经济指标完成情况分析表、业务及管理费明细表、有关财务管理报表等。

具体会计报表格式和会计报表编制说明参见本章第二节第三部分《会计报告编制说明》。

6. 年终财务决算程序规定

年终决算以计划财务部门为主，各有关部门参加，决算工作分为以下几个步骤：

（1）决算前期工作

清理资金。对各项逾期贷款以及代理业务尚未结清的资金，应抓紧催收和清算；对已到期的应解汇款、呆滞资金、内部资金等应积极进行清查处理。

盘点财产。对库存现金、有价单证、空白重要凭证、固定资产、低值易耗品、在建工程等，要根据有关账簿进行全面清查盘点，对盘点清查中发生的财产多缺，要按规定及时处理。

核实账务。根据企业 12 月底存贷款账户余额和应收利息余额（含复息）签发对账单全面进行账务核对，定期收回对账回单。企业如超过 30 天不退回对账单又不到公司提出异议的即为认定余额数。

检查账户的会计科目归属，核对总、分余额，清理中央银行往来和同业往来的未达账项，处理久悬账户。

核实损益。检查损益类科目各账户数字和账务处理，核实应收、应付利息等，核查费用各账户，处理递延资产和预提费用。

（2）年终决算日，应将当天全部账务处理完毕，全面核对，并将各损益类科目各账户最后余额通过分录转入"本年利润"科目，损益类科目应无余额。"本年利润"科目通过分录转入"利润分配"科目，结转后"本年利润"科目应无余额。

（3）年终决算完毕，应审核和汇总决算报表，并对有关情况、问题和变化原因进行分析，认真编写决算说明书，随同决算表一并委托会计师事务所审定后上报。

（四）会计分析

1. 会计分析除进行综合、全面的分析外，还要针对重要业务、重要情况数据进行专项会计分析，并写出会计分析书面报告，提出改进工作的措施和建议，对下个会计期间进行预测。

2. 会计分析主要内容有资产、负债及所有者权益的结构及其变化情况分析；

收入、成本、费用变动情况；损益的构成及应收利息变动的情况；各类资金的流向、流量和可用资金的利用水平情况；内部资金占用情况；资金头寸及备付金变动情况；资产质量、结构及其变动情况；资产流动性状况；各项资产风险情况；各项负债的利率结构及利率变化态势；结算业务开展情况；其他重要情况。

3. 会计分析的主要方法

（1）比较分析法，即将各种报表同有关的计划、预算资料、历史资料以及行业资料等进行对比，确定差异，分析和判断公司经营和财务状况的方法。比较分析按照比较形式分类，分为绝对数比较和百分比变动比较；按照基准分类，分为与目标基准比较、与历史基准比较、与行业基准比较。

（2）因素分析法，即将影响计划指标完成情况的有关因素进行分类，采用一定的计算方法，测定各个因素对完成计划指标的影响及程度。

（3）结构分析法，即将相同事物进行分类，并计算各个类别在整体中占的比重，分析部分与整体比例关系。

（4）趋势分析法，即将两期或连续数期财务报告中相同指标进行对比，确定增减变动方向、数额和幅度，分析引起变动的原因、性质，以判断公司的财务状况和经营业绩演变趋势及其发展前景。按照采用基期不同，分为定比动态比率和环比动态比率两类指标。定比动态比率 = 分析期数据/固定基期数据，用来分析指标总体变动趋势。环比动态比率 = 分析期数据/上一期数据，用来分析指标变动速度。

（五）会计机构和会计人员

1. 计划财务部门负责公司会计工作的组织、管理及会计核算。

2. 从事会计工作的人员，必须取得会计从业人员资格证书，遵守职业道德，提高业务素质。

3. 会计人员职责如下：

（1）遵守国家的法律法规，贯彻执行《会计法》、新会计准则体系和会计职业道德规范。

（2）按照有关核算规程履行会计核算和监督职能，完成会计任务。通过审查凭证、登记账簿、编制报表，有序地进行会计业务核算。定期进行会计分析。

（3）加强财务管理，编制财务计划，检查分析财务活动情况，审核各项开支，提出提高盈利能力的措施。

（4）按照管理权限，拟定公司办理会计事务的具体办法、细则，做好加强会计基础工作的组织、督促、检查。

（5）履行岗位职责，文明服务，秉公守法，廉洁奉公。

（6）办理其他有关会计事项。

4. 会计人员权限

（1）有权要求开户企业及其他业务部门，认真执行财经纪律和公司有关规章制度、办法；如有违反，会计人员有权制止纠正。有权对各职能部门在资金使用、财产管理、财务收支等方面实行会计监督。

（2）会计人员对违法收支，制止或纠正无效的，应向公司负责人提出书面意见，要求处理。公司负责人应当自接到书面意见之日起十日内作出书面决定。

（3）发现违反国家政策、法律法规、财经纪律，弄虚作假等违法乱纪行为，会计人员有权拒绝执行，并向公司财务负责人或公司负责人报告。

5. 会计人员应当保守公司秘密，除法律规定和公司负责人同意外，不能私自向外界提供或者泄露各项会计信息。

6. 会计人员必须实行岗位培训，未经岗位培训或培训不合格者不得上岗。

7. 会计人员因工作调动或其他原因离职时，必须办理交接手续，并在监交人员监督下进行。财务部门负责人调动，应由公司负责人或指定人员监交；一般会计人员调动，应由财务部门负责人或指定人员监交。会计人员在未办清交接手续以前，不得离职。监交人员对交接工作负全面责任，如事后发现交接不清，除追究交接双方人员外，监交人员应负连带责任。

8. 财务部门负责人离任，应经公司风险管理部门进行离任审计，并书面报告公司负责人。

9. 会计人员违反《会计法》规定办理会计业务，应负法律责任，并按《会计法》有关规定处理。

二、财务报告编制

财务报告是对公司财务状况、经营成果和现金流量的结构性表述。公司年度财务报告包括资产负债表、利润表、现金流量表、所有者权益变动表以及报表附注，经会计师事务所审计后对外报送。公司月度、季度、半年度财务报告包括资产负债表、利润表、现金流量表、经济指标完成情况表、业务及管理费明细表以及财务情况说明，供内部使用。如有需要，月度、季度、半年度财务报告中资产负债表、利润表、现金流量表经风险管理部门稽核后，可按规定范围对外报送。

（一）财务报告编制基本原则

数据真实、内容完整、计算正确、报送及时、手续完备。

（二）财务报告报送要求

1. 报送时间

总分机构月度、季度、半年度财务报告在月（季、半年）度后 2 日内报送，汇总、合并后的季度、月度财务报告在月（季、半年）度后 3 日内报送。

总分机构年度财务报告在年度终了 15 日内报送，汇总、合并后的年度财务报告经会计师事务所审定后报送，具体报送时间按照相关管理机构规定执行。

报表报送时间原则上遇节假日不顺延，特殊情况下，从相关规定。

2. 报送方式

财务报告的报送方式主要分为电子数据和纸质两种。不论是采取何种形式对外报送，都要按照相关审查流程，手续完备后报送，财务报告按时报送后要按照会计档案管理相关规定存档管理。

（三）财务报告的编制内容

1. 资产负债表编制

本表反映公司总分机构在某一特定日期全部资产、负债和所有者权益的情况。应按月编制上报并编制年度财务报表。本表"期初余额"栏内各项数字，应根据上月（年）资产负债表"期末余额"栏内所列数字填列。如果本年度资产负债表规定的各个项目的名称和内容同上年度不一致，应对上年末资产负债表各项目的名称和数字按照本年度的规定进行调整，填入本表"期初余额"栏内。

资产负债表"期末余额"栏内各项目的内容和填列方法：

（1）"现金"项目反映公司期末库存现金的情况。应根据"库存现金"科目期末余额数填列。

（2）"存放中央银行款项"项目反映总部按规定存放在人民银行的款项。应根据总部"存放中央银行款项"科目期末余额填列。

（3）"存放同业款项"项目反映公司期末存放在其他金融机构的款项。应根据"存放同业款项"科目期末余额填列。

（4）"存放总部款项"项目反映分公司存放在公司总部的存款等，应根据"存放总部款项"科目期末余额填列。

（5）"拆出资金"项目反映公司拆借给境内其他金融机构的款项。应根据"拆出资金"科目期末余额填列。

（6）"拆放内部"项目反映期末公司拆借给分公司内部的资金，应根据"拆放内部"科目期末余额填列。

（7）"交易性金融资产"项目反映公司为交易目的所持有的以公允价值计量且变动计入当期损益的债券投资、股票投资、基金投资、权证投资等金融资产。应根据"交易性金融资产"科目期末余额填列。

（8）"买入返售金融资产"项目反映按照返售协议约定先买入再按固定价格返售的票据、证券、贷款等金融资产所融出的资金。应按照"买入返售金融资产"科目期末余额填列。

（9）"应收利息"项目反映公司拆借资金、发放贷款等按照适用利率和计息期计算应收而未收取的利息余额。应根据"应收利息"科目期末余额填列。

（10）"发放贷款及垫款"分为短期贷款、中长期贷款、票据贴现、非应计贷款四项。"短期贷款"项目反映公司按规定发放的期限在 1 年以内的各种信托贷款本金，应根据"短期贷款"科目和"保理资产"的期末余额填列。"中长期贷款"项目反映公司对企业的 1 年期（含 1 年）以上的贷款情况，应根据"中长期贷款"科目的期末余额填列。"票据贴现"反映公司办理商业票据的资金余额，应根据"贴现资产"科目期末余额填列。"非应计贷款"项目反映本金或利息逾期 90 天没有收回的贷款。

（11）"可供出售金融资产"项目反映公司持有的以公允价值计量的可供出售的股票投资、债券投资等金融资产。应按照"可供出售金融资产"科目期末余额填列。

（12）"持有至到期投资"项目反映公司持有至到期投资的摊余成本。应按照"持有至到期投资"期末余额填列。

（13）"长期股权投资"项目反映公司持有的对金融企业的长期股权投资。应按照"长期股权投资"期末余额填列。

（14）"代理业务占款"项目反映公司受客户委托，代客兑付、代购证券和代客理财等业务的情况。应根据"代理业务资产"科目期末余额填列。

（15）"拨付营运资金"项目反映公司总部拨付给分公司的营运资金，应根据"拨付营运资金"科目期末余额填列。

（16）"固定资产原价"和"累计折旧"项目反映公司的各种固定资产原价及累计折旧。应分别根据"固定资产"科目和"累计折旧"科目期末余额填列。

（17）"固定资产净值"项目反映的是"固定资产原值"与"累计折旧"项

目的差额。应根据"固定资产"和"累计折旧"科目期末余额的差额填列。

（18）"无形资产"项目反映公司持有的无形资产成本，包括系统软件开发、专利权、非专利技术、商标权、著作权、土地使用权等。应根据无形资产原值与累计摊销的差额填列。

（19）"递延所得税资产"项目反映公司确认的可抵扣暂时性差异产生的递延所得税资产，根据税法规定可用以后年度税前利润弥补的亏损及税款抵减产生的所得税资产，也在本科目核算，应根据"递延所得税资产"期末余额填列。

（20）"抵债资产"项目反映公司依法取得并准备按有关规定进行处置的实物抵债资产的成本。企业依法取得并准备按有关规定进行处置的非实物抵债资产（不含股权投资），也通过本科目核算。应根据"抵债资产"期末余额填列。

（21）"其他资产"项目反映以上所涉及资产项目之外的资产状况。应根据"结算备付金"、"其他应收款"、"存出保证金"、"内部往来（借方余额）"等科目期末余额分析填列。

（22）"各项资产减值损失准备"项目包括"贷款损失准备"、"持有至到期投资减值准备"、"长期股权投资减值准备"、"坏账准备"、"固定资产减值准备"、"无形资产减值准备"等。"贷款损失准备"项下细分为"短期贷款损失准备"、"中长期贷款损失准备"、"票据贴现损失准备"、"非应计贷款损失准备"。应根据各项资产减值损失准备期末余额分析填列。

（23）"向中央银行借款"是指公司向中央银行借入的临时周转借款、季节性借款、年度性借款以及因特殊需要经批准向中央银行借入的在期末尚未偿还的借款。应按照"向中央银行借款"项目期末余额填列。

（24）"拆入资金"项目反映公司总部从境内其他金融机构拆入的款项。应按照"拆入资金"期末余额填列。

（25）"内部拆入"项目，反映分公司从公司总部内部调剂的资金。应根据"内部拆入"科目期末余额填列。

（26）"交易性金融负债"项目反映公司承担的以公允价值计量且变动计入当期损益的为交易目的所持有的金融负债。应根据"交易性金融负债"期末余额填列。

（27）"卖出回购金融资产款"项目反映公司按照回购协议先卖出再按固定价格买入的票据、证券、贷款等金融资产所融入的资金。应根据"卖出回购金融资产款"期末余额填列。

（28）"吸收存款"项目反映吸收企业的各种存款，包括集团成员单位存款、特种存款、保证金存款等。应根据"吸收存款"期末贷方余额填列。

（29）"分公司存款"项目反映分公司存入公司总部的存款准备金及上存资金等。应根据"分公司存款"科目期末余额填列。

（30）"应付职工薪酬"项目反映公司根据有关规定应付给职工的工资、职工福利、社会保险费、住房公积金、工会经费、职工教育经费、非货币性福利、辞退福利等各种薪酬。应根据"应付职工薪酬"科目项下各明细科目的余额填列。

（31）"应交税费"项目反映企业按照税法等规定计算应交纳的各种税费，包括营业税、所得税、城市维护建设税、房产税、土地使用税、车船使用税、教育费附加等。公司代扣代交的个人所得税、营业税，也通过本项目列示（所交纳的税金不需要预计应交数的，如印花税等，不在本科目列示）。本项目应根据"应交税费"科目的期末余额填列。如"应交税费"科目期末为借方余额，应以"－"号填列。

（32）"应付利息"项目反映公司按照合同约定应支付的利息，包括吸收存款、分期付息到期还本的长期借款、内部拆入资金等应支付的利息。应根据"应付利息"科目期末余额填列。

（33）"预计负债"项目反映公司确认的对外提供担保、未决诉讼、重组义务、亏损性合同等预计负债。应按照"预计负债"期末贷方余额填列。

（34）"应付债券"项目反映公司发行金融债券的本金和利息，反映公司尚未偿还的金融债券摊余成本。应按照"应付债券"科目期末余额填列。

（35）"代理业务资金"项目反映公司不承担风险的代理业务收到的款项，包括受托投资资金、受托贷款资金等。应根据"代理业务负债"科目期末余额填列。

（36）"拨入营运资金"项目反映分公司收到的公司总部拨入的营运资金。应根据"拨入营运资金"科目期末余额填列。

（37）"递延所得税负债"项目反映企业确认的应纳税暂时性差异产生的所得税负债。应按照"递延所得税负债"科目期末余额填列。

（38）"其他负债"项目反映以上项目未反映的其他负债，应按照"其他应付款"、"内部往来（贷方余额）"等科目的期末余额填列。

（39）"实收资本"项目反映公司总部实际收到参股单位投入的资本金或由

资本公积、盈余公积转做的资本金，应根据"实收资本"科目期末余额填列。

（40）"资本公积"项目反映公司总部取得的各项资本公积期末余额。应根据"资本公积"科目期末余额填列。

（41）"盈余公积"项目反映公司总部从税后利润中提取的法定盈余公积期末余额。应根据"盈余公积"科目期末余额填列。

（42）"一般风险准备"项目反映公司按规定从净利润中提取的一般风险准备，应按照"一般风险准备"科目期末余额填列。

（43）"未分配利润"项目反映总分机构本期尚未分配的利润。应根据"本年利润"科目和"利润分配"科目的余额计算填列，未弥补的亏损，以"－"号填列。

2. 利润表

利润表反映总分机构一定会计期间经营成果的实现情况。总分机构应按月编制上报。利润表"本期金额"栏，反映各项目本期实际发生额，应根据各项目期末余额填列；"本年累计各项数"栏，反映各项目自年初至本期累计发生额，应根据上月利润表各项目的"本年累计各项数"加本月各项目的"本期金额"填列；"上年同期累计各项数"栏，反映各项目上年同期累计发生金额，应根据上年利润表同期各项目的"本年累计各项数"填列。

利润表"本期金额"栏各项目的内容和填列方法：

（1）"营业收入"项目反映公司"利息净收入"、"金融企业往来净收入"、"手续费及佣金净收入"、"投资收益"、"公允价值变动收益"、"汇兑收益"、"其他业务收入"等项目的金额合计。

（2）"利息净收入"项目反映公司利息净收入（不包括金融企业往来项）。应根据"利息收入"减去"利息支出"项目的差额填列。"利息收入"项目反映总分机构各类贷款和贴现的利息收入。应根据"利息收入"科目（不含金融企业往来项）期末结转利润科目的数额填列；"利息支出"项目反映公司支付给客户各类存款利息支出。应根据"利息支出"科目（不含金融企业往来项）期末结转利润科目的数额填列。

（3）"金融企业往来净收入"项目反映公司与公司内部及同业机构间业务往来发生的利息收入与利息支出的差额。应根据"金融企业往来收入"减去"金融企业往来支出"的差额填列。

（4）"手续费及佣金净收入"项目反映公司各项金融业务收取的手续费收入

与支出的差额。应根据"手续费及佣金收入"减去"手续费及佣金支出"的差额填列。

（5）"投资收益"项目反映公司利用股权和债权投资等方式对外投资所获得的价差、股利和债券利息以及其他收入。应根据"投资收益"科目期末结转利润科目的数额填列。

（6）"公允价值变动收益"项目反映公司交易性金融资产、交易性金融负债，以及采用公允价值模式计量的由公允价值变动形成的应计入当期损益的利得或损失。指定为以公允价值计量且其变动计入当期损益的金融资产或金融负债公允价值变动形成的应计入当期损益的利得或损失，也在本项目核算。应根据"公允价值变动损益"科目的发生额分析填列，如为净损失，本项目以"－"号填列。

（7）"汇兑收益"项目反映公司发生的外币交易因汇率变动而产生的汇兑损益。应根据"汇兑损益"科目的发生额分析填列，如为净损失，以"－"号填列。

（8）"其他业务收入"项目反映公司确认的除主营业务活动以外的其他经营活动实现的收入，包括出租固定资产、出租无形资产或债务重组等实现的收入。应根据当期发生金额填列。

（9）"营业支出"项目反映公司"营业税金及附加"、"业务及管理费"、"资产减值损失"、"其他业务成本"等项目的金额合计数。

（10）"营业税金及附加"项目反映公司缴纳应由经营收入负担的各种税金及附加费。应根据"营业税金及附加"科目期末结转利润科目的数额填列。

（11）"业务及管理费"项目反映公司在业务经营和管理工作中发生的各项日常费用。应根据"业务及管理费"科目发生额分析填列。

（12）"资产减值损失"项目反映公司计提各项资产减值准备所形成的损失。应根据"资产减值损失"科目的发生额分析填列。

（13）"其他业务成本"项目反映公司确认的除主营业务活动以外的其他经营活动所发生的支出，包括出租固定资产的折旧额、出租无形资产的摊销额等。应根据相关科目的期末余额分析填列。

（14）"营业利润"项目反映公司当期的经营利润，发生经营亏损也在本项目反映，用"－"号表示。应根据利润表"营业收入"减去"营业支出"后的数额填列。

（15）"营业外收入"项目反映公司业务经营以外实现的收入。应根据"营业外收入"科目期末结转利润科目的数额填列。

（16）"营业外支出"项目反映公司业务经营以外的支出。应根据"营业外支出"科目期末结转利润科目的数额填列。

（17）"利润总额"项目反映公司当期实现的全部利润（或亏损）总额，如为亏损应以"－"号表示。应根据"营业利润"加上"营业外收入"金额、减去"营业外支出"金额后的数额填列。

（18）"所得税费用"项目反映公司应当从本期损益中减去的所得税。应根据"所得税费用"科目的发生额分析填列。

（19）"净利润"项目反映公司当期实现的净利润，如为亏损应以"－"号表示。应根据"利润总额"减去"所得税费用"后的数额填列。

3. 现金流量表

现金流量表反映总分机构一定会计期间现金和现金等价物流入和流出的信息。总分机构各自应按月编制上报。

现金流量表所指的现金，是公司库存现金以及可以随时用于支付的存放款项；所指的现金等价物，是公司持有的期限短、流动性强、易于转换为已知金额现金，价值变动风险很小的投资，如三个月内到期的短期债券等。

现金流量表一般应按现金流入和流出总额反映，但代客户收取或支付的现金以及周转快、金额大、期限短项目的现金流入和现金流出、短期贷款发放与收回的贷款本金、活期存款的吸收与支付、同业存款和存放同业款项的存取、同业及内部资金的拆入拆出、委托存款与委托贷款、代理资金与代理投资、票据的贴现与转贴现、自营证券和代理业务收到或支付的现金等应以净额反映。

公司在编制现金流量表时，经营活动现金流量的列报应采用直接法。所谓直接法，是指通过现金收入和支出的主要类别直接反映来自公司经营活动的现金流量。一般是以利润表中的营业收入为起算点，调整与经营活动各项目有关的增减变动，然后分别计算出经营活动各现金流量。其信息可从会计记录中直接获得，也可以在利润表营业收入、营业成本等数据的基础上，通过调整经营性应收应付项目的变动，以及固定资产折旧、无形资产摊销等项目后获得。

编制现金流量表，可采用工作底稿法或 T 形账户法。

现金流量表各项目的内容及填列方法如下：

第一部分：经营活动产生的现金流量

（1）"客户存款和同业存放款项净增加额"项目反映本期吸收成员单位的各种存款的净增加额。本项目可根据"吸收存款"科目的记录分析填列。

（2）"分公司上存资金净额"项目反映本期公司总部收到的分公司上存的款项净额。可根据"分公司存款"科目的记录分析填列。

（3）"向其他金融机构拆入资金净增加额"项目反映本期从金融机构拆入款项所取得的现金净增加额。

（4）"内部拆入资金净增加额"项目反映公司从公司内部实际拆入（包括透支方式拆入）的资金净额。可根据"内部拆入"科目的记录分析填列。

（5）"收取的利息、手续费及佣金"项目反映公司按规定取得的利息净收入、手续费及佣金净收入。可根据"利息收入"、"应收利息"、"手续费及佣金收入"、"存放同业款项"等科目的记录分析填列。

（6）"收到的其他与经营活动有关的资金"项目反映公司除上述各项目外，收到的其他有关现金收入净额，如其他营业收入、营业外收入、存入保证金等。可根据"其他营业收入"、"营业外收入"、"存入保证金"、"存放同业款项"等科目的记录分析填列。

（7）"客户贷款及垫款净增加额"项目反映公司本期发放的各种客户贷款，以及办理商业票据贴现、转贴现融出及融入资金等业务款项的净增加额。本项目可以根据"贷款"、"贴现资产"、"贴现负债"等科目的记录分析填列。

（8）"存放中央银行和同业款项净增加额"项目反映本期存放于中央银行以及境内外金融机构的款项的净增加额。可以根据"存放中央银行款项"、"存放同业"等科目的记录分析填列。

（9）"上存总部款项净增加额"项目反映各分公司实际上存公司总部所支付的资金与收回上存资金的差额。可根据"存放总部款项"期末余额减去期初余额后的差额填列。

（10）"向其他金融机构拆放资金净增加额"项目反映公司向境内金融机构拆放款项所支付的现金减去收回拆放资金的净额。

（11）"拆放内部资金净增加额"项目反映公司向分公司实际拆放的资金净额。可根据"拆放内部"科目的期末余额减去期初余额后的差额填列。

（12）"支付利息、手续费及佣金的现金"项目反映公司实际支付的利息、各项手续费、佣金支出等。可根据"利息支出"、"手续费及佣金支出"等科目的记录分析填列。

（13）"支付给职工以及为职工支付的现金"项目反映公司实际支付给职工以及为职工支付的现金。包括本期职工的工资、奖金、各种津贴和补贴等，以及为职工支付的养老保险、待业保险、补充养老保险，医疗保险、住房公积金、支付的离退休人员费用等。可根据"现金"、"存放同业款项"、"应付职工薪酬"等科目的记录分析填列。

（14）"支付的各项税费"项目反映公司按规定支付的各种税费，包括本期发生并支付的税费以及本期支付以前各期发生的税费和预交的税金。如支付的教育费附加、印花税、房产税、车船使用税、营业税、所得税等。不包括本期退回的所得税，本期退回的上述税金在"收到税费返还"项目反映。本项目可以根据"应交税金"、"现金"、"存放同业款项"等账户的记录分析填列。由汇总缴纳企业所得税造成的分公司部分税款上缴总部情况，分公司就实际向分公司所在地税务机构缴纳的所得税部分确认为"支付的各项税费"，上缴总部部分确认为"支付其他与经营活动有关的现金"。

（15）"支付其他与经营活动有关的现金"项目反映公司除上述各项目外，支付的其他与经营活动有关的现金，如罚款支出，支付的差旅费、业务招待费、保险费、经营租赁支付的现金等。可根据"其他营业支出"、"营业外支出"、"业务及管理费"、"现金"、"存放同业款项"等科目的记录分析填列。分公司向总部上缴的企业所得税确认为"支付其他与经营活动有关的现金"。

第二部分：投资活动产生的现金流量

（1）"收回投资所收到的现金"项目反映公司出售、转让或到期收回除现金等价物以外的交易性金融资产、持有至到期投资、可供出售金融资产、长期股权投资而收到的现金，以及收回债权投资收回的本金。不包括债权投资收回的利息，其利息在"取得投资收益所收到的现金"中反映。本项目可以根据"交易性金融资产"、"持有至到期投资"、"可供出售金融资产"、"长期股权投资"、"投资性房地产"、"现金"、"存放同业款项"等科目的记录分析填列。

（2）"取得投资收益收到的现金"项目反映公司因股权性投资而取得的现金股利，因债权性投资而取得的现金利息收入。股票股利不在本项目中反映。应根据"投资收益"、"应收股利"、"应收利息"、"存放同业款项"、"现金"等科目的记录分析填列。

（3）"收到的其他与投资活动有关的现金"项目反映公司除了上述各项外，收到的其他与投资活动有关的现金，如果价值较大的，应单列项目反映，本项目应根据有关科目的记录分析填列。

（4）"权益性投资所支付的现金"项目反映公司总部进行股权投资所支付的现金。应根据"长期股权投资"、"存放同业款项"等有关科目的记录分析填列。

（5）"债权性投资所支付的现金"项目反映公司总部进行债权投资支付的现金，以及支付的佣金、手续费等附加费用。应根据"持有至到期投资"、"交易性金融资产"、"可供出售金融资产"、"存放同业款项"等科目的记录分析填列。

（6）"购建固定资产、无形资产和其他长期资产所付现金"项目反映总分机构购买、建造固定资产，取得无形资产和其他长期资产所支付的现金。包括购买机器设备所支付的现金、建造工程支付的现金、支付在建工程人员的工资等现金支出，不包括为购建固定资产、无形资产和其他长期资产而发生的借款利息资本化的部分，以及融资租入固定资产支付的租赁费。借款利息和融资租入固定资产支付的租赁费，在筹资活动产生的现金流量中单独反映。应根据"固定资产"、"无形资产"、"存放同业款项"、"现金"等有关科目的记录分析填列。

（7）"支付的其他与投资活动有关的现金"项目反映公司除上述各项外，支付的其他与投资活动有关的现金，包括购买有价证券时，实际支付的价款中包含的已到付息期但尚未领取的有价证券利息和公司总部拨付给分公司用于营运的资金。应根据"存放同业款项"、"拨付营运资金"和其他有关科目的记录分析填列。

第三部分：筹资活动产生的现金流量

（1）"吸收投资所收到的现金"项目反映公司收到的以发行金融债券等方式筹集资金实际收到的款项净额（发行收入减去支付的佣金等发行费用后的净额）以及分公司收到公司总部拨付的营运资金净额。应根据"应付债券"、"拨入营运资金"、"存放同业款项"等科目的记录分析填列。

（2）"收到的其他与筹资活动有关的现金"项目反映公司除上述各项外，收到的其他与筹资活动有关的现金，如接受现金捐赠等。应根据"存放同业款项"等有关科目的记录分析填列。

（3）"偿还债务支付的现金"项目反映公司以现金偿还债务的本金，包括偿付到期的债权本金等。应根据"交易性金融负债"、"应付债券"、"存放同业款项"等科目的记录分析填列。

（4）"分配股利、利润或偿付利息所支付的现金"项目反映公司实际支付的股利、利润，支付的借款和债券利息。应根据"应付股利"、"应付利息"、"利润分配"、"存放同业款项"等科目的记录分析填列。

（5）"支付的其他与筹资活动有关的现金"项目反映公司除上述各项外，支付的其他与筹资活动有关的现金，如捐赠现金支出、发行债券的评估、咨询等费用。应根据"存放同业款项"和其他有关科目的记录分析填列。

汇率变动对现金的影响是指以外币记账的固定汇率与期末银行实际汇率所造成的差额。

现金及现金等价物的净增加额＝经营活动产生的现金流量净额＋投资活动产生的现金流量净额＋筹资活动产生的现金流量净额＋汇率变动对现金及现金等价物的影响。

4. 所有者权益变动表

所有者权益变动表是反映构成所有者权益的各组成部分当期的增减变动情况的报表。所有者权益变动表全面反映一定时期所有者权益变动的情况，不仅包括所有者权益总量的增减变动，还包括所有者权益增减变动的重要结构性信息，特别是要反映直接计入所有者权益的利得和损失，让报表使用者准确理解所有者权益增减变动的根源。

所有者权益变动表在一定程度上体现了公司综合收益。综合收益是指公司在某一期间与所有者之外的其他方面进行交易或发生其他事项所引起的净资产变动。综合收益的构成包括两部分：净利润和直接计入所有者权益的利得和损失。前者是公司已实现并已确认的收益，后者是公司未实现但根据会计准则的规定已确认的收益。用公式表示为

综合收益＝净利润＋直接计入所有者权益的利得和损失

其中，净利润＝收入－费用＋直接计入当期损益的利得和损失。

在所有者权益变动表中，净利润及直接计入所有者权益的利得和损失均单列项目反映，体现了公司综合收益的构成。

根据财务报表列报准则的规定，公司应提供比较所有者权益变动表，因此，所有者权益变动表还就各项目再区分"本年金额"和"上年金额"。

所有者权益变动表各项目的填报说明：

"上年年末余额"项目反映公司上年资产负债表中实收资本（或股本）、资本公积、盈余公积、一般风险准备、未分配利润的年末余额。

"会计政策变更"和"前期差错更正"项目分别反映采用追溯调整法处理的会计政策变更的累积影响金额和采用追溯重述法处理的会计差错更正的累积影响

金额。

为了体现会计政策变更和前期差错更正的影响，公司应当在上期期末所有者权益余额的基础上进行调整得出本期期初所有者权益，根据"盈余公积"、"利润分配"、"以前年度损益调整"等科目的发生额分析填列。

"本年增减变动额"项目分别反映如下内容：

（1）"净利润"项目，反映公司当年实现的净利润（或净亏损）金额，并对应列在"未分配利润"栏。

（2）"直接计入所有者权益的利得和损失"项目，反映公司当年直接计入所有者权益的利得和损失。其中：

"可供出售金融资产公允价值变动净额"项目，反映公司持有的可供出售金融资产当年公允价值变动的金额，并对应列在"资本公积"栏。

"现金流量套期工具公允价值变动净额"项目，反映公司对现金流量变动风险进行的套期工具当年公允价值变动的金额。该类现金流量变动源于与已确认资产或负债、很可能发生的预期交易有关的某类特定风险，套期工具公允价值变动形成的未实现损益，计入当期损益。

"权益法下被投资单位其他所有者权益变动的影响"项目，反映公司对按照权益法核算的长期股权投资，在被投资单位除当年实现的净损益以外其他所有者权益当年变动中应享有的份额，并对应列在"资本公积"栏。

"与计入所有者权益项目相关的所得税影响"项目，反映公司应计入所有者权益项目的当年所得税影响金额，并对应列在"资本公积"栏。

"净利润"和"直接计入所有者权益的利得和损失"小计项目，反映公司当年实现的净利润（或者亏损）金额和当年直接计入所有者权益的利得和损失金额的合计额。

（3）"所有者投入和减少资本"项目，反映公司当年所有者投入的资本和减少的资本。其中：

"所有者投入资本"项目，反映公司接受投资者投入形成的实收资本（或股本）和资本溢价或股本溢价，并对应列在"实收资本"和"资本公积"栏。

"股份支付计入所有者权益的金额"项目，反映公司处于等待期中的权益结算的股份支付当年计入资本公积的金额，并对应列在"资本公积"栏。

（4）"利润分配"下各项目，反映当年对所有者（或股东）分配的利润（或股利）金额和按照规定提取的盈余公积金额，并对应列在"未分配利润"和

"盈余公积"栏。其中：

"提取盈余公积"项目，反映公司按照规定提取的盈余公积。

"提取一般风险准备"项目，反映公司按规定从净利润中提取的一般风险准备。

"对所有者（或股东）的分配"项目，反映对所有者（或股东）分配的利润（或股利）金额。

（5）"所有者权益内部结转"下各项目，反映不影响当年所有者权益总额的所有者权益各组成部分之间当年的增减变动，包括资本公积转增资本（或股本）、盈余公积转增资本（或股本）、盈余公积弥补亏损、一般风险准备弥补亏损等项目。

上年金额栏填列方法：

所有者权益变动表"上年金额"栏内各项数字，应根据上年度所有者权益变动表"本年金额"栏内所列数字填列。如果上年度所有者权益变动表规定的各个项目的名称和内容同本年度不一致，应对上年度所有者权益变动表各项目的名称和数字按本年度的规定进行调整，填入所有者权益变动表"上年金额"栏内。

本年金额栏填列方法：

所有者权益变动表"本年金额"栏内各数字一般应根据"实收资本（或股本）"、"资本公积"、"盈余公积"、"一般风险准备""利润分配"等科目的发生额分析填列。

5. 财务报表附注编写说明

附注是对在资产负债表、利润表、现金流量表和所有者权益变动表等报表中列示项目的文字描述或明细资料，以及对未能在这些报表中列示项目的说明等，附注披露的具体内容包括以下几个方面。

（1）公司基本情况

①公司注册地、组织形式和总部地址。

②公司的业务性质和主要经营活动，如企业所处的行业、所提供的主要产品或服务、客户的性质、营销策略、监管环境的性质等。

③母公司以及集团最终母公司的名称。

④财务报告的批准报出者和财务报告批准报出日。

（2）财务报表的编制基础

（3）遵循企业会计准则的声明

公司应当声明编制的财务报表符合企业会计准则的要求，真实、完整地反映了公司的财务状况、经营成果和现金流量等有关信息。以此明确公司编制财务报表所依据的制度基础。

（4）重要会计政策和会计估计

根据财务报表列报准则的规定，公司应当披露采用的重要会计政策和会计估计，不重要的会计政策和会计估计可以不披露。

①重要会计政策的说明。由于公司经济业务的复杂性和多样化，某些经济业务可以有多种会计处理方法，也即存在不止一种可供选择的会计政策。公司在发生某项经济业务时，必须从允许的会计处理方法中选择适合本公司特点的会计政策。为了有助于报表使用者理解，有必要对这些会计政策加以披露，说明会计政策时还需要披露财务报表项目的计量基础和会计政策的确定依据。

②重要会计估计的说明。财务报表列报准则强调了对会计估计不确定因素的披露要求，公司应当披露会计估计中所采用的关键假设和不确定因素的确定依据。

③会计政策和会计估计变更以及差错更正的说明。公司应当按照企业会计准则规定，披露会计政策和会计估计变更以及差错更正的有关情况。

（5）报表重要项目的说明

公司应当以文字和数字描述相结合，尽可能以列表形式披露报表重要项目的构成或当期增减变动情况，并且报表重要项目的明细金额合计应当与报表项目金额相衔接。在披露顺序上，按照资产负债表、利润表、现金流量表、所有者权益变动表的顺序及其项目列示的顺序。

（6）其他需要说明的重要事项

这主要包括或有和承诺事项、资产负债表日后非调整事项、关联方关系及其交易等。

6. 经济指标完成情况表

经济指标完成情况表属于公司内部管理报表，反映总分机构一定会计期间按照考核口径计算的经济指标实现情况。具有考核主体资格的总分机构应按月编制上报。本表"本期金额"栏，反映各项目本期实际发生额，应根据各项目期末余额填列；"本年累计各项数"栏，反映各项目自年初至本期累计发生额，应根据上月本表各项目的"本年累计各项数"加本月各项目的"本期金额"填列；

"上年同期累计各项数"栏，反映各项目上年同期累计发生金额，应根据上年本表同期各项目的"本年累计各项数"填列。

本表"本期金额"栏各项目的内容和填列方法：

（1）"营业收入"项目，反映公司"利息收入"、"金融企业往来收入"、"手续费及佣金收入"、"投资收益"、"公允价值变动收益"、"汇兑收益"、"其他业务收入"等项目的金额合计。

（2）"营业支出"项目，反映公司"利息支出""金融企业往来支出"、"手续费及佣金支出"、"业务及管理费"、"资产减值损失"、"其他业务成本"等项目的金额合计。

（3）本表的其他项目内容和填列方法与利润表的项目内容和填列方法保持一致。

7. 业务及管理费明细表

业务及管理费明细表属于公司内部管理报表，反映总分机构一定会计期间在业务经营和管理工作中所发生的各项费用构成情况。具有考核主体资格的总分机构应按月编制上报。本表"本期金额"栏，反映各项目本期实际发生额，应根据各项目对应科目本期发生额分析填列。"本年累计各项数"栏，反映各项目自年初至本期累计发生额，应根据上月本表各项目的"本年累计各项数"加本月各项目的"本期金额"填列；"上年同期累计各项数"栏，反映各项目上年同期累计发生金额，应根据上年本表同期各项目的"本年累计各项数"填列。

业务及管理费明细表具体项目内容，应结合公司实际，参照本章第三节营业成本中业务及管理费用项目列示。

8. 财务情况说明

财务情况说明是对财务报表的必要补充说明，是财务报表的重要组成部分。主要内容包括以下几个方面。

公司的整体经济运行情况。包括公司面临的整体经营环境、公司的经营理念、采取的主要经营措施方法以及对取得经营效果的整体评价。

主要财务指标分析。包括收入、利润、EVA 以及重点财务管理指标的实现情况，以及各项收支、资产、负债、所有者权益、现金流量等的构成和增减变动情况等。

主要财务工作情况和重大事项说明。包括公司本期开展的主要财务工作及其进展情况，按照中央《关于进一步推进国有企业贯彻落实"三重一大"决策制度的意见》（中办发〔2010〕17号）和所属集团公司关于重大财务事项和经济事项报告制度的要求，结合公司本期的工作重点，进行重大事项说明。

存在问题及改进措施、管理意见和建议。主要是从财务管理角度，对经营管理过程中存在的问题进行归纳分析，提出拟采取的改进措施或相关管理意见和建议。

第三节　财务公司财务管理

财务公司的财务管理主要是依据《中华人民共和国会计法》、《金融企业财务规则》、《企业集团财务公司管理办法》、《公司章程》以及集团公司财务管理等相关规定，围绕规范财务行为，防范财务风险，促进公司治理而进行的一系列经济管理活动。

一、主要财务管理活动

（一）财务风险管理

1. 公司根据风险控制管理要求，建立健全包括识别、计量、监测和控制等内容的财务风险控制体系，明确财务风险管理的权限、程序、应急方案和具体措施。

2. 根据监管部门资本充足率的监管要求，公司坚持业务规模与资金规模保持匹配的原则，资本充足率和偿付能力满足资本充足率不低于10%，拆入资金余额不超过资本总额。

3. 公司按照保障相关各方利益、保证支付能力、实现持续经营的原则，严格控制资产负债比例，按照人民银行的有关规定缴存存款准备金，留足备付金。

4. 根据公司《资产风险分类管理办法》，公司每季度末对各类资产进行动态评价，依据评价结果进行风险分类，并按照公司《呆账准备提取及呆账核销管理办法》的规定计提资产减值准备。

公司对计提减值准备的资产，督促责任部门落实管理责任。对能够收回或者继续使用的，收回或者使用；对已经损失的，按照规定的程序核销；对已经核销的，根据公司《账销案存资产管理办法》实行账销案存管理。

5. 根据公司《内部控制纲要》的相关规定，加强对客户的授信管理，健全客户使用风险与识别体系，防止对单一客户和集团客户授信风险的高度集中，并按照规定控制总量和规模，避免信用失控。

6. 公司受成员单位委托代其理财、投资，将先进行风险评估，依法签订书面合同，明确业务授权和具体操作程序，将委托业务与自营业务实行分账管理，定期对账，制定风险防范的具体措施。

7. 根据公司《委托贷款管理办法》的相关规定，公司对集团成员单位受托发放贷款业务坚持"规范操作行为，不承担委托业务风险"的原则，审慎开办委托业务，将委托业务与自营业务实行分账管理，按照合同约定分配收益、承担责任。

8. 根据公司《担保业务管理办法》的相关规定，公司对集团成员单位提供担保，经股东会或其授权机构批准后方可办理，并根据被担保对象的资信及偿债能力，采取相应的风险控制措施，设立备查账簿登记，及时跟踪监督。

9. 公司根据资本规模控制表外业务总量，并按照风险程度对表外业务进行授权，并严格按照授权执行。根据表外业务种类及时、完整记录所有表外业务，跟踪检查表外业务变动情况，预计可能发生的损失，并按照有关规定进行披露。

10. 公司根据监管部门的要求，及时按规定的限额足额拨付与分公司经营规模相适应的营运资金，不得超过规定的限额。

公司对分公司实行统一核算，统一调度资金，分级管理的财务管理制度，并加强财务监管，关注资金异常变动，监督并跟踪分析分公司财务指标的情况，督促其遵守财务管理的各项制度和法规。

（二）资金筹集

1. 公司注册资本金是实缴的人民币或者等值的可自由兑换货币。公司的资本金主要从集团成员单位中募集，并可以吸收成员单位以外的合格的机构投资者的股份。公司收到股东交付的出资额，须经会计师事务所验资并取得验资报告。办理工商登记后，向投资者出具出资证明书。

2. 公司在经营期内，公司股东对其投入的资本，除依法转让外，不得以任何方式抽走。

3. 公司以吸收存款、发行债券、融资租赁、拆借资金等方式筹集资金，必须符合银监会、人民银行的相关规定，明确筹资目的，充分考虑资金需求和债务风险，并与相应主体签订书面合同，并按照相关法律、法规要求执行。

（1）公司吸收成员单位的各项存款，必须严格执行人民银行规定的利率政策，不得擅自提高或变相提高利率。

（2）公司发行债券应按债券面值计价，实际发行价格总额与债券面值总额之间的差额，作为债券溢价或折价，债券的存续期间按实际利率法或直线法在计提利息时摊销。

（3）一年期以上的债券和定期存款，应按国家规定的适用利率按季度计提应付利息，每季度末月 20 日为公司结息日，计入成本，实际支付利息时，冲减应付利息。

4. 公司取得国家投资、财政补助等财政资金，区分以下情况处理：

（1）属于国家直接投资的，按照国家有关规定增加国家资本金或者资本公积。

（2）属于投资补助的，增加资本公积或者资本金。国家拨款时对权属有规定的，按规定执行。没有规定的，由全体投资者共同享有。

（3）属于贷款贴息、专项经费补助的，作为收益处理。

（4）属于弥补亏损、救助损失或者其他用途的，作为收益处理。

（5）属于政府转贷、偿还性资助的，作为负债管理。

（三）资产营运

1. 根据《资金管理办法》，公司资金实行统一管理、统一调度，并严格执行审批制度，按审批权限经批准后方可划转资金。所有资金必须存放在公司指定的资金账户内，不得私存私放资金。

为提高资金效益，公司需科学合理地核定库存现金、合理配置存放中央银行与同业的款项，以及其他形式的现金资产，并满足流动性要求。

2. 加强对合同进行财务审核，跟踪履约情况，明确债权，制定收账政策，及时清收应收款项。

3. 公司在法律、法规允许的范围内，经股东（大）会或者董事会决议，可以用货币对外投资，也可以用实物、知识产权等可以用货币估价并可以依法转让的非货币财产对外投资。用非货币财产对外投资的，必须聘请资产评估机构进行评估并按评估确认后的价值计价。

对外投资须签订书面合同，明确投资权益，按照规定的程序支付投资款项，所需资金纳入财务预算管理，不在成本费用或者营业外支出中列支，并及时监控和考核投资项目的效益。

4. 固定资产的管理

（1）固定资产是指同时具有以下特征的有形资产：

①为提供劳务、出租或经营管理而持有；

②使用寿命超过一个会计年度；

③单位价值在 5 000 元以上。

（2）固定资产同时满足下列条件的，才能予以确认：

①与该固定资产有关的经济利益很可能流入企业；

②该固定资产的成本能够可靠地计量。

固定资产的各组成部分具有不同使用寿命或者以不同方式为企业提供经济利益，适用不同折旧率或折旧方法的，应分别将各组成部分确认为单项固定资产。

（3）固定资产取得时的确认：

①外购固定资产的成本，包括购买价款、相关税费、使固定资产达到预定可使用状态前所发生的可归属于该项资产的运输费、装卸费、安装费和专业人员服务费等。

②自行建造的固定资产，按建造该项资产达到预定可使用状态前所发生的必要支出，作为入账价值。包括工程用物资成本、人工成本、缴纳的相关税费、应予资本化的借款费用以及应分摊的间接费用等。

③在原有固定资产基础上进行扩建、改良发生的费用应作为长期待摊费用，合理进行摊销。

④投资者投入的固定资产，确定其初始入账成本时，还应考虑弃置费用。

（4）盘盈的固定资产通过"以前年度损益调整"科目核算，作为前期差错处理。盘亏的固定资产，通过"待处理资产损益——待处理固定资产损益"科目核算，盘亏造成的损失，通过"营业外支出——盘亏损失"科目核算，并计入当期损益。

（5）公司下列固定资产应当计提折旧：

①房屋和建筑物；

②各类设备。

（6）公司下列固定资产不计提折旧：

①以经营租赁方式租入的固定资产；

②已提足折旧继续使用的固定资产；

③按规定单独估价作为固定资产入账的土地。

（7）公司的固定资产按月计提折旧，当月增加的固定资产，当月不提折旧，从下月起计提折旧；当月减少的固定资产，当月照提折旧，从下月起不提折旧。

（8）固定资产折旧采用平均年限法，按月计提折旧。公司采用固定资产计算折旧的年限如下：

①房屋、建筑物为 20 年；

②与生产经营有关的器具、工具、家具等为 5 年；

③运输工具为 4 年；

④电子设备为 3 年。

固定资产的折旧率，按固定资产原值、预计净残值率和分类折旧年限计算确定。固定资产净残值率 5%，平均年限法的计算公式为

$$年折旧率 = （1 - 净残值率）÷折旧年限 \times 100\%$$

$$月折旧额 = （原值 \times 年折旧率）÷12$$

（9）公司的经理部作为资产管理部门，负责固定资产的购置、调配、登记和管理工作。计划财务部门负责固定资产核算，以及调拨、报废等的账务处理，同时建立固定资产分户账，监督固定资产的真实完整，做到账实相符。公司的固定资产由各使用部门负责保管。固定资产的报废或出售，必须报请公司负责人批准后，由资产管理部门执行。

公司的固定资产应在每年年终之前，进行一次盘点清查。盘点时，应由资产管理部门、使用部门和计划财务部门共同参加、共同核对，保证账实相符。由资产管理部门就盘点结果编制盘点表，经相关部门签字确认后留存备查。对盘盈、盘亏、报废及固定资产的计价，必须严格审查，按规定经批准后，于年度决算时处理完毕。

（10）财务公司固定资产账面价值和在建工程账面价值之和占资本总额的比重，最高不超过 20%。

5. 无形资产的管理

（1）无形资产是指公司拥有或者控制的没有实物形态的可辨认非货币性资产。通常包括专利权、非专利技术、商标权、著作权、特许权、土地使用权等。公司取得无形资产时，应按照实际成本入账：

①外购的无形资产成本包括购买价款、相关税费以及直接归属于使该项资产达到预定用途所发生的其他支出。

②投资者投入的无形资产成本，应当按照投资合同或协议约定的价值确定，

在投资合同或协议约定价值不公允的情况下，应按无形资产的公允价值入账。

③接受捐赠的无形资产，应按凭据上标明的金额加上应支付的相关税费，作为实际成本，无相关凭据的，按同类无形资产的市价加上应支付的相关税费，作为实际成本。

④公司自行开发并按法律程序申请取得的无形资产，按依法取得时发生的注册费、聘请律师费等费用，作为无形资产的实际成本入账。在研究与开发过程中发生的材料费用、直接参与开发人员的工资及福利费，开发过程中发生的租金、借款费用等，直接计入当期损益。

已经计入各期费用的研究与开发费用，在该项无形资产获得成功并依法申请取得权利时，不再将原已计入费用的研究与开发费用资本化。

⑤公司购入或以支付土地出让金方式取得的土地使用权，在尚未开发或建造自用项目前，作为无形资产核算，并按规定的期限分期摊销。

因利用土地建造自用项目时，应将土地使用权的账面价值全部转入该在建工程。

（2）无形资产自取得当月起在预计使用年限内按月平均摊销，计入损益。根据孰短原则，在法律和合同规定的有效期限内平均摊销。如无形资产为软件，应根据软件开发商与公司签订的合同中所注软件使用年限确定此无形资产的摊销年限。如无标注使用年限的，按 10 年摊销。

（3）公司出售无形资产，将所取得的价款与该无形资产账面价值的差额计入当期损益。

6. 其他资产的管理

（1）公司的其他资产是指除上述资产以外的其他资产，如长期待摊费用、抵债资产等。

（2）长期待摊费用是指公司已经支出，但摊销期限在 1 年以上（不含 1 年）的各项费用，包括租入固定资产的改良支出等。

长期待摊费用应当单独核算，在费用项目的受益期限内分期平均摊销。除购建固定资产以外，所有筹建期间所发生的费用，先在长期待摊费用中归集，待公司开始经营当月起一次计入开始经营当月的损益。如长期待摊费用项目不能使以后会计期间受益的，应当将尚未摊销的该项目的摊余价值全部转入当期损益。

（3）公司取得抵债资产时，按实际抵债部分的贷款本金和已确认的利息作为抵债资产的入账价值。待处理抵债资产应单独核算。

抵债资产处置时，如果取得的处置收入大于抵债资产账面价值，其差额计入营业外收入；如果取得的处置收入小于抵债资产账面价值，其差额计入营业外支出；保管过程中发生的费用直接计入营业外支出。处置过程中发生的费用，从处置收入中抵减。

抵债资产期末借方余额，反映企业取得的尚未处置的实物抵债资产的成本。

7. 公司发生的资产损失，包括信贷资产损失、坏账损失、投资损失、固定资产及在建工程损失等，需及时核实，查清责任，追偿损失，并按照公司《呆账准备提取及呆账核销管理办法》计提资产减值损失准备。

（四）投资

1. 根据相关金融政策法规，公司可以购买有价证券及对金融机构进行股权投资。投资的形式可以现金、实物、无形资产对外投资，但不得以国家授予的经营特许权对外投资。

2. 投资分类为"交易性金融资产"、"可供出售金融资产"、"持有至到期投资"和"长期股权投资"。

（1）"交易性金融资产"是以持有金融资产或承担金融负债为目的，主要为近期出售和回购；金融资产或金融负债是企业采用短期获利模式进行管理的金融工具投资组合中的一部分；属于衍生金融工具。只有活跃市场中有报价、公允价值能可靠计量的权益工具投资，才能指定为交易性金融资产。通常情况下，公司以赚取差价为目的购入的股票、债券和基金等，分类为交易性金融资产。该资产按照公允价值计量，公允价值变动计入当期损益。

（2）"可供出售金融资产"是指初始确认时即被指定为可供出售的非衍生金融资产。公司购入的在活跃市场上有报价的股票、债券和基金等，没有划分为以公允价值计量且其变动计入当期损益的金融资产、持有至到期投资等金融资产，归为此类。可供出售金融资产在初始确认时，按其公允价值以及交易费用之和入账，公允价值变动计入所有者权益，如可供出售金融资产的公允价值发生非暂时性下跌，公司将原计入所有者权益的公允价值下降形成的累计损失一并转出计入当期损益。可供出售金融资产持有期间实现的利息或现金股利，也计入当期损益。

（3）"持有至到期投资"是指有固定或可确定金额和固定期限，且明确打算持有至到期日的非衍生金融资产。

（4）"长期股权投资"指持有的采用成本法和权益法核算的长期股权投资。

长期股权投资核算采用权益法的，应当分"投资成本"、"损益调整"、"所有者权益其他变动"进行明细核算。

（五）营业成本

公司对经营过程中发生的成本费用实行全员管理和全过程控制，各项成本费用支出全部纳入预算并予以正确核算和管理。主要包括：

1. 利息支出指公司以负债形式筹集的各类资金（不包括金融机构往来资金），按中国人民银行规定的适用利率向债权人支付的利息和提取的应付利息。

2. 金融企业往来支出指公司向公司内部、同业或央行拆入资金发生的利息支出。

3. 手续费支出指公司在办理金融业务过程中发生的手续费支出。

4. 专项准备指公司对承担风险和损失的资产，按其风险的大小计提专项准备。风险资产包括贷款（含抵押、质押、担保等贷款）、贴现、担保垫款、股权投资和债权投资（不含采用成本与市价孰低法确定期末价值的证券投资和购买的国债本息部分的投资）、拆借（拆出）、应收利息（不含贷款应收利息）、应收股利、应收租赁款等债权和股权。

5. 业务及管理费用。包括固定资产折旧、业务宣传费、业务招待费、电子设备运转费、安全防范费、邮电费、职工薪酬及福利费、职工住房公积金、基本养老保险、基本医疗保险、失业保险和工伤保险等社会保险费用、工会经费、职工教育经费、差旅费、水电费、修理费、租赁费、物业管理费、劳动保护费、印花税、车船税、会议费、诉讼费、公证费、咨询费、监管费、印刷费、公杂费、低值易耗品摊销、银行结算费、审计费、绿化费、董事会费、出国人员经费、无形资产摊销、上级管理费等。其中：

总分机构发生的职工福利费支出，不超过工资薪金总额14%的部分，准予在税前扣除。工会经费不超过工资薪金总额2%的部分，准予在税前扣除。除国务院财政、税务主管部门另有规定外，总分机构发生的职工教育经费支出，不超过工资薪金总额2.5%的部分，准予扣除；超过部分，准予在以后纳税年度结转扣除。

业务宣传费和广告费支出之和，不超过公司营业收入15%的部分可当年税前扣除，超过部分结转在以后年度扣除。

业务招待费指公司为业务经营的合理需要而支付的业务费用。业务招待费可按发生额的60%在税前扣除，并且扣除部分不超过营业收入（扣除金融机构往来收入）的 5‰。

（六）营业税金及附加

营业税金及附加指公司经营应承担的营业税金以及教育费附加和城市维护建设税。

（七）收益、分配

1. 公司经营业务范围内的各项收入包括利息收入、手续费收入、金融机构往来收入、投资收益和其他营业收入。

2. 利润是指公司在一定会计期间的经营成果，包括营业利润、利润总额和净利润。

营业利润是指营业收入减去营业支出后的净额（营业支出包括利息支出、金融企业往来支出、手续费支出、专项准备、业务及管理费用、营业税金及附加）。

利润总额是指营业利润加上营业外收入，减去营业外支出后的净额。营业外收入是指与公司业务经营无直接关系的各项收入，包括固定资产盘盈、处置固定资产（或无形资产）净收益、处置抵债资产净收益、罚款收入。营业外支出是指与公司业务经营无直接关系的各项支出，包括固定资产盘亏、处置固定资产（或无形资产）净损失、抵债资产保管费用、处置抵债资产净损失、债务重组损失、罚款支出、捐赠支出、非常损失等。

净利润是指利润总额减去所得税后的净额。所得税是指公司应计入当期损益的所得税费用。公司总部与分公司分别核算。

3. 公司企业所得税，依照权责发生制原则，遵照所得税"统一计算、分级管理、就地预缴、汇总清算、财政调库"的方针，自 2008 年 1 月 1 日起，公司总部与分公司开始执行企业所得税汇总缴纳，每季度终了之日起 10 日内，公司总部统一计算公司当期实际应纳税所得额，其总额的 50% 由总部在当地预缴，其余 50% 按照分公司、总部应分摊的比例，将在各分公司和总部之间进行分摊。总分机构于季末终了之日起 15 日内在当地主管税务机关进行申报预缴。企业所得税税率为 25%。

根据国家税务总局《跨地区经营汇总纳税企业所得税征收管理暂行办法》的要求，公司总部按照以前年度（1~6 月按上上年度，7~12 月按上年度）各分公司的经营收入、职工工资和资产总额三个因素计算各分公司应分摊所得税款的比例，三因素的权重依次为 0.35、0.35、0.30。

对于所得税分摊过程中存在的分公司将部分税款上存总部的情况，总分机构应在"内部往来"科目下设二级科目"企业所得税",分公司应将上缴总部的企业所得税转入"内部往来——企业所得税"项下归集上划。总部应将分公司上缴税款从"内部往来"转入"应交税费"中,在向税务机关缴纳时将实际缴纳的税款等额冲抵应交所得税。

4. 公司发生年度亏损的,可以用下一年度的税前利润弥补;下一年度的税前利润不足以弥补的,可以逐年延续弥补;延续弥补期超过法定税前弥补期限的,可以用缴纳所得税后的利润弥补。

5. 公司本年实现净利润(减弥补亏损,下同),按照提取法定盈余公积金、提取一般(风险)准备金、向投资者分配利润的顺序进行分配。法律、行政法规另有规定的从其规定。

法定盈余公积金按照本年实现净利润的 10% 提取,法定盈余公积金累计达到注册资本的 50% 时,可不再提取。

一般(风险)准备金按照本年实现利润的 1% 提取,用于弥补尚未识别的可能性损失。以前年度未分配的利润,并入本年实现净利润向投资者分配。分公司应将本年实现的净利润在年末先转入"内部往来"项下归集,待会计师事务所审计确认后进行上划。

6. 任意盈余公积金按照《公司章程》规定执行。

经股东(大)会决议,公司可以用法定盈余公积金和任意盈余公积金弥补亏损或者转增资本。法定盈余公积金转为资本时,所留存的该项公积金不得少于转增前公司注册资本的 25%。

(八)财务信息

1. 公司在会计电算化的基础上,整合业务和信息流程,推行财务管理信息化,逐步实现财务、业务相关信息一次性处理和实时共享。

2. 公司的财务会计报告按照本章第二节第三部分执行。

3. 根据上级主管部门确定的财务评价制度的要求,定期对财务状况和经营成果进行总结、评价和考核。

(1)基本经营指标包括资产、负债、所有者权益、资本金、收入、成本费用、利润总额、净利润等。主要分析公司的资产结构、负债结构、收入结构和支出结构。

(2)经营状况指标包括安全性指标、流动性指标、合规指标等。其中,安全性指标主要包括不良资产率、拨备覆盖率、资本充足率等;流动性指标主要包括流动比率、超额备付金率、存贷款比率、资金归集率等；合规指标主要包括担保比率、投资比率、自有固定资产比率、拆入资金比率等。

（3）经营成果指标包括营利性指标和发展能力指标。其中：营利性指标主要包括资产利润率、资本利润率、收入利润率、成本费用率、投资收益比率等；发展能力指标主要包括总资产增长率、营业收入增长率、利润增长率等。

二、财务管理体系建设

财务公司的财务管理体系建设与所属集团的财务管控体系密不可分，一脉相承。财务公司的财务管理体系建设大致包括五个方面的内容：一是全面预算管理体系，二是内部控制管理体系，三是成本管理体系，四是财务信息化管理体系，五是财会队伍管理体系。下面结合财务公司的业务特点，简要谈谈如何开展财务管理体系建设。

（一）全面预算管理体系

财务公司的全面预算管理体系与一般企业的全面预算管理基本相同，主要包括预算组织与预算人员保障、预算管理制度和实施方案、预算的编制与调整、预算执行与控制以及预算评价与考核等。

财务公司的全面预算管理的特点，主要体现在两个方面：

1. 预算编制内容。预算编制的内容除了通常的预计资产负债、预计利润、现金预算等财务预算外，其业务经营预算需要根据财务公司的业务特点，编制存款、信贷、投资、同业往来等不同于一般企业的业务经营预算。

2. 考核评价指标设定。在确定预算考核评价指标时，除通用的预算完成率、预算差异率、净资产收益率指标外，还要结合财务公司的行业特点和监管要求，选择一些有代表性的重要指标纳入考核体系。

（二）内部控制管理体系

内部控制管理体系主要包括财会机构设置、制度构建、制度制定、制度的维护与执行以及以财务为主导的内控规范建设等。财务公司内控制度因根据业务性质，制定相关管理制度，包括资金集中管理制度、同业拆借管理制度、保证金管理制度、结算管理制度等。

（三）成本管理体系

成本管理体系主要包括成本管理组织机构体系建立、项目成本管控、办公用品成本控制、经营管理活动成本控制、成本控制执行与考核以及合同管理等。财务公司的成本管理要贯彻点滴成本管理的思想，不以善小而不为。由于财务公司日常运作资金规模大，看似细微的差别，也不容小觑。在进行不同资金投放产品比价时，投资类产品的年化收益计算时均按365天计，而资金类产品的年化收益计算时均按360天计。一笔金额5亿元、期限为1个月、年化收益5%的资金投放，资金类产品就比投资类产品多取得收益28 500元，如果该产品逐月滚动运营，一年累计下来，5亿元资金的收益差异为34.2万元。

（四）财务信息化管理体系

财务信息化管理体系主要包括财务信息化管理的组织机构设置、财务信息报告披露使用管理、财务信息化的应用与网络建设、财务信息化功能与效用以及财务信息化改进与创新。财务公司财务信息系统通常包括财务核算、报表管理、固定资产管理、自动报销、预算管理、财务分析、资金计划、资金调拨、内部拆借、存款准备金管理、工资管理以及同业拆借、回购式信贷资产转让、票据转贴现等资金业务等功能。

（五）财会队伍管理体系

财会队伍管理体系主要包括人员配备、人员结构、职业能力、职业道德、人员考核等。在人员配备方面，要求设置总会计师或财务总监、财务部门负责人，并对任职资格提出明确要求。人员结构从职称水平、专业背景、年龄结构等多个维度考量，致力于培养一批业务骨干和有学术影响的财会管理领军人才。职业能力主要通过资格认证、定期培训、学习研讨以及鼓励学术论文发表等措施培养建设。职业道德建设方面，制定并执行职业道德实施规范细则，防范违规提供和私自泄露会计信息发生，通过案例警示教育增强职业道德意识，避免因工作失职造成重大经济损失。人员考核方面，建立财会人员竞聘上岗和定期轮岗制度，科学设置财会人员的考核指标，并将考核与绩效挂钩。

第四节　财务公司同业拆借管理

同业拆借是为了调剂资金余缺，经中国人民银行批准进入全国银行间同业拆借市场（以下简称同业拆借市场）的金融机构之间，通过全国统一的同业拆借网络进行的无担保资金融通行为。财务公司按照央行颁布的《同业拆借管理办法》（中国人民银行令［2007］3号）开展人民币同业拆借交易。财务公司是中国人民银行允许申请进入同业拆借市场的金融机构之一。财务公司同业拆借由中国人民银行统一负责管理、组织、监督和稽核。同业拆借活动只限按与中国人民银行规定可以与之发生拆借业务的金融机构进行。交易对手是全国银行间同业拆借市场成员。人民银行对金融机构同业拆借实行限额管理，财务公司的最高拆入限额和最高拆出限额均不得超过公司实收资本，最终额度以获得的申请批复金额为准。

一、同业拆借资格管理

同业拆借资格管理由中国人民银行上海总部负责。

（一）资格申请及变更

1. 申请进入同业拆借市场

公司在首次申请成为同业拆借市场成员时，按照人民银行要求提交各类材料，以说明公司符合人民银行对市场成员的以下要求：

依法设立、有健全的同业拆借交易组织机构、风险管理制度和内部控制制度；具有专门从事同业拆借交易的人员；主要监管指标符合中国人民银行和有关监管部门的规定；最近二年未因违法、违规行为受到中国人民银行和有关监管部门处罚；最近二年未出现资不抵债情况；申请进入同业拆借市场前最近两个年度连续盈利。

将相关申请文件以及证明材料提交人民银行上海总部，申请文件至少应包括以下内容：机构基本情况、申请原因、申请金额、阐述公司符合申请条件的相关情况以及需要特殊说明的事项。人民银行接到申请文件材料后会对公司准入同业市场以及拆入、拆出资金限额等事项进行审核，审核通过后以正式文件批复，并以适当方式向同业拆借市场发布公告。获批公告后公司即具备同业拆借业务资格。

2. 资格变更

如遇公司更名或股权变更等情况需对公司同业拆借市场资格进行变更时，首先要及时将公司的变更信息通过全国银行间同业拆借中心的电子信息系统进行披露。随后将变更材料（同首次申请）提交至人民银行。往往人民银行对于一个变更事项要求提供一套独立的申请及证明资料，即几个变更事项便需提供几套申请及证明资料，人民银行将分别发文批准。

人民银行对市场成员资格变更的处理大致分为令成员先退出同业市场、再重新准入和直接变更资格两种方式。财务公司为了不影响办理变更资格期间同业拆借业务正常开展，一般更愿意采用直接变更资格的方式，但最终采取何种方式变更，由人民银行决定。

（二）信息披露

公司按照《统一同业拆借市场中企业集团财务公司信息披露规范的有关事宜公告》（中国人民银行上海总部公告〔2007〕4号）相关规定向同业拆借市场披露信息，建立健全信息披露内部管理制度。公司应指定专门部门落实专门人员负责信息披露事务。负责信息披露的人员发生变动时，在5个工作日内重新向全国银行间同业拆借中心备案。

公司的主要负责人有保证所披露信息真实、准确、完整、及时，不得有虚假记载、误导性陈述或重大遗漏的义务。

通过全国银行间同业拆借中心的电子信息系统定期披露以下信息：

1. 新批准进入同业拆借市场的，应在批准之日起60日内通过全国银行间同业拆借中心的电子信息系统披露以下信息：

（1）公司基本情况和历史沿革；

（2）最近一次经注册会计师审计的年度财务报表和审计报告，包括审计意见全文、经审计的资产负债表、损益表和会计报表附注。

2. 每年1月15日以前，披露上年末的资产负债表、上年度的损益表。

3. 每年7月15日以前，披露当年6月30日的资产负债表、当年1~6月的损益表。

4. 每年4月30日以前，披露经注册会计师审计的年度财务报表和审计报告，包括审计意见全文、经审计的资产负债表、损益表和会计报表附注。

5. 公司如发生股权变更，股权变更完成后相关部门应及时通知计划财务部，由计划财务部在股权变更完成后30个工作日内，通过全国银行间同业拆借中心的电子信息系统向同业拆借市场公告股权变更情况。

未按规定进行信息披露的，中国人民银行上海总部将采取《统一同业拆借市场中企业集团财务公司信息披露规范的有关事宜公告》第九条中规定的相关市场约束措施，并对负有直接责任的董事、高级管理人员和其他直接责任人员，按《同业拆借管理办法》第四十五条的规定处理。已经成为上市公司的财务公司可以豁免在同业拆借市场进行信息披露。

二、同业拆借授信管理

（一）授信的分类

授信划分为资金拆出方给予公司的授信以及公司给予资金拆入方的授信。资金拆出方给予公司的授信管理工作纳入公司的同业授信管理，通常由计划财务部门负责办理。公司给予资金拆入方的授信由公司风险评估委员会对交易对手方的财务和经营状况进行综合评估，确定公司能够并愿意承担的风险总量。

被授信的资金拆入方应为法人或法人授权的分支机构。

（二）授信基本原则

公司对于资金拆入方实施授信准入原则，对于城市商业银行、农村商业银行、农村信用社、农联社、信托公司、证券公司、保险公司、基金公司等金融机构，公司需要根据其资产规模和财务状况、信用等级等来确定拆出授信规模。

对于国有商业银行、已上市的股份制银行、保险公司、证券公司办理同业拆出业务时可以不进行授信。

（三）被授信机构基本条件

表 10 - 1　　　　　　　　　　被授信机构基本条件

①	资本充足率≥10%
②	不良资产率≤4%
③	不良贷款率≤5%
④	资产损失准备充足率≥100%
⑤	贷款损失准备充足率≥100%
⑥	流动性比例≥25%

公司根据被授信机构的性质和经营情况，对其设置授信额度。

（四）被授信机构额度核定

资金交易部门在市场上寻找合适的交易对手，并进行初步沟通，如果达成合作意向则进入授信相关资料的收集整理和初步确定额度的工作程序。

被授信机构需要提交的授信资料包括营业执照、金融许可证、组织机构代码证、税务登记、法人代表身份证复印件、公司基本情况简介（包括股权构成、高管简介）、经审计的近期财务报告及财务报表，以及其他公司需要其提供的相关资料（所提交的资料均由被授信单位加盖公章，注明"与原件相符"）。

公司风险评估委员会对被授信机构提交的材料及资金交易部门提出的拟授信方案进行评估，确定最终授信额度。

授信额度批复后，资金交易部门将及时跟踪了解被授信机构的业务发展情况，同时密切关注被授信同业机构可能的重组、引资以及其他机构同业对其授信情况等信息。被授信机构发生任何负面事件从而影响授信基本条件的，公司有权紧急调整或撤销已设额度。

资金交易部门按季对已授信的同业机构进行跟踪调查，综合分析其经营风险情况。授信到期前 30 个工作日，向被授信同业机构索取最新的财务报表及其他相关资料，并提出拟授信方案，由风险评估委员会对被授信同业机构的资信情况进行重新评估，确定授信额度。

（五）授信额度的终止

如出现以下情况，公司有权随时终止对受信人的授信额度：

1. 受信人所在地区发生或潜在有巨大金融风险；

2. 遇宏观货币政策发生重大调整，对被授信方经营有严重负面影响的；

3. 受信人内部机构和管理制度发生重大调整；

4. 受信人经营环境发生重大变化；

5. 其他未可预料情况。

三、同业拆借业务

（一）部门职责与分工

计划财务部负责统筹管理公司资金头寸，控制同业拆借的资金额度和利率，提出同业拆借的业务意向，并负责资金调拨与账务处理，定期向同业拆借市场披露信息。

资金交易部门负责寻找交易对手、询价，拟定同业拆借方案，并组织实施交易行为；负责交易系统的维护与管理。

结算部门负责同业拆借交易资金的银行清算，及时反馈资金到账情况。

风险管理部门负责对同业拆借业务进行独立风险评估。

各部门按照业务职责分工，按时根据交易市场、人民银行及银监会的有关要求定期上报相关统计报表和业务报告；妥善保管执行交易的所有记录、文件、资料，并按公司档案管理规定及时存档。

（二）同业拆借业务管理

公司同业拆借业务主要为同业拆入和同业拆出，拆出、拆入资金余额须在人民银行核定范围内，均不得超过资本金的100%。公司资金拆借的期限以短期为主，拆入资金最长期限为7天，拆出资金期限不超过交易对手方由中国人民银行规定的拆入资金最长期限；同业拆借到期后不可展期，也不可以其他方式变相展期。

拆借资金的利率，可根据拆借对手和资金市场行情，与对手方协商确定。

1. 同业拆入业务

计划财务部门根据公司资金计划和资金头寸的缺口金额，向资金交易部门提出资金拆入意向，资金交易部门据此在市场询价并拟定拆借方案、制作资金拆借审批单，经计划财务部门、风险管理部门会签和领导层审批后，由资金交易员通过"全国银行间同业拆借交易系统"组织实施。

交易成交后，资金交易员应及时打印由系统生成的成交单一式两份，一份交投资部存档，同时记录交易台账；一份交财务部门记账，并通知结算部门关注资金到账情况。

拆入资金到期前1个工作日，资金交易员与交易对手方交易员进行电话联系，核实本息金额，确保按时还款。同时填写资金付款通知单，经领导逐级审批后，交财务部门办理付款手续，结算部门根据付款指令按时付款。

2. 同业拆出业务

计划财务部门根据公司资金头寸情况，向资金交易部门提出资金拆出意向，资金交易部门据此拟定资金拆出方案，制作资金拆出审批单，经计划财务部门、风险管理部门会签和公司领导审批后，由资金交易员通过"全国银行间同业拆借交易系统"组织实施。

公司拆出资金期限不得超过交易对手方由监管机关规定的拆入资金最长期限。

拆出资金不允许展期，凡到期未归还的，均列为逾期资金。

交易成交后，资金交易员应及时打印由系统生成的成交单一式两份，一份由资金交易部门存档、记录台账；一份交计划财务部门。资金交易员填写资金付款通知单，提交财务部办理付款相关手续，结算部门根据付款指令划拨资金。

拆出资金到期前1个工作日，资金交易员与交易对手方交易员进行联系，核实本息金额，督促对手按时还款，并在拆出资金到期日，跟踪资金到账情况。

拆出资金出现逾期时，资金交易员应及时向公司领导汇报，必要时通过交易系统的清算跟踪提示系统进行交易违规举报。

（三）风险控制

同业拆借业务实行逐级审批、交易与清算分离制度，确保风险可控。

交易系统实行单机专人专用管理，严禁用交易机开展交易之外的任何工作，严禁非交易人员操作交易机，定期进行维护和升级，确保交易系统安全、正常工作。

资金交易员必须经过交易市场培训，取得认证资格，经公司批准后方可上岗。

交易员应管理好自己的账号、密码、密钥等数字证书，做好保密工作，并进行定期的密码更换。遇到数字证书丢失、遭窃、密码遗忘应立即报告并及时与有关单位取得联系，防止公司财产损失。

交易员在上机操作时应严格按照同业拆借操作规范操作，不得对软件进行任何修改，一旦出现软件故障应立即报告同业拆借中心，联系维护，不得自行修理或重装软件。

资金交易部门严格控制操作风险，交易时必须确保两个交易员在场，双人复核，确保操作指令发送无误。

实行交易与清算分离制度。对同业拆借交易用款，由资金交易员填写付款通知书，经领导逐级批准后由财务部门负责记账、结算部门负责划款。

风险管理部门对同业拆借业务进行独立风险评估，报风险评估委员会审核，确保同业拆借业务各项风险指标控制在规定范围内。

风险管理部门有权监控同业拆借的市场风险；有权监控同业拆借业务的授权交易限额、交易对手的授信额度和交易价格等，对超出授权范围内的交易应及时向公司领导报告。

第十一章

企业集团财务公司风险管理

在经济全球化的今天，经济波动给公司带来的金融风险可能越来越大，一旦发生，对公司产生的影响将是巨大的。研究并应对风险，建立以信用风险、市场风险和操作风险为核心，覆盖全业务流程的全面风险管理体系，通过明确风险战略、风险承受力，以及与业务战略的协调，加强风险管理，及时化解金融风险，方能打造一流财务公司。

本章以财务公司建设全面风险管理体系为主线，首先介绍财务公司风险管理概论，然后分析财务公司面临的重大风险及产生机理，在此基础上阐述了在实践中财务公司设定面临的重大风险监控指标，进而说明建设全面风险管理体系的操作流程以及建立信用评级体系的基本思路和方法。

第一节　财务公司风险管理概论

一、财务公司风险概述

（一）企业风险的定义

国资委将企业风险定义为未来不确定性对企业实现其经营目标的影响，一般可分为战略风险、财务风险、市场风险、运营风险、法律风险等，并将风险分为纯粹风险和机会风险。

风险是一个二维概念，它既涵盖了损失的大小，又涵盖了损失发生概率的大小。与风险相关的一个概念是不确定性，不确定性是指风险承受主体预测未来的能力的怀疑。从计量角度讲，风险和不确定性主要从观察事件结果的概率分别是否确定来加以区分，如果有确定的概率分布就是风险，反之则属于不确定。

纯粹风险是指风险承担者遭受了风险损失而没有获得任何收益，后果只有损失和无损失；机会风险是指风险承担者可能会遭受损失也可能获得收益，它导致后果包括损失、无损失、获利三种可能。

（二）财务公司的行业特点及其风险特点

财务公司作为集团内部非银行金融机构，与银行等一般存贷款金融机构具有显著差异。财务公司面临的风险类型和内涵，与商业银行存在差异。

（1）财务公司经营活动与集团产业发展密切相关。财务公司是为企业集团提供财务和金融服务的机构。财务公司所在集团产业的发展情况，以及集团对不同板块产业的支持程度，影响着财务公司的盈利能力及其风险状况。

（2）财务公司发展受体制性因素影响较大。与股份制商业银行不同，财务公司在产权关系上隶属于集团，在管理体制上接受集团对下级公司的管理，在服务对象上局限于集团成员单位，上述特点决定了财务公司一方面对企业集团具有较强的依附性，另一方面也可能会受到集团的不当行政干预，影响自主经营权。

（3）财务公司自身业务模式、机构和人员结构限制了风险管理水平的提高。财务公司机构设置较为精简，员工少则十几人，普遍在几十人的规模，因此在内部控制方面完全做到不兼容职责的分离十分困难；从业人员专业素质与银行机构相比存在一定的差距；风险管理的技术方法和精细化、专业化管理方面显得较为薄弱。

（4）财务公司间个体差异较大。财务公司除了具有上述三点趋同性的行业特征外，不同的集团背景、功能定位、市场化程度等，使不同的财务公司的经营活动与风险管理的重点具有很大的差异性。

（三）财务公司的总体风险状况

财务公司作为银行业金融机构，必然面临着金融业的固有风险，但与其他金融机构相比，一方面，财务公司行业出现时间较短，资产规模占比较低，各项业务均起步较晚；另一方面，财务公司历史包袱小，资产质量好，业务灵活度高，风险水平普遍低于金融行业内的其他机构。同时由于财务公司独特的行业属性、业态特点几方面互相作用，使得这些风险在诱因、内涵和排序上具有区别于其他金融机构的特征。

根据财务公司行业协会的调查，认为财务公司行业前五大风险依次为操作风险、流动性风险、市场风险、信用风险和合规风险，此外由于体制因素等战略风险的综合作用又影响着上述几类风险。

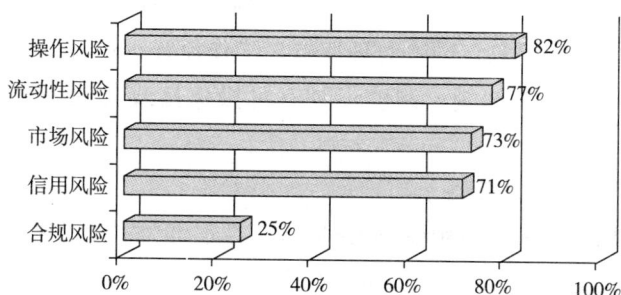

图 11-1　财务公司主要风险占比

二、财务公司风险管理体系建设情况

2006 年，国资委发布了《中央企业全面风险管理指引》（以下简称《指引》），要求企业围绕总体经营目标，建立健全风险管理体系，执行风险管理流程，培育良好的风险管理文化，为实现风险管理总体目标提供合理的保证。《指引》的出台借鉴了国际先进的风险管理理念和方法，为中央企业提高风险管理能力和水平提出了努力的方向。从国外金融机构风险管理的实践中可以看出，全面风险管理的理念已成为主流思想。对于风险管理尚处起步阶段的财务公司米讲，建立全面风险管理体系是实施风险管理的基础。

所谓全面风险管理体系包括了风险管理政策、组织架构、流程、信息系统等方面的内容。调研结果表明，财务公司的风险管理环境逐步改善，认识得到提高，各公司在风险管理目标制定、组织职责设计上普遍表现良好。但大部分公司在风险管理流程的设计和执行上不够完整，风险管理相关信息系统缺乏，主要精力停留在专项风险控制上，对风险管理的整体策略认识不足。

（一）风险管理政策

财务公司明确了风险管理的目标，能够根据自身风险承受能力和风险偏好制定相关业务政策，并制定了相关风险管理的规章制度。但在风险管理政策指导风险策略的选择和资源配置等方面尚未发挥指导作用。

1. 财务公司开展风险管理能够围绕既定的目标进行，但对风险管理目标与企业战略、绩效考核目标的理解存在混同，以及对如何将风险管理目标进行分解、落实至具体各项业务的认识还不清晰。

2. 财务公司明确了风险偏好和风险承受度，但对风险偏好的概念不清晰，尚未掌握在公司风险偏好内制定风险限额和控制措施的方法。

3. 财务公司制定了包含风险管理职责、工作流程等内容的风险管理制度或程序，但存在照搬相关法规，制度不具有可操作性或欠缺关键内容、要素的情形。

（二）风险管理组织架构

财务公司明确了董事会的风险管理职责，在董事会下设了风险管理委员会的专业委员会，风险管理成为自上而下的行为。但由于各公司对风险管理的认识程度不同，使风险管理专业委员会的职责差异较大，在发挥风险分级管理方面效果不显著，还有一些公司只是将原经营层决定的事项如贷款风险分类提交董事会层面进行。

（三）风险管理的流程和信息系统

财务公司设置了对风险识别、计量、监测、控制、报告、监督的流程，风险管理的流程以制度形式得以明确。

财务公司进行了风险评估工作，采用的方法以集体讨论法、调查问卷法和管理层访谈法为主；并采取统一的标准对公司面临的风险进行全面评估，以定性为主，但定量不足。由于缺乏技术手段、方法和数据基础，财务公司的风险计量存在空白。目前仅对监管机构规定了16项监管指标进行监测；监测职责主要由风险管理部门承担，未明确各业务部门的风险监测职责；由于信息系统的不完善，财务公司尚无法做到风险指标的实时监测。

在风险信息沟通方面，财务公司建立了风险报告机制，公司的风险分析和应对能力增强，但是财务公司还应进一步明确不同频率、不同层级、不同内容的报告，改善风险报告的效率和效果。

（四）财务公司风险管理策略

财务公司根据不同业务特点统一确定风险偏好和风险承受度，并据此确定风险的预警线和采取的对策，包括风险分散、风险对冲、风险转移、风险规避和风险补偿。

1. 风险分散是指通过承担各种性质不同的风险，利用不同风险类别的相关性，取得最优的风险组合，使这些风险加总得出的总体风险最低，获得较高风险收益。如资产种类风险、地区分散、客户分散、资产质量分散。

2. 风险对冲是指利用金融衍生工具来抵消公司持有的另一项金融工具头寸的风险的行为。如管理贷款、存款或外汇头寸。

3. 风险转移是指发生风险前，通过交易活动，将可能发生的风险转移给其他人承担，从而避免自己承担风险损失。如保险、卖出风险资产、增加担保等。

4. 风险规避是指发生风险前，通过识别产品或业务可能存在的风险，有意识地采取措施回避，主动放弃或拒绝承担风险。

5. 风险补偿是指利用自身的资本、利润、抵押收入等资金补偿风险导致的损失，使风险损失不影响公司正常经营活动。如准备金管理、资本金管理等。

三、财务公司风险与资本

（一）资本作用

《巴塞尔资本协议》强调了资本的"风险缓冲器"本质，即资本能够被用于充分吸收非预期损失，发挥风险支撑作用。充足的资本水平能够帮助财务公司保持和扩大客户，为财务公司发展提供支持。

（二）监管资本与资本充足率

财务公司监管资本包括核心资本和附属资本。其中核心资本包括实收资本、资本公积、盈余公积、未分配利润和少数股权。附属资本包括重估储备、一般准备、优先股、可转换债券和长期次级债务。

资本充足率指财务公司持有的、符合银监会规定的资本与风险加权资产之间的比率，并规定财务公司的资本充足率不得低于10%。

资本充足率 =（资本 - 扣减项）/（风险加权资产 + 12.5 倍市场风险资本）

四、财务公司风险管理环境

（一）公司治理

为确保董事会对管理层更为有效地监督，公司董事会下设风险管理和审计委员会。同时公司高级管理层设立了贷款审查委员会和风险评估委员会，负责公司贷款和投资领域重大事项的决策并向董事长提交有关报告。为保障公司各项业务的持续健康发展，公司初步建立了风险管理三道防线。

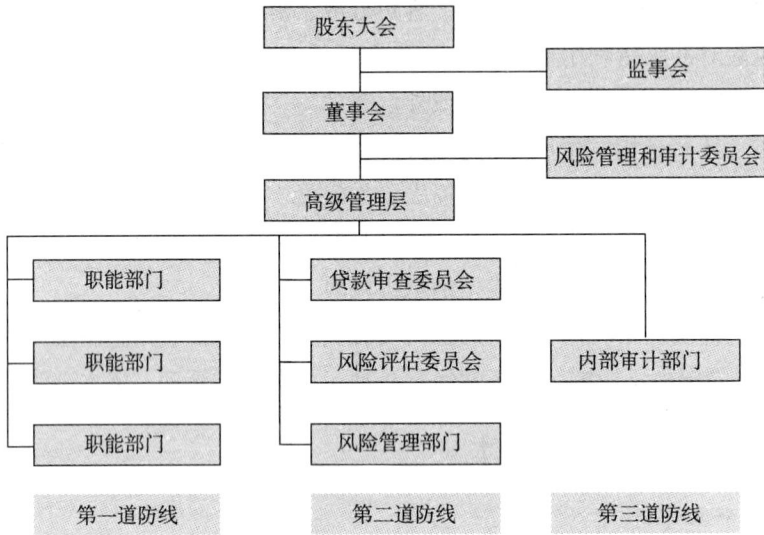

图 11 – 2　财务公司风险管理组织体系

表 11 – 1　　　　　　　　　财务公司风险管理相关组织的主要职能

	主要职能
董事会	重大决策：确定公司战略以及重大经营决策，决定公司经营计划和投资实施方案 内部控制：批准公司内部管理机构设置、撤销和变更、制定公司基本管理制度 对高管层监督：决定聘任高级管理人员，专门委员会人员构成 ……
监事会	检查公司财务 对董事，高级管理人员职务行为进行监督、对违反法律、行政法规、公司章程或者股东会决议的董事、高级管理人员提出罢免建议 当董事、高级管理人员的行为损害公司利益时，要求董事、高级管理人员予以纠正 ……
风险管理和审计委员会	研究并提出公司的风险管理制度建议 对公司资金支付、结算、信贷、担保等方面风险控制情况进行检查并提出建议 评估公司风险状况、管理效率 对董事会审议决策事项实施监督 ……

续表

	主要职能
专业委员会	贷款审查委员会： ①审议确定集团成员单位授信额度 ②审查授信范围以外的各类贷款、贴现等业务 ③对贷款经营中疑难贷款、高风险授信业务、资产保全等重大问题提出处理意见 ④分析、评估信贷资产质量 风险评估委员会： ①新业务风险评估和决策，明确控制要点 ②听取、审定风险管理部提交的重大事项稽核报告 ③对风险预警事项进行审计，确定管理措施 ④审定资产五级分类 ⑤审定损失类资产保全、处置及核销方案 ⑥审定公司风险管理制度
风险管理部	风险管理职能： ①组织实施风险管理工作方案 ②负责各项业务风险识别、评估、防范和化解 ③内控制度监督管理，协助业务部门建立健全各项规章制度并执行 内部审计职能： ①组织实施内部审计、稽核工作方案 ②审查业务活动合规性、规范性、安全性、真实性，确保规章制度贯彻执行 ③对分公司、各部门的经营及业务活动的效率性，经营性及效果进行监督和评价

表 11 - 2   **三道防线的主要特点**

	主要特点
第一道防线	业务办理过程中实时控制和自我评估
第二道防线	风险管理职能部门对一线部门流程设计、管理、指导、检查和监督
第三道防线	对第一、第二道防线进行再监督和评价，发现问题并督促改正

（二）内部控制

按照银监会的要求，进一步加强公司风险管理、完善规章制度建设。公司应建设包括法人治理、综合管理、财务和资金管理、信贷业务管理、结算业务管理、投资业务管理、风险和稽核业务管理、岗位职责等制度和业务操作流程。

表 11 - 3 主要制度流程情况

序号	内容	主要制度
1	法人治理	股东会议事规则 董事会议事规则 监事会议事规则 法定代表人授权委托管理办法 ……
2	综合管理	总经理办公会议事规则 分公司管理办法 安全保卫管理制度 档案管理办法 印章和介绍信使用管理制度 物资采购管理暂行办法 6S 管理办法 职位管理办法 ……
3	财务和资金管理	财务管理办法 会计核算管理办法 会计科目设置说明 财务报表编制说明 资金管理办法 同业拆借管理办法 预算管理办法 总部现金管理办法 ……
4	信贷业务管理	授信管理暂行办法 贷款管理暂行办法 商业汇票贴现业务管理暂行办法 委托贷款管理暂行办法 买方信贷管理暂行办法 消费信贷管理暂行办法 银团贷款管理暂行办法 ……

续表

序号	内容	主要制度
5	结算业务管理	单位存款管理办法 内部结算业务管理暂行办法 结算账户管理暂行办法 印鉴卡管理办法 ……
6	投资业务管理	有价证券投资管理办法 长期股权投资管理办法 债权回购管理办法 ……
7	风险和稽核业务管理	贷款审查委员会议事规则 风险评估委员会议事规则 风险管理办法 内部审计制度 稽核管理办法 资产负债比例管理办法 资产风险分类管理办法 突发事件应急预案 ……
8	岗位职责	经理部工作职责 经理部经理岗位职责 人力资源经理岗位职责 行政经理岗位职责 信息技术经理岗位职责 文员岗位职责 ……

对公司重要资产业务——信贷、投资、资金、资产分类等业务，公司将风险审查流程中嵌入了业务工作流程中，实施主动管理，事前防范为主，事后处理为辅。通过事前风险审查，公司最大限度地降低了信用风险、市场风险及操作风险，保证业务合法、合规办理。

以流动资金贷款（受理—发放）重点环节为例，其风险点如表11-4所示。

表 11-4 业务流程风险点

流程	业务部门	风险点	风险类别	控制措施
收集资料	信贷部	客户提供虚假资料	外部欺诈	加强审查标准
		信贷经理初审不尽职（收集资料未达到要求等）	业务操作	严格收集标准和范围
		客户经理参与造假	内部欺诈	明确责任制
贷前调查	信贷部	调查人员不尽职	业务操作	明确调查内容 部门经理复核 完善岗位培训
		调查人员对还款能力出现错误判断	业务操作	培训和考核 部门经理复核
		调查报告不公正	内部欺诈	明确责任制 内部审计
贷款审查	风险管理部	审查人员未尽职（没有发现重大问题或遗漏，担保不匹配等情况）	业务操作	确定主审人员，报告部门讨论 培训和考核 明确审查要点
		贷审报告、会议上不揭示风险	内部欺诈	岗位培训 提高职业道德
贷款审批	贷审会	贷审会未发生实效 委员不尽职	业务操作	合理工作机制 严格执行会议
	审批人	审批人未尽职（未发现关注问题，作出不正确判断）	业务操作	培训 完善系统控制
贷款发放	信贷部	发放未遵循时效 未进行抵质押登记或取得权利凭证 贷款合同瑕疵	流程管理	严格时效 明确责任制培训，内部共享
	结算部	核算错误	业务操作	培训 计算机控制

（三）风险文化

积极开展全面风险管理文化建设，提高全员风险管理意识。

培育风险管理的全员意识、全员参与的文化，可在 OA 网上开通风险管理专栏，宣传风险管理文化。同时，在财务公司内部通讯上专题介绍财务公司的风险管理，面向集团及成员单位、财务公司行业、监管机构等宣传公司风险管理文化。

第二节　财务公司重大风险及产生原因

财务公司主要应对的风险为银监会所重点关注的信用风险、市场风险、流动性风险和操作风险，以及公司长期关注的战略风险，共五项重大风险。

一、战略风险

（一）主要产生原因及体现

1. 风险表现：（1）公司对自身资源、市场环境等战略环境认识、评估不准确，导致制定的战略指标与规划脱离现实；（2）公司缺少战略评估系统，未能对战略执行情况进行定期检查和评价，可能造成战略执行出现问题或与战略规划偏离。

2. 产生原因：造成该风险的原因主要有以下几点：（1）在机制层面，战略规划浮于表面，实际业务执行脱离战略规划；缺乏明确、成体系的公司战略规划管理办法及对战略执行情况实行检查的长效评价机制。（2）在执行层面，公司相关人员对关键战略要素认识不清楚、不全面，战略要素评估过程不认真。

（二）应对措施及解决方案

建立对战略执行情况实行检查的长效评价机制，定期检查公司战略执行情况，保证实际业务执行与战略规划保持一致，对公司相关人员进行相应培训，使其全面认识关键战略要素，对战略要素进行认真评估。

二、信用风险

（一）主要产生原因及体现

1. 风险表现

（1）公司对客户的信用评级主要依赖于经验和定性分析，缺乏完善的信贷客户信用评价规则、评价模型，导致对信贷客户的信用评价不准确；（2）贷前调查工作不深入、不全面，导致贷款审批人产生错误理解；（3）贷款审批执行不严肃，审查结果不能客观反映客户真实情况，导致不良贷款；（4）信贷资产五级分类结果不准确，不能完全反映信贷资产风险状况；（5）未按时对企业进行贷后审查及制定季度经济活动分析报告，不能及时了解客户信用变动状况；（6）通过借新还旧的方式将不良贷款转为正常贷款，无法反映贷款企业真实信息；（7）交易对手（客户、银行同业）遭遇信用危机，造成逾期，乃至违约；（8）因抵押品受损、灭失或贬值，导致资产抵押、质押实际落空；（9）集团内部成员单位贷款时相互担保现象普遍，存在资信较差的成员单位可能为资信较好的成员单位进行担保的情况，增加违约风险；（10）贷款后，某一客户的第三方担保人信用评级降至比该客户更低，则此担保已事实失效，造成风险暴露敞口增大；（11）被担保方违约后，其对应的担保方对于担保义务拒不承担，造成信用风险；（12）信贷客户集中于集团内同一板块（军品、民品、房地产、金融）或违约关联关系较大，造成相关信贷资产的信用风险集中度偏高。

2. 产生原因

造成公司形成信用风险的原因主要有以下几点：

首先，在机制层面，公司信贷工作承受集团行政、政策压力，导致贷款审批程序执行不充分；对公司贷款集中程度进行监控的制度缺失，信贷资产的信用风险集中度偏高；公司信贷规定缺乏定量、精确标准，造成对信贷客户的信用评价不准确。

其次，在企业文化层面，公司信贷风险意识薄弱，尚未形成成熟的风险管理文化。

最后，在操作层面，公司贷款审核方式单一（以客户纸质资料审核为主）；未执行必要的资产登记、保险措施，且对抵押物、质押物价值贷后监察不到位；贷后调查间隔期限较长，调查范围覆盖不全面，对贷款企业信息更新不及时；对不良贷款消极清收；对信贷经理及其他相关工作人员培训不足，信贷人员工作未尽职；为应对银监局的检查，集团内成员单位互相担保，贷款风险关联关系不明确；信贷业务缺乏足够的数据支持，初始信息不完整；贷款客户为规避违约进行借新还旧操作。

（二）应对措施及解决方案

结合公司的历史数据以及自身的工作积累，构建公司信贷资产压力测试模型，并利用该模型对公司信贷资产的违约率和回收率进行测算和评估，推算公司信贷资产可能出现的动态累计违约率、风险头寸，判定公司能否有效应对极端经济情况下的流动性风险、经营风险及其他类型风险。

对公司内部信用评级体系进行研究，初步创建信用评级模型。

三、市场风险

（一）主要产生原因及体现

1. 风险表现

（1）公司资产、负债到期期限不匹配（针对固定利率产品），或者需要重新定价（针对浮动利率产品），导致公司收益受到利率变动的影响；（2）一般利率水平的变化引起不同种类的金融工具的利率发生程度不等的变动（如 Shibor 和国债利率），即使资产和负债的重新定价时间相同，但是只要存款利率与贷款利率的调整幅度不完全一致，就会面临基差风险；（3）利率曲线非平行移动，银行账簿中长期资产（如 10 年期国债）内在价值面临较大的收益率曲线风险；（4）客户会在利率有利时提前偿还贷款余额或存款人提前支取存款，导致公司预期收益受损；（5）可交易的投资品种受市场价格波动较大，容易产生亏损或盈利降低。

2. 产生原因

造成公司形成市场风险的原因主要有以下几点：（1）在宏观经济环境层面，市场利率变化会导致各种投资产品利率的波动；（2）在操作层面，公司资产/负债匹配管理手段、技术开发不足，资产/负债管理中采用的利率对冲工具与被对冲资产/负债不完全一致；（3）在外部环境层面，宏观经济运行态势造成金融市场上各种投资产品价格波动；（4）在执行层面，公司对投资产品的投资可行性分析缺乏统一、明确、严格的标准，导致对投资风险分析不客观、不全面。

（二）应对措施及解决方案

风险管理部对信贷业务、投资业务进行逐笔审查以控制相关信用风险与市场风险。一般由一线业务部门开展基本信息调查，由风险管理部根据调查资料出具审查报告，并提交贷款审查委员会或风险评估委员会集体讨论。在委员会通过后，相关业务才能执行。在执行过程中，风险管理部应加强事后审计、审查，确保委员会意见得到贯彻。

四、操作风险

(一) 主要产生原因及体现

1. 风险表现

(1) 公司内部员工故意骗取、盗用财产或违反监管规章、法律或公司政策导致的损失；(2) 第三方故意骗取、盗用财产或逃避法律导致的损失；(3) 违反劳动合同法、就业、健康或安全方面的法规或协议，个人工伤赔付或者因歧视及差别待遇事件导致的损失；(4) 因疏忽未对特定客户履行分内义务（如诚信责任和适当性要求）或设计缺陷导致的损失；(5) 实体资产因自然灾害或其他事件丢失或毁坏导致的损失；(6) 业务中断或系统失灵导致的损失；(7) 交易处理或流程管理失败导致发生损失。

2. 产生原因

造成公司形成操作风险的原因主要有以下几点：首先，在机制层面，未实行差错率考核及损失处罚制度，制度执行力弱化，导致相关人员行为未经授权，流程管理失败导致损失。其次，在操作层面，系统安全性不足，信息系统故障；个人/企业客户账户管理不妥善；内外部人员盗窃和欺诈行为。最后，外部灾害和其他事件导致的损害。

(二) 应对措施及解决方案

积极开展内部稽核检查与审计工作，初步开展以风险导向为主的管理审计，加强对业务数据审查及主要业务审批及实施过程中的操作风险监控。

对业务进行事后定期监督、报表稽核及审计等工作，积极管控操作风险。

五、流动性风险

(一) 主要产生原因及体现

1. 风险表现

(1) 利率变化环境下，资产与负债期限结构、资金头寸错配，将导致公司出现流动性风险；(2) 资金计划与实际情况出现偏离，导致资金头寸不足，发生流动性风险；(3) 若集中出现企业因为运营需要大量提取账户存款，可能导致出现资金头寸不足，造成流动性风险；(4) 运用短期负债大量进行长期贷款或投资，资产与负债期限不匹配，造成资金流动性紧张；(5) 市场遭遇流动性危机，无法以合理的成本迅速增加负债或变现资产获取足够的资金，极端情况下会导致财务公司出现资金流断链；（6）公司在某一投资品种中占市场比重过大，无法以平均公允价格在短期内实现变现，变现必然造成价值损失或耗时过长；（7）存贷款业务过度集中，依赖于某一或几个大客户，客户较短时间内的正常存取款或贷还款行为导致财务公司流动性紧张；（8）成员单位在考核时点之间，将账户资金抽离，期末还回，时间节点出现资金大出大进，产生流动性风险；（9）监管层处罚或资本市场信用评级下降，造成公司融资能力下降，导致流动性风险事件；（10）在财务公司现金流不足时，交易对手要求为信用暴露增加额外的担保或拒绝进行新交易，导致公司遭遇流动性风险事件；（11）在财务公司现金流不足时，遭遇授信行降低或取消授信额度，会导致财务公司遭遇流动性风险事件。

2. 产生原因

造成公司形成流动性风险的原因主要有以下几点：首先，在宏观经济环境层面，由于政策、金融危机等引起的外部市场环境流动性紧缩，难以获得长期融资。其次，在机制层面，公司对资金集中度按时点考核。最后，在操作性层面，公司业务发展脱离资金能力；相关部门在进行投资产品组合时资产负债错配或货币错配；投资规模占单一投资品种市场规模过大；存贷款业务过于依赖少数大客户；多次接近或违反内部限额和监管指标。

（二）应对措施及解决方案

财务公司为应对流动性风险，在日常运营中，应以确保充足合理备付为基本前提，通过多渠道增加银行授信总额，并建立总分公司各业务部门之间的资金需求周报制度，进行资金的统一管理。另外，财务公司应坚持与存款客户进行定期沟通，了解其资金使用需求，控制临时性资金集中流出。

在此基础上，风险管理部可以运用 SUMPRODUCT 线性规模，构建公司资产负债测试模型，利用该模型测算公司在满足各类风险指标下的合理资产负债配置，并推算出收入利润情况。

第三节 重大风险监控指标的设定

财务公司面临的五类重大风险进行多维度的综合分析，其中信用风险为财务公司最重要的风险之一，将在本章第五节着重介绍。本节中，将市场风险分为利率风险和汇率风险介绍，将操作风险分为操作风险和合规风险介绍，对六类风险抽取出相应的重大风险监控指标。

一、流动性风险

作为银监会重点监测的重大风险之一，流动性风险选取的重大风险监控指标与1104报表相关性极高，分别包括如下指标：流动性比率、流动性缺口率、核心负债依存度、经调整资产流动性比率、人民币超额备付金率、存贷款比率、最大十户存款比率。具体每种监控指标的评价周期及计算方法/模型详见表11-5。

表11-5 风险指标库

二级风险编号	二级风险分类	备选指标	评价周期	计算方法/模型
206	流动性风险	流动性比率	月	（流动性资产＋银行授信）/流动性负债×100%
		流动性缺口率	月	流动性缺口/90天内到期表内外资产×100%
		核心负债依存度	月	核心负债/总负债×100%
		经调整资产流动性比率	月	调整后流动性资产余额/调整后流动性负债余额×100%
		人民币超额备付金率	月	（在中国人民银行超额准备金存款＋商业银行存款＋库存现金）/人民币各项存款期末余额×100%
		存贷款比率	月	各项贷款余额（含贴现，不含委托贷款）/各项存款余额×100%
		最大十户存款比率	月	最大十户存款总额/各项存款×100%
301	利率风险	利率风险敏感度	月	利率上升200个基点对银行净值影响/资本净额×100%
		利率风险权数	月	
		利率敏感性缺口	月	利率敏感性缺口＝利率敏感性资产－利率敏感性负债
		利率基点价值（精确值，备选）	月	利率每变动一个基点相应的账户价值变化金额
		修正久期（精确值，备选）	月	修正久期＝－dP/P/dr/（1＋r）
		在险价值（参数法，备选）	月	Prob（w≤VAR）＝1－a

续表

二级风险编号	二级风险分类	备选指标	评价周期	计算方法/模型
209	操作风险	内部欺诈事件发生次数	月	统计以下事件发生的次数：未经汇报的交易次数，查处的贿赂行为次数，查处的洗钱案件次数
		内部欺诈事件涉及金额	月	统计以下事件涉及的金额：未经汇报的交易次数及损失金额，查处的贿赂行为次数及金额，查处的挪用客户资产金额，查处的洗钱案件次数及金额
		外部欺诈事件发生次数	月	统计以下事件发生的次数：盗窃案件，伪造诈骗案件，黑客攻击，开具空头支票
		外部欺诈事件涉及金额	月	统计以下事件涉及的金额：盗窃案件，伪造诈骗案件，黑客攻击，开具空头支票
		工作场所安全事件发生次数	月	统计以下事件发生的次数：泄露信息涉及的损失数量，重要文件丢失的损失数量
		客户产品及业务操作损失事件发生次数	月	统计以下事件发生的次数：关键客户流失数，不恰当交易损失量，超过一定期限尚未确认的交易数量，产品缺陷数量，与客户发生纠纷的次数
		业务中断及系统失灵事件发生次数	月	统计以下事件发生的次数：信息泄密次数，月通讯中断次数，设备故障次数
		执行交割及流程管理相关事件发生次数	月	统计以下事件发生的次数：数据错误的发生次数，会计记账错误的发生次数，沟通失误的发生次数，供应商引起的纠纷次数
303	汇率风险	累计外汇敞口头寸比率	日	累计外汇敞口头寸/资本净额×100%
		汇率波动率	日	主要货币的汇率波动率
		在险价值（参数法，备选）	日	外汇敞口×波动率×分位数

续表

二级风险编号	二级风险分类	备选指标	评价周期	计算方法/模型
503	合规风险	法规修订频率	季	法规修订频率＝每季度对现有的内部制度进行诊断，如果国家有新的政策法规而公司的政策法规没有作相应修订的，统计此类事件的次数
		内部制度跟进速度	季	内部制度跟进速度＝每季度对现有内部制度进行诊断，如果存在新的业务而未有相应法规的，统计滞后的时间
		违规事件发生次数	季	统计以下事件发生的次数：个别贷款资料后补，后续跟踪不力，基础档案易出现不完整及合规性问题；短期内大量发放临时性贷款，信贷规模急剧上升，导致资本充足率低于监管要求；未按有关规定及时建立并提取坏账准备、贷款呆账准备、投资风险准备等损失准备金，导致监管处罚；违反规定将一般账户、临时账户和专用账户混合使用；对投资额/资本金比例指标进行灵活理解和掌握，在监管日期前进行监管回避操作，有可能导致监管不合规事件发生；在经营中未及时发现客户利用账户从事洗钱活动；未能按照监管要求进行内部轮岗、岗位分离；办理集团外企业的票据贴现业务，导致监管违规事件发生
		违规事件发生金额	季	统计以下事件涉及的金额：个别贷款资料后补，后续跟踪不力，基础档案易出现不完整及合规性问题；短期内大量发放临时性贷款，信贷规模急剧上升，导致资本充足率低于监管要求；未按有关规定及时建立并提取坏账准备、贷款呆账准备、投资风险准备等损失准备金，导致监管处罚；违反规定将一般账户、临时账户和专用账户混合使用；对投资额/资本金比例指标进行灵活理解和掌握，在监管日期前进行监管回避操作，有可能导致监管不合规事件发生；在经营中未及时发现客户利用账户从事洗钱活动；未能按照监管要求进行内部轮岗、岗位分离；办理集团外企业的票据贴现业务，导致监管违规事件发生

续表

二级风险编号	二级风险分类	备选指标	评价周期	计算方法/模型
105	战略风险	国家对财务公司主体定位、经营范围、经营模式政策的变动频率	季	比对财务公司现有的经营范围、经营模式同国家对财务公司的政策
		证监会对集团内上市公司的资金集中管理政策进行限制的变动频率	季	每季度证监会对集团内上市公司集中管理政策限制的变动频率
		国家调整货币信贷总量的变动频率	季	每季度国家减少货币信贷总量供给的变动频率

二、利率风险

作为银监会重点监测的重大风险之一，利率风险选取的重大风险监控指标与1104 报表相关性极高，分别包括如下指标：利率风险敏感度、利率风险权数、利率敏感性缺口、利率基点价值、修正久期、在险价值。具体每种监控指标的评价周期及计算方法/模型详见表 11 - 5。

三、操作风险

作为银监会重点监测的重大风险之一，操作风险选取的重大风险监控指标与巴塞尔协议体系相关性较高，分别包括如下指标：内部欺诈事件发生次数、内部欺诈事件涉及金额、外部欺诈事件发生次数、外部欺诈事件涉及金额、工作场所安全事件发生次数、客户产品及业务操作损失事件发生次数、业务中断及系统失灵事件发生次数、执行交割及流程管理相关事件发生次数。因操作风险数据的来源具有广泛性及非独一主体性，故对每类指标对应的风险事件进行明确，并对数据统计来源和统计周期进行了进一步明确。每种监控指标的评价周期及计算方法/模型详见表 11 - 5。

四、汇率风险

作为银监会重点监测的重大风险之一，汇率风险选取的重大风险监控指标与

1104 报表相关性较高，分别包括如下指标：累计外汇敞口头寸比率、汇率波动率、在险价值。每种监控指标的评价周期及计算方法/模型详见表 11 - 5。

五、合规风险

作为银监会重点监测的重大风险之一，合规风险选取的重大风险监控指标与巴塞尔协议体系相关性较高，分别包括如下指标：法规修订频率、内部制度跟进速度、违规事件发生次数、违规事件发生金额。因合规风险数据的来源具有广泛性及非独一主体性，故对每类指标对应的风险事件进行明确，并对数据统计来源和统计周期进行进一步明确。每种监控指标的评价周期及计算方法/模型详见表11 - 5。

六、战略风险

作为财务公司重点关注的风险，战略风险也得到了充分的重视，分别包括如下指标：国家对财务公司主体定位、经营范围、经营模式、政策的变动频率、证监会对集团内上市公司的资金集中管理政策进行限制的变动频率、国家调整货币信贷总量的变动频率。每种监控指标的评价周期及计算方法/模型详见表 11 - 5。

第四节　全面风险管理流程

一、风险管理流程框架

（一）风险管理流程

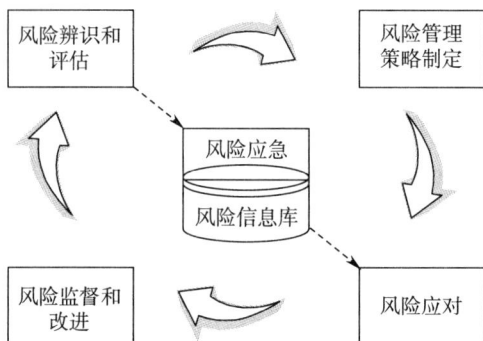

图 11 - 3　财务公司风险管理流程

（二）流程符号说明

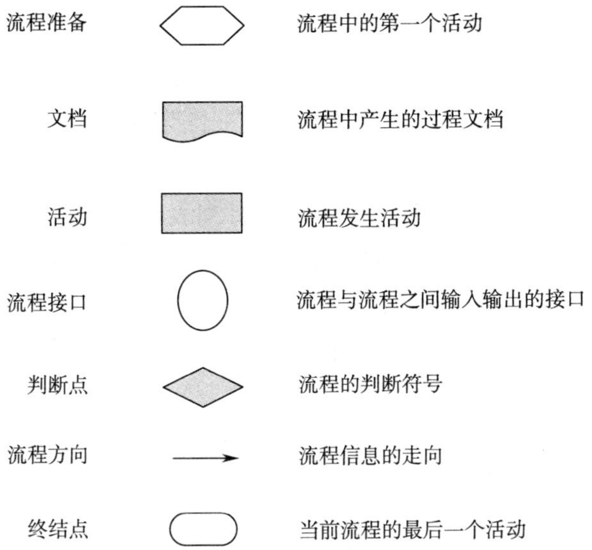

流程准备	⬡	流程中的第一个活动
文档	▱	流程中产生的过程文档
活动	▭	流程发生活动
流程接口	○	流程与流程之间输入输出的接口
判断点	◇	流程的判断符号
流程方向	→	流程信息的走向
终结点	⬭	当前流程的最后一个活动

图 11-4 流程符号

二、风险辨识和评估

（一）目标

在风险管理部和职能部门、分公司中，主要参考银监会出台的与财务公司业务紧密联系的监管指引的变化情况，不定期开展风险辨识和评估，有效地辨识当前公司存在的风险，及时更新历史风险的状态。

（二）流程描述

1. 风险管理部积极学习监管机构尤其是银监会关于财务公司的相关监管指引，判断是否需要展开风险辨识工作，或根据年度风险管理工作计划，不定期启动风险辨识和评估工作。年度风险管理工作计划应由风险管理与审计委员会于每年年末制定，并由董事会审核批准；风险辨识评估工作计划需包括主要负责人、辨识范围、辨识时间、辨识工具、参与辨识人员及对参与人员的时间要求、评估时间要求、参与评估人员的样本数量要求，以及评估标准的要求等基本信息。

2. 风险管理部应将风险辨识评估工作计划提交副总经理审核。

3. 风险管理部应将主管副总审核过的风险辨识评估工作计划提交总经理审核批准。

4. 风险管理部在收到由总经理批准的风险辨识评估工作计划后，指导各职能部门、分公司开展风险辨识工作并提交部门级风险事件列表。辨识人员首先需要对风险初始信息库中存在风险事件的状态进行确认；其次需要补充新的风险事件。

5. 风险管理部汇总和整理部门级风险事件列表，形成公司级风险事件列表。

6. 风险管理部就公司级风险事件列表指导各职能部门/分公司开展风险评估工作。原则上，参与每条风险事件评估的人员数量不应少于 10 人；风险管理部和风险评估委员会应实时监控评估过程，并对参与评估的人员提供必要工具及指导。

7. 风险管理部汇总和整理全部风险评估列表，剔除无效数据和重复数据，并根据风险评估标准，汇总计算各重大风险分类的评估值。重大风险分类的评估值将由其表现的风险事件分值按照评估标准计算而来；根据重大风险的评估值以及重大风险判断标准，可以产生新的风险图谱，并可得出重大风险排序，以及重大风险事件排序。

8. 风险管理部根据风险辨识和评估的数据，加工、处理、提炼，编制《风险评估报告》。《风险评估报告》应由风险辨识评估的基本数据组成，包括高风险列表、风险趋势分析、风险多维图谱等；如果资源和条件允许，还应根据风险承受度产生重大风险的量化分析结果。

9. 主管副总对风险管理部提交的《风险评估报告》进行审核。

10. 总经理对经主管副总复核过的《风险评估报告》进行审核，并对评估报告内容进行确认，如有不符合实际情况的地方，应提出相应调整建议和意见，并责令风险管理部进行调整。

11. 《风险评估报告》应提交风险管理与审计委员会审议批准，以供下一步制定风险管理策略和应对计划；风险管理与审计委员会应从公司战略出发，确定公司面临的重大风险，以及管理改进迫切性高的流程和风险。

（三）工作流程图

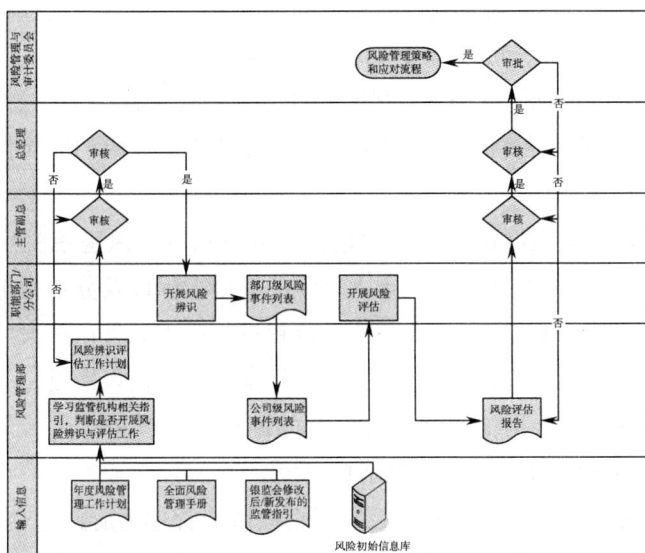

图 11 - 5　风险辨识评估流程

三、风险管理策略制定

（一）目标

在风险评估的基础上，针对重大风险，设计重大风险的关键监控指标，明确风险偏好，定义风险承受度。

（二）流程描述

1. 风险管理部应牵头针对评估出的重大风险，编制风险管理策略制定的工作计划。重大风险的管理策略包括风险偏好和风险承受度的确定；风险管理部应确认哪些风险需要建立风险管理策略，哪些风险需要修订风险管理策略；工作计划中应说明重大风险关键指标风险偏好和风险承受度判断依据。

2. 重大风险管理策略制定的工作计划应提交主管副总审核，并根据主管副总的建议和意见重新修订。

3. 总经理对经主管副总审核后的重大风险管理策略制定的工作计划进行审核，风险管理部根据总经理的建议和意见重新修订工作计划。

4. 风险管理部初步确定重大风险的关键指标及指标的分解项。重大风险的关键指标应围绕战略目标以及外部监管机构的要求，以能够反映企业战略目标实现程度的财务指标为主；对于其他非财务的重大风险，可适当选择相关指标进行量化，如没有相关指标，可以风险事件数量的多少作为预警标准。

5. 在选定关键指标的基础上，风险管理部应与职能部门和分公司展开研讨，根据对公司整体风险偏好的理解，初步确定对于该重大风险的风险偏好及该指标的风险承受度。

6. 风险管理部应根据调整的关键指标、分解指标、风险承受度，调整相关风险管理流程以及相关报告模板。重大风险的关键指标以及分解指标，将影响内部控制系统的风险管理流程，因此需要对流程进行适当调整；重大风险的承受度将影响风险量化分析的基本依据，由此需要调整相关的报告模板。

7. 风险管理部应根据流程和报告模板的调整，更新和补充《全面风险管理手册》，并将更新和补充项提交主管副总审核。

8. 风险管理部将主管副总审核后的《全面风险管理手册》递交总经理审核，总经理根据《全面风险管理手册》的更新和补充项进行审核，并提供相应建议和意见。

9. 对于《全面风险管理手册》的重大调整项，风险管理部应提请风险管理与审计委员会审批，并根据委员会决议作出最终调整并重新发布。

（三）工作流程图

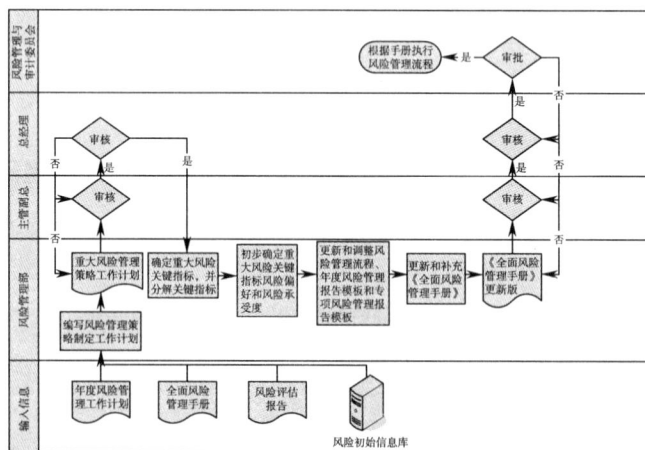

图 11-6　风险管理策略制定流程

四、风险应对

（一）目标

在风险评估的基础上，针对重大风险，制定风险应对策略以及具体应对措施。

（二）流程描述

1. 确定风险评估报告后，风险管理部应针对重大风险，组织相关部门和分公司制定风险解决方案，并编写重大风险应对工作计划。纳入风险应对计划范围的风险为重大风险；风险管理部应根据评估出的重大风险，以及监控后需要调整应对策略的重大风险，一并纳入应对计划制定。

2. 主管副总审核风险管理部提交的重大风险管理应对工作计划通过后，报总经理审核；主管副总、总经理对重大风险应对工作计划提供相应修改建议和意见。

3. 风险管理部应深入分析内外部经营环境，围绕公司战略目标，选择合适的风险应对策略，并给出相应的指导性策略。根据不同的风险类型和面临的不同经营环境，风险应对策略可以分为自担、规避、转移、消减、对冲、补偿、控制等。风险管理部应充分结合风险的特性，选择其中一种或者组合运用风险应对策略。风险管理部和相关部门、分公司可采用研讨会形式，发放风险应对措施表，选择确定应对策略。

4. 各职能部门/分公司根据风险管理部制定的风险应对策略，制定相应可操作的风险应对措施，并落实相关人员、应对成本和应对时间。根据风险应对策略的不同，风险应对措施可以多项串行运用，或者多项并行运用。

5. 风险管理部需收集全部职能部门和分公司的风险应对战略和应对措施，进一步完善，形成风险应对计划列表，以及为下一步提供分析数据。

6. 风险管理部定期结合公司既定重大风险偏好和风险承受度，对重大风险应对战略进行定性、定量分析。

7. 风险管理部根据风险应对计划列表，及风险应对战略的定性、定量分析成果，编制《重大风险应对方案报告》及《年度重大风险评估和管理重点报告》。

8. 总经理、副总经理审核重大风险解决方案和年度重大风险评估和管理重点报告，并提出相应修改建议和意见。

9. 经总经理审核后的重大风险解决方案和年度重大风险评估和管理重点报告提交公司风险管理与审计委员会审批。

10. 经风险管理与审计委员会审批后，进入风险监督与改进流程。

（三）工作流程图

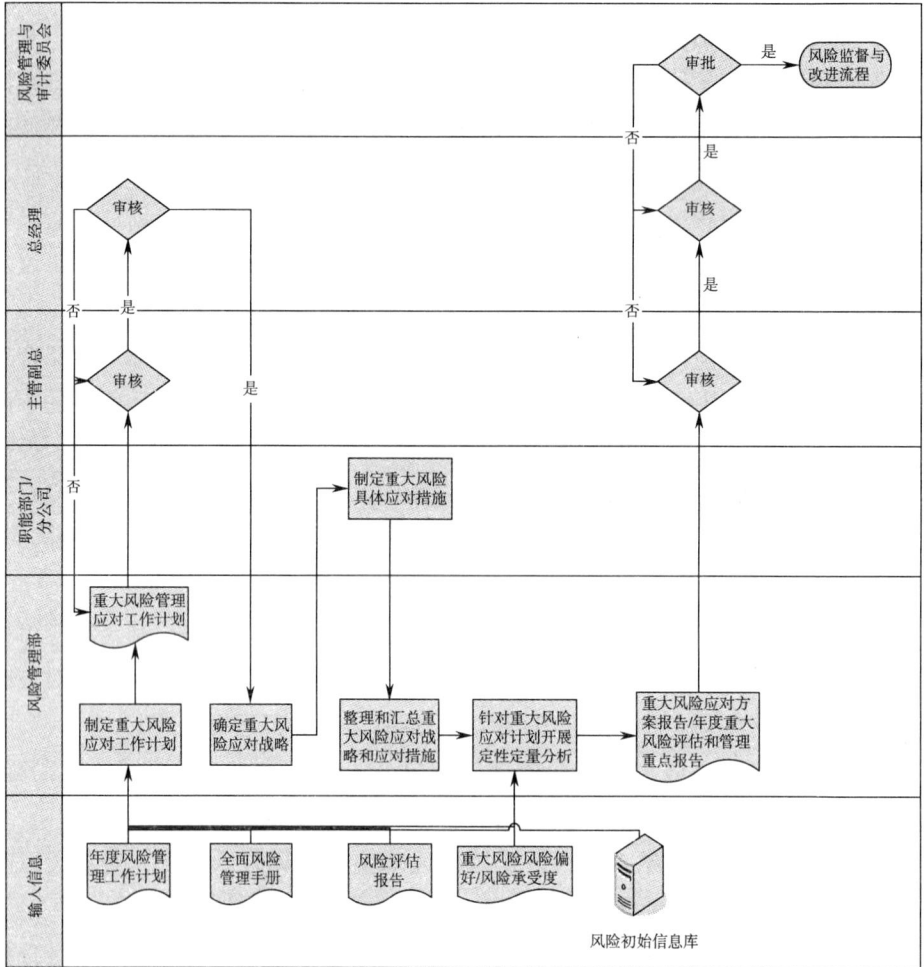

图 11－7　风险应对流程

五、风险监控与管理改进

（一）目标

针对辨识和评估出来的风险，监控风险的状态变化，检查重大风险应对计划的制定情况和实施情况，审计内部控制的有效性。

（二）流程描述

1. 风险管理部应制定内部控制自评价计划以及内部控制审计计划。风险管理部需针对重大风险的应对计划制定和实施情况，制定相应的自评价计划，提供自评价工具和指导；在计划制定之时，因审计业务尚未从风险管理部分离出来，故仍需风险管理部制定内部控制审计工作计划，在执行内控自评价的基础上，对重大风险相关流程的关键控制点开展审计；风险管理部应着重于重大风险相关业务流程的内控有效性的审计。

2. 内部控制自评价计划和审计计划须经主管副总、总经理审核；主管副总、总经理提供相应修改建议和意见。

3. 风险管理部应提前于审计工作启动内控自评价计划。

4. 各职能部门和分公司应在风险管理部的指导下，按照规定的模板开展内部控制自评价活动。内控自评价活动应严格按照实事求是的原则，不允许虚报、谎报、漏报。

5. 各职能部门和分公司应自行完成内部控制自评价报告的撰写，并提交风险管理部。

6. 风险管理部需汇总全部内控自评价报告，编制《财务公司内控自评价报告》。

7. 风险管理部审计工作需在内控自评价计划结束后启动内部控制审计计划。

8. 风险管理部审计处需对各职能部门和分公司开展内部审计活动，并编写《内部控制审计报告》。内控审计活动需根据之前完成的《内控自评价报告》，对于涉及重大风险的相关业务流程的控制点着重检查。

9. 编制完成的《内部控制自评价报告》以及《内部控制审计报告》需由副总经理、总经理审核。

10. 经总经理审核的《内部控制自评价报告》以及《内部控制审计报告》报风险管理与审计委员会审批。

（三）工作流程图

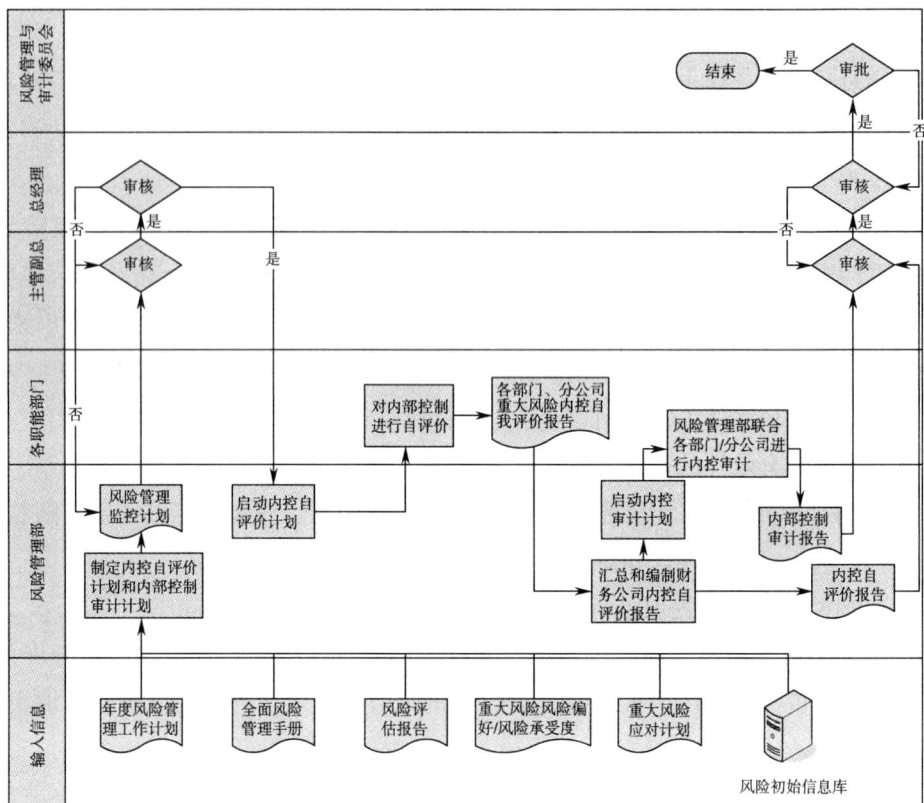

图 11 - 8　风险监控与管理改进流程

六、风险应急预案

（一）目标

针对由于外部环境剧烈变化导致需要采取紧急应对的风险事件，制定和检验应急预案。

（二）流程描述

1. 风险管理部拟定需制定应急预案的重大风险范围，并制作重大风险应急预案工作计划。

2. 主管副总、总经理审核重大风险预案工作计划，并提出修改建议和改进方法。

3. 各职能部门/分公司针对重大风险提出应急预案建议，经汇总后形成部门级应急预案列表。

4. 各职能部门/分公司根据部门级应急预案列表，进行重大风险预案效果检验：设计极端风险事件场景进行压力测试；进行特定风险情景模拟测试重大风险预案效果；测试特定风险事件在应急预案条件下的风险敏感性。

5. 风险管理部汇总各职能部门/分公司重大风险应急预案效果检验结果，形成正式的重大风险应急预案。

6. 主管副总、总经理审核重大风险应急预案，并提出相应修改意见和完善建议。

7. 经总经理审核后的重大风险应急预案上报风险管理与审计委员会进行审批。

（三）工作流程图

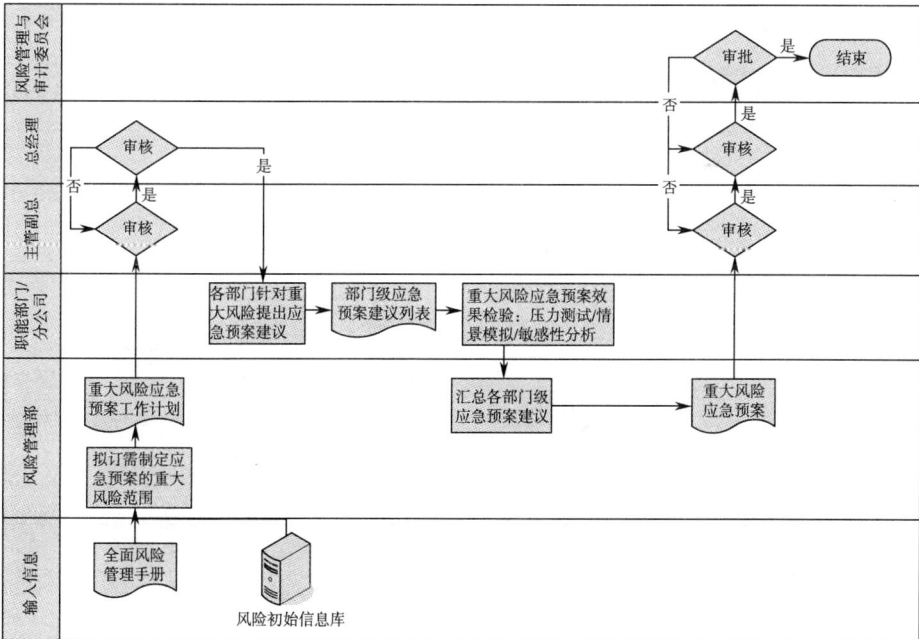

图 11－9　风险应急预案制定流程

七、风险应急

(一) 目标

针对由于外部环境剧烈变化导致需要采取紧急应对的风险事件，启动应急预案。

(二) 流程描述

1. 各职能部门/分公司在日常运营中保持对风险事件的高度敏感，一旦发现风险事件立即上报公司总经理。

2. 公司总经理判断风险事件的重要性水平，决定是否启动应急预案。

3. 职能部门/分公司确认是否有相应针对性风险应急预警预案。如不存在相应风险应急预案，职能部门/分公司应会同风险管理部共同制定风险应对方案，并立即启动；如存在既定风险应急预案，职能部门/分公司应选择相应风险应急预案，并启动相应应急预案。

4. 职能部门/分公司监督风险预警方案执行效果进行，并定期评估提出改进建议。

(三) 工作流程图

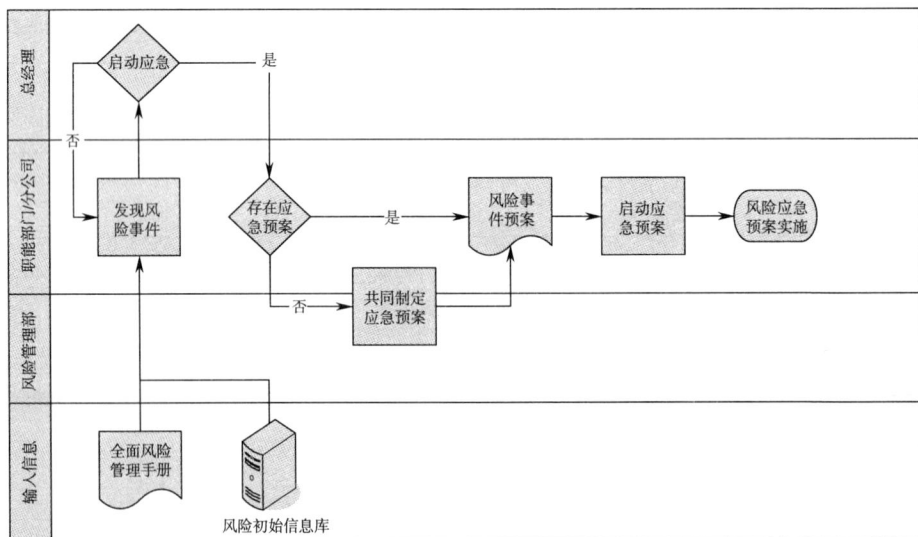

图 11 - 10　风险应急流程

八、全面风险管理报告编制流程

（一）目标

针对由于外部环境剧烈变化导致需要采取紧急应对的风险事件，启动应急预案。

（二）流程描述

1. 风险管理部根据国资委《中央企业全面风险管理指引》要求，根据集团公司、投资公司要求，编制财务公司全面风险管理报告编制方案。

2. 风险管理部召集各职能部门/分公司召开《全面风险管理报告》编制启动会，随启动会发放《全面风险管理报告编制通知》。

3. 风险管理部启动风险辨识评估流程、风险管理策略制定流程、风险应对流程、风险监控与管理改进流程，以其成果及文档作为准备材料。

4. 各职能部门/分公司按全面风险管理报告编制方案要求准备年度风险管理资料并提交给风险管理部。

5. 风险管理部根据之前全面风险管理工作的成果及文档和各职能部门/分公司提交的年度风险管理资料，编制全面风险管理报告。

6. 风险管理部就已完成的全面风险管理报告，组织各职能部门和分公司进行会签。

7. 风险管理部将全面风险管理报告提交至主管副总审核。

8. 总经理对已有主管副总审核过的全面风险管理报告进行审核。

9. 经总经理审核后的全面风险管理报告上报风险管理与审计委员会进行审议。

10. 风险管理与审计委员会将全面风险管理报告提交董事会进行审批。重点审批本年度变更的重大风险、风险偏好与风险承受度、风险管理策略和重大风险管理解决方案。

（三）工作流程

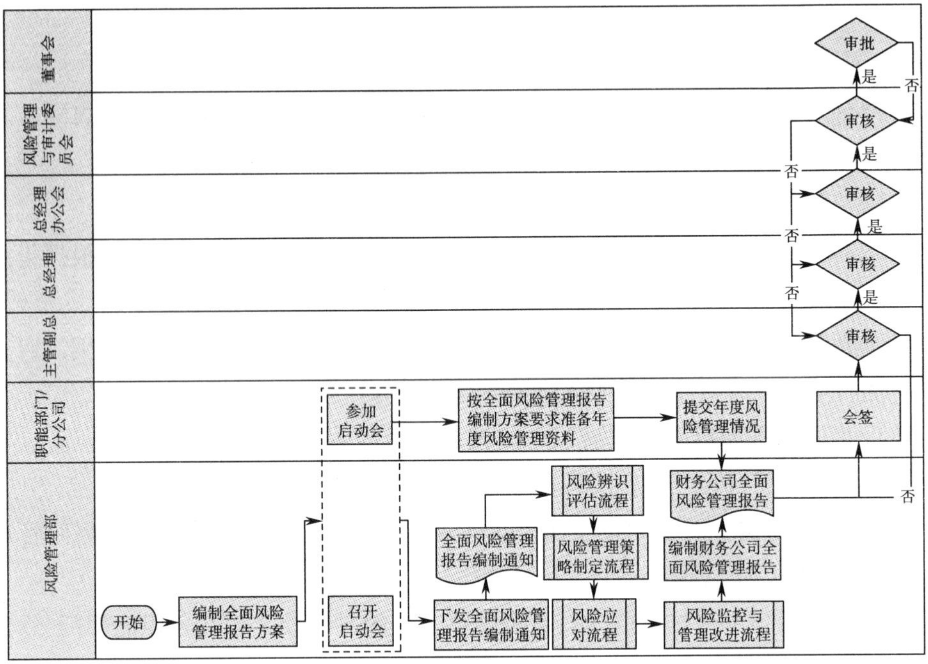

图 11-11　全面风险管理报告编制流程

第五节　内部信用评级

一、建立客户内部信用评级体系的重要性

信用风险是公司面临的主要风险之一，信用风险的管理遵循风险管理的基本程序，即风险识别—风险评估与计量—风险应对。进行内部信用评级体系是风险评估的重要方法。

为此，银监会颁布的《商业银行内部控制指引》（2007 年第 6 号）明确要求金融机构建立客户信用评级体系："商业银行应当以风险量化评估的方法和模型为基础，开发和运用统一的客户信用评级体系，作为授信客户选择和项目审批的依据，并为客户信用风险识别、监测以及制定差别化的授信政策提供基础。客户信用评级结果应当根据客户信用变化情况及时进行调整。"

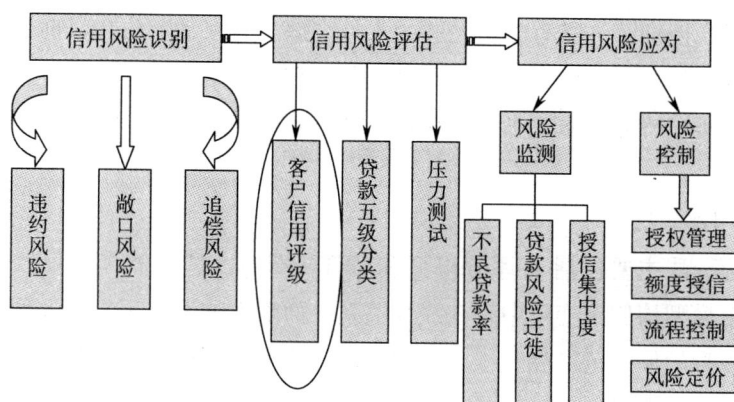

图 11 – 12　信用风险管理基本程序

二、内部信用评级模型的选择

（一）国内外金融界使用的客户信用评级技术

1. 违约概率法

违约概率是指借款人在未来一定时期内不能按合同要求偿还贷款本息或履行相关义务的可能性。违约概率的测度是巴塞尔新资本协议内部评级法的关键内容，是近年来商业银行信用风险管理提升的目标。近年来，西方商业银行在客户违约概率测度上取得了一些成就，但国内商业银行关于违约数据库、转移矩阵等方面的基础设施建设几乎是空白。违约概率测度模型的基础是违约数据库的建设，国际经验表明，银行在建设内部评级过程中，大部分精力要消耗在数据清洗和数据整合方面。一个可用的违约概率测度模型最少需要 5 年的数据积累。

2. 5C 要素分析法

5C 要素分析法是西方商业银行长期经营实践中总结归纳的一种方法，是在专家判断法的基础上发展起来的。它主要集中在借款人道德品质、经营能力、资本、经营环境、担保 5 个方面进行全面的分析以判断借款人的偿债意愿和偿债能力。5C 要素分析法长期以来得到了西方国家银行业的广泛应用。与此类似的还有一些银行使用的 5P 要素分析法、5W 要素分析法等。

3. 专家判断法

专家判断法是一种古老的信贷风险分析方法，是商业银行在长期的信贷活动中形成的一种行之有效的信贷风险分析和管理制度，其最大特点是信贷决策权是由那些经过长期训练、具有丰富经验的人员掌握。专家判断法在目前银行的信贷分析中发挥着积极的重要作用，但专家判断法有许多难以克服的缺点，如实施效果不稳定，难以确定共同遵循的标准，造成信贷评估的主观性、随意性和不一致性。

4. 信用评分法

信用评分法主要包括 Z 评分模型和 ZETA 模型，是一种多变量线性识辨模型。这两个模型均假定变量中存在线性关系，而现实的经济现象是非线性的。因此这两个模型的使用范围受到很大限制，两个模型都不适合财务公司。

5. 风险量化模型

国际金融界较流行的信用风险量化模型主要包括以下两种。

①VAR 模型。VAR 是一种市场风险测试和管理的新工具，由 J. P. 摩根银行 1994 年提出。VAR 特别适用于对可交易的金融资产在险价值的计量。

②信用度量制方法。是由 J. P. 摩根与其他合作者创立用于对非交易性金融资产（如贷款）的风险进行度量的模型，主要包括三方面的测度：借款企业的信用等级，借款企业信用等级转换的概率，信用等级变动后贷款市值估价。西方银行可从信用评级公司（如标普、穆迪）中获取转移概率的矩阵表。由于我国银行业所处的经营环境，以及历史实践具有自身的特殊性，西方银行能够应用的量化模型，并不一定适合我国商业银行。我国的量化模型尚需我们自己研究、开发和应用。

（二）公司信用评级技术的选择

表 11 - 6　　　　　　　　　信用评级方法比较

方法	优点	缺点
违约概率法	科学，有效，准确，量化	需要长时间的数据积累和清洗，模型设计成本高
5C 要素法	有效，定量与定性结合，模型设计成本适中	有一定主观性，模型本身局限性
传统专家判断法	有效，定性为主，实施方法简单	需要较多专家，效果不稳定，标准不统一，主观随意性较大
信用评分法	量化，客观	线性模型与事实不完全匹配，使用范围受限
风险度量模型法	动态，量化	模型开发成本高，使用成本高

　　首先，5C要素法符合成本效益原则，公司有能力负担。违约概率模型和风险量化模型虽然更为先进和科学，但其研发成本和数据积累成本非常高，而且要求客户提供的数据全，数据期限跨度往往要到5年以上才能得出准确的结论。财务公司的贷款客户均为集团企事业单位，信用风险结构较商业银行简单。研发违约概率模型和风险量化模型不经济，也不实用。

　　其次，专家判断法较5C要素法有其先天不足，特别是评价标准不统一，其所利用的人为判断往往造成的主观性、随意性大，不利于公司建立科学现代的信用风险管理体系。

　　最后，目前国际金融界使用的信用评分法不适合财务公司。而5C要素分析法是在传统的专家判断法基础上发展起来的，吸收了传统专家判断法的优点，并通过设定因素判断标准，一定程度上可以避免传统专家判断法的缺陷。

　　通过上述对目前国内外银行业使用的评级技术的分析，5C要素法更适合财务公司当前的需要。

　　（三）5C要素分析法

　　1. 进行信用分析的五个方面

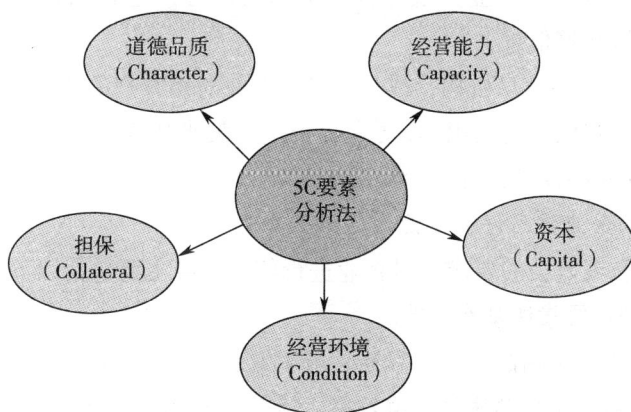

图 11-13　5C 要素分析法

　　（1）道德品质（Character）。道德品质是一种对企业声誉的度量，是评估企业信用质量的首要指标，道德品质是回收速度和回收数额的重要因素。因为每一笔贷款都隐含了客户对公司的还款承诺，如果客户没有还款的诚意，则该贷款的风险势必加大。

（2）经营能力（Capacity）。经理能力反映了借款者收益的稳定性和波动性。主要根据企业的经营生产能力及获利情况判断，具有较好经营业绩的企业，会表现出良好的偿付能力。

（3）资本（Capital）。企业资本往往是衡量企业财力和贷款金额大小的决定性因素，企业资本雄厚，说明企业具有巨大的物质基础和抗风险能力。企业资本可通过财务比率分析得到，如负债比率、流动比率、速动比率、资产净值等财务指标等。

（4）经营环境（Condition）。经营环境指能够对企业的偿付能力产生影响的社会经济发展的一般趋势和商业周期，以及某些地区或某些领域的特殊发展和变动。这是决定信用风险损失的一项重要因素，特别是对于那些受周期决定和影响的产业而言。

（5）担保（Collateral）。担保指企业用其资产或其他企业的信用对其所承诺的付款进行的担保。担保的质量越高，欠款的风险损失就越低。

2. 了解 5C 要素的三种途径

（1）从公司自身获取，总结公司以往跟客户交易的经验，从主观上对客户的信用质量作出判断；

（2）从外部获取，由业务或评级人员亲自对客户进行调查，广泛收集有关情报，上门取得直接信息；

（3）通过专门的信息机构，或是从其他企业对该客户的评价获取间接信息。

综上分析，我们认为利用 5C 要素分析法框架来建立公司的内部客户评级体系不仅是最为经济适用的，也较为可行。

（四）借款企业信用评级要素、标识及含义

根据央行和银监会的要求，对企业进行信用评级主要包括以下方面内容，这些分析因素与 5C 要素法基本一致。

1. 企业素质，包括法人代表素质、员工素质、管理素质、发展潜力等；

2. 经营能力，包括销售收入增长率、流动资产周转次数、应收账款周转率、存货周转率等；

3. 获利能力，包括资本金利润率、成本费用利润率、销售利润率、总资产利润率等；

4. 偿债能力，包括资产负债率、流动比率、速动比率、现金流等；

5. 履约情况，包括贷款到期偿还率、贷款利息偿还率等；

6. 发展前景，包括宏观经济形势、行业产业政策对企业的影响，行业特征、市场需求对企业的影响，企业成长性和抗风险能力等。

三、公司客户内部信用评级体系框架

（一）权重设计

表 11 - 7　　　　　　　　　　　客户信用等级评判

因素	主要判断	信用等级评判权重
道德品质	偿债意愿大小	20%——20 分
经营环境	信用风险损失度大小	20%——20 分
财务指标	企业偿付能力，指标是否在安全范围内	45%——45 分
资本	企业财力和风险限额大小	15%——15 分
担保	担保质量	25%——25 分

表 11 - 8　　　　　　　　　　　因素风险等级

因素得分	因素风险等级	风险说明
75 ~ 100	A	风险低
50 ~ 74	B	风险中低
0 ~ 49	C	风险高

（二）信用等级设计

表 11 - 9　　　　　　　　　　　客户信用等级设计

四项评级总分	信用等级	信用含义	信贷政策
90 ~ 100	AAA　特优	短期债务的支付能力和长期债务的偿还能力具有最大保障；经营处于良性循环状态，不确定因素对经营与发展的影响最小。	按信贷制度授信或贷款。
85 ~ 89	AA　优	短期债务的支付能力和长期债务的偿还能力很强；经营处于良性循环状态，不确定因素对经营与发展的影响很小。	
75 ~ 84	A　良	短期债务的支付能力和长期债务的偿还能力较强；企业经营处于良性循环状态，未来经营与发展易受企业内外部不确定因素的影响，盈利能力和偿债能力会产生波动。	

续表

四项评级总分	信用等级	信用含义	信贷政策
65~74	BBB 较好	短期债务的支付能力和长期债务偿还能力一般，目前对本息的保障尚属适当；企业经营处于良性循环状态，未来经营与发展受企业内外部不确定因素的影响，盈利能力和偿债能力会有较大波动，约定的条件可能不足以保障本息的安全。	需要担保，担保项分与前四项分之和达到 A 级及以上标准可予授信或贷款。
60~64	BB 尚可	短期债务支付能力和长期债务偿还能力较弱；企业经营与发展状况不佳，支付能力不稳定，有一定风险。	
50~59	B 一般	短期债务支付能力和长期债务偿还能力较差；受内外不确定因素的影响，企业经营较困难，支付能力具有较大的不确定性，风险较大。	
40~49	CCC 差	短期债务支付能力和长期债务偿还能力很差；受内外不确定因素的影响，企业经营困难，支付能力很困难，风险很大。	
35~39	CC 较差	短期债务的支付能力和长期债务的偿还能力严重不足；经营状况差，促使企业经营及发展走向良性循环状态的内外部因素很少，风险极大。	即使有担保原则上也不予授信。
0~34	C 极差	短期债务支付困难，长期债务偿还能力极差；企业经营状况一直不好，基本处于恶性循环状态，促使企业经营及发展走向良性循环状态的内外部因素极少，企业濒临破产。	

每一个信用等级可用"＋"、"－"符号进行微调，表示略高或略低于本等级，但不包括 AAA＋级。

（三）担保机构信用评级要素、标识及含义

对授信评级为 BBB，担保人的信用评级至少达到 BBB 级以上，但原则上两个 BBB 级别的企业不能相互提供担保。对于 BB、B 级企业，需要其他企业提供担保，担保企业评级应原则上达到 A 级以上。对担保企业进行信用评级主要包括对经营环境、管理风险、担保风险管理、担保资产质量、担保资本来源与担保资金运作风险和偿债能力与资本充足性的考察。

担保企业信用等级的设置采用三等九级。符号表示分别为 AAA、AA、A、BBB、BB、B、CCC、CC、C，各个信用等级含义如下：

AAA 级，代偿能力最强，绩效管理和风险管理能力极强，风险最小。

AA 级，代偿能力很强，绩效管理和风险管理能力很强，风险很小。

A 级，代偿能力较强，绩效管理和风险管理能力较强，尽管有时会受经营环境和其他内外部条件变化的影响，但是风险小。

BBB 级，有一定的代偿能力，绩效管理和风险管理能力一般，易受经营环境和其他内外部条件变化的影响，风险较小。

BB 级，代偿能力较弱，绩效管理和风险管理能力较弱，有一定风险。

B 级，代偿能力较差，绩效管理和风险管理能力弱，有较大风险。

CCC 级，代偿能力很差，在经营、管理、抵御风险等方面存在问题，有很大风险。

CC 级，代偿能力极差，在经营、管理、抵御风险等方面有严重问题，风险极大。

C 级，濒临破产，没有代偿债务能力。

除 CCC 级以下等级外，每一个信用等级可用"＋"、"－"符号进行微调，表示略高或略低于本等级，但不包括 AAA＋级。

（四）内部授信评级整体说明

表 11－10　　　　　　　　　　　　风险限额评定

评级得分	风险限额与所有者权益比率（倍）	说明
AAA	1.3×行业系数	对 A 级以上企业，公司可给予流动资金信用贷款授信，信用贷款最高限额（风险限额）与所有者权益的比率应按行业区分，一般可以按照1.3倍、1.1倍、1倍比例进行测算。
AA	1.1×行业系数	
A	1×行业系数	
BBB	(0.8~1.1)×行业系数	按照担保企业的评级和综合得分，最高可以给予 1.1 倍风险限额。
BB	(0.6~0.9)×行业系数	担保企业至少为 A 级以上评级，最高可给予0.9倍风险限额。
B	(0.5~0.7)×行业系数	担保企业至少为 A 级以上评级，最高可给予0.7倍风险限额。

进行客户内部信用评级的主要目的包括两个方面：

一是只有授信评级为 A 级以上的企业方可获得信用贷款支持，而 B 级以上的企业必须在满足有合适担保人的前提下方可获得担保贷款。

二是每一种评级根据其行业不同可分别获取不同的风险限额，即公司最多可支持该企业的资金总额。在制定行业标准时可根据国家宏观政策和集团公司产业政策进行调节，如整机制造行业可给予高的行业系数，但行业系数最高值为 1.2 倍。

四、内部信用评级体系各项指标及评分说明

（一）道德品质

该项目满分为 100 分，占总分的 20%。此项评分的前提条件是贷款卡无不良记录，或曾经存在不良记录，但企业已经归还。

表 11－11　　　　　　　　　　　　道德品质指标

指标	指标描述		标准	分值
总经理素质（15 分）	能力	学历是否满足要求或是否有突出贡献	硕士及以上或有突出贡献	5
			专业能力胜任，具有本科学历	3
			其他	1
	行业年限	总经理从事该行业的年限	10 年及以上	5
			5～10 年	3
			5 年以下	1
	职务年限	总经理任职年限	3 年以上	5
			1～3 年	3
			1 年以下	1
管理者道德（10 分）	管理者道德品质主要指主要管理者（总经理和财务总监）诚实守信品质		5 年内无丧失信用记录	10
			3 年内无丧失信用记录	5
			3 年内有丧失信用记录	0
员工素质（20 分）	人力资源	管理与技术人员是否充足，符合战略需要	丰富	10
			一般	6
			缺乏	2
	员工结构	员工结构是否符合企业发展需要	员工结构合理，符合企业发展需要	10
			员工结构相对合理，需进行小改动	6
			员工结构不合理，急需进行变动	2

续表

指标	指标描述	标准	分值
企业年龄 (15分)	企业年龄指企业最早注册日期至本期期初的时间	≥10年	15
		1～10年	线性评分
		≤1年	0
经济纠纷和 法律诉讼 (15分)	企业在经济往来、纳税、环保、劳资关系等方面的纠纷案或法律诉讼	3年内无	15
		3年内有，企业无责任	10
		3年内有，但影响不重大	5
		3年内有，重大且企业负主要责任	0
贷款本息按 期偿还率 (15分)	贷款本息按期偿还率指近三个年度实际归还贷款本息与应归还贷款本息的比值的平均值	100%	25
		80%～100%	线性评分
		<80%	0
贷款卡记录 (10分)	贷款卡是否有不良记录	无不良记录	10
		有不良记录，金额小，已归还	6
		有不良记录，金额巨大，已归还	2

说明：道德品质因素主要评价客户的声誉，包括其偿债意愿和偿债历史。该因素主要通过非财务指标评价，客户品德的好坏主要通过过去的信用记录来确定，企业年龄、经济纠纷法律诉讼、历史贷款按期偿还率及管理者道德品质从不同方面比较好地反映了客户的偿债声誉，权重设计平均化。

（二）经营环境

该项目满分为100分，占总分的20%。

表11-12　　　　　　　　　　经营环境指标

指标	指标描述		标准	分值
宏观政策类 (30分)	产业政策 (国家)	国家产业政策指国家对行业的态度	鼓励发展	9
			一般态度	6
			限制发展	3
			要求淘汰	0
	产业政策 (地方)	地方产业政策指地方对企业的重视程度	被当地列为支柱企业	3
			未被当地列为支柱企业	0
	税收政策	税收政策指政府对企业各项税收方面的特殊政策	享有税收优惠	10
			一般政策	5
			惩罚政策	0

续表

指标		指标描述	标准	分值
宏观政策类 （30分）	汇率变 化影响	汇率变化主要指目前 人民币升值对企业的 影响	积极影响	7
			无影响	5
			消极影响	0
	环保政策	环保政策主要指环保 政策对企业的影响	支持发展	6
			无影响	3
			限制发展	1
行业环境类 （35分）	行业发 展周期	行业发展周期指行业 正处于行业生命周期 的何种阶段	投入期	12
			发展期	8
			成熟期	4
			衰退期	0
	行业进 入门槛	行业进入门槛指新进 入行业的难易程度， 如专有技术，特许经 营，行政审批等	难	12
			一般	8
			容易	4
	主导产品 可替代性	主导产品可替代性指 企业主营产品替代品 情况	替代品少	11
			替代品一般	6
			替代品多	1
市场环境类 （30分）	市场供 需状况	市场供需状况指市场 总供需水平	供不应求	10
			供需平衡	5
			供大于求	2
	市场竞 争状况	市场竞争状况指行业 内竞争态势	卖方垄断	10
			卖方垄断竞争	5
			完全竞争	2
	主导产品市 场占有率	产品销量占同类产品 总销量的比重	全国20%以上	10
			5%～20%	5
			5%以下	2
其他能力 （10分）	发展战略	经营发展方向和目标	有战略规划，已实施中	10
			有明确的战略规划	5
			没有明确的战略规划	2

说明：经营环境主要测度企业的外部环境，外部环境是企业持续稳定发展的关键因素之一，外部环境的测度用以判断企业持续还款能力。外部环境因素评价指标主要是非财务指标。外部环境主要包括三大方面：宏观政策环境、行业环境和市场环境，因此选用这三个方面为测度指标，权重设计平均化。其中市场环境细分为市场供需竞争状况和行业竞争状况。非财务类指标主要考察企业管理者素质，行业的位置及其他如发展战略，人力资源等能力，评价权重占20%。

（三）财务指标

该项目满分为 100 分，占总分的 50%。

表 11 – 13 财务指标

指标		指标描述	标准	分值
盈利能力（20分）	主营业务毛利率	反映产品或服务的盈利能力	等于或高于20%	4
			介于两值间	线性评分
			等于或低于10%	0
	EBITDA/主营业务收入	反映企业销售的创利能力	等于或高于13%	4
			介于两值间	线性评分
			等于或低于6%	0
	净资产收益率	反映企业所有者资本投入的回报率	等于或高于5%	4
			介于两值间	线性评分
			0	0
	总资产回报率	反映企业总资产回报率	等于或高于4%	4
			介于两值间	线性评分
			0	0
	总资产报酬率 ROA		等于或高于2%	4
			介于两值间	线性评分
			0	0
运营能力（20分）	总资产周转率	总资产的创利周期	等于或高于60%	8
			介于两值间	线性评分
			低于10%	0
	应收账款周转率	应收账款的流动速度或收账期	等于或高于400%	6
			介于两值间	线性评分
			低于100%	0
	存货周转率	存货的流动速度	等于或高于300%	6
			介于两值间	线性评分
			低于100%	0
成长能力（15分）	收入增长率（满分7分）	反映企业销售规模的成长性	连续三年增长，增幅5%以上	10
			介于两值间	线性评分
			连续三年下降，降幅5%以上	1
	利润增长率	反映企业利润的成长性	连续三年增长，增幅5%以上	12
			介于两值间	线性评分
			连续三年下降，降幅5%以上	1

续表

指标		指标描述	标准	分值
偿债能力 （45分）	资产负债率	负债总额/资产总额	小于60%（含）	6
			介于两值间	线性评分
			大于90%	0
	净资产与 年末贷款比率	净资产/年末贷款余额	大于150%	4
			介于两值间	线性评分
			小于50%（含）	0
	资本固 化比率	（资产总额－流动资产总额）/净资产×100%	小于80%	4
			介于两值间	线性评分
			小于50%（含）	0
	担保比率	年末未清担保余额/所有者权益×100%	小于50%	4
			介于两值间	线性评分
			大于200%	0
	流动比率	流动比率＝流动资产/资产负债×100%	大于150%	4
			介于两值间	线性评分
			小于100%	0
	速动比率	（流动资产－存货）/流动负债×100%	大于100%	3
			介于两值间	线性评分
			小于50%	0
	现金比率	（现金等价物＋短期投资＋应收票据）/流动负债×100%	大于25%	3
			介于两值间	线性评分
			小于5%	0
	主营业务收入现金率	［主营业务收入－（应收账款期末余额－应收账款期初余额）］×100%	大于90%	3
			介于两值间	线性评分
			小于60%	0
	经营活动净现金/短期债务		大于5	3
			介于两值间	线性评分
			小于1	0
	经营活动净现金/总债务		大于1	3
			介于两值间	线性评分
			小于0.3	0
	EBITDA利息倍数		大于5	4
			介于两值间	线性评分
			小于1	0

说明：财务指标主要包括企业的盈利能力、运营效率和成长能力类的财务比率。盈利能力的判断选用总资产利润率指标，总资产利润率指标包含了负债融资增加的资产的盈利能力，从债权人的角度看，总资产利润率反映了企业总体盈利能力，而净资产利润率指标更适合股东层面的判断。运营效率的判断选用总资产周转率指标，从总资产运营的角度评价企业的运营效率。成长能力选用收入增长率指标，收入增长速度比较好地反映了企业经营的成长性。财务指标评价权重占75%。

（四）资本

该项目满分为 100 分，占总分的 10%。

表 11-14 资本指标

指标	指标描述	标准	分值
净资产	该指标主要反映企业的自有资本规模	10 亿元及以上	20
		介于两值间	线性评分
		5 000 万元	1
主营业务收入	近三个会计年度平均	30 亿元以上	20
		介于两值间	线性评分
		1 亿元	1
经营活动产生现金净流量	近三个会计年度平均	25 亿元以上	20
		介于两值间	线性评分
		1 亿元	1
EBITDA（息税折旧摊销前盈余）	近三个会计年度平均	3 亿元	20
		介于两值间	线性评分
		5 000 万元	1
税后利润	税后利润即净利润	1 亿元以上	20
		介于两值间	线性评分
		1 千万元	1

说明：企业资本是衡量企业财力和贷款金额大小的决定性因素，本指标以财务指标判断为主。企业资本的评价应从三个方面分析：一是企业自有资本规模大小；二是净资产、负债与企业总资产的结构，通过净资产对总负债的覆盖水平判断企业长期偿债资本能力；三是流动资产与流动负债的关系，判断短期内企业用于偿付负债的资本能力。

（五）担保

1. 经营环境，主要包括宏观和地区经济环境、行业环境、监管与政策、政府支持等；

2. 管理风险，主要包括管理层、专业人员等人力资本、法人治理结构、内部管理和运营体制；

3. 担保风险管理，包括担保政策、策略与原则，担保业务的风险管理制度、程序，实际运作情况；

4. 担保资产质量，包括担保资产信用风险、集中程度、关联担保风险，并根据各方面的情况对未来的担保风险进行预测；

5. 担保资本来源与担保资金运作风险，包括担保资本补偿与增长机制、担保资金流动性、安全性和盈利性等。

第十二章

企业集团财务公司内部管理

"依托集团，服务集团"是财务公司的根本宗旨。财务公司从成立之日起，就带着鲜明的集团特点。不同的财务公司所在的企业集团行业背景不同、规模大小不同、经营模式不同、对金融服务的要求不同，集团的运转特点和集团内现金流流转特点也不尽相同，这决定了财务公司在发展战略、金融服务及与之相适应的内部管理上各具特点。从财务公司行业 20 多年的发展实践看，差异化的内部管理是财务公司行业的特点之一。

加强企业集团资金集中管理、提高企业集团资金使用效率、为企业集团提供财务管理服务，作为一类特殊的非银行金融机构，财务公司有着共同的功能定位，同样追求优质高效的金融服务，这又决定了财务公司的内部管理在差异中又存在着广泛的共性。

本章围绕财务公司金融服务特点，从战略管理、人力资源管理、6S 管理和六西格玛管理四个方面介绍笔者认为可以在财务公司行业应用推广且行之有效的管理工具、管理理念和管理实践。

第一节　企业集团财务公司战略管理

为什么我们要有企业战略？如何推进公司战略制定工作？如何实施并衡量新战略？本节主要从这三个方面入手介绍财务公司战略及实施方面的一些内容。

一、企业战略

（一）企业战略的定义

当前，战略管理主流学派主要包括三个观点。

1. 资源配置学派，以安索夫和德鲁克为代表。战略就是依据组织拥有的资源勾画出组织未来发展方向。

2. 产业组织学派，以迈克尔·波特和泰勒尔为代表。战略是确定企业的相对竞争优势，创造一种唯一的、有价值的、涉及不同经营活动的地位。

3. 目标学派，以安德鲁斯为代表。战略是目标、意图或目的，以及为了达到这些目的而制定的方针和计划的一种模式。

什么是企业战略？从企业未来发展的角度来看，战略表现为一种计划，而从企业过去发展历程的角度来看，战略则表现为一种模式。如果从产业层次来看，战略表现为一种定位，而从企业层次来看，战略则表现为一种观念。此外，战略也表现为企业在竞争中采用的一种计谋。

（二）战略的目标和定位

1. 我们为什么需要战略

罗马哲学家卡塞尔曾说："如果我不知道要驶向哪个港口，那么任何风向都不能令我感到满意！"对于企业来讲，亦需要回答三个问题，我们的企业现在是什么样？我们的企业将来是什么样？我们的企业应该是什么样？如果没有战略，我们就无法回答后两个问题，等于没有明天。财务公司也同样，如果没有完备的战略，财务公司的时间和资源将被分散的、盲目的经营活动所浪费，迷失前进的方向，逐渐丧失竞争力与活力。

2. 企业战略定位、要素及意义

企业战略定位回答三个方面的问题，我们今天能做什么？我们明天能做什么？我们在哪些领域将获得成功？

做好战略企业定位需要分析外部环境、内部环境。企业的外部环境决定着企业能否得到高额利润和行业发展方向；企业的内部资源和能力决定着企业的核心竞争力和价值创造能力；考察内外部相互作用关系，企业的资源、能力要与外部的产品、服务、市场定位相匹配。

分析环境，才能明确定位，明确定位，才能制定战略，战略落地，才能跨越发展。

（三）企业战略定位模型及原则

1. 企业战略定位模型

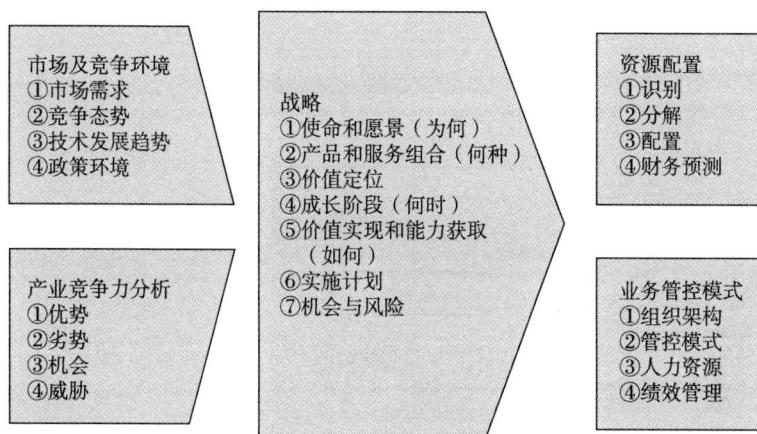

图 12 - 1　企业战略定位模型

2. 制定战略的四原则

（1）简单、一致和长期性目标

企业制定战略要简单，即战略目标简明扼要，一致：战略实施各个阶段能有效衔接，目标一致，能可持续发展。同时要有明确的长期性目标，作为企业的奋斗目标。

（2）深刻理解竞争环境

企业制定战略要深刻理解竞争环境，客观分析企业的比较优势和劣势，即和外部相比较我们的优势在哪里、存在哪些不足，只有把握清楚优劣势，才能设计出切实可行的战略。

（3）客观评价各种资源

企业制定战略必须要考虑企业的承受能力问题，因为在一定时期内，企业在人、财、物等方面都是有承受能力限度的，战略的制定不能超过企业承受力，必须客观评价拥有的各种资源，否则战略将是空谈。

（4）能够被有效地实施

企业制定的战略要能够有效分解为行动方案，通过对战略的描述、衡量、管理及协调，有效地实现战略落地，否则，企业战略将被束之高阁，无法发挥应有的作用。

（四）制定战略步骤

制定战略步骤包括七个方面。

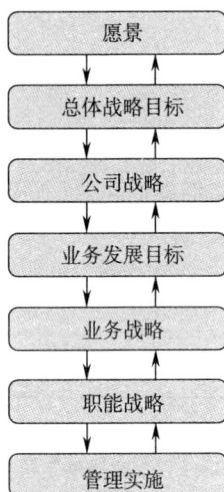

图 12 - 2　制定战略的七个方面

1. 愿景：对企业的长远发展和未来业务结构有一个清晰的认识。

2. 总体战略目标：将企业的战略愿景转化为具体的战略目标，明确何为做大，何为做强。

3. 公司战略：明确哪些业务要保留、哪些业务要剥离、应进入哪些新行业。

4. 业务发展目标：将企业总体目标分解落实到每一项具体业务，明确各业务和产品在各区域市场的具体财务目标和战略目标。

5. 业务战略：明确保留业务如何发展、剥离业务如何退出、新业务如何进入。

6. 职能战略：提高资源利用效率，使企业资源利用效率最大化。

7. 管理实施：建立有竞争力的与战略相适应的组织体系，保证战略实施落实到位。

二、财务公司制定战略具体实施步骤

（一）具体实施步骤

财务公司战略制定可分为两个大步骤，一是内外部环境分析，二是战略方案制定。

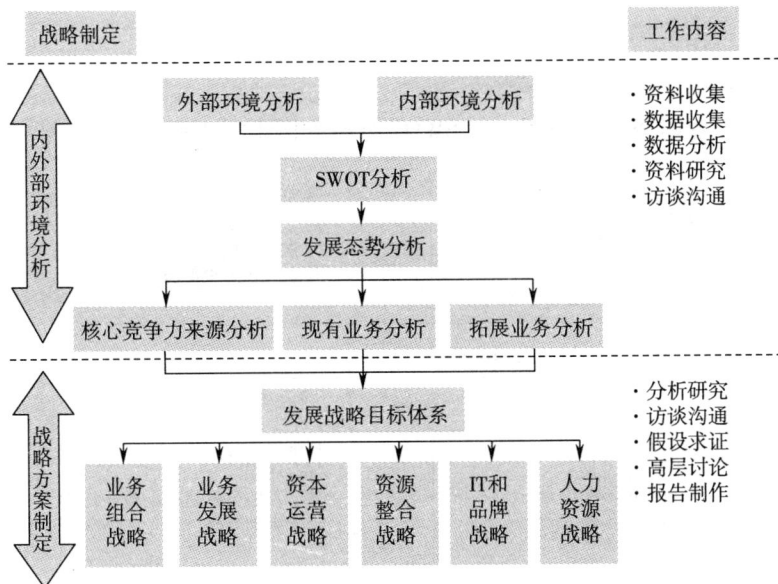

图 12 – 3　战略制定的具体步骤

（二）分析内外部环境

步骤 1：分析外部环境

通过分析国内外环境，当前宏观环境、货币政策、法律环境及趋势，财务公司行业环境、趋势及对手公司状况，集团发展状况、战略规划，成员单位发展情况。识别和评价超出财务公司控制能力的外部发展趋势与事件，确定主要资源的最佳利用机会。通过外部分析，财务公司可以很好地明确自身面临的机会与威胁，从而决定做什么。对外部环境的未来变化作出相对正确的预见，是财务公司战略能够获得成功的前提。

步骤 2：内部环境分析

通过分析财务公司股权结构、治理架构、经营管理团队现状，业务范围开展情况及业务规模，内部人力资源、财务资源、关系资源和隐形资源，有助于掌握财务公司历史和目前的状况，明确财务公司所具有的优势和劣势，帮助财务公司制定有针对性的战略，有效地利用自身资源，发挥财务公司的优势，同时采取积极的态度改进财务公司企业劣势，扬长避短。

步骤 3：SWOT 分析

通过对财务公司的优势、劣势、机会和威胁等四方面的分析，了解财务公司的优缺点，根据市场上的机会和威胁，找到财务公司发展方向、经营策略或是要进入的细分市场。

以中航工业财务公司为例，其 SWOT 分析如图 12－4 所示。

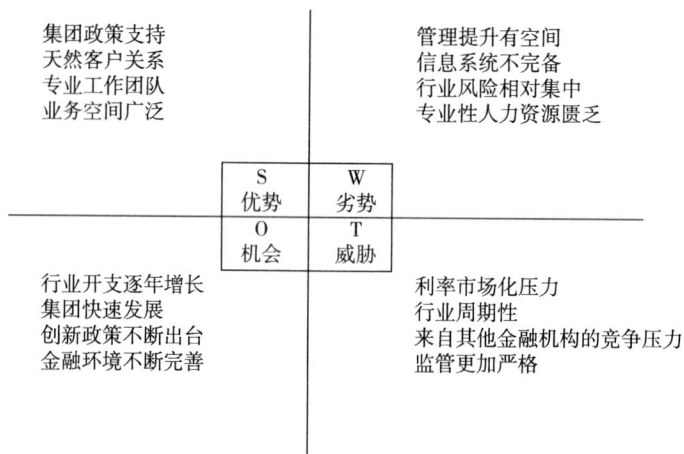

图 12－4　中航工业财务公司 SWOT 分析

（三）发展战略目标体系

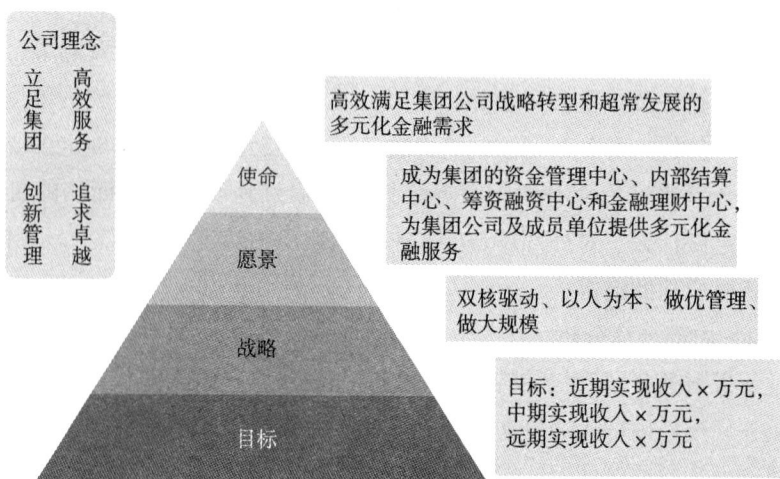

图 12－5　发展战略目标体系

1. 使命：告诉全体员工我们要做什么。使命为组织内所有决策提供前提；使命描述一个持久的事实；使命可以是一个无限时期的解答；使命为内部和外部人员提供指导。

2. 愿景：我们的定位，即领导者希望公司发展成什么样。愿景是指导战略和组织的发展前景；愿景描述一个鼓舞人心的事实；愿景可以在一个特定时期内实现；愿景主要为内部人员提供指导。

3. 战略：我们的目标。是击败现有及潜在竞争者的计划。战略需要列出一系列举措以提供产品或服务，创造高于其成本的价值；战略要描述公司战略选择的"价值方案"；战略按照市场分析、消费者经验、试验而不断改善；战略最好严格限制在内部使用。

4. 业务规划与职能规划

业务规划与职能规划按照发展目标、规划内容与资源支持三个方面进行阐述。财务公司业务规划按照业务种类进行划分，应包括结算业务、信贷业务、投资业务、投行业务、票据业务、保险代理业务、资金业务、外汇业务等，职能规划应包括信息系统、人力资源、研究创新、风险管理、财务管理、文化建设、市场营销等。

表 12 -1　　　　　　　　　　　　　业务规划内容

业务规划	发展目标	规划内容	资源支持
结算业务	用 n 年或更短的时间实现"一个平台，两个统一，三个中心"，即在公司总部构建统一的资金集中平台；尽快实现总分公司结算模式统一、结算软件统一；依托资金集中平台，使公司逐步成为集团的内部结算中心、资金信息中心和资金业务处理中心。	①积极建议集团公司出台资金集中管理办法，构建清晰集中的银行账户体系；②配合集团资金集中管理工作推进的力度与进度，统筹安排、分步实施；③结算平台由"资金集中"型逐步向"资金管理"型转变；④不断完善资金信息系统功能，改进资金归集模式，早日建立起高度统一的资金集中管理模式。	①集团资金集中管理政策支持；②投资公司的协调、规划支持；③财务公司完善系统、创新产品、提升服务。

续表

业务规划	发展目标	规划内容	资源支持
信贷业务	提高客户管理水平，全力满足成员单位贷款融资需求，力争×××年实现公司存款规模×××亿元，贷款规模×××亿元，贷款利息收入××亿元；×××年实现公司存款规模×××亿元，贷款规模×××亿元，贷款利息收入××亿元。	①实行客户资源分区、分群、分级管理，加强对客户信息实时管理与动态跟踪；②建立资金资源的内部定价制度；③推行客户经理制度，实施多元化组合营销策略；④完善内控制度，优化业务流程，集中管控风险；⑤加强人员培训，提升业务能力与服务品质，分析与引导客户需求，不断更新产品服务。	①寻求集团资金归集政策支持；②招纳既熟悉集团各级单位又具备专业能力的人才，充实营销人才队伍；③……
……	……	……	……
信息系统	建成符合公司各项业务与管理要求的安全、稳定、高效、易用的办公信息系统及业务信息系统。	①实现公司数据集中于总部管理，三地共享，实现数据备份在分公司的异地备份，信息系统应具备监控功能；②根据各部门和未来业务发展与管理的需要，在充分考虑成本与效益原则的基础上，完善、健全信息系统内部相关功能；③形成独立的系统升级方案设计和专向解决方案设计的能力。	①集团政策支持；②组织保障；③人员投入；④资金投入。
人力资源	坚持"以人为本"的管理思想，建立完善的人力资源运营机制，培养造就一批具有创新意识、德才兼备的职业金融人才队伍。	①成立各专业人力资源小组，研讨确定各业务方向人力资源需求；②规范招聘管理；③强化绩效管理；④建立具有市场特征与航空特色的、有竞争力的薪酬与激励管理体系；⑤创造晋升与流动机制，推行轮岗制度，进一步加强总分公司人员交流；⑥规划成长与培训。	①由主管领导牵头，成立各业务的专业人力资源小组，分析公司当前及长远的人力资源真实需求并制定切实可行的人力资源规划；②强化公司人力资源主管人员的职能与作用，科学规范工作内容。
……	……	……	……

三、战略实施与衡量

（一）平衡计分卡

战略告诉了我们该做什么，如何实现必须付诸行动，我们需要如何做。要做好首先要衡量，不衡量就无法管理。如何将财务公司的战略目标转化为员工的日常行为，平衡计分卡是一种有效的战略落地工具。

平衡计分卡采用了衡量未来业绩的驱动因素指标，弥补了仅仅衡量过去业绩的财务指标的不足。平衡计分卡的目标和指标来源于企业的愿景和战略。这些目标和指标从四个方面来考察企业的业绩，即财务、内部、内部业务流程、学习与成长。

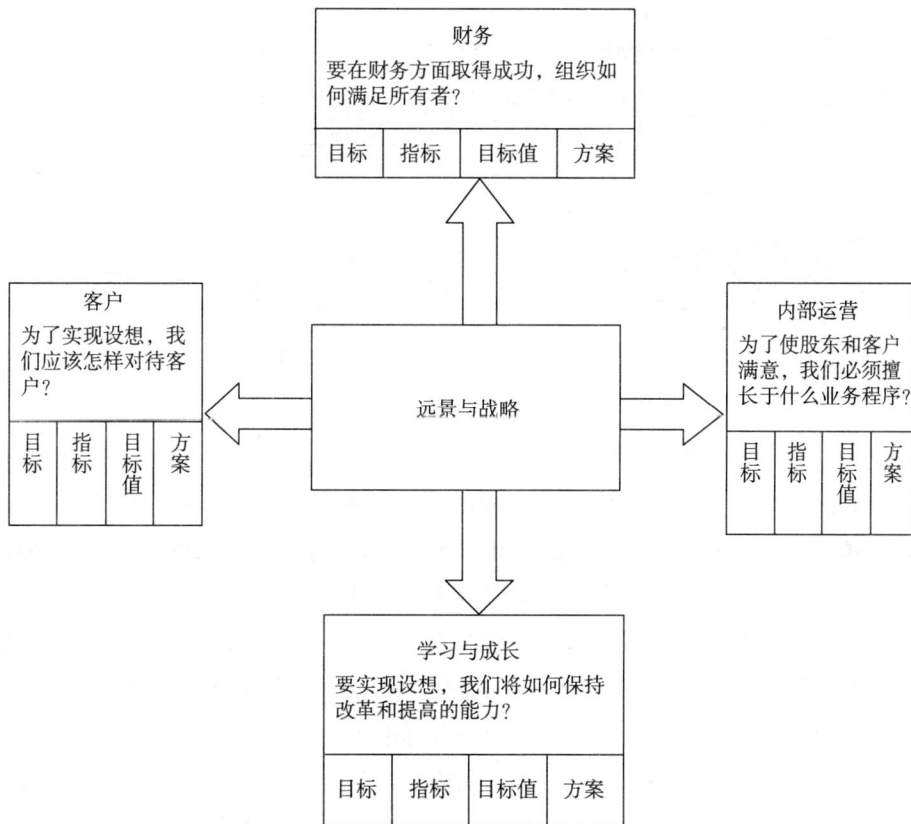

图 12-6　平衡计分卡

（二）财务公司战略地图

我们以中航工业财务公司为例，其战略地图如图 12 - 7 所示。

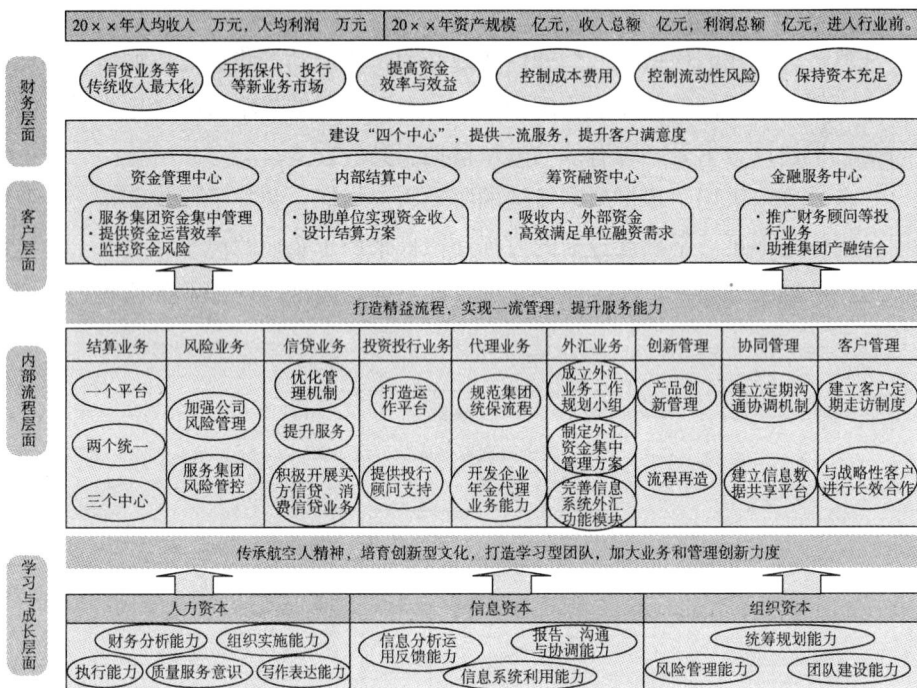

图 12 - 7　中航工业财务公司战略地图

（三）KPI

衡量财务公司战略目标可通过设置 KPI 指标实现。KPI 即关键业绩指标，是通过对组织内部某一流程的输入端、输出端的关键参数进行设置、取样、计算、分析，衡量流程绩效的一种目标式量化管理指标，是把企业的战略目标分解为可运作的远景目标的工具，是企业绩效管理系统的基础。

财务公司 KPI 指标的来源可以包括四个方面，一是战略目标转化成的考核指标；二是集团或上级单位对财务公司的考核指标；三是财务公司内部既有的考核指标；四是银监会监管标准及财务公司行业标准等。

通过对财务公司战略地图的分解，明确了财务公司战略主题，分别得出公司层次、部门及分公司层次以及各岗位层次的平衡计分指标体系。各岗位层次指标是对部门指标的分解、落实，各岗位经理与员工承担主要责任和直接责任，部门领导承担管理、监督和指导责任。

表 12 - 2　　　　　　　　　　**财务公司层面的指标设计**

维度	指标
财务层面指标	营业收入目标完成值
	营业收入增长率
	资产增长率
	净利润率
	预算费用控制率
	EVA 改善率
	净资产收益率
	总资产收益率
	资本充足率
	流动性比率……
客户层面指标	重点客户业务收入增长率
	客户满意度
	重点客户流失率
	内部协作满意度
	员工满意度……
内部运营流程层面指标	业务差错率
	系统网络效率
	不良资产率
	内控检查中发现的违规次数……
学习与创新层面指标	员工流失率
	员工违规违纪情况
	人均培训学时数……

表 12 - 3　　　　**业务层面（如从事信贷业务的部门）指标设计**

维度	指标
财务层面指标	信贷业务收入目标完成值
	信贷业务收入增长率
	贷款日均规模
	费用预算控制率……
客户层面指标	客户满意度
	内部协作满意度……

续表

维度	指标
内部运营流程层面指标	内控检查中发现的违规次数
	不良贷款率
	重点任务完成率……
学习与创新层面指标	员工流失率
	员工违规违纪情况
	人均培训学时数……

表 12 - 4　　　　　　　　　职能层面（如内审部门）指标设计

维度	指标	指标性质
财务层面指标	费用预算控制率	定量指标
	拨备率……	定量指标
客户层面指标	内部协作满意度……	评议指标
内部运营流程层面指标	计划完成率	定量指标
	内控检查中发现的违规次数	定量指标
	稽核报告差错率……	定量指标
学习与创新层面指标	员工流失率	定量指标
	员工违规违纪情况	定量指标
	人均培训学时数……	定量指标

第二节　企业集团财务公司人力资源管理

财务公司是从事金融服务的机构，其投入和拥有的最重要、最关键的资源就是人力资源，其经营的效益与成果更多取决于人的因素。人力资源管理是财务公司管理的重要环节，对财务公司发展起着极为重要的作用。

一、人力资源管理概述

人力资源管理是指企业的一系列人力资源政策以及相应的管理活动。这些活动主要包括企业人力资源战略的制定，员工的招募与选拔，培训与开发，绩效管理，薪酬管理，员工流动管理，员工关系管理，员工安全与健康管理等。即企业运用现代管理方法，对人力资源的获取（选人）、开发（育人）、保持（留人）

和利用（用人）等方面所进行的计划、组织、指挥、控制和协调等一系列活动，最终达到实现企业发展目标的一种管理行为。

（一）人力资源管理的内容

人力资源管理通常包括以下具体内容：

1. 职务分析与设计。对企业各个工作职位的性质、结构、责任、流程，以及胜任该职位工作人员的素质、知识、技能等，在调查分析所获取相关信息的基础上，编写出职务说明书和岗位规范等人事管理文件。

2. 人力资源规划。把企业人力资源战略转化为中长期目标、计划和政策措施，包括对人力资源现状分析、未来人员供需预测与平衡，确保企业在需要时能获得所需要的人力资源。

3. 员工招聘与选拔。根据人力资源规划和工作分析的要求，为企业招聘、选拔所需要人力资源并录用安排到一定岗位上。

4. 绩效考评。对员工在一定时间内对企业的贡献和工作中取得的绩效进行考核和评价，及时作出反馈，以便提高和改善员工的工作绩效，并为员工培训、晋升、计酬等人事决策提供依据。

5. 薪酬管理。包括对基本薪酬、绩效薪酬、奖金、津贴以及福利等薪酬结构的设计与管理，以激励员工更加努力地为企业工作。

6. 员工激励。采用激励理论和方法，对员工的各种需要予以不同程度的满足或限制，引起员工心理状况的变化，以激发员工向企业所期望的目标努力。

7. 培训与开发。通过培训提高员工个人、群体和整个企业的知识、能力、工作态度和工作绩效，进一步开发员工的智力潜能，以增强人力资源的贡献率。

8. 职业生涯规划。鼓励和关心员工的个人发展，帮助员工制定个人发展规划，以进一步激发员工的积极性、创造性。

9. 人力资源会计。与财务部门合作，建立人力资源会计体系，开展人力资源投资成本与产出效益的核算工作，为人力资源管理与决策提供依据。

10. 劳动关系管理。协调和改善企业与员工之间的劳动关系，进行企业文化建设，营造和谐的劳动关系和良好的工作氛围，保障企业经营活动的正常开展。

（二）人力资源管理的功能

现代企业人力资源管理，具有以下五种基本功能：

一是获取。主要包括人力资源规划、招聘与录用。为了实现组织的战略目标，人力资源管理部门要根据组织结构确定职务说明书与员工素质要求，制定与组织目标相适应的人力资源需求与供给计划，并根据人力资源的供需计划而开展招募、考核、选拔、录用与配置等工作。只有首先获取了所需的人力资源，才能对之进行管理。

二是整合。这是员工之间和睦相处、协调共事、取得群体认同的过程，是员工与组织之间、个人认知与组织理念、个人行为与组织规范的同化过程，是人际协调职能与组织同化职能。现代人力资源管理强调个人在组织中的发展，个人的发展势必会引发个人与个人、个人与组织之间的冲突，产生一系列问题。人力资源管理就是通过整合实现组织同化，达到群体中人际关系之和谐，化解矛盾，解决冲突。

三是奖酬。这是指为员工对组织所作出的贡献给予奖励的过程，是人力资源管理的激励与凝聚职能，也是人力资源管理的核心。其主要内容为根据对员工工作绩效进行考评的结果，公平地向员工提供合理的与他们各自的贡献相称的工资、奖金和福利。其目的是调动员工的劳动积极性和劳动生产率，增加组织的绩效。

四是调控。这是对员工实施合理、公平的动态管理过程，是人力资源管理中的控制与调整职能。它包括科学合理的员工绩效考评与素质评估，以考绩与评估结果为依据，对员工使用动态管理，如晋升、调动、奖惩、离退、解雇等。

五是开发。这是人力资源开发与管理的重要职能，是指对组织内员工素质与技能的培养与提高，以使他们的潜能得到充分发挥，最大限度地实现其个人价值。它主要包括组织与个人开发计划的制定、组织与个人对培训和继续教育的投入、培训与继续教育的实施、员工职业生涯开发及员工的有效使用，其中更多强调的是员工的有效使用。事实上，对员工的有效使用是一种投资最少、见效最快的人力资源开发方法，因为它只需要将员工的积极性和潜能充分发挥出来即可转换为劳动生产率。

人力资源管理的以上五种职能不是孤立的，而是相辅相成，彼此互动的。

（三）人力资源管理职责

人力资源管理职责是指人力资源管理者需要承担的责任和任务。大体有以下十大方面：

（1）把合适的人配置到适当的工作岗位上；

（2）引导新雇员进入组织（熟悉环境）；

（3）培训新雇员适应新的工作岗位；

（4）提高每位新雇员的工作绩效；

（5）争取实现创造性的合作，建立和谐的工作关系；

（6）解释公司政策和工作程序；

（7）控制劳动力成本；

（8）开发每位雇员的工作技能；

（9）创造并维持部门内雇员的士气；

（10）保护雇员的健康以及改善工作的物质环境。

二、财务公司人力资源管理重点

财务公司作为企业集团的所属单位，大多财务公司源自企业集团的结算中心或财务管理部门，人员多来自企业集团，人力资源管理较多地延续了企业集团的管理模式。这造成了财务公司人员结构相对单一，偏重于集团内部财务会计的局面。由于政策、制度、效益和人力资源配置等方面的原因，难以吸引外部优秀金融人才。财务公司员工晋升渠道总体说来空间较小，基本上只有单纯的行政管理职位，并且每个渠道由于工资分配的原因，实际上基本都归集到行政职级一条渠道上，不利于鼓励专业人员的发展。

同时，企业在人力资源管理中普遍存在的重管理、轻开发，人力资源管理与企业发展战略脱节，企业文化建设和人员综合能力差距较为突出等问题，在财务公司中也或多或少地存在。

人力资源管理水平的提高是财务公司实现效益与发展的重要保证。财务公司经营目标的实现，取决于内部员工的素质、工作态度、热情积极性、创造性等因素，而人力资源管理理念与水平则是影响上述因素的重要方面，没有超前的人力资源管理理念和水平，财务公司就难以取得良好的经营效益和长远发展，就难以获得持续前进的动力。针对上述情况，财务公司人力资源管理中重点需要做好以下工作。

（一）公开招聘，优化人员结构

公开招聘，打破了传统的选人模式，开阔选才视野，让素质好、学历高、能力强的优秀人才脱颖而出，能够为财务公司发展提供有力的人才支撑。外部优秀金融人才进入财务公司，为财务公司输送新鲜"血液"，能有效改善财务公司的人员结构，优化财务公司的人力资源配置，提升财务公司工作人员素质。新的人员在工作中带来新思想，新思维，新工作方式，有利于提高财务公司的创新能力，促进财务公司健康发展。

公开招聘要真正高质量地运行，就必须遵循以下基本原则。

1. 坚持德才兼备，择优录用原则。选贤任能，是时代的要求，是发展的要求。公开招聘过程中要以应聘者综合实力的高低作为招聘录用的依据，择优录取。对应聘者综合评价应坚持德才兼备，反对重德轻才、重才轻德，努力使公开招聘的人员具有职位需要的内在品质和才能条件。

2. 坚持公开公平公正原则。在公开招聘过程中，应当平等地对待所有的应聘者，必须是根据岗位所需的客观要求，包括年龄、学历、能力等来制定资格条件，不能因人而设，要使符合资格条件的人才站在同一起跑线上；必须是统一的竞争规范，要增大考试考核中客观依据的比例，减少主观因素的影响；考试考核的结果裁定要以客观事实为依据，不受外界其他人为因素的影响。公开招聘过程中，做到信息公开、过程公开以及结果公开。招聘的岗位、需求的人数、所需人员的资格条件、招聘工作的起始与截止日期等要通过网络、报纸和电视等媒介向社会公开，及时公开招聘工作的相关信息，将整个的招聘工作置于公众的监督之下，防止暗箱操作等现象的出现，让竞聘者完全凭着本身的能力和自身条件参与竞聘。

3. 坚持人岗匹配原则。人岗匹配原则是指在公开招聘过程中，根据岗位的要求来确定招聘的条件和标准，保证招聘录用人员与岗位实现最大限度地匹配，既要避免用人所短，又要防止人才高消费。简言之，就是把合适的人放在合适的岗位上，根据人才的素质能力，将其使用到与其素质能力相符合的岗位上，使得人尽其才，才尽其用。只有匹配，才能充分发挥人才的积极性、主动性和创造性；才能发挥组织的最大效能，创造组织最好的效绩。

4. 坚持效益原则。效益原则是指在公开招聘过程中，力争用最小的成本招聘到最适合岗位的人员。也就是说，应尽量使招聘成本最小化，招聘效益最大化。合适的人才对财务公司的贡献将会大大超过财务公司的招聘成本。但若为了招聘到最适合岗位的人员，而耗时过长，花费大量的人力、物力和财力，使得花费的成本大大超出预算。这必然会限制财务公司其他方面的支出，从而影响整个财务公司的快速发展；但若为了节省成本，却为岗位招聘了不适合的人员，那么也必然会给财务公司带来很大的损失。因此，在公开招聘时，要对招聘成本和招聘效率进行有效地衡量，力求更好地符合效益原则。

只有把握好了上述原则，才能做好筹划、招募、筛选、录用各个阶段，确保公开招聘达到预期效果。

（二）强化人力资源管理的基础工作

人力资源管理不只是停留在"以人为本"的经营理念上，而是有其自身实践性很强的管理内容。财务公司要在人力资源取得、开发、保持和利用等方面，有一整套计划、组织、指挥、控制的政策、办法和措施。设立人力资源管理部门，向国际先进的人力资源管理模式靠拢。不能简单地将人力资源管理等同于人事管理，更不能简单地等同于干部管理，固然这些都是人力资源管理开发的重要内容，但现代财务公司的人力资源管理有其自身特点。

1. 全员性。每位财务公司员工都是人力资源开发管理的对象，通过对员工的职业设计和工作技能、工作态度的开发管理，将最大限度地拥有合格员工，并在适合的岗位上发挥功效，为人才提供足够的空间和机会，所有员工都服从于财务公司组织目标需要，服务于财务公司组织目标。

2. 全局性。人力资源管理并不单纯是人力资源管理部门的专项职能，人力资源管理部门是负责制定、出台全行人力资源管理政策、程序、办法、措施，以及负责其他管理部门管理者人力资源管理技能培训、规划、协调的综合部门，而其他业务管理部门才是真正的人力资源管理主体，发挥着关键的主导作用。这是因为各业务管理部门，最清楚本部门的工作岗位责任、岗位结构，熟悉未来员工配备需求和工作技能的具体情况，对本部门员工的考核、开发、激励方案最有发言权，所以各专业管理部门对下属人力资源管理责无旁贷。

3. 全程性。人力资源作为一种可再生资源，由于在劳动力耗费—劳动力生产—劳动力再次耗费—劳动力再生产的循环过程中，其知识、智力、技能，在开发、配置、使用中都有一定的时效性，开而不用则有可能退化、荒废，造成人力资源不断相对贬值，因此，需要员工在职业生涯中不断得到开发、培训，并及时使用。

（三）设计人力资源配置方案

财务公司的人力资源规划分战略计划和战术计划两个方面。人力资源规划是人力资源管理工作的关键性部分。如果规划制定考虑不够充分，财务公司就可能会缺少足够的员工，或者反过来，由于人员过多而人浮于事。总之财务公司就会遭受到各种人员配置问题的困扰。适时、适地、适量地提供人力资源以满足组织和工作的要求，是最经济地使用人力资源的本质要求。

财务公司的人力资源部门应该制定一个系统的、周密的人力资源开发战略，包括：

本公司的人才有多少？人才的界定不要拘泥于概念化、程式化，只要对公司未来发展有用即为人才。

人才缺什么？要因人而异、有针对性地进行补课培训。

人才缺多少？缺口在哪？是从大学毕业生中引进？还是高薪从其他单位聘用？或者从相关专业培养？

人才哪里来？要确定来源。

怎样留住人才？就是要制定好的政策，人尽其才，委以重任，动之以情，留人留心。

人才怎样发展？使用激励手段，使所有在职人员，从一般员工、部门经理到各级领导都应该有一个定期的学习计划，通过长期岗位培训和定期教育，建立适合公司特点的人才库，为财务公司发展提供强有力的人才保证和智力支持。

（四）市场经济利益的驱动

1. 推行年薪制和绩效报酬制。加强人才建设，稳定人才队伍，其核心是充分运用市场经济利益的驱动机制，关键是尽快实现人才价值的市场化。为了做到用"适当的利益留人"：一是财务公司可考虑在经营者和一定的管理层级中试行年薪制，实行年薪制，有助于激励高层次的经营者和管理者。二是在员工中推行绩效报酬制，实行按岗位定酬、按任务定酬、按业绩定酬的分配办法，不同的岗位，待遇不一样。

2. 适当拉开内部分配差距。对容易引起人才流失的岗位实行特殊津贴，尽量缩小这些岗位的收入与财务公司的差距；对那些的确有特殊贡献，影响公司发展的关键性人才不妨予以重奖；确定员工薪酬和奖励办法，把员工收入与个人表现挂起钩来；设立行政岗位和专业岗位两套薪酬标准，专业人才特别是高级专门人才的报酬要率先实行随行就市。

3. 建立多元化的福利待遇。福利待遇一般与员工的工作绩效不直接挂钩，具有稳定性，属于保障因素，福利不当也容易引起员工不满。目前财务公司基本上是无差异供给，客观上不能够充分调动每个人的积极性，应仔细分析员工的需求，制定出各种福利待遇的组合，由员工自主选择，满足员工的不同需要。分配的形式应多样化，不仅仅是货币形式，也可以是提供智力资本培养的机会。

（五）建立开放式的激励机制

建立开放式的激励机制，激活所有员工的积极性和创造性。拥有一套相对科学、完整的调动和激发员工在本职岗位上，发挥积极性、创造性的规章制度、管理办法和实施措施，营造良好的工作环境和企业文化氛围，最大限度地调动所有员工的工作热情，增加他们的事业心和责任感，以便更好地吸引人才、留住人才、用好人才，把员工的职业行为引导到财务公司既定的组织目标上来，消除与组织目标不相适宜的、有可能带来负面效应的消极行为。具体应注意以下三个方面：

1. 普及现代激励理论的应用技能，熟练掌握和运用激励的需求原理、期望原理和公平公正原理。准确分析、了解下属员工的主观职业动机、心理需求和思想状况，因势利导，尽可能满足员工正当的需求，特别是自尊、自我发展的高级需求。善于科学设定工作任务、工作目标和考核办法，鼓舞士气，激发斗志，迎合员工的上进心，激发他们工作的责任感和使命感。在公开透明的激励规则下，合理引导所有员工自愿朝着现代财务公司发展的目标而努力。本着对所有员工机会均等的原则，克服厚此薄彼、盲目攀比的不合理现象，以免造成员工的心理落差，挫伤多数员工的积极性。

2. 激励手段上必须多样化，做到精神鼓励与物质刺激相结合，正面奖励与负面处罚相统一，既不能只讲贡献不讲报酬，也不能只讲金钱不讲风格。在市场经济经营环境中，要足够重视物质利益激励的普及面和力度，合理构造员工工资、现金奖励、期权奖励、保险福利、其他福利在员工总收入中的比重结构，逐步加大与绩效考评挂钩的奖金收入份额，形成全员参与"跳起来才能摘到桃子"的激励机制，变"相马"为"赛马"。

（六）构建以人为本的企业文化

1. 确立以人为本的理念，形成尊重人的心理氛围。人力资源是世界上最为宝贵的资源，是一切资源之首，是事业发展的基石。根据美国社会心理学家马斯洛的心理需求原理，成年人一个典型的心理特征是渴望得到别人的尊重，包括人格的尊重，创造的尊重，劳动成果的尊重等。要通过有力的宣传和教育，在财务公司上下形成一种以人为本、尊重人才、尊重员工的氛围，营造具有时代特征的企业文化，给员工以物质和精神双赢回报。

2. 建立一个员工个人发展与组织目标相协调的机制。财务公司企业文化是全体员工衷心认同和共有的企业核心价值观，其形成和发展过程，需要全体员工"灌输"。要建立多种渠道，及时让员工了解财务公司在经营管理方面的重大举措。让员工理解和了解公司的目标，使自己个人的发展目标与财务公司目标相吻合、相协调，从而将自身的利益与财务公司的利益融合在一起，增强其自豪感和责任感。在这种企业文化下，员工能感受成功的幸福，能自觉开拓创新，敬业尽职，财务公司事业的成就感有助于留住人才。

3. 培养团队精神，构建和谐的人际关系。财务公司所提供的服务是各种知识的凝结，这就要求员工之间要进行互相协作；而管理者创造价值的途径，是依靠与员工沟通协调而进行的。此外，任何部门的工作都离不开与其他部门的协作和努力。由此得出，财务公司中的人际关系表现出来的，是一种相互协调、相互奋斗的企业凝聚力，是一种相互信任、相互协作的团队精神。所以，强化财务公司的团队精神至关重要，它是财务公司赖以成长的丰厚土壤。

（七）强化培训，提高素质

培训不仅可以培育人才，更是凝聚人才、促进人才发展的重要内容。在知识经济时代，加强财务公司的培训工作应突出三个重点：

1. 突出员工开拓创新素质培训，大力开展财务公司的创新教育。创新是企业发展的不竭之源。财务公司要在未来的发展中立于不败之地，必须加强员工开拓创新素质的培训。开拓创新的素质主要体现在以下两个方面：一是具有强烈的创新意识，包括创新的意向和兴趣、积极性和正确的创新动机；二是具有出众的创造才能，包括能产生新设想的创造性思维和创造新产品的实践能力。培养开拓创新素质的途径：一是渗透式的教育，把创新素质教育渗透到日常性的思想工作之中，培训教育之中；二是专门的教育，主要是开设专门的课程，如创造心理学，创造能力强化训练等。要把开拓创新能力列入领导干部和员工考核的内容之中，着重考核创新的意识、创新的才能和创新的成果三方面。

2. 突出高级管理人员素质培训。在金融市场竞争十分激烈的今天，财务公司的高级管理人员十分繁忙，但忙于事务性工作较多，战略性思考方面不够，长此以往，将影响业务发展后劲。应根据每个人的特点、特长、从事工作以及工作中存在的不足，有针对性地、有组织地安排高级管理人员进行系统的工商管理及新的金融知识、新的管理知识和新的科技知识等内容的培训，达到更新其观念、充实其知识、提高其能力的目的，以适应金融业激烈竞争的需要。

3. 突出员工个人的需求，注重培训的实际效果。每年底由职能部门对财务公司员工个人的培训需求和意向进行一次书面调查，然后进行分门别类地汇总，并于下一年度有计划地组织实施。这种由个人提出需求，由组织实施的培训增强了学习的动力，由要我学变成了我要学，针对性强，真正起到了缺什么补什么的作用，其效果不言而喻。也可充分利用财务公司的内部网，进行在线培训，将不同的培训课程载入财务公司内部网络，鼓励员工在职、在岗进行自我培训。

未来世界是知识经济时代，人才就是财富和资本，是企业发展的根本动力。财务公司要在未来的发展中立于不败之地，就必须建立现代的科学的人力资源管理模式，用战略的、发展的眼光，做好人才的选拔、任用和管理，充分发挥人力资源潜能。

第三节　企业集团财务公司 6S 管理

当今社会，企业竞争的焦点已从传统的商品、质量、价格之间的竞争发展到企业内在素质和外在表现的竞争。随着经济体制改革的不断深入，企业所面临的管理差距逐步显现，这就要求企业必须重视改善和经营企业的内在品质，自内而外提升核心竞争力。对于生产型组织来说，通过实施 6S 管理可以不断规范和提高现场管理水平，夯实管理基础，提高生产效率和产品质量。另一方面，财务公司作为一种服务型的组织形式，其竞争力的关键在于金融服务水平。通过实施6S 管理有助于财务公司金融业务实现标准化、规范化、提升人员综合素质、提高服务质量。因此，6S 管理正是改善生产环境、提高产品质量、节约生产成本、提高人员素质、规范服务行为、规范服务，提高企业效率的一种有效管理手段。

一、6S 管理概述

经营管理的最主要的目标就是使企业能够永续经营，提升竞争力，实现企业的价值最大化。而 6S 管理的实施则是实现经营目标的一种有效管理手段，也是现代企业行之有效的现场管理理念和方法。下文将引入 6S 的基础知识，使读者了解其概念，从而有助于企业正确运用 6S 管理。

（一）6S 管理的历史沿革

6S 是由日本企业的 5S 发展而来的，是对现代生产中的人、机等生产要素进行管理的一种管理理念和方法。1955 年，日本企业提出了"安全始于整理，终于整理整顿"的 2S 口号。随后又发展了 3S，即清扫、清洁、素养。1986 年以后关于 5S 的理论逐渐成型，对制造业现场管理理论形成了强大的冲击，由此 5S 管理逐渐在世界范围内得到广泛应用。6S 是在 5S 的基础上加上一个 S（安全）发展来的，6S 的实质是一种强调执行力的企业文化，是一种强调纪律性的管理。

6S 能够提高效率、保证质量、使工作环境整洁有序、保证安全。目前，已经有企业不断提出 7S、8S 管理概念，但究其本质是一脉相承的，实质上是强调通过不断改善，使得企业的活动标准化、制度化，从而不断提高员工素质，提高企业竞争力，为企业的发展打下坚实的基础。

（二）6S 管理基本概念

6S 是整理（Sort）、整顿（Straighten）、清洁（Sweep）、清扫（Standardize）、素养（Sustain）、安全（Safety）六个要素的统称，因其日语的罗马拼音均以"S"开头，所以简称为"6S"。其中，6S 管理的核心是素养。6S 管理中六要素的具体含义及目的如表 12－5 所示。

表 12－5　　　　　　　　　　6S 管理中六要素的具体含义及目的

6S 要素	含义	目的
整理	是指将工作场所中的物品区分为必要的与不必要的，必要的物品保留，不必要的物品清除或放置在其他地方。它往往是 6S 的第一步。	腾出空间，空间活用，防止误用，塑造清爽的工作场所。
整顿	把留下来的必要的物品定点定位放置，并放置整齐，必要时加以标识。它是提高效率的基础。	工作场所一目了然，不浪费时间找物品；工作场所物品放置清楚明了；整整齐齐的工作环境。
清扫	将工作场所及办公设备清扫干净，清除垃圾、灰尘和污迹，保持工作场所干净、亮丽。	保持令人心情愉快的环境；减少"脏污"对品质的影响；消除有害物质对健康的危害。
清洁	维持上面 3S 的成果，并使之规范化、制度化，保持工作场所的干净整洁、舒适合理。	逐步形成标准化、制度化，便于考核与管理。
素养	每位成员养成良好的习惯，并遵守规则做事。培养主动积极的精神。	培养有好习惯，遵守规则的员工，营造团队精神。
安全	是指贯彻安全第一、预防为主、综合治理的方针，在生产、工作中确保人身、设备、设施安全，严守国家机密。	保障员工的人身安全；保证国家秘密安全；营造安全文化理念。

（三）6S 管理六要素的关系

6S 管理中"整理"、"整顿"、"清扫"、"清洁"、"素养"、"安全"这六个要素并不是各自独立、互不相关的，它们之间是一种相辅相成、缺一不可的关系。六要素之间的关系如图 12－8 所示。

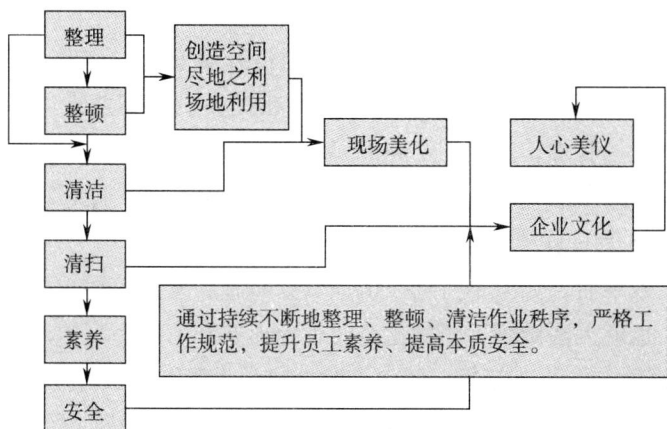

图 12 – 8　6S 管理中六要素的关系

（1）整理是整顿的基础。整顿是整理的加强，通过清扫实现整理、整顿的效果，安全是对人的保护，而通过清洁前三项进行规范。实施工作的开展与完成，关键是人员，通过人员修养的提高，才能把前 6S 做实，素养提高了，才能通过清洁（各种制度），对整理、整顿以及清扫、安全的效果进行保持与体现。

（2）整理、整顿、清扫以场地、时间、物品等"硬环境"为对象，是 6S 中关于现场状况改进提升的三项基本行动。安全、清扫、素养主要以制度、行为、习惯等"软环境"为对象，促使 6S 向形式化、行事化、习惯化演变。

（3）整理是改进工作现场的源头或开始。

（4）整顿是连接在整理之后的，将不需要的物品移开后，对现场进行整顿，包括重新规划与安排。

（5）清扫最好在整顿之后进行，这三项工作是关联的、有次序的。

（6）安全是对原有 5S 的一个补充。给员工创造安全舒适的工作环境保证其他 5S 管理活动的正常运行。

（7）清洁是上述基本行动之外的管理活动，是将运动转化为常规行为，需要将好的方法，要求总结出来，形成管理制度，长期贯彻实施，并不断检查改进。

（8）素养是 6S 中最独特的一项要素，也是其精华之处，体现了企业管理中"以人为本"的思想，对于员工来讲，制度是外在的、强制性的，要彻底保障将外在的要求转化为员工主动的、发自内心的行动，就要变规定，要有以人为本的意识。

（四）实施6S管理的基本原则

为确保6S管理形成长效机制，企业在通过开展安全、整理、整顿等形式化的基本活动，使之成为形式化的清洁，最终在提高员工职业素养后，成为制度化、规范化的现场管理，因此在实施6S管理时，应当遵循下列原则：

1. 长效机制原则。6S管理是一项基础性的管理工作，若应用正确的方式方法推进实施，6S管理就能在短时间内取得一定的效果。正因为这个原因，6S管理在取得一定效果后，如果不持之以恒地贯彻实施，取得的初步成效也容易流于表面的形式，也就无法做到不断优化企业管理形态和不断提高生产效率。因此将6S管理作为日常工作的一部分，形成长效机制，才能发挥6S管理的积极作用。

2. 持续改进原则。随着新技术、新产品以及成员单位需求的多样化，以及国家宏观经济形势、外部监管政策的变化，财务公司运营管理中面临的内部外部环境也随着不断变化。这就要求财务公司所进行的6S管理也应当随之不断改进，与时俱进，以满足其经营发展的需要。

3. 规范高效原则。6S管理通过对现场的整理、整顿，将现场物料进行定置定位，打造一个整洁明亮的环境，其目的是要实现工作现场的高效、规范。只有实现不断提高生产效率的6S管理才是真正有效的现场管理。

4. 全员参与原则。"管理有限、创意无限"，良好的工作环境需要现场员工的创造和维护。充分激发员工的创造性，自己动手、全员参与改造现场环境，既可以提高员工6S管理意识，形成良好文化氛围，同时也可以改变员工对管理工作的固有看法，从而不断提升全体员工的素养。

5. 经济实效原则。财务公司实施6S管理的目标是通过管理提升自身竞争力，从而助推各个财务公司战略的有效实施。但是，财务公司在实施6S管理中要注意结合自身具体情况。例如，我国的企业集团财务公司一个基本特点是"人员少机构精"。因此，在6S管理工作过程中，立足长效机制，以节约高效为主线，旨在提高素养，避免不必要的重复和浪费，使6S管理工作落地。

二、财务公司实施6S管理的积极意义

财务公司作为一种服务型组织机构，在日常管理中可能会遇到以下问题：员工工作行为不规范、服务品质低、客户经常不满、着装不整齐、上下级关系不和睦等不良现象。如不采取科学方法对其进行有效管理，会严重影响企业集团及成员单位的服务质量，阻碍财务公司发展战略的实施。从细节上看，员工在这样杂

乱不洁而又无人管理的环境中工作，会影响工作积极性，甚至造成人才外流。对于这样的组织状况，即使不断地引进很多先进的管理方法也不见得会有什么显著的效果，要想彻底改变这种状况就必须从实用高效的 6S 管理开始，从基础抓起。财务公司将 6S 管理作为一种管理创新引用并推广，具有以下积极意义：

（一）提升企业形象，树立品牌价值

品牌价值是企业品质的象征，是财务公司可持续发展的动力源泉。要打造财务公司的品牌商誉，就要以文化为推进载体。要塑造德才兼备的团队，要锻造集团统一的、个性鲜明的又有时代气息的优秀文化，要创造高品质的产品和服务。实施 6S 管理，可以通过行为管理模式，潜移默化地规范员工行为，逐步提高员工素质；通过优美整洁的环境，提高员工的归属感，提升工作效率；通过严格遵守工作流程，保障质量管理体系的作用，加快对客户需求的反应速度，创造高品质的产品和服务。6S 通过规范、高效的管理，将提高客户对公司的信赖，从而增强客户的满意度，更贴身温馨地为成员单位进行金融服务，并能迅速提升企业的知名度，在企业集团中树立地位，在同行中脱颖而出。

（二）标准规范管理，节约成本提高效益

6S 管理强调作业标准化、规范化，并通过实施 6S 管理使得全员养成遵照标准做事的工作习惯。只有这样才能保证财务公司为企业集团提供品质稳定、高效快捷的金融服务，如期达成经营目标。因此可以说 6S 管理是标准化的推进者。另一方面，企业通过实施 6S 管理，促进标准化管理，可以提高效率、减少场所浪费、降低不必要的材料和办公用品的浪费，减少"寻找"的浪费，减少工作差错、降低成本，其直接结果就是可以增加企业利润，效益提升。

（三）改善工作环境，提升员工归属感

实施 6S 管理，在整理、整顿等六要素具体实施的过程中，公司将对办公区进行彻底清扫；对办公桌、文件柜、抽屉等办公用品的彻底整理；对照明、布线等办公设施进行优化。整体环境变得整洁美观、通道通畅、家具设备定置有序、腾出了大量存储空间。通过自身努力取得的良好效果能够增加员工的成就感；在清净整洁、安全舒适、文明和谐的环境中工作，身心愉悦；员工队伍稳定，人才向往。通过不断改善，增强员工进行改善的意愿，使员工更愿意为工作现场付出爱心和耐心，进而培养"公司就是家"的感情。

（四）改善精神面貌，提升工作效率

企业通过实施 6S 管理，按照文化素养的要求，修订、完善公司的员工行为规范和礼仪规范，进一步加强了素养培训和检查，员工的工作热情高涨，工作面貌焕然一新。此外，通过推行 6S 管理过程中的评比及竞赛等激励手段，可以增强员工之间团队意识和集体意识。同时，优雅的工作环境、良好的工作氛围以及有素养的工作伙伴，都可以让员工心情舒畅，更有利于发挥员工的工作潜力。另外，物品的有序摆放及清晰的标识，减少了员工在日常办公中消耗不必要时间，办公用品及各类文件整齐有序，工作效率自然能得到提升。

三、财务公司实施 6S 管理的总体思路

6S 管理是基础管理，如何做好基础管理是一件看上去容易，做起来比较困难的事情，如何做好 6S 管理，总体思路主要包括以下几个方面。财务公司在实施 6S 管理时要根据实际情况，具体问题具体分析，灵活运用，达到最佳效果。

（一）6S 管理实施的方针和目标

实施 6S 管理，首先要有明确的方针，以明确本单位实施 6S 管理的方向。方针的制定要结合实施现场的具体情况，要有号召力。方针应宏观且言简意赅，如"标准化现场、国际化形象"；再如"内强素质、外树形象"。其次，需要根据方针分解和设定具体的目标，作为活动努力的具体方向和活动开展过程中阶段成果检验的标尺，确保方针目标的实现。因此，任何一项管理工具的实施，都需要具有明确的目标，以便管理工作落地。

（二）6S 管理实施的范围和对象

1. 财务公司实施 6S 管理的现场范围

财务公司要搞好现场管理，就必须树立系统和整体的现场观念，应从客户或公众的角度考虑需要搞好管理的范围。凡是影响财务公司形象的所有部分，都属于公司应管理好的现场。从行业特点来看，各家财务公司的工作现场可以分为营业现场和办公现场两部分。

（1）营业现场是指具有柜台业务等直接对外办理存取款、结算、贷款等业务，提供金融服务场所的内外部整体。主要包括成员单位办理前台业务的营业厅。

（2）办公现场是指财务公司的运营、管理、支持、保障等部门的现场及其延伸部分（如上门服务的设施和人员、客户经理）等。

相比生产类企业而言，财务公司的一个突出特点在于大多数财务公司的办公场所以办公室/写字楼等办公现场为主，而营业现场相对简单（部分财务公司专

门的柜台式窗口），因此实施 6S 管理的繁杂程度会有区别。

2. 6S 管理实施对象

从实践经验来看，财务公司 6S 管理工作主要包括以下三个部分：

（1）办公区域和公共设施；

（2）安全和保密管理；

（3）文化氛围与素养。

（三）6S 管理实施的主要阶段

1. 科学准备，精细分工，确保工作顺利推进

实施 6S 管理首先需要在前期制定详细的执行方案。前期工作主要包括推行机构、推行制度和方法、前期的教育、管理细则、责任与监督、准备内容等。6S 管理的推行机构最好独立于任何一个部门，这样就能站在客观的角度推进 6S 管理工作。推行的制度和方法一定要精细化和可执行化，责任要落实到具体的部门和员工，推行的时候才会避免互相推脱责任。推行机构和监督机构最好也是分开的，这样能够互相监督，互相促进。准备内容要根据 6S 管理的内容，同时结合企业的实际情况来制定。对企业推行 6S 管理时的整理、整顿、清扫、清洁、素养、安全问题的执行标准，要做到就是一个新员工来了也能按照标准执行。总之，前期工作的好坏直接影响了一个企业推行 6S 管理的成功与否。具体有以下的几个步骤。

（1）成立推行组织

6S 管理能不能按预定计划推进，与是否有一个强有力的推进组织有很大的关系，成立强大的推进组织是 6S 管理工作深入发展的动力，6S 管理是品质文化的基础，本身就是一种企业行为，因此，6S 管理的推行一定要将企业作为主体。在 6S 管理的导入前期，要建立一个组织（推行委员会、推行办公室）作为核心力量来推动 6S 管理的实施。这个部门既可以是专职的，也可以是兼职的，当 6S 管理的理念深入每个员工的心中，并养成良好的工作习惯时，该部门 6S 管理的推进功能就可以减弱，就可以转为由各部门为主自行推动。

如图 12-9 所示，从建立组织开始，由公司领导亲自担任推行委员会的主任，下面可另设副主任职务，具体组织架构的设立视公司的具体情况而定，但是我们可以注意到，在 6S 管理推行委员会中，推行办公室是个相当重要的职能部门，它负责对 6S 管理推行过程进行控制，负责制定相应的标准、制度、竞赛方法和奖惩条件等。

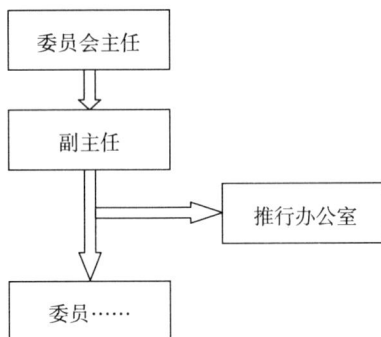

图 12 - 9　6S 管理推行组织架构

（2）拟订推行方针及目标

推行 6S 管理的第二个准备阶段就是拟订推行 6S 管理的方针与目标。方针的制定一定要结合企业本身的具体情况，方针一旦制定了，就要大力宣传。对于推行目标，我们应该先设定期望的目标，作为管理的方向，同时还要便于活动过程中的成果检讨。每个推行部门也可以考虑为自身设置一些阶段性的目标，努力实现这些目标，一步一步达到企业的整体目标。

（3）拟订推行计划和日程

推行 6S 管理前期准备的一个关键点是拟订实施计划相应的日程，确定实施方法，公布计划，让所有的员工都知道实施的细节。让相关部门的负责人和全公司的员工都知道在什么时间内完成什么工作，比如什么时间进行样板区的选定，什么时间段进行样板区域 6S 管理推行，什么时间进行样板区域阶段性交流会，什么时候开始全公司展开等。

（4）拟订推行计划、实施方法

明确了目标后，需要对实施 6S 管理制定科学细致的计划。实施的方法有很多种，但推行的结果只有一个，选择一个好的推行方法是 6S 管理的一个重要因素。因此策划 6S 管理推行事宜是一个必不可少的过程，我们应首先制定实施办法、激励措施，拟订推行草案并进行评估，将工作项目、具体实施及完成时间落实到相关人员，明确责任，以便能及时跟踪，确保按计划落实各项推行工作。

（5）宣传及教育。要想推行好 6S 管理，首先必须解释详细而明确。宣传及教育是推行 6S 管理之前需要注意的一个重要问题。企业要通过各种有效途径向全体员工解释说明实施 6S 管理的必要性以及相应内容。让员工了解 6S 管理能给工作及自己带来好处，从而主动地去参与，这与被别人强迫着去做，其效果是完全不同的。教育形式要多样化，讲课、放录像、观摩他厂案例或样板区域、学习推行手册等方式均可视情况加以使用。

（6）前期的宣传造势。推行组织建立起来了，相关的准备工作也逐步到位，怎样让员工更好地了解 6S 管理，激起员工对 6S 管理的热情和兴趣，积极参与其中？如何在公司掀起 6S 管理的热潮？公司有必要采用一些宣传攻略，创造出良好的活动气氛，从而为推行 6S 管理进行前期的宣传造势。6S 管理要全员重视和参与才能取得良好的效果，因此要积极动员全体员工。6S 管理的实质是为了营造一种追求卓越的公司文化，营造和谐的工作氛围，养成良好的工作习惯。文化与"势"有紧密关联，因此，宣传造势活动有助于 6S 管理文化的建立。在推行6S 管理的过程中，最常见的宣传造势活动就是请几个样板区的领导或标兵在全公司的大会上宣誓，让员工知道管理层对 6S 管理推行的重视以及推行到底的决心和信心，树立全员参与观。

（7）建立奖惩制度，不断地完善和改进。6S 管理是一个可以循环的活动，建立公平、公开的奖惩制度，发现问题，立即改进，不断循环，不断完善。所以6S 管理实施前期工作必须做好制定奖惩办法。

2. 获得高层的重视与支持，减少推进阻力

任何一种管理方法如果得不到最高管理层的支持，很难想象会取得预期的效果。任何管理方法都是从上至下推行容易，从下至上推行难，6S 管理是一种规范化管理，要求一切都要标准化、制度化，如果得不到最高层的支持，很难推行成功。很多企业推行 6S 管理，刚开始是立竿见影，效果很好，可后来就没什么进展，甚至开始倒退，直到失败，究其原因是因为最高层不支持，最高层可能认为 6S 管理没什么意思，要推行一些更先进的管理方法，比如 6σ、精益化管理、TQM 等，6S 管理的推行就无疾而终。

3. 导入实施，加强监督，确保推进

推行 6S 管理重要步骤就是前期计划准备的导入实施。前期的准备工作（责任区域明确、用具和方法准备）、样板区的推行、定点摄影、公司彻底的"洗澡"运动、区域划分与画线、红牌作战、目视管理以及明确 6S 管理推行时间等，都是导入实施过程中的实施步骤。

在推行过程中监督好每个部门的执行情况有利于整个企业的 6S 管理，监督

部门最好是独立于每个部门的，这样比较容易客观评价 6S 管理推进成果，发现问题，从而进行改进。监督机构需要有完善的监督机制和监督方法。监督机制指的是要有明确的责任人，具体责任落实到个人，监督方法是指要有正确的方法，方法主要有定点摄影，红牌作战等。同时，还要配合适当的奖惩制度。定点摄影是指在 6S 管理推行之后检查有没有漏洞的方法，对没有按照 6S 要求做的地方进行拍摄，进行曝光，督促其改进。红牌作战是同样的道理。而奖惩制度只是手段，最终的目的是达到 6S 管理的要求，为企业的发展打下坚实的基础。

4. 执行机构科学组织，高效推进

再好的管理方法也需要人去执行，推行 6S 管理需要强有力的执行机构，执行机构在企业推行 6S 管理时一般都是生产部门、办公室等机构。公司要按照制定的目标和计划，从实际出发，稳步推进 6S 管理工作。6S 管理工作的执行部门在推进时，需要强有力的执行力，精细组织，高效工作。而强有力的执行力需要正确的方法来保证，正确的方法可以事半功倍，可以让 6S 管理在最短的时间内取得预期的效果。因此，在推进过程中，要不断完善 6S 管理工作计划，调整实施细节，有利于工作开展。

5. 发现问题，持续改善，不断完善管理体系

每一个优秀的管理方法都不会在短时间内见到效果，6S 管理也不例外。因此，实施 6S 管理，要坚持持续改进原则，力争建立长效机制。实践中，公司实施 6S 管理难免有遗漏之处，但是发现问题后要立即分析原因，提出解决方案，积极主动应对问题。例如，PDCA（plan - do - check - act）就是 6S 管理的一种有效补充，不断地进行检查问题、分析问题、解决问题的循环，必将使公司处于一个良性循环之中，问题不断减少，公司将不断发展，市场竞争力也将不断增强，公司将进入一个正确的轨道。

（四）6S 管理的实施要点

实施 6S 管理需要经历启动、建立、导入、监督和改进等阶段。在具体实施 6S 管理的过程中，应注意做好以下几方面的工作。

1. 从现场实际出发，找准实施切入点

要确保 6S 管理的有效性，就必须从商业银行营业现场的实际出发，应从梳理、分析现场的具体情况开始，稳步扎实推进每个 "S" 过程。既要对营业现场的所有管理要素进行全面 6S 管理，同时，更要找准切入点，重点抓那些顾客、全员和领导都关注的焦点问题，抓那些影响公司形象、影响服务效率或是节能降

耗空间较大的问题，以突出的实际效果带动全员参与，让全员切身感受到自身努力取得的明显成效，以激发大家的积极性和主动性。

2. 注重培训效果，讲求培训方式

对于推行组织的成员和各级管理人员，可以采取集中授课、座谈研讨的方式进行培训，帮助他们树立系统的 6S 管理理念。

对于基层的员工，应在解决实际问题的过程中讲解和培训 6S 管理的理念和具体方法，提升他们具体操作的能力。要善于利用展会、班前会或周例会等形式穿插有关内容，让他们在理解的基础上执行，在执行的过程中加深理解。

3. 制定标准必须集思广益

要充分发动所有员工提出建议或意见，让所有人员都参与标准的制定。要重视一线员工的意见，让他们体会到被重视的程度。应建立接受和采纳合理化建议的畅通渠道，并建立相应的激励机制。确保在遵守有关法律法规和监管规定的前提下，制定出最合理的切实可行的标准。

4. 明确、量化各阶段效果指标，加大检查考核及奖惩力度

一流的企业必定有一流的战略目标；一流的战略目标只有细化量化到具体的指标才有意义。6S 管理的具体指标应是财务公司各部门以及各个分公司（或者办事处）系统目标和指标体系的一部分，是对有关目标的细化和分解，并应具体量化。

任何管理工具的实施都有一个从推动到自觉执行的过程。因此，在推进过程中，要根据实施方案各阶段的具体情况，制定相应的检查考核措施，同时制定相应的奖惩制度。奖惩制度应以激励为主。

检查考核措施和奖惩制度应明示给实施范围内的所有人员，并应严格执行，确保实施的效果。

第四节　企业集团财务公司六西格玛管理

六西格玛管理是一种先进的企业管理模式。它以客户为主体，强调对流程的科学控制，寻求同时增加顾客满意度和企业经济增长的经营战略途径。本节将介绍六西格玛管理的基本概念、在财务公司实施的意义以及具体应用案例。

一、六西格玛管理概述

（一）六西格玛管理简介

六西格玛又称6σ。"σ"是希腊文的一个字母，在统计学上用来表示标准差，现在也被应用在管理学领域。σ值越大，缺陷或错误就越少。6σ是一个管理目标，这个水平意味着企业所有的流程和结果中，99.99966%是无缺陷的，也就是说，做100万件事情，其中只有3.4件是有缺陷的。六西格玛管理理论认为，大多数企业在3σ~4σ运转，如果企业不断追求改进，达到6σ的程度，绩效就近乎完美地达成客户要求。

六西格玛管理的核心理念包括关注客户需求、无边界合作、以数据驱动管理、重视流程、主动管理、持续改进等。

六西格玛管理诞生之初，是作为质量管理概念，由摩托罗拉公司于1986年提出，其目的是为了抗衡当时在全球制造业如日中天、市场份额不断增加的日本企业，通过在生产过程中降低产品及流程的缺陷次数，提升产品品质。而六西格玛管理真正的发展，是源于杰克·韦尔奇（Jack Welch）于20世纪90年代在通用电气公司（GE）的管理实践。发展起来的六西格玛管理是总结了全面质量管理的成功经验，提炼了其中流程管理的精华和方法，从一种全面质量管理方法演变成为一个高度有效的企业流程设计、改善和优化的管理方法，成为一种提高企业绩效与竞争力的管理模式。时至今日，六西格玛管理已进一步发展成为以顾客为主体来确定企业战略目标、产品开发设计、实施流程管理和追求持续进步的一种管理哲学，成为全世界追求管理卓越性企业的重要战略举措。

六西格玛管理在全球各行业中应用极为广泛，诸多知名企业通过引进六西格玛管理实现了卓越的管理效果，如表12-6所示。

表12-6　　　　　　　　　　　实行六西格玛管理企业在全球的分布

行业	代表企业
金融行业	美国银行（BoA）、美林证券（Merrill Lynch）、汇丰银行（HSBC）
电器行业	惠而浦（Whirlpool）、通用电气（GE）、LG、戴尔（Dell）
物流行业	敦豪（DHL）
化工行业	陶氏化学（Dow Chemical）、杜邦（DuPont）

续表

行业	代表企业
制药行业	安捷伦（Agilent）、葛兰素史克（GSK）
通信行业	沃达丰（Vodafone）、韩国电信（Korea Tel）
军队	美国陆海空三军

（二）六西格玛管理的实施方法

六西格玛管理有一套全面而系统地发现、分析、解决问题的方法和步骤——DMAIC 方法，D（Define）即项目定义阶段、M（Measure）即数据收集阶段、A（Analysis）即数据分析阶段、I（Improve）即项目改善阶段、C（Control）即项目控制阶段。如图 12 – 10 所示。

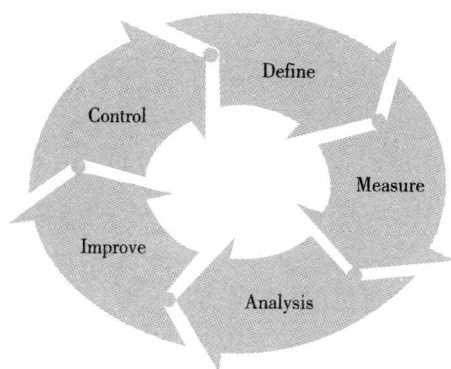

图 12 – 10　六西格玛管理示意

1. D（Define）定义阶段

定义客户需求。对客户需求有清晰的了解，是开展六西格玛管理的前提条件。通过建立科学、持续的顾客反馈系统，如调查问卷、投诉系统、客户评分卡、客户数据分析等方式，听取客户反映，收集客户需求信息，并进行深入的总结和分析，明确客户需求，掌握客户需求的发展变化趋势。

定义客户需求的绩效指标。客户的需求包括产品需求、服务需求或是两者的综合。对不同的需求，应分别定义相应的绩效指标，对流程中产品和服务绩效标准进行简洁而全面的数字化描述。

定义核心业务流程。定义业务体系中可以满足客户需求、对创造和提升客户最为重要和直接的核心业务流程，并将核心流程的主要业务活动绘制成流程图，使整个流程一目了然。

2. M（Measure）数据收集阶段

评估测量系统。稳定可靠、误差可控的测量系统是开展数据收集和分析的关键影响因素。因此，在确定测量的方式方法后，必须通过应用统计分析工具对测量系统进行科学的评价，确保测量数据的可靠性和可用性。

收集历史数据。对业务流程的各个业务环节进行科学分解，形成相对独立又相互联系的业务单位，并对各个业务单元以及整体流程的数据进行测量和收集。

聚焦问题。在收集大量基础数据后，有助于缩小问题的范围，通过聚焦主要问题，进一步明确导致问题产生的关键原因。

3. A（Analysis）数据分析阶段

分析流程能力。通过统计工具对现有业务流程的流程能力进行分析，找出差距。

分析流程产生变异的原因。通过采用逻辑分析法、观察法、访谈法等方法，并应用产品树图、鱼刺图等分析工具或借鉴相似产品或流程的知识，深入分析流程产生变异的原因。

确认关键影响因素。通过机理分析等方法，对已评估出来的导致问题产生的原因进行进一步分析，确认它们之间是否存在因果关系以及对流程的影响程度，并进而确定流程变异的关键影响因素。

4. I（Improve）项目改善阶段

确认改善行动和完成计划。针对关键影响因素进行认真分析，找出其使流程产生变异的根本原因，并有针对性地提出改善措施和行动计划。

风险评估和规避风险。对流程改善的显性风险和潜在风险进行充分评估，并采取相应预防措施，规避风险，确保改善措施的顺利实施。

按照既定计划完成流程改善。在改善过程中，要及时解决出现的各种问题，使改善过程不至于偏离预先确定的轨道，发生较大的失误。

搜集和分析数据，验证改善的效果。

5. C（Control）项目控制阶段

修订业务流程。在确定流程改善达到预期效果的前提下，及时进行总结，并修订相关业务流程。

改善方案的沟通推广。在公司内广泛宣传推广该改善方案，以取得公司管理层和员工的广泛认同，减少进一步改善的阻力，并寻求以相似流程进行推广，以增加改善方案的普适性。

改善方案的标准化。将改善方案落实到标准化的文本资料上，以便于流程拥有者的应用和执行。

改善方案的连续评估。对改善方案进行连续评估，一方面让公司管理层和员工从评估结果中获得鼓舞和信心；另一方面，对需要进一步改进之处以及可能出现的新问题，做好准备。

二、财务公司实施六西格玛管理的意义

（一）推动企业管理创新，提升核心竞争力

财务公司作为非银行金融机构，肩负着集团资金集中管理平台、投融资中心、金融服务中心等职能，必须不断提高管理水平、推动管理创新，才能推动所在集团的跨越式发展，才能在竞争激烈的金融市场中立于不败之地。

六西格玛管理作为先进的管理方法，其管理特点与财务公司的经营管理有良好的结合点，非常适合在财务公司这类客户需求清晰、业务流程简明、组织机构扁平化的机构中应用。

因此，财务公司适时导入六西格玛管理，可以推动管理创新，有利于获得和保持公司在经营上的成功，从而形成核心竞争力。

（二）提升服务水平，增加客户价值

六西格玛管理强调以客户需求为主体，实施六西格玛管理可以使公司从了解并满足客户需求到实现最大利润之间的各个环节实现良性循环，这与财务公司倡导的"立足于集团、高效服务"的经营理念不谋而合。

财务公司通过实施六西格玛管理，可以不断地在提高客户满意度、增加客户价值与降低资源成本方面寻找到平衡点，始终以客户需求为先、以客户需求为业务导向，持续提升金融服务水平，在增加客户价值的同时，获得自身的长足发展。

（三）形成积极向上的企业文化

在传统管理方式下，管理成为一种"长官文化"，工作经常以领导的言谈作为目标，这会导致员工感到不知所措，工作处于一种被动状态。

六西格玛管理强调数据说话，以数据驱动管理，有利于在公司形成一种朴素

而积极的企业文化。通过科学的数据分析，员工知道自己应该达到的目标，使整个公司洋溢着工作热情和效率。在强大的管理支持下，有利于员工掌握标准化、规范化的问题解决方法，将有效提高工作效率，减少并消除工作中消防救火式的活动。

同时，六西格玛管理强调骨干队伍的建设，其中，倡导者、黑带大师、黑带、绿带是整个六西格玛管理队伍的骨干。对不同层次的骨干进行严格培训和资格认证制度，形成人才储备，有利于形成财务公司奋力拼搏、创先争优的企业文化氛围。

三、六西格玛管理在财务公司的具体应用

本书选取了《缩短贷款业务办理周期》六西格玛管理项目，作为财务公司的具体应用案例。按照六西格玛管理项目的五个阶段进行分解、说明。

（一）D（Define）定义阶段

1. 定义客户需求。财务公司属于非银行金融机构，贷款业务是公司主营业务之一，通过发放贷款产生的贷款利息收入占全公司业务收入的80%左右，因此贷款业务的办理效率将直接影响贷款客户的满意度和公司经营效益。

公司原有贷款业务周期为120.76小时，高于行业标杆水平，计划通过本项目提高公司贷款业务办理效率，增加客户满意度，并使贷款计息期提前，增加公司年度贷款利息收入。

2. 定义绩效指标。通过考察行业标杆并结合公司实际运营情况，本项目确定测量指标为从客户经理收到贷款申请到贷款资金发放到借款人在财务公司开立的一般存款账户上的周期应控制在75个工作小时以内，缺陷定义为该周期超过75个工作小时为不合格。

具体说来，就是将贷款业务办理周期由平均120.76个工作小时降低为75个工作小时以内，改善80%。

3. 定义核心业务流程。本项目的核心业务流程为贷款业务流程。而贷款业务的办理周期可继续分解为受理、调查、审核、审查、审议、审批、发放等七个子周期。

（二）M（Measure）数据收集阶段

1. 评估测量系统。项目组采取分别由两个时间检测员对同一操作人员的同一项工作（填写借款借据）重复测量十次的方法，对测量系统进行数据收集及

分析。项目组收集到 20 个数据，通过 Minitab 软件利用连续性数据 Gage R&R 工具进行分析，得到量具 R&R 的 SV 值为 5.28%（小于 30%）、可区分的类别数为 26（大于 4）的结果，由此判断本项目测量系统可用。

2. 收集历史数据。项目组设计了项目数据收集表（见表 12 - 7），在贷款业务中，每一笔发放的贷款，均要严格按照数据收集表的要求如实记录业务办理起止时间、影响业务办理延长的原因，并要求记录人签字确认。本项目总共收集到 40 笔贷款业务的数据收集表。

表 12 - 7　　　　　　　　　财务公司六西格玛项目数据收集表

项目名称：缩短贷款业务办理周期			借款人：				信贷客户经理：	
序号	贷款单位		日期	时间点	工时（因变量 Y，分钟）	影响因素（自变量 X）	签字人
1	信贷部	信贷客户经理获知借款人贷款意向时间			0		
2		信贷客户经理告知（传真、电邮）贷款所需资料清单时间					
3		收到借款人书面申请时间					
4		开始贷前调查时间					
5		调查报告完成并提交时间					
6		调查报告审核完毕、反馈意见时间					
7		调查报告修改完毕并再次提交时间					
8		调查报告二审完毕签字时间					
9		调查报告提交风险部时间					
10		通知计财部准备资金时间					
11	计财部	回复信贷部资金是否充足的时间					
12	风险部	开始审查时间					
13		调查报告审查完毕、反馈意见时间					
14	信贷部	调查报告补充修改完毕时间					

序号	贷款单位		日期	时间点	工时（因变量 Y，分钟）	影响因素（自变量 X）	签字人
15	风险部	出具风险审查报告时间					
16		确定贷审会召开的时间					
17	贷审会	贷审会会议召开时间					
18		报告审议通过，各委员签字完毕时间					
19	信贷部	报告审议未通过，补充修改完毕时间					
20	风险部	再次上报风险部时间					
21		再次确定贷审会召开的时间					
22	贷审会	贷审会再次会议召开时间					
23		报告审议通过，各委员签字完毕时间					
24	经理部	提交经理部时间					
25		经理部返回时间					
26	信贷部	开始网上浪潮系统办理时间					
27		提交信贷部经理网上审批时间					
28		发现错误退回时间					
29		纠正错误再次提交部门经理时间					
30		由部门经理提交结算部时间					
31	结算部	开始受理网上业务时间					
32		发现错误退回时间					
33	信贷部	信贷部再次提交结算部时间					
34	结算部	结算部完毕办理时间					
35	实际办理周期						

3. 聚焦问题。

在数据收集表的基础上，项目组根据七个子周期的划分标准、工时的核算方法等，统计出周期与影响因素 X 的关系汇总表（见表12 – 8）。根据40张数据收集表可总结出40张周期与影响因素 X 的关系汇总表，为数理分析提供最原始的数据支持。

表 12 - 8　　　　　　　　　周期与影响因素 X 的关系汇总表

周期Y	周期	X1~n	初审不合规	等待客户资料	客户未按要求	要求不明确	资料错误	调查报告标准	信用担保标准	更改贷款条件	批处理等待	工作时间冲突	浪潮系统故障	规避政策风险	要求延期放款	贷款意愿变化	倒贷筹措资金	责任人出差
		Xn. 1~n	—							—	—	—	—	—				—
受理周期																		
调查周期																		
审核周期																		
审查周期																		
审议周期																		
审批周期																		
发放周期																		
合计																		

（表头分组：出现X次数；影响因素X包括：初审不合规、资料不合格（等待客户资料、客户未按要求、要求不明确）、修改报告（资料错误）、标准缺失（调查报告标准、信用担保标准）、更改贷款条件、批处理等待、工作时间冲突、浪潮系统故障、规避政策风险、客户自身原因（要求延期放款、贷款意愿变化、倒贷筹措资金）、责任人出差）

（三）A（Analysis）数据分析阶段

充分运用 Minitab 软件中的博拉图分析工具，分七个子周期进行数理分析，找出每个子周期中的关键影响因素 X，再集合各子周期的关键 X，纳入整个贷款业务办理周期进行通盘考虑。将某影响因素 X 在各子周期中出现的频率与该子周期所有影响因素出现频率相比，得出某影响因素在各子周期中的百分比，再按均值计算各子周期在贷款业务办理周期中的权重，将该影响因素的百分比与各子周期权重相乘，得到某影响因素在各子周期中的贡献度，再将七个子周期的贡献度相加合计，得出某影响因素在贷款业务办理周期中的贡献度，如表 12 - 9 所示。

表 12 - 9　　　　　　　　　关键 X 的贡献度测算表

各子周期		受理周期	调查周期	审核周期	审查周期	审议周期	审批周期	发放周期	关键 X 的贡献度
DMA 阶段均值		40.12	17.76	1.63	8.1	27.98	14.53	10.77	
各子周期权重		33.22%	14.71%	1.35%	6.71%	23.17%	12.03%	8.92%	
初审不合规	百分比	5.71%	0.00%	0.00%	0.00%	0.00%	0.00%	0.00%	1.90%
	在各子周期中的贡献度	1.90%	0.00%	0.00%	0.00%	0.00%	0.00%	0.00%	

续表

各子周期		受理周期	调查周期	审核周期	审查周期	审议周期	审批周期	发放周期	关键X的贡献度
DMA 阶段均值		40.12	17.76	1.63	8.1	27.98	14.53	10.77	
各子周期权重		33.22%	14.71%	1.35%	6.71%	23.17%	12.03%	8.92%	
资料不合格	百分比	48.57%	18.75%	0.00%	41.67%	18.18%	0.00%	0.00%	25.90%
	在各子周期中的贡献度	16.14%	2.76%	0.00%	2.80%	4.21%	0.00%	0.00%	
修改报告	百分比	0.00%	0.00%	40.00%	16.67%	3.03%	0.00%	0.00%	2.36%
	在各子周期中的贡献度	0.00%	0.00%	0.54%	1.12%	0.70%	0.00%	0.00%	
标准缺失	百分比	5.71%	68.75%	0.00%	0.00%	9.09%	0.00%	1.00%	14.20%
	在各子周期中的贡献度	1.90%	10.11%	0.00%	0.00%	2.11%	0.00%	0.09%	
更改贷款条件	百分比	0.00%	3.13%	20.00%	8.33%	6.06%	0.00%	1.00%	2.78%
	在各子周期中的贡献度	0.00%	0.46%	0.27%	0.56%	1.40%	0.00%	0.09%	
批处理等待	百分比	0.00%	0.00%	0.00%	0.00%	36.36%	0.00%	9.52%	9.27%
	在各子周期中的贡献度	0.00%	0.00%	0.00%	0.00%	8.42%	0.00%	0.85%	
工作时间冲突	百分比	28.57%	6.25%	40.00%	33.33%	21.21%	37.50%	42.86%	26.44%
	在各子周期中的贡献度	9.49%	0.92%	0.54%	2.24%	4.91%	4.51%	3.82%	
浪潮系统故障	百分比	0.00%	0.00%	0.00%	0.00%	0.00%	0.00%	14.29%	1.27%
	在各子周期中的贡献度	0.00%	0.00%	0.00%	0.00%	0.00%	0.00%	1.27%	
客户自身原因	百分比	0.00%	0.00%	0.00%	0.00%	0.00%	0.00%	28.57%	2.55%
	在各子周期中的贡献度	0.00%	0.00%	0.00%	0.00%	0.00%	0.00%	2.55%	
责任人出差	百分比	8.57%	0.00%	0.00%	0.00%	6.06%	62.50%	0.00%	11.77%
	在各子周期中的贡献度	2.85%	0.00%	0.00%	0.00%	1.40%	7.52%	0.00%	

从表 12 - 9 可以看出，资料不合格、标准缺失、批处理等待、工作时间冲突、责任人出差五项影响因素贡献度合计达到 87.58%，是影响贷款办理周期的关键 X。

（四）I（Improve）项目改善阶段

针对关键 X，项目组提出了多项改进措施。主要包括：

（1）流程改进，对符合条件的借款人进行公开授信管理，在公开授信额度和时效范围内的贷款可直接进入贷款发放环节，极大地简化流程，提高效率，减少工作时间冲突。

（2）增加贷款受理环节的初审工作，填制《贷款业务受理单》，以便及时发现借款人贷款申请资料的瑕疵，争取修正时间，同时与借款人之间关于贷款受理时间达成共识。

（3）制定借款申请书模板，连同办理信贷业务的各类信贷业务所需的资料清单、合同、协议等相关格式文本，放置于公司业务系统上，以方便成员单位下载并参考使用，减少客户经理反复提供上述资料的重复性工作。

（4）在贷款审批环节如遇审批人出差等客观影响因素，可通过电话请示完成审批程序，并填制电话请示单，保证贷款业务正常办理，缩短等待审批时间。

（5）公司每周一、周四定期召开贷款审查委员会，如遇客户紧急贷款需求，可视情况临时召开贷款审查委员会，以缩短等待审议时间。

（6）制定贷前调查报告标准等业务标准，统一业务流程各岗位及贷审会委员的认识和评价标准，提高工作效率。

通过实施上述改进措施，缩短贷款业务办理周期的效果十分明显。在 IC 阶段，贷款业务办理周期的 DPMO 由 DMA 阶段的 727 272 降低到 111 111，贷款业务办理流程的短期能力从 DMA 阶段的 0.82 提高到 1.88，平均贷款办理周期由原来的 120.76 个工作小时缩短到 IC 阶段的 61.86 个工作小时，达到公司承诺的贷款业务办理周期在 75 个工作小时内的要求。

（五）C（Control）项目控制阶段

项目组经分析研究查找出了本项目控制点。通过项目组的讨论，结合各个子周期最大值、最小值、均值以及通过 Minitab 软件的回归分析工具测算出各子周期波动贡献度等指标，确定各子周期应控制的目标值，由此编制缩短贷款业务办理周期的任务分解控制表（见表 12 - 10），并按照贷款业务流程将控制目标分解到各个职能部门，由公司风险管理部通过周期监控表、批处理等待监控表进行实时监控并及时纠正偏差。

表 12 - 10 　　　　　　　　缩短贷款业务办理周期任务分解控制表

项目	受理周期	调查周期	审核周期	审查周期	审议周期	审批周期	发放周期	整周期
最大值	111.75	101.5	10.5	37.25	103	55	44.75	284
最小值	1	1	0	0.5	4	0.25	0.25	33
平均值	40.12	17.76	1.63	8.10	27.98	14.53	10.77	120.76
均值占比	33.22%	14.71%	1.35%	6.71%	23.17%	12.03%	8.92%	100.00%
波动贡献度	30.28%	36.12%	2.63%	21.89%	7.15%	0.62%	2.11%	100.00%
目标值	22	15	1	6	15	12	4	75

通过任务分解控制表、周期监控表和批处理等待监控表，对超过控制目标的子周期自动显示为黄色预警，提示项目组及时发现超期现象并分析原因，一方面可进一步优化改善措施，另一方面可促进贷款业务中相关人员提高后续子周期办理效率，保证总周期控制在规定的时间内，控制效果良好。

第十三章

企业集团财务公司信息化建设

财务公司作为企业集团资金平台，其业务开展、对外联络、内部管理都高度依赖信息系统。确保信息系统安全、稳定、高效、易用，是财务公司信息化的核心。

信息化建设涉及机房、主机、存储、灾备、软件、网络、安全体系等方面，涉及面广，大到整个信息化规划，小到机房的装修、电气、接地、防雷、空调、消防等，必须从整体层面进行有前瞻性的规划设计。

第一节　财务公司信息化建设概述

一、财务公司信息化的必要性

作为非银行金融机构，财务公司信息化的重要性不言而喻。

（1）提供服务。财务公司向成员单位提供各种金融服务，主要依靠自身的核心业务系统和银企互联系统实现。向商业银行发出资金归集指令，实现资金从成员单位账户到财务公司账户的划转，以及集团成员单位通过网络登录或通过其他方式（如到财务公司网点柜台、传真等）使用财务公司系统，实现资金的回拨或支付，都要实现信息流从成员单位，到财务公司，再到商业银行的高效传递。财务公司的资金结算、网上金融、票据、信贷、投资等业务都涉及与银行或其他金融机构之间的信息传递，这些业务的开展均高度依赖信息系统。

（2）对外联络。作为现代金融企业，财务公司的对外联络、信息接收与发送也高度依赖信息系统实现。如从监管部门接收和向监管部门上报公文（银监会电子政务系统）、向监管部门报送监管数据（银监会非现场监管系统）、报送和接收业务数据（人民银行企业征信系统）、报送统计数据和税务等。

（3）内部管理。财务公司要实现内部有效的管理，也必须依靠快捷高效的管理信息系统，如办公、财务核算系统、风险管理、报表管理、计划预算、工资、固定资产、费用报销等系统。

综上所述，财务公司的信息系统是公司业务和管理的命脉，离开了信息系统，财务公司对外不能办理业务，对内无法进行管理，公司无法正常运转。因此，确保各信息系统安全、稳定、高效、易用，是财务公司信息化的核心，也是财务公司管理工作的重中之重。

二、财务公司信息化建设的政策法规依据

作为金融企业，财务公司的信息化建设要遵循一般企业信息化建设的法律法规。在这里我们主要针对财务公司的特殊性，提出有针对性的部分法律法规。

财务公司的信息化建设，管理方面主要遵循《企业集团财务公司管理办法》、《商业银行信息科技风险管理指引》等规章的相关要求，技术层面应依照《中华人民共和国电子签名法》、《互联网安全保护技术措施规定》、《计算机系统信息安全保护条例》、《互联网信息服务管理办法》、《软件产品管理办法》等法律法规的相关要求执行。

由中国银行业监督管理委员会颁布的《商业银行信息科技风险管理指引》，从信息科技治理、信息科技风险管理、信息安全、信息系统开发测试和维护、信息科技运行、业务连续性管理、外包、内部审计、外部审计等方面提出了全面的要求，是财务公司信息化建设应当重点研究学习的规章。

三、财务公司信息化建设的主要内容

财务公司信息化建设涉及软件、机房、主机、存储、灾备、网络、安全体系等方面，涉及面很广。由于财务公司信息化团队一般规模有限，这些工作不可能由财务公司独立自行完成，应充分借助集团内部或外部专业机构的资源，借鉴同业的方案。

由于财务公司信息化建设是一个庞大的体系，大到整个信息化规划，小到机房的装修、电气、接地、防雷、空调、消防等，因此必须从整体层面进行有前瞻

性的规划设计，才能更好地满足公司需求，适应并推动业务发展。

第二节 软件建设

一、软件建设方式

目前财务公司行业的软件建设，主要有三种方式：选择成熟产品、在通用产品的基础上进行个性化开发和完全开发。

1. 成熟产品。目前市场上有多种较为成熟的财务公司核心系统解决方案，但由于其通用性，功能上多集中于对常见业务的常规实现，仅能进行有限度的配置和调整。成熟产品的优势在于模块成熟，上线速度快，后续维护简单，价格低廉；劣势在于不能很好地适应企业实际情况。

2. 通用产品上的个性化开发。这种方式既能保持产品的部分优势，又能较好地适应企业的实际需要。与完全自主开发相比，费用较低，速度更快。因此，这也是大多数财务公司选择的方式。

3. 完全开发。只有较少财务公司选择此种方式，由财务公司或集团拥有或控制的独立开发团队，或外部软件公司按照财务公司要求完全新设计开发，针对性较强，但投入过高，需谨慎选择。

二、软件建设方式的选择

由于所属集团不同，每家财务公司都不尽相同，因此在软件建设方式的选择上也没有绝对的正确方法，我们结合中航工业财务公司的经验，给出一些参考建议。

对于筹备期间的财务公司，由于对业务发展和规划并不十分了解，可以考虑选择成熟产品。由于这些产品一般都经过了多家财务公司实践检验，能够满足大部分业务需要，对于财务公司最初的业务开展、熟悉业务流程、快速培养自己的运营团队都有很好的帮助。

随着业务的开展，任何软件都会体现出局限性，无论是功能还是性能，都要进行不断的提升。这时，可以根据需要选择个性化开发或者完全开发。因此，在最初选择产品时，应当注意选择那些通用性好、可拓展空间较大、后期个性化开发实力强的公司的产品，这样既能有效降低系统迁移的工作量，又能保持业务和操作习惯的延续性。

第三节　机房建设

一、机房建设标准

机房是公司各类软硬件资源（包括计算资源、软件资源、储存资源、数据资源等）和网络设备运行维护的中心。建设机房，应首先确定其等级，一般应按照国标《电子计算机场地通用规范》（GB/T-2887-2000）A级或B级机房标准设计建设。

表13-1　　国标《电子计算机场地通用规范》中A级、B级机房标准

级　别 项　目	A级		B级
	夏季	冬季	全年
温度	23±2℃	20±2℃	18~28℃
相对湿度	45%~65%		40%~70%
温度变化率	<5℃/h 并不得结露		<10℃/h 并不得结露

二、工程内容

一般说来，机房工程包括但不限于以下工程和系统：装饰装修工程（包括吊顶、地板、墙面、隔墙及门窗等）、电气配电系统（包括UPS供配电系统、动力照明供配电）、空调通风系统（包括空调系统）、接地与防雷系统（接地系统、防雷系统）、环境动力监控系统和消防系统。

这些内容可参照普通机房建设标准进行，我们不再赘述，仅对财务公司特殊需要的内容进行提示。

（一）动力配电

由于机房设备对电源的要求较高，因此电源质量直接影响各系统的可靠运行。供电电压频率及电流等基本要素是否符合计算机设备的要求，一般主要取决于电网质量，如外部电网质量不满足要求，应采取稳压等措施。

（二）UPS系统

根据监管要求，财务公司机房应当采用2N方式配置UPS，双路市电通过

UPS 后，向机房设备供电。通过配电柜引双路电源到机柜下，每个机柜双开关、双回路、双插座。

（三）空调系统

机房内主机设备、通讯网络设备对环境条件的变化比较敏感（主要指温度、湿度、洁净度）。一般说来，应满足如下指标要求：

（1）工作温度：　夏季 23℃ ±2℃　　冬季（20 ±2℃）

（2）相对湿度：　45% ~65%

（3）温度变化率：<5℃/h 不凝露

（4）空气洁净度：在静态条件下测试，每升空气中大于等于 0.5μm 的尘粒数应小于 18 000 粒。

此外，由于财务公司系统的特殊性，要求设备 24 小时不间断运行，因此空调系统需要满足 7 ×24 小时不间断运行，这对空调的稳定性提出了很高的要求。

（四）消防系统

机房消防系统一般采用无管网气体自动灭火系统，采用全淹没灭火系统的灭火方式，即在规定的时间内，喷射一定浓度的灭火剂，并使其均匀地充满整个保护区，此时能将在其区域里任一部位发生的火灾扑灭。

（五）监控系统

为保证机房各设备安全正常运行，配套的机房动力系统、环境系统、消防系统、安防系统必须时刻稳定协调工作，应配备监控系统，实现机房集中监控和专家管理，达到无人值守或少人值守。

第四节　主机和存储系统

一、主机系统

（一）主机系统的设计原则

财务公司主机系统应该满足以下需求：

（1）强大的处理能力；

（2）丰富的扩展方式；

（3）完善方便的管理技术；

（4）主流机种。

为此，主机系统的选型及配置应满足以下几点：

（1）采用开放的主机平台；

（2）适用原则和可扩展原则，要求主机配置满足 2~3 年的业务发展需要，对以后业务需求可以进行扩展；

（3）系统易维护和管理；

（4）高安全性、高可靠性，能够自动检测故障部件，能适应连续运行；

（5）强大的联机事务处理能力；

（6）主机操作系统要有完善的管理软件，能够对主机进行系统级管理操作。

（二）主机系统的设计

财务公司的服务器按所承载的具体应用分为：

（1）核心服务器，数据库和中间件管理系统，核心系统的核心服务器一般建议采用小型机；

（2）应用服务器，应用处理系统、报表系统和其他应用；

（3）开发测试服务器，一般应采取与以上两系统同代的服务器组成，配置可适当降低。

在与同业的交流中，很多财务公司人员对开发测试服务器的必要性和重要性认识不足。我们认为，开发测试服务器不仅能加快开发、充分测试，更能在解决问题的过程中模拟和再现问题出现时的状态，以便验证问题是否得以完全解决，其重要性是不言而喻的。

由于财务公司业务量一般不会太大，大多数财务公司的系统是由两台核心服务器、多台应用服务器组成的，开发测试服务器一般为一至三台。

服务器设备选型时，必须具备以下特性：高可靠性、高可扩展性、高可管理性和低管理成本性。在进行核心服务器选型时，首先要进行系统负载估算，据此确定性能标准，再对选型的服务器性能进行测算，以确保所选服务器的性能能够满足系统负载。

二、存储系统

（一）核心存储系统

财务公司的数据库一般采用磁盘阵列系统，以集中放置双机系统需要共享的数据内容。出于投资上的考虑，磁盘阵列应具有较高的性能和较高的可靠性。

为此，一般要求磁盘阵列具备双控制器系统，配置冗余电源风扇系统，磁盘阵列具备全光纤通道，要支持多种 RAID 数据保护功能和热备盘功能，控制器内置电池保护，具备分区功能。

（二）数据备份系统

根据不同系统对备份恢复的要求不同，在进行备份系统规划时，应对客户的备份恢复服务要求进行服务等级划分，定义不同服务等级的备份恢复服务要求，从而确定备份系统的建设规划。

第五节　灾难备份

一、灾备系统概述

所谓灾难，通常指引起关键业务的信息服务中断，且中断的时间让人不能忍受的意外事件。计算机系统灾难有多种层面，因错误操作导致的系统错误、数据丢失，因硬件损坏导致的各类故障，以及外部因素如火灾、地震、水灾等都可视为计算机系统灾难。

所谓灾备系统，是指通过预先建立的灾备中心、备份设备和备份数据等，在可以容忍的时间内恢复业务支撑系统的正常运行，将因业务中断而导致的损失降低到预定的程度。

灾备系统是保障财务公司业务系统持续运行的重要组成部分。业务持续运行管理是预先发现可能会影响企业关键业务能力和过程的所有事件，采取相应的预防和处理策略，以保证企业在事件发生时业务不被中断。业务持续运行强调的是企业业务的零间断能力，即在灾难、意外发生的情况下，企业无论是组织结构、业务操作和 IT 系统，都可以以适当的备用方式继续业务运作。

二、灾备系统层次

灾备系统主要包括网络、计算、存储等几个方面，对应着灾备系统的网络通信系统、备份处理系统、数据备份系统，灾备中心作为生产中心的备份，基于是否需要备用处理系统（服务器）以及专业人员支持，可以分为数据级灾备、应用级灾备、业务级灾备三个不同层次。

1. 数据级灾备（对应国标 2~3 级的基本要求）

（1）灾难发生后可以确保原有的数据不丢失；

（2）依靠镜像/复制技术，实现数据的远程备份；

（3）投入低，易实现，灾难恢复时间长，尽管原有数据没有丢失，但是业务系统会中断，业务停止。

2. 应用级灾备（对应国标5~6级的基本要求）

（1）在数据备份的基础上，备份站点提供同样的数据处理功能系统，具备应用处理能力；

（2）需要网络通讯系统、服务器系统、存储系统、应用系统的协作；

（3）应用级灾备系统能够提供不间断的应用服务。

3. 业务级备份（全业务灾备，要求具备全部的基础设施）

三、灾备系统技术

财务公司灾难备份系统可以采用以下几种模式。

1. 软件方式

（1）通过数据库的数据复制技术实现；

（2）通过专门的数据复制/同步软件实现，如 IBM HACMP，Veritas 软件；

（3）通过备份软件的方式实现，如 TSM、Netbackup。

2. 硬件方式

通过远程磁盘镜像方式实现，前提是生产中心使用的磁盘阵列支持存储复制技术，可以实现灾难备份功能。

我们认为选择一个数据备份的解决方案应该从以下几点来考虑：

（1）数据备份的完整性；

（2）技术实现的简单性；

（3）数据恢复的快捷性；

（4）对生产系统的影响；

（5）备份系统的投资成本。

我们对上述几种数据备份技术方案进行比较，如表13－2所示。

表13－2　　　　　　　　　数据备份技术方案比较

项目	数据备份	数据库数据复制	硬件智能磁盘镜像	软件数据复制方式
对备份主机的要求	与主系统相同	与主系统相同	与主系统相同	与主系统相同
恢复系统	长	短	短	短

续表

项目	数据备份	数据库数据复制	硬件智能磁盘镜像	软件数据复制方式
丢失数据	两次备份之间的数据			未及复制的数据
主机系统性能开销	低	较高	低	较高
备份系统是否可用	是	否/只读	否	是
对应用的影响	无	有一定的影响	无	小
系统成本	低	中（备份主机）	很高（主机＋存储）	中（备份主机）
配置过程	简单	简单	复杂	复杂
日常维护	简单	简单	简单	简单

四、目前财务公司的主要灾备方案

（一）灾备系统目标

由于财务公司核心业务系统的实际操作依赖于直联银行的接口，异地灾备中心如果没有到各直联银行的灾备线路，核心业务系统的运行就没有意义。目前财务公司的绝大多数是数据级的。

（二）灾备系统方案

财务公司一般采取冷备份与热备份结合的方式实现数据灾备：

1. 在异地灾备中心，配置和生产中心相同的 NAS 存储设备和备份管理软件。每日日终，利用备份管理软件的复制技术实现业务数据完全备份从生产中心到灾备中心的复制。

2. 通过数据库软件或第三方软件提供的功能，对数据库数据进行实时或准实时的增量备份。

第六节　系统安全规划

为最大限度降低集团成员单位访问系统的成本和投入，财务公司业务系统一般都基于互联网构建，互联网安全就成为亟待解决的问题。

一、安全因素分析

（一）网络层风险

入侵者利用网络协议的设计漏洞或者设备的操作系统（IOS）漏洞或者配置

漏洞，实施拒绝服务攻击，造成这些网络设备的性能下降乃至完全瘫痪。

（二）传输层风险

信息被监听。攻击者进入主机，或提前安插后门程序对网络进行监听，或者在内部安全性能较弱的 PC 安插后门作为跳板，监控整个网络的情况，从而盗取系统敏感信息。

泄密和篡改。攻击者对网络传输的信息实施非法篡改。

（三）系统层风险

支撑系统风险。支撑系统主要是指那些支撑各种应用与业务运行的操作系统与数据库系统。任何操作系统或者数据库系统，只要运行于网络上，就必然会有或多或少的端口服务暴露在网络上，而这些端口服务可能存在安全漏洞。

恶意代码风险。恶意代码攻击主要以病毒或后门形式进行攻击，表现为一段非系统正常的应用代码。现在流行的新型网络病毒，结合了网络蠕虫、计算机病毒、木马程序等技术，感染速度快，扩散面广，传播的形式复杂多样，难以彻底清除，破坏性大。

（四）应用层风险

应用层风险一般来自企业的内部人员的操作失误、篡改数据、越权操作业务等。

越权操作风险是指操作者未按授权操作要求，越权操作系统资源导致业务操作风险。

操作失误风险，操作失误可能出现在系统应用的各个环节，比如信息输入错误、系统无意破坏等。

篡改数据风险来自内部的对数据的非法篡改。

二、安全方案的设计原则

系统安全本就是制约系统使用、降低系统效率的控制措施，需要在效率和安全上寻求平衡；同时，仅仅依靠系统来管理安全是远远不够的，还要与严格规范的管理相结合。一般来说，安全方案的设计遵循以下原则。

（一）整体性原则

安全问题首先必须遵从整体性原则。千里之堤，溃于蚁穴。一个漏洞或安全隐患成为攻击的突破口，就会造成整个网络被入侵。因此要在安全网络方案设计时整体考虑，制定出统一的安全策略，以及相互之间的保护、通讯机制。

（二）层次性原则

传统的网络安全基本都是只有一至二层防御的平面式结构，一旦突破，整个系统体系基本上就丧失了保护。因此，信息网络安全方案应该是多层次的防御体系，每一层都能抵御特定类型的攻击，起到有效保护本层次和其内部层次的作用。同时，在每个层次上都将通过有效手段收集异常信息，及时通告用户，提前预警，事后监督。

（三）动态性原则

随着网络技术的发展，网络安全成为一个动态的循环过程，静止不变的产品无法适应网络安全的需要。安全产品必须及时不断地改进和完善，及时进行技术和设备的升级换代。

三、安全设计模型

信息系统安全保护的是主体对客体的访问过程。首先需要对主体和客体进行身份认证，将整个访问过程置于访问管理之下，并依靠加密、防恶意代码和加固等技术手段实现访问控制，还要对整个访问过程进行必要的审核、跟踪和监控，并能对意外安全事件进行响应和恢复。

一般说来，安全模型如图 13 - 1 所示。

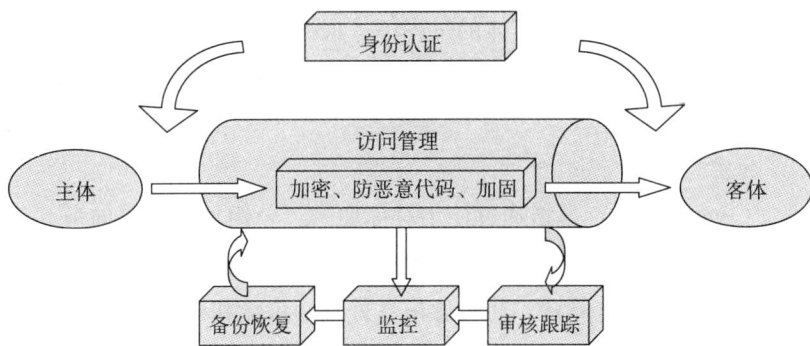

图 13 - 1　安全模型

根据以上安全设计的指导模型，结合 IT 系统分层化构建的趋势和特点，安全方案设计应从 IT 系统的物理层、网络层、系统层、应用层、数据层对这八个安全领域的问题予以关注和解决。由此细化成如图 13 - 2 所示的矩阵模型结构。

图 13 - 2　矩阵模型结构

（一）身份认证

身份认证（Identity and Authentication Management）是通过对信息系统使用过程中的主客体进行鉴别，确认主客体的身份，并且给这些主客体赋予恰当的标志、标签、证书等。认证解决了主体本身的信用问题和客体对主体的访问的信任问题，是对用户身份和认证信息的生成、存储、同步、验证和维护的全生命周期的管理，一般在系统层、数据层和应用层来实现。

（二）访问管理

访问管理（Access Management）指对各类系统资源的授权管理和访问控制。

授权是指根据认证得到的主体信息判断该主体拥有的权限，并将该权限赋予主体。主体经过身份认证后，都必须通过授权才能进行访问。

访问控制是指在主体访问客体的过程中，根据预先设置好的访问控制手段或规则，保证主体对客体访问过程中的安全性。通常由应用系统的支撑平台或者应用系统来控制实现。

（三）加密

加密（Cryptograghy）是指通过使用对称加密、公钥加密、单向散列等手段，对各系统中数据的机密性、完整性进行保护。加密控制一般设计在网络传输、数据存储等环节，通过安全算法，将敏感信息处理后传输和存放。

（四）防恶意代码

恶意代码泛指能够在某个信息系统上执行未被授权操作的软件或固件，主要有病毒、蠕虫、木马、移动代码和逻辑炸弹等。防恶意代码（Anti - Malicode）就是通过建立预防、检测、隔离和清除机制，保护系统的安全。

（五）加固

加固（Hardening）是指对客体（信息系统自身）的弱点进行加固的安全保

护手段，通过实施安全漏洞扫描、渗透性测试、安全补丁、关闭不必要的服务、对特定的攻击和风险产生的立即识别等技术或管理方法确保系统安全。

（六）监控

监控（Monitoring）是指管理主体对客体的访问过程中，通过技术手段对主体的各种访问行为进行监控。

安全主要靠管理，作为安全管理的必要支持，应考虑在网络层、系统层和应用层对系统的运行进行监控。

（七）审核跟踪

审核跟踪（Audit Trail）是指一系列关于操作系统、应用和用户活动相关的计算机事件，能够增进计算机系统的可审计性。

（八）备份恢复

信息安全的预防、保护措施不可能完全避免意外事件的发生，因此还应当采取相应措施最大限度地降低信息安全事件对业务的影响。应根据业务需求和信息资产价值，建立相应的响应恢复机制，主要使用的技术有冗余、备份、容错等。

四、系统安全

参照以上安全方案设计模型，财务公司的 IT 信息系统安全体系的构建应从网络安全、系统安全、应用安全、数据安全 4 个层次来保障身份认证、访问控制、信息加密、防恶破坏、安全加固、系统监控、审核跟踪、备份恢复 8 个方面的安全控管。安全方案如图 13-3 所示。

（一）网络安全措施

网络安全主要来自于网络协议层的安全处理和管理。为便于管理和缩小问题影响范围，一般要将网络合理地划分成不同的安全域，在每个安全域边界部署不同安全策略的控制手段，比如防火墙、安全代理、漏洞扫描、监控分析等技术手段。

1. 网络安全域划分

网络安全的构造最主要的是网络安全域的划分，网络安全域是根据信息性质、使用主体、安全目标和策略等的不同来划分的，是具有相近的安全属性需求的网络实体的集合。一个安全域内可进一步被划分为安全子域，安全子域也可继续依次细化为次级安全域、三级安全域等。

安全域的划分可以按应用系统、地理位置、行政部门来划分，通过划分安全

	身份认证 I&A	访问管理 AM	信息加密 Crypto	防恶破坏 AD	安全加固 Hardening	系统监控 Monitor	审核跟踪 AT	备份恢复 B&R
数据安全	实例连接	实例授权	密文存储	记录签名		数据库监控	日志审计	备份工具 恢复工具
应用安全	·密码方式 ·强度检测 ·定期更换 ·证书校验 ·绑定启用	·逐层授权 ·机构权限 ·角色权限 ·转移授权 ·流程控制	·信息隐藏 ·恰当推送 ·SSL通道	·记录检验 ·数字签名 ·控件登记	·事务保护 ·密码过期 ·总分核对 ·平衡检查 ·自动对账	·业务预警 ·平台监控 ·流程监控 ·用户监控 ·性能分析	·系统日志 ·操作日志 ·接口日志 ·流程监控	·批前备份 ·批后备份 ·系统恢复 ·当日抹账 ·隔日冲正
系统安全	用户验证	系统授权	Unix系统 Linux系统 大型 数据库	双机互备 负载均衡	系统工具	系统日志	备份工具 恢复工具	
网络安全	证书验证 策略检验	网络分区 边界控制 网段控制 地址控制 端口控制	证书支持 SSL通道	防病毒 防木马 应用代理	入侵检测 负载均衡 漏洞扫描 屏幕告警	流量监控 内容监控 协议分析 日志分析		

图 13-3　安全方案

域，可以明确信息系统各组成部分之间的关系，减少安全域边界，便于识别关键网络边界，进行安全控制。

2. 网络身份认证

财务公司使用的网络身份认证一般是利用安全 http（https）协议，以 CA 作为身份认证的载体，通过高强度的 RSA 算法来保证。主要包括：数字证书的支持产品、信息通道的加密、安全策略控制。

3. 网络访问管理

一般通过部署在安全域边界的防火墙上的安全管理策略实现。边界安全管理策略主要包括：网段控制、地址控制、协议控制、端口控制、流向控制。

4. 网络防恶

一般通过部署在网络安全域边界上的防火墙和防病毒网关，过滤后门或者黑客程序，防止阻塞攻击。主要包括防病毒、防木马、防 DOS 攻击和安全代理。

5. 网络加固

一般借助部署在安全域边界上的安全设备实现，主要包括漏洞扫描、入侵检测、链路负载均衡、流量分析和安全告警。

6. 网络监控

包括流量监控、请求监控、内容监控、协议监控和日志分析。

（二）系统安全措施

系统安全主要依靠支撑系统自身的安全机制来保障。

1. 系统身份认证

每个支撑系统都需要进行身份认证，才能获得操作资源的权限。如操作系统有超级用户、一般用户，数据库有管理员用户、实例用户等。

2. 系统防恶

系统防恶主要从支撑系统的选择上进行考量。例如 Windows 操作系统具有最广泛的使用群，最易受到攻击和病毒感染，如使用其他操作系统来搭建核心服务，则相对安全些。

3. 防病毒

使用防病毒软件，杜绝病毒的感染、发作和传播。

在网络边界，可以使用防病毒网关，防止病毒进入，并可以防止垃圾邮件的危害。

4. 系统安全加固

系统安全加固旨在构建一个高可靠性、持续服务的应用环境，财务公司一般采取双机互备、负载均衡，达到对应用系统安全加固的效果。

（三）应用安全措施

应用系统必须对用户的身份进行验证，并按照用户身份赋予不同的操作权限，然后围绕信息的保密传递、防篡改、安全增强等方面构筑系统的安全防护措施，最后，提供用于安全检测和响应的监控、审计和恢复等措施，以便对系统安全进行检查和控制。

应用系统保证系统的整体安全性的措施包括：定义用户和组并赋予它们存取资源的权限，数据库表加密及访问控制，通报系统访问次数检测证书 UID 并核对登录密码，设置交易密码，首次登录强制性修改密码，密码以加密形式存储，设置会话密码，审核用户交易请求等。

1. CA 身份管理

CA 软件系统通过数字证书、数字信封、数字签名等技术，实现以下主要功能：通信双方的身份认证、信息加密、检验信息完整性及实现抗抵赖性，解决 B/S 模式下通信的安全问题。

2. 应用授权管理

应用授权管理是系统安全体系中的重要一环，是应用系统安全措施主要手段之一。应用授权管理通过在应用系统内建立授权机制，限制操作权限，防范操作风险。

3. 加密与防恶

应用系统的信息加密主要有：敏感信息密文存放，建立加密通道，界面信息设计时增加条件控制，对无权浏览的信息自动屏蔽。

应用系统防恶主要包括：（1）对关键的数据记录信息进行签名存储，防止在存储过程中被非法篡改，一旦签名的记录被非法篡改，在任何情况下使用该记录数据，就能立即识别出异常，从而抑制风险的发生和扩大；（2）采用数字签名技术，将人机对话的关键信息进行签名，防止在信息传输过程中重要信息被非法篡改，同时也能为日后用户的操作抵赖提供不可否认的依据。

4. 应用安全加固

操作失误可能会导致系统出现不安全因素，应用系统除了提供业务流程的多环节复核外，还应提供自动校验措施，保证对影响系统和业务安全运行的关键要素进行校验。例如：对每天的账务处理度进行核对，以免发生乱账和错账；对每天和周期账务进行总账平衡检查，避免记账错误放大；对于系统间的接口，提供对账措施，做到系统间同步处理。

5. 应用监控

应用监控功能可以由应用系统或监控产品提供，应涵盖平台监控、流程监控、活动监控、性能分析和业务预警。

6. 应用审计跟踪

应用审计功能提供全面的操作审计跟踪，以便能够审计到系统的每一个操作细节。对系统日志进行审计，可以了解并分析到系统的运行情况；对操作日志进行审计，可以了解并分析到用户在系统中的操作情况；对接口日志进行审计，可以了解并分析到接口双方交互的信息细节；对业务流程进行审计，可以跟踪每个流程的流转过程，以及每个人机交互环节用户所操作的数据。

参考文献

［1］COSO 委员会：《企业风险管理——整合框架》，方红星、王宏译，大连，东北财经大学出版社，2005。

［2］COSO 委员会：《企业风险管理——应用技术》，张宜霞译，大连，东北财经大学出版社，2006。

［3］Charlie Kaufman，Radia Perlman，Mike Speciner：《网络安全——公众世界中的秘密通信》（第二版），许剑卓、左英男译，北京，电子工业出版社，2006。

［4］柏富亨：《中国财务公司发展及未来展望》，载《中国财务公司》，2003（2）。

［5］曹汉飞、曹桂春：《企业集团财务公司风险管理探析》，载《武汉金融》，2005（7）。

［6］常永：《战略人力资源管理概述》，载《经营与管理》，2010（3）。

［7］陈立金：《银行票据产品培训》，北京，中国经济出版社，2009。

［8］崔惠贤：《保险中介理论与实务》，北京，清华大学出版社、北京交通大学出版社，2010。

［9］德勤华永会计师事务所有限责任公司企业风险管理服务组：《构建风险导向的内部控制》，北京，中信出版社，2009。

［10］杜胜利、王宏淼：《财务公司——企业金融功能与内部金融服务体系之构建》，北京，北京大学出版社，2001。

［11］郭铜修：《企业实施 6S 管理评价体系架构研究》，载《国际航空杂志》，2007（2）。

［12］何飞平：《新汇率制度下的商业银行外汇风险管理》，载《商业时代》，2006（20）。

［13］黄毅：《当前银行机构外汇风险管理的十大问题》，载《外汇管理》，2006（7）。

［14］黄奇志：《推行"6S"安全文化建设 打造优秀企业品质》，中国金属协会，2009 年冶金安全年会，2009。

［15］侯荔江：《现代企业人力资源管理基础与系统研究》，西南财经大学学位论

文，2002。

[16] 金素才：《财务公司功能定位及关联关系》，载《商业会计》，2006（11）。

[17] 纪培锋：《集团企业资金集中管理的探讨》，载《经济理论研究》，2006（7）。

[18] 贾利平：《浅析融资租赁的会计处理》，载《河南财政税务高等专科学校学报》，2005（6）。

[19] 贾芳琳：《商业银行信贷实务》，北京，中国财政经济出版社，2009。

[20] 江生忠：《中国保险业发展报告（2008年）》，北京，中国财政经济出版社，2009。

[21] 江月琴：《商业银行人力资源管理理念的思考》，载《经济师》，2008（6）。

[22] 罗伯特·S. 卡普兰、戴维·P. 诺顿：《平衡计分卡——化战略为行动》，刘俊勇、孙薇译、王化成译校，广州，广东经济出版社，2004。

[23] 罗伯特·S. 卡普兰、戴维·P. 诺顿：《组织协同——运用平衡计分卡创造企业合力》，博意门咨询公司译，北京，商务印书馆，2006。

[24] 罗熹：《农业银行新编会计实务》，北京，经济管理出版社，2009。

[25] 罗新泉：《改革开放造就财务公司的辉煌，产融结合促进企业集团的发展》，载《中国财务公司》，2008年专刊。

[26] 李伟：《国内外财务公司比较研究》，载《财会月刊》（理论），2006（2）。

[27] 林猛：《美国财务公司的运作及启示》，长沙理工大学学位论文，2007。

[28] 刘明康：《正确认识企业集团财务公司基本职能，促进企业集团财务公司健康发展》，载《中国财务公司》，2011（4）。

[29] 刘园、吴莹：《外汇交易与管理》，北京，首都经济贸易大学出版社，2008。

[30] 买买提明·吐送托乎提：《组织中实施6S管理的应用研究》，新疆大学学位论文，2009。

[31] 孟祥考、张孟存：《6S管理模式的实践》，载《氯碱工业》，2008（8）。

[32] 穆志谦：《国家外汇管理法规专辑》，载《中国外汇》（增刊），2009。

[33] 欧阳卫民：《〈电子商业汇票业务管理办法〉释义》，北京，中国金融出版社，2010。

[34] 区丽庄：《国有商业银行人力资源管理问题与对策研究》，天津大学学位论文，2007。

[35] 彭晗蓉：《关于改进银行结售汇头寸管理的思考》，载《上海金融》，2006（4）。

[36] 邱庆剑、黄雪娟：《改变世界的管理方法》，北京，中国经济出版社，2004。

[37]《企业集团财务公司监督管理研究》课题组：《企业集团财务公司监督管理研究》，国资委2009年软科学研究课题，2009。

[38] 任正晓：《外汇理论与风险防范》，北京，中国经济出版社，2006。

[39] 思科系统（中国）网络技术有限公司：《下一代网络安全》，北京，北京邮电大学出

版社，2004。

[40] 史红玲：《略论我国融资租赁业的特点、作用及发展对策》，载《产业与科技论坛》，2006（1）。

[41] 史济明：《某企业人力资源开发与管理探讨》，武汉大学学位论文，2003。

[42] 孙娜、卜兆刚：《租赁公司与财务公司会计实务》，北京，中国财政经济出版社，2009。

[43] 苏宁：《中国电子商业汇票》，北京，中国金融出版社，2009。

[44] 田波：《我国企业集团财务公司金融功能研究》，西南财经大学学位论文，2007。

[45] 王伟东：《财务公司经营与管理》，北京，中国人民大学出版社，2004。

[46] 吴智慧：《引入 6S 理念，深化现场管理活动》，载《第三届中国质量论坛论文集》，2008。

[47] 武鑫：《我国金融企业人力资源管理困境与对策》，载《企业技术开发》，2011（7）。

[48] 王宏森：《中国财务公司的制度变迁》，载《中国财务公司》，2000（5）。

[49] 王岩玲：《全面了解企业集团财务公司，促进其健康发展》，载《中国财务公司》，2011（4）。

[50] 魏杰：《中国企业战略创新》，北京，中国发展出版社，2006。

[51] 肖智军：《6S 活动实战》，广州，广东经济出版社，2005。

[52] 邢乙春：《财务公司绩效考核体系设计》，北京交通大学学位论文，2011。

[53] 徐志坚：《商业银行的 6S 管理》，载《上海质量》，2007（11）。

[54] 徐蕾、陆蕙芳：《浅谈企业人力资源管理工作中存在的问题及对策》，载《华章·教学探讨》，2011（20）。

[55] 徐星发：《票据的疑点、难点和重点》，北京，中国金融出版社，2009。

[56] 杨胜刚、姚小义：《外汇理论与交易原理》，北京，中国金融出版社，2006。

[57] 严宝玉、方悦平：《汇率形成机制改革后我国外汇衍生产品市场发展分析》，载《中国金融》，2006（14）。

[58] 杨琳：《我国融资租赁的现状与发展对策》，载《科技进步与对策》，2000（3）。

[59] 阎红玉：《商业银行信贷与营销》，北京，清华大学出版社，2005。

[60] 于小镭：《新企业会计准则实务指南（金融企业类）》，北京，机械工业出版社，2008。

[61] 张强：《现金管理经典案例评鉴》，北京，中信出版社，2010。

[62] 张挺：《企业 5S 实施的要点分析》，载《科技咨询》，2008（5）。

[63] 张建华：《中外财务公司比较研究》，载《金融研究》，1998（8）。

［64］张春子：《金融控股集团组建与运营》，北京，机械工业出版社，2005。

［65］赵淑娟：《财务公司的国际比较研究》，载《中国西部科技》，2005（3）。

［66］赵琪：《我国国有企业人力资源优化配置研究》，哈尔滨工程大学学位论文，2010。

［67］赵弘：《国有商业银行人力资源管理风险研究》，吉林大学学位论文，2005。

［68］庄毓敏：《商业银行业务与经营》，北京，中国人民大学出版社，2008。

［69］中信银行上海分行课题组：《金融租赁：基于金融业交叉产品上的银行业务创新》，载《上海金融》，2006（9）。

［70］中国财务公司协会：《企业集团财务公司经营运作研究》，北京，中国金融出版社，2010。

［71］中国财务公司协会：《发挥金融优势，服务集团转变》，载《中国财务公司行业发展高峰论坛特刊》，2011。

［72］中国财务公司协会：《中国企业集团财务公司年鉴（2010年卷）》，北京，中国财政经济出版社，2010。

［73］中国财务公司协会：《财务公司的国际案例》，北京，中国金融出版社，2005。

［74］中国财务公司协会：《中国财务公司的发展与前景》，北京，中国金融出版社，2005。

［75］中国保监会保险教材编写组：《风险管理与保险》，北京，高等教育出版社，2007。

［76］中国保险监督管理委员会保险中介监管部：《保险中介相关法规制度汇编》，北京，中国财政经济出版社，2010。

［77］中华人民共和国财政部：《企业会计准则》，北京，经济科学出版社，2006。

［78］中华人民共和国财政部：《企业会计准则——应用指南》，北京，中国财政经济出版社，2006。

［79］中华人民共和国财政部网站，http：//www.mof.gov.cn。

［80］中国财务公司协会网站，http：//www.cnafc.org/。

［81］中国银行业监督管理委员会网站，http：//www.cbrc.gov.cn。

［82］中国票据网，www.chinacp.com.cn。

［83］百度百科，http：//baike.baidu.com/。

致　谢

2007 年中国航空工业集团重组原西飞集团财务公司、贵航集团财务公司，成立了中航工业集团财务有限责任公司，对于虽一直从事财务工作而后转身到财务公司担任总经理的我，依然顿觉压力巨大，当时希望能够找到一本现成的实务方面的书，但查到的都是些理论研究的汇编，于是萌生了将来编写一本关于财务公司实务方面的书的想法。因此要特别感谢我的领导也是我的良师益友顾惠忠先生，他鼓励我把财务公司的各项业务做到"可描述、可量化、可考核"，在管理中要不断创新，并且经过几年的努力，在我和同事们的不断实践和探索下，逐步形成了一些想法。顾惠忠先生又鼓励我去攻读博士学位，把理论与实践相结合，今天在他的悉心指导下，终于将本书付梓。同时还要感谢集团财务部和投资公司的各位领导在财务公司发展中给予的大力支持。

感谢中国银监会、中国财务公司协会的各位领导对中航工业集团财务有限责任公司业务发展给予的指导和帮助，特别感谢中国银监会副主席蔡鄂生先生百忙之中为本书作序。感谢我的硕士导师中央财经大学孟彦教授、博士导师北京航空航天大学刘志新教授，是他们在财经、金融理论知识方面给予我很多教导和帮助。

感谢中航工业集团财务有限责任公司刘宏先生、贾福清先生、刘敏先生、王瑛女士以及公司的其他领导和同事，是他们和我一起结合集团的实际，创新性地开展了保险集中代理、军品应收账款银团保理等业务，在公司传统业务发展和管理创新方面进行不断研究和探索，共同营造了财务公司这个温暖的大家庭。特别感谢张砾、汤跃辉、韩国栋、万红艳、黄琛、许海翔、罗晓辉、何轶、邵维佳、孙航、郭泽宇等同事，他们在本书的成稿过程中给予了莫大的帮助。

感谢中国金融出版社张铁主任，他在本书的编辑、出版、发行工作中付出了辛勤的劳动。还要感谢我的爱人张冬梅和我的儿子杨昊彬，是他们给了我无微不至的关爱，让我坚持把想法变为行动。

杨圣军

2011 年 12 月